国家社会科学基金重点项目（18AJY018）研究成果
黑龙江省高端智库东北农业大学现代农业发展研究中心

乡村振兴水平评价与对策研究

郭翔宇　胡　月　杜国明　等著

中国财经出版传媒集团
中国财政经济出版社

图书在版编目（CIP）数据

乡村振兴水平评价与对策研究 / 郭翔宇等著．-- 北京：中国财政经济出版社，2023.6

ISBN 978-7-5223-2138-7

Ⅰ．①乡…　Ⅱ．①郭…　Ⅲ．①农村—社会主义建设—研究—中国　Ⅳ．① F320.3

中国国家版本馆 CIP 数据核字（2023）第 061677 号

责任编辑：彭　波　　　　责任印制：史大鹏

封面设计：卜建辰　　　　责任校对：徐艳丽

乡村振兴水平评价与对策研究

XIANGCUN ZHENXING SHUIPING PINGJIA YU DUICE YANJIU

中国财政经济出版社 出版

URL：http：//www. cfeph. cn

E-mail：cfeph@ cfeph. cn

社址：北京市海淀区阜成路甲 28 号　邮政编码：100142

营销中心电话：010-88191522

天猫网店：中国财政经济出版社旗舰店

网址：https：//zgczjjcbs. tmall. com

北京财经印刷厂印刷　　各地新华书店经销

成品尺寸：170mm × 240mm　16 开　31.5 印张　458 000 字

2023 年 6 月第 1 版　2023 年 6 月北京第 1 次印刷

定价：148.00 元

ISBN 978-7-5223-2138-7

（图书出现印装问题，本社负责调换，电话：010-88190548）

本社图书质量投诉电话：010-88190744

打击盗版举报热线：010-88191661　QQ：2242791300

PREFACE 前言

实施乡村振兴战略，是党的十九大从党和国家事业全局出发、着眼于实现“两个一百年”奋斗目标、顺应亿万农民对美好生活的向往作出的重大决策，是新时代“三农”工作的总统领和主要抓手。进入“十四五”时期，“三农”工作重心历史性转向全面推进乡村振兴。党的二十大对全面推进乡村振兴作出战略部署，提出了加快建设农业强国的战略目标。

党的十九大之后，东北农业大学依托黑龙江省高端智库现代农业发展研究中心和2017年11月成立的东北农业大学黑龙江乡村振兴战略研究中心，紧紧围绕实施乡村振兴战略开展专题研究工作。东北农业大学现代农业发展研究中心主任兼首席专家、东北农业大学黑龙江乡村振兴战略研究中心常务副主任郭翔宇教授于2018年6月以“乡村振兴水平评价与战略驱动机制研究”为题申报立项国家社会科学基金重点项目（批准号：18AJY016），2022年8月通过结项，鉴定等级为优秀。

在项目研究过程中，先后完成综合研究报告1项，完成专题研究报告7项，完成区域研究报告2项；通过中共黑龙江省委宣传部《智库专报》、黑龙江省科技经济顾问委员会《专题调研报告》、黑龙江省委政策研究室《信息参考》和黑龙江省社会科学界联合会《社科成果要报》等渠道提交、刊发决策咨询和政策建议报告7项，其中2项得到黑龙江省人民政府省长胡昌升、副省长王永康、副省长徐建国等领导批示；先后在《中国社会科学报》《黑龙江日报》和《农业技术经济》《农业现代化研究》《地理科学》等报刊发表学术论文40余篇，其中3篇论文被“学习强国”转发；课题负责人和主要参加者出席相关学术会议40余人次，提交会议论文30余篇，做大会或分会场报告25人次，在“学习强国”、《中国经济时报》、黑龙江电视台、《黑龙江日报》等媒体和平台进行专家访谈20余人次。

本书为该项目的最终研究成果，在综合研究报告和专题研究报告基础上进行了适当修订。全书分为上下两篇，上篇是综合研究，从实施乡村振兴战略的理论分析入手，依据乡村振兴系统的作用要素建立乡村振兴水平评价指标体系和方法，从全国、省域、县域和村域四个层面分别进行定量评价，构建乡村振兴战略驱动机制和分类推进路径，提出相应对策建议；下篇是专题研究，主要研究了县域乡村振兴规划与空间区划体系、精准扶贫与贫困县脱贫质量评价、农业强省建设程度评价及其驱动乡村振兴的机制、新型城镇化与乡村振兴协同发展、农民数字素养赋能乡村振兴、全方位夯实国家粮食安全根基、加快推进农业现代化、促进农业农村高质量发展等问题。

本书是项目负责人郭翔宇和胡月（中共黑龙江省委党校经济学教研部讲师）、杜国明（东北农业大学公共管理与法学院教授）等多位作者合作研究完成的一部学术专著，参加研究的其他作者还有钱佰慧（哈尔滨商业大学）、杜旭（哈尔滨师范大学）、郭晓鸣（四川省社会科学院）、余志刚（东北农业大学）、宋志彬（东北农业大学）、马丽（哈尔滨商业大学）、李红（哈尔滨商业大学）、李爽（东北农业大学）、徐洋（东北农业大学）、张翔玮（东北农业大学）、逯一哲（东北农业大学）、张恒（东北农业大学）、霍雨佳（东北农业大学）、周梦雪（东北农业大学）、崔钊达（东北农业大学）、王佳丽（哈尔滨金融学院）、王瑞峰（青岛黄海学院）、李佳丽（东北农业大学）、乔延春（黑龙江省农业农村厅）、李孝忠（东北农业大学）、邓华玲（东北农业大学）等。

书中某些章节的内容已经在相关学术期刊上发表，有些作者的合作导师和研究生也参加了部分论文的研究和撰写工作。

作　者

2023年3月于哈尔滨

CONTENTS
目录

上篇　综合研究

上篇

综合研究

第一章

实施乡村振兴战略的理论分析

党的十九大报告提出，要坚定实施科教兴国战略、人才强国战略、创新驱动发展战略、乡村振兴战略、区域协调发展战略、可持续发展战略、军民融合发展战略。在这七大战略中，实施乡村振兴战略是党的十九大首次提出来的新战略，是从根本上解决好新时代“三农”问题的创新性部署。全面推进乡村振兴，必须充分认识实施乡村振兴战略的重大意义，深刻理解实施乡村振兴战略的科学内涵和创新思想。

一、实施乡村振兴战略的重大意义①

乡村振兴战略，在字面上由乡村、振兴、战略三个关键词组成。首先，乡村振兴战略是一个国家层面的发展战略，是对一定时期的全局性、长远性、根本性问题的谋划和安排，是由战略指导思想、战略原则、战略目标任务、战略步骤、战略措施等要素构成的一个战略系统；其次，该战略的对象是促进乡村发展，在内容包括经济建设、文化建设、社会建设、政治建设、生态文明建设等，是“五位一体”的乡村综合建设与全面发展过程；最后，乡村战略的目标是振兴，总要求是实现乡村产业兴旺、生态宜居、乡风文明、治理有效、生活富裕，概括起来就是实现农业农村现代化，全面实现农业强、农村美、农民富。实施乡村振兴战略，是在中国特色社会主义进入新时代的历史背景下，党中央在深刻把握我国国情农情、深刻认识我国城乡关系变化特征和现代化建设规律的基础上，着眼于党和

① 本章一、二部分内容刊发于《智库专报》2017年第14期，原文标题为“关于实施乡村振兴战略的思考与建议”，作者：郭翔宇。

国家事业全局，遵循以人民为中心的发展思想，对“三农”工作作出的新的战略部署，这是一个具有宏观性、系统性、综合性、整体性、全局性等特征的国家发展战略。

（一）实施乡村振兴战略，是从根本上解决好新时代“三农”问题的创新性部署

习近平总书记在党的十九大报告中指出，农业农村农民问题是关系国计民生的根本性问题，必须始终把解决好“三农”问题作为全党工作重中之重。党的十九大报告提出实施乡村振兴战略，继承了党对“三农”问题的一贯重视，并进行了创新发展，对我国“三农”事业的发展具有重大而深远的意义。实施乡村振兴战略，可以有力促进现代农业建设，加快实现农业现代化；可以进一步促进农民增收，实现农民生活富裕；可以更好地促进农村经济社会发展，实现农村和谐美丽。可以说，实施乡村振兴战略，是新时代“三农”工作的总统领和主要抓手，是促进农业发展、农村繁荣、农民增收的治本之策，有助于从根本上解决我国的“三农”问题。

（二）实施乡村振兴战略，是习近平新时代中国特色社会主义思想在“三农”领域的集中体现

习近平新时代中国特色社会主义思想，是内容丰富、体系完整的理论体系，实施乡村振兴战略所集中体现的党的新时代“三农”思想是其中的重要组成部分。

习近平总书记高度重视“三农”问题，自党的十八大以来，对“三农”工作提出了一系列新思想、新理念、新论断，科学回答了新时代“三农”发展的许多重大理论与现实问题，体现了总书记对“三农”问题的深入研究和深厚感情，形成了新时代解决我国“三农”问题的理论探索与顶层设计。

在习近平总书记的“三农”思想中，“三个必须”“三个不能”“三个坚定不移”最为系统和鲜明，居于总括性、总要求的地位。在2013年中央农村工作会议上，习近平总书记提出，中国要强，农业必须强；中国要

美，农村必须美，中国要富，农民必须富。"三个必须"强调的是"三农"工作的基础性地位和对中国特色社会主义事业发展的根本性、全局性影响。2015年7月，习近平总书记在吉林调研时指出，任何时候都不能忽视农业、不能忘记农民、不能淡漠农村。"三个不能"从历史维度审视"三农"发展规律，表明了在任何时期、任何情况下都不能轻视"三农"工作的决心和态度。2016年4月，习近平总书记在安徽凤阳小岗村召开的农村改革座谈会上强调，要坚定不移深化农村改革，坚定不移加快农村发展，坚定不移维护农村和谐稳定。"三个坚定不移"从全局角度明确了"三农"工作重点和政策目标，表明了推进"三农"发展的必由路径。习近平"三农"思想十分丰富，内容涵盖"三农"各个方面，仔细体会，可以发现一个特点，就是总书记凭借丰富的农村基层工作经验和"三农"情怀，善于用接地气的语言，深入浅出地阐释"三农"重大问题，而且一语中的，直指要害。例如，"中国人的饭碗任何时候都要牢牢端在自己手上"；"小康不小康，关键看老乡"；"望得见山，看得见水，记得住乡愁"；"绿水青山就是金山银山"，等等。除了这些总括性、生动化的思想之外，习近平总书记更丰富、更具体的"三农"思想，则集中体现在实施乡村振兴战略的设计之中。

（三）实施乡村振兴战略，是"五位一体"总布局在农村的具体落实

产业兴旺、生态宜居、乡风文明、治理有效、生活富裕乡村振兴五句话的总要求，涉及产业发展、生态环境、精神文明、社会治理、农民生活等"三农"问题的方方面面，体现了经济建设、社会建设、文化建设、政治建设、生态文明建设全面提升的内在要求，是"五位一体"总布局在农村的具体落实。从相互关系来看，这些要求之间是相互联系、相互促进的，统一构成了一个有机整体和振兴系统，是多元一体化的综合建设和全面发展过程。

（四）实施乡村振兴战略，是新时代解决我国社会主要矛盾的迫切要求

中国特色社会主义进入新时代，我国社会主要矛盾已经转化为人民日益增长的美好生活需要和不平衡不充分的发展之间的矛盾。目前，最大的发展不平衡是城乡之间发展的不平衡，最大的发展不充分是农业农村发展的不充分。可以说，“三农”问题是我国经济社会发展不平衡和不充分的主要表现，是新时代中国特色社会主义主要矛盾的主要方面。因此，不管是在已经结束的全面建成小康社会决胜期，还是在基本实现社会主义现代化的时间里，甚至在建成社会主义现代化强国的过程中，解决这一新的社会主要矛盾，迫切需要实施乡村振兴战略，坚持农业农村优先发展，加快推进农业农村现代化，缩小城乡差距，实现城乡融合。只有这样，才更促进发展更平衡、更充分，更好地满足人民日益增长的美好生活需要。

（五）实施乡村振兴战略，是决胜全面建成小康社会、开启全面建设社会主义现代化国家新征程的必然要求

实施乡村振兴战略，是党中央着眼“两个一百年”奋斗目标导向和农业农村短腿短板的问题导向作出的重大战略安排。实现第一个百年奋斗目标，全面建成小康社会，短板在农村，难点是农村贫困人口脱贫，这是最突出的短板。因此，习近平总书记多次讲，“小康不小康，关键看老乡”。实现第二个百年奋斗目标，全面建设社会主义现代化国家，短板也在农村，难点是实现农业现代化，在此基础上实现农村现代化。特别是农业现代化仍是我国“四化同步”发展的短腿。习近平总书记强调，没有农业现代化，没有农村繁荣富强，没有农民安居乐业，国家现代化是不完整、不全面、不牢固的。因此，实施乡村振兴战略，就是要加快补齐农业农村发展的短板，实现农业农村现代化，使农民生活更加富裕，显著缩小城乡差距，让农业成为有奔头的产业，让农民成为有吸引力的职业，让农村成为安居乐业的家园。可以说，实施乡村振兴战略，既是过去全面建成小康社会的“最后一公里”，又是开启全面建设社会主义现代化国家新征程的必经之路。

（六）实施乡村振兴战略，是贯彻新发展理念、建设现代化经济体系的重要举措

习近平总书记在党的十九大报告中指出，实现“两个一百年”奋斗目标，不断提高人民生活水平，必须坚定不移把发展作为第一要务，坚持解放和发展社会生产力，推动经济持续健康发展。推动经济持续健康发展，必须贯彻新发展理念，建设现代化经济体系。党的十九大报告对此部署了六大重要举措，其中之一就是实施乡村振兴战略。实施乡村振兴战略，充分体现了创新、协调、绿色、开放、共享五大新发展理念。

二、实施乡村振兴战略的创新思想

党的十九大报告鲜明的创新色彩，在“实施乡村振兴战略”这部分中体现的特别充分。可以说，实施乡村振兴战略本身及其所包含的一系列具体的新思想、新思路，基本代表了新时代党的“三农”思想的最新发展。这些创新思想对于从根本上解决“三农”问题具有重要的现实意义和应用价值，需要深刻领会、深入研究和科学阐释，只有这样，才可以更好地指导各地的实践，避免出现偏差和误区。

（一）创新性地提出了乡村振兴的总要求，确立了“三农”工作新的发展目标和评价标准

党的十九大报告提出，乡村振兴的总要求是产业兴旺、生态宜居、乡风文明、治理有效、生活富裕。这五句话、20个字的新要求既是今后农业农村发展的方向与目标，又是乡村振兴的具体标准。与2005年党的十六届五中全会提出的社会主义新农村的总要求（生产发展、生活宽裕、乡风文明、村容整洁、管理民主）相比，有4句话发生了新的变化。

从生产发展到产业兴旺。一是把生产改为了产业，范围扩大了，生产主要是指农业，而产业则既包括农业，又包括农村二三产业；二是把发展改为兴旺，目标要求更高了，发展强调过程，而兴旺则更强调结果。实现农村产业兴旺，农村经济繁荣，是乡村振兴的重点和物质基础。

从村容整洁到生态宜居。村容整洁，强调村容村貌要卫生、整洁，不能脏乱差；生态宜居，强调乡村的生态环境建设内容要更丰富了，目标要求更高了，不仅要美丽，还要适宜居住。习近平总书记在2013年讲城镇建设时指出，让城市融入大自然，让居民望得见山看得见水记得住乡愁。实际上，农村更是能够让人记得住乡愁的地方。让乡村变得美丽宜居，是乡村振兴关键和最直观的外在表现。

从管理民主到治理有效。管理农村，侧重的是政府作为主体的行政管理，注重管理过程，强调的是管理行为的民主性；治理乡村，则是由政府、社会组织、村民个人等多元主体进行共同治理，更注重结果导向，强调的是治理行为的合理性和有效性，这一条变化，也是要求标准更高了，效果更好了。让包括农民在内的多元主体有效治理农村，是乡村振兴的基础和制度保障。

从生活宽裕到生活富裕。由生活宽裕到生活富裕，很明显，就是要使农民收入增长得更快，在此基础上，显著提高农民的消费水平，让农民的生活更加富裕，这是乡村振兴的根本，是实现农业和农村现代化的出发点和落脚点。

保留没变的一个总要求是乡风文明。这表明加强农村文化和精神文明建设仍是新时代乡村振兴的重要内容，让乡村风气优良，文明程度提高，是乡村振兴的保障。

从以上五句话的总要求及其变化来看，乡村振兴是新农村建设的升级版，是对新农村建设在内容上的丰富和充实，在标准上的进一步深化和提高。

（二）首次提出了坚持农业农村优先发展的新思想，确立了把农业与农村发展摆在更加重要位置的新定位

坚持农业农村优先发展，是实施乡村振兴战略的基本方针，这一思想的创新性体现在，第一次把农业和农村摆在了优先发展的位置，是党的十九大报告提出的三个优先发展领域之一。为什么要坚持农业农村优先发展呢？一方面，这是由农业和农村工作的基础地位及其重要性决定的，体

现了我们党对“三农”工作的重视程度进一步提高；另一方面，这是由农业与农村发展不充分的薄弱性决定的，是由从根本上解决“三农”问题的复杂性和困难性决定的。农业现代化滞后是“四化同步”发展的短腿，农村发展落后是过去全面建成小康社会和今后实现共同富裕的短板。因此，必须把农业农村发展摆在优先位置，实现“四优先”：在干部配备上优先考虑，在要素配置上优先满足，在资源条件上优先保障，在公共服务上优先安排。

（三）首次提出了城乡融合发展的新思想，确立了破除城乡二元结构、建立新型工农、城乡关系的新思路

新中国成立之后，我国实行的是重工轻农、重城轻乡的倾斜式发展战略和政策，通过工农产品价格“剪刀差”和农业税净流出等手段为工业化提供原始资本积累。这种长期的城市偏向性发展形成了我国典型的城乡二元结构，具体表现是相对现代、发达的工业和城市与相对传统、落后的农业和农村并存。为了改变城乡二元结构状态，党的十六大提出，要统筹城乡经济社会发展。党的十八届三中全会进一步提出，要实现城乡发展一体化。在此基础上，党的十九大明确提出，要建立健全城乡融合发展的体制机制和政策体系。提出城乡融合发展的新思想，就是要彻底破除城乡二元结构，改变重工轻农、重城轻乡的不平等关系，建立平等的新型工农城乡关系。从经济学和社会学的角度来看，城乡融合发展意味着，城乡之间实现生产要素的合理流动和优化组合，生产力在城乡之间合理布局，城乡经济和社会生活紧密结合，逐步缩小直至消灭城乡之间的基本差别，从而使城市和乡村融为一体。

（四）首次提出了加快推进农业农村现代化的新思想，确立了把农村现代化纳入社会主义现代化国家建设体系的新安排

加快推进农业农村现代化，是实施乡村振兴战略的基本目标。这一思想的创新性在于，在强调农业现代化的基础上，第一次明确提出农村现代化的建设内容和发展目标要求。

新中国成立初期，我国就提出了农业现代化的国家战略目标。早在1956年，第一届全国人民代表大会第一次就提出，要实现工业、农业、交通运输业和国防四个现代化的任务。1964年，在第三届全国人民代表大会第一次会议上，周恩来总理根据毛主席建议，在政府工作报告中提出，实现工业、农业、科学技术和国防四个现代化的目标。在这四个现代化中，农业现代化是其中之一。党的十八大提出，要“促进工业化、信息化、城镇化、农业现代化同步发展”。在同步发展的“四化”中，农业现代化也是其中之一。

农业现代化，是产业现代化的概念，属于经济现代化的范畴。党的十九大创新性地提出了农村现代化，这是一个区域现代化的概念，包含经济建设、社会建设、文化建设、政治建设和生态文明建设等多方面内容，具有综合现代化的特征。

党的十九大对新时代中国特色社会主义发展的战略安排是，在2020年全面建成小康社会的基础上到2035年基本实现现代化，在基本实现现代化的基础上到2050年全面建成社会主义现代化强国。在这种战略安排框架下，提出农村现代化这一创新思想的重大意义在于，把农村现代化纳入社会主义现代化国家建设体系当中，使现代化建设的内涵更全面了，也更科学了。不管是基本实现现代化，还是全面建成社会主义现代化强国，都既要实现农业、工业等产业现代化，还要实现城市和农村的区域现代化；不仅要实现现代化，还要不断提高现代化的水平与质量。可以说，加快推进农业农村现代化，是国家现代化的基础，是建成现代化强国的题中应有之义。

（五）首次提出了实现小农户和现代农业发展有机衔接的新思想，确立了破解农业现代化瓶颈制约因素的新途径

当前，加快推进农业农村现代化，最大的瓶颈性制约因素是传统农户的小规模分散经营。这种小农经济，严重阻碍着现代化的先进农业技术和大型农机装备的广泛使用，影响其与国内外开放的大市场的有效对接。因此，报告提出，要将小农户与现代农业发展有机衔接起来。

如何将两者衔接起来呢？报告提出三条途径：一是发展多种形式适度规模经营。经营规模的扩大，有助于大型农机装备的使用，提高农业机械化水平；有助于先进农业技术的采用，提高农业科技化水平。二是培育新型农业经营主体。培育种养大户、家庭农场、农民合作社、农业企业等新型农业经营主体，有助于提高农业生产经营管理水平，提高农业的市场竞争能力。三是健全农业社会化服务体系。现代农业发展要以完善的社会化服务为保障。健全农业社会化服务体系，要在服务主体上，实现多元化；在服务内容上，实现全面化；在服务环节上，实现全过程化。

（六）首次提出了自治、法治、德治相结合的乡村治理新思想，实现了从民主管理农村到有效治理乡村的思维新跨越

党的十八届三中全会提出的全面深化改革的两大目标之一，是推进国家治理体系和治理能力现代化，反映了党和政府从管理国家到治理国家思维上的跨越。党的十九大把乡村治理作为国家治理体系的有机组成部分，提出了“三治结合”的乡村治理新思想。这一新思想的创新性在于，实现了从民主管理农村到有效治理乡村的思维跨越。

农村管理和乡村治理这两个不同概念除了在行为主体、特征、效果等方面的区别之外，在运作模式上，农村管理往往是由上到下的纵向管理，具有单向性和较大的强制性；治理乡村，则是上下结合的共同治理，具有复合性和明显的包容性。从管理农村到治理乡村，这是国家在农村政治建设思维上的新跨越。健全自治、法治、德治相结合的乡村治理体系，一是要加强基层党组织建设，发挥其领导核心作用；二是要健全完善村民自治制度，发挥社会各类人才在乡村治理中的积极作用；三是要加强农村法治建设，引导广大农民群众自觉守法用法，用法律维护自身权益；四是要大力推进农村精神文明建设，弘扬优秀传统文化和文明风尚。

（七）首次提出了培养造就一支懂农业、爱农村、爱农民的“三农”工作队伍的新思想，确立了乡村振兴推进主体的新要求和基本条件

实施乡村振兴战略，关键因素是人。一方面，要有一支高素质的新型

职业农民队伍，农民是乡村振兴的建设主体，也是乡村振兴的受益者，新型农民要有知识、懂技术、会经营；另一方面，要有一支强有力的“三农”工作队伍，这是实施乡村振兴战略的推进主体。

党的十九大第一次提出了“一懂两爱”的“三农”工作队伍，这是很有针对性的一个新思想和新要求。这支队伍一是要懂农业，要了解熟悉现代农业的特点和发展规律，能够内行地科学指导“三农”工作，而不是外行地瞎指挥；二是要爱农村，要真心热爱农村事业，把努力改变农村面貌作为自己的事业追求，作为自我价值的实现形式；三是要爱农民，要在工作中对农民充满深厚感情，真心实意地帮助农民解决其所需要解决的困难和问题。

培养造就“三农”工作队伍，首先，要努力培养造就一支优秀的农业和农村干部队伍，他们能够有力地组织和带领广大农民发展农业和农村经济，增加农民收入；其次，要努力培养造就一支高水平的农业科技和理论专家队伍，研发更多的先进实用农业技术，指导农户和新型农业经营主体不断提高农业经营管理水平；最后，要努力培养造就一支经验丰富的企业经营管理和服务队伍，能够依托并通过农业企业、农民合作社和市场中介组织将分散经营的小农户联合起来，有效组织他们进行适度规模经营和市场营销。

三、习近平乡村振兴战略重要论述①

（一）习近平乡村振兴战略重要论述的丰富内涵

党的十九大以来，习近平总书记在中央会议上、在调研考察中、在讨论学习时，对实施乡村振兴战略发表了一系列重要讲话，多次专门作出指示批示，系统阐释了实施乡村振兴战略的重大意义、总体要求、指导思想、方针原则、目标任务、道路选择、政策举措以及要注意处理好的重大关系，深刻回答了为什么要振兴乡村、怎样振兴乡村、由谁来振兴乡村、为谁振兴乡村等一系列重大理论和实践问题，形成了自成体系的习近平乡

① 本部分内容发表于《中国社会科学报》2018年11月14日，作者：郭翔宇。

村振兴战略重要论述。习近平乡村振兴战略重要论述，是党的“三农”理论的最新发展，具有划时代的、里程碑性的重大意义。研究乡村振兴问题，评价乡村振兴水平，必须以习近平乡村振兴战略重要论述为根本遵循，深刻领会和准确把握习近平乡村振兴战略重要论述的科学内涵与基本特征。

关于实施乡村振兴战略的重大意义，习近平总书记指出，实施乡村振兴战略，是党的十九大作出的重大决策部署，是新时代做好“三农”工作的总抓手。事关决胜全面建成小康社会和全面建设社会主义现代化强国全局。习近平总书记反复强调，农业强不强、农村美不美、农民富不富决定着亿万农民的获得感和幸福感，决定着我国全面小康社会的成色和社会主义现代化的质量。实施乡村振兴战略是着眼于实现“两个一百年”奋斗目标和党的历史使命而提出的。各地区各部门要充分认识实施乡村振兴战略的重大意义，把实施乡村振兴战略摆在优先位置，坚持五级书记抓乡村振兴，让乡村振兴成为全党全社会的共同行动。

关于实施乡村振兴战略的总体要求，习近平总书记在党的十九大报告中指出，实施乡村振兴战略。要坚持农业农村优先发展，按照产业兴旺、生态宜居、乡风文明、治理有效、生活富裕的总要求，这五个总要求系统全面地回答了怎样乡村振兴、乡村振兴到怎样的水平等一系列问题，是乡村振兴过程中的重要遵循。

关于实施乡村振兴战略的指导思想，习近平总书记指出，各地区各部门要全面贯彻党的十九大精神，以习近平新时代中国特色社会主义思想为指导，认真落实党中央、国务院部署，科学实施乡村振兴战略规划，继续加大“三农”投入力度，落实好惠农富农政策，深入推进农业供给侧结构性改革，加快农业科技进步，构建现代农业产业体系、生产体系、经营体系。创新城乡融合发展体制机制，着力改善农村基础设施和公共服务，扎实推进农村人居环境整治三年行动。依托“互联网+”促进农村三次产业融合发展，大力培育新型经营主体，拓展农民稳定就业和持续增收渠道。进一步汇聚全社会推动乡村振兴的合力，努力建设亿万农民幸福生活的美丽家园。

关于实施乡村振兴战略的方针原则，习近平总书记指出，实施乡村振兴战略的总方针是坚持农业农村优先发展，这又是一项全新工作，需要适应新形势、解决新问题，为此要把握正确原则，采用科学方法，扎扎实实地抓落实。

关于实施乡村振兴战略的目标任务，习近平总书记指出，实施乡村振兴战略的总目标是农业农村现代化。要“坚持农业现代化和农村现代化一体设计、一并推进”。这就要求我们，把农村现代化与农业现代化一并作为实施乡村振兴战略的目标，使二者同步推进、相得益彰，让亿万农民平等参与现代化进程、共同分享现代化成果，实现农业大国向农业强国跨越。

关于实施乡村振兴战略的道路选择，习近平总书记在中央农村工作会议上指出，对实施乡村振兴战略、走中国特色社会主义乡村振兴道路作了深刻系统阐述：推进乡村振兴，必须重塑城乡关系，走城乡融合发展之路；必须巩固和完善农村基本经营制度，走共同富裕之路；必须深化农业供给侧结构性改革，走质量兴农之路；必须坚持人与自然和谐共生，走乡村绿色发展之路；必须传承发展提升农耕文明，走乡村文化兴盛之路；必须创新乡村治理体系，走乡村善治之路；必须打好精准脱贫攻坚战，走中国特色减贫之路。这“七个之路”揭示了实施乡村振兴战略的重大任务和内在规律，指明了实施乡村振兴战略的目标路径和努力方向。

关于实施乡村振兴战略的政策举措，习近平总书记指出，要推动乡村产业振兴、人才振兴、文化振兴、生态振兴、组织振兴，推动乡村振兴健康有序进行。习近平总书记指出，我国发展最大的不平衡是城乡发展不平衡，最大的不充分是农村发展不充分。改变农业是“四化同步”短腿、农村是全面建成小康社会短板状况，根本途径是加快农村发展。党的十九大提出实施乡村振兴战略，就是为了从全局和战略高度来把握和处理工农关系、城乡关系，协调推进农村经济建设、政治建设、文化建设、社会建设、生态文明建设和党的建设，促进乡村全面发展。

关于实施乡村振兴战略要注意处理好的重大关系，习近平总书记指出，要处理好四大关系，一是长期目标和短期目标的关系。要遵循乡村建展规律，坚持科学规划、注重质量、从容建设，一件事情接着一件事情办，一年接着一年干，切忌贪大求快、刮风搞运动，防止走弯路、翻烧饼。二是顶层设计和基层探索的关系。党中央已经明确了乡村振兴的顶层设计，各地要制定符合自身实际的实施方案，科学把握乡村的差异性，因村制宜，发挥亿万农民的主体作用和首创精神，善于总结基层的实践创造。三是充分发挥市场决定性作用和更好发挥政府作用的关系。要进一步解放思想，推进新一轮农村改革，发挥政府在规划引导、政策支持、市场监管、法治保障等方面的积极作用。四是增强群众获得感和适应发展阶段的关系。要围绕农民群众最关心、最直接、最现实的利益问题，加快补齐农村发展和民生短板，让亿万农民有更多实实在在的获得感、幸福感、安全感，同时要形成可持续发展的长效机制，坚持尽力而为、量力而行，不能提脱离实际的目标，更不能搞形式主义和“形象工程”。

（二）习近平乡村振兴战略重要论述的鲜明特征

深入分析习近平乡村振兴战略重要论述的丰富内涵，可以发现其具有以下鲜明特征。

1.指导意义的根本性与全局性

从指导意义来看，习近平乡村振兴战略重要论述具有根本性和全局性特征。这一鲜明特征主要体现在以下两个方面。

一方面，习近平乡村振兴战略重要论述是实施乡村振兴战略、做好新时代“三农”工作的理论指引和行动指南，对于促进我国“三农”发展具有根本性的现实指导意义。实施乡村振兴战略，通过振兴农业与乡村相关产业，促进农业与二三产业深度融合发展，推动农业全面升级，可以有力地促进现代农业建设，加快实现农业现代化。实施乡村振兴战略，通过推动乡村文化振兴提高乡村社会文明程度，通过推动乡村生态振兴实现乡村美丽宜居，通过推动乡村组织振兴构建现代乡村社会有效治理体制，可以有力地推动农村全面进步，在农业现代化的基础上加快实现农村现代化。实施乡村振兴战略，通过不断拓宽农民增收渠道，全面改善农村生产生活条件，实现农民生活富裕，可以有力地增进农民福祉，推动农民全面发展。因此，实施乡村振兴战略，是新时代“三农”工作的总抓手，是促进农业发展、农村繁荣、农民增收的治本之策，有助于从根本上解决我国的“三农”问题。

另一方面，以习近平乡村振兴新理念新思想新战略为基本遵循实现乡村全面振兴，从根本上解决“三农”问题，对于实现“两个一百年”奋斗目标和中华民族伟大复兴中国梦具有全局性的宏观指导意义。在我国社会主要矛盾已经转化为人民日益增长的美好生活需要和不平衡不充分的发展之间的矛盾，而矛盾主要方面又在于不平衡不充分发展的背景下，实施乡村振兴战略可以有效促进城乡之间的平衡发展和农业农村的充分发展，为解决新时代我国社会主要矛盾奠定坚实基础。在全面建成小康社会和全面建设社会主义现代化国家的短板和难点都在农村的情况下，实施乡村振兴战略可以补齐农业农村发展的短板，加快实现农业农村现代化，为实现“两个一百年”奋斗目标奠定坚实基础。在农业是国民经济的基础、农村经济是现代化经济体系重要组成部分的状态下，实施乡村振兴战略可以加快现代农业和农村经济发展，为建设现代化经济体系奠定坚实基础。实施乡村振兴战略，有利于构建人与自然和谐共生的乡村发展新格局，加快美丽中国建设；有利于在新时代焕发出乡风文明的新气象，进一步丰富和传承中华优秀传统文化；有利于健全现代社会治理格局，推进国家治理体系和治理能力现代化。

2.思想内容的创新性与突破性

从思想内容来看，习近平乡村振兴战略重要论述具有鲜明的创新性和突破性特征。这一鲜明特征主要从七个方面体现了党的“三农”理论的最新发展和实践突破。实施乡村振兴战略新的总要求，确立了“三农”工作新的发展目标和评价标准；坚持农业农村优先发展的新思想，确立了把农业与农村发展摆在更加重要位置的新定位；城乡融合发展的新思想，确立了破除城乡二元结构、建立新型工农城乡关系的新思路；加快推进农业农村现代化的新思想，确立了把农村现代化纳入社会主义现代化国家建设体系的新安排；实现小农户和现代农业发展有机衔接的新思想，确立了破解农业现代化瓶颈的新途径；“三治结合”有效治理乡村的新思想，实现了从民主管理农村到有效治理乡村的思维新跨越；培养造就一支“一懂两爱”“三农”工作队伍的新思想，确立了关于乡村振兴推进主体的新要求和基本条件。

3.要求任务的全面性与系统性

从任务要求来看，习近平乡村振兴战略重要论述具有全面性和系统性特征。这一鲜明特征，主要从三个方面体现出乡村振兴是一个全面振兴的系统工程。

一是总要求的全面性。“产业兴旺、生态宜居、乡风文明、治理有效、生活富裕”五个方面的总要求体现了经济建设、社会建设、文化建设、政治建设、生态文明建设等多方面内容，是“五位一体”总布局在农村的具体落实。这反映出实施乡村振兴战略，是多元一体化的综合建设和全面发展过程。五个方面的总要求构成一个相互联系的有机整体，完整、系统地明确了乡村振兴的内在逻辑，必须注重它们之间的协同性、关联性，需要整体部署、统筹谋划、协调推进。其中，产业兴旺是重点，必须努力提升农业发展质量，培育乡村发展新动能；生态宜居是关键，必须积极推进乡村绿色发展，打造人与自然和谐共生发展新格局；乡风文明是保障，必须全面繁荣兴盛农村文化，不断提高乡村社会文明程度；治理有效是基础，必须切实加强农村基层基础工作，构建自治、法治、德治相结合的乡村治理新体系；生活富裕是根本，必须大力提高农村民生保障水平，把乡村建设成为幸福美丽新家园。

二是振兴任务的全面性。2018年3月和4月，习近平总书记在参加十三届全国人大一次会议山东代表团审议和在湖北省宜昌市考察时两次指出，实施乡村振兴战略，要推动乡村产业振兴、人才振兴、文化振兴、生态振兴、组织振兴。同年7月，在全国实施乡村振兴战略工作推进会议前夕，习近平总书记又作出重要指示，强调坚持乡村全面振兴，抓重点、补短板、强弱项，实现乡村产业振兴、人才振兴、文化振兴、生态振兴、组织振兴，推动农业全面升级、农村全面进步、农民全面发展。实现乡村“五个振兴”与前述五个方面总要求紧密相关，但提出角度不同，“五个振兴”从重点任务上明确了乡村振兴是一个有机统一的整体。其中，要依靠产业振兴奠定物质基础，依靠人才振兴提供主体支撑，依靠文化振兴激发精神动力，依靠生态振兴创造宜居环境，依靠组织振兴强化政治保障。此外，实施乡村振兴战略还要与打好精准脱贫攻坚战有机衔接起来。摆脱贫困是乡村振兴的前提，精准脱贫对全面建成小康社会最具有决定性意义。习近平在中央农村工作会议上讲到如何走中国特色社会主义乡村振兴道路时，强调必须打好精准脱贫攻坚战，走中国特色减贫之路。

三是组织领导的全面性。扎实有序推进乡村振兴，关键在于加强组织领导。习近平总书记明确要求，坚持五级书记抓乡村振兴，让乡村振兴成为全党全社会的共同行动，强调党政一把手都是第一责任人。在领导责任制上，要实行中央统筹、省负总责、市县抓落实的工作机制。对各级党委和政府来说，要坚持工业农业一起抓、城市农村一起抓，把农业农村优先发展原则体现到各个方面。

4. 实施过程的长期性与连续性

从实施过程来看，习近平乡村振兴战略重要论述具有长期性和连续性特征。这一鲜明特征，主要体现在实施乡村振兴战略“三步走”的时间表上。

实施乡村振兴战略是一个长期的动态建设过程，将贯穿社会主义现代化国家建设全过程。按照党的十九大提出的决胜全面建成小康社会、分两个阶段实现第二个百年奋斗目标的战略安排，中央农村工作会议提出，实现乡村振兴目标，在战略步骤上分三步走。到2020年，乡村振兴取得重要进展，制度框架和政策体系基本形成；到2035年，乡村振兴取得决定性进展，农业农村现代化基本实现；到2050年，乡村全面振兴，农业强、农村美、农民富全面实现。乡村振兴战略五个方面的总要求、“五个振兴”的重点内容，涉及经济建设、社会建设、政治建设、文化建设、生态文明建设和党的建设等方方面面，表明实施乡村振兴战略是一项关系全面建设社会主义现代化国家的全局性战略部署、是一个艰巨性的系统工程。“三农”问题的重要性和复杂性、“三步走”的阶段目标及时间安排表明，实施乡村振兴战略是一项前无古人、后无来者的历史性的伟大创举，是一个连续性的长期任务。因此，在推进乡村振兴战略实施过程中，要按规律办事，避免超越发展阶段，坚持科学规划、统筹谋划、从容建设、有序推进；要坚持立足当前、着眼长远，处理好短期目标与中长期目标之间的关系，通过前一阶段的建设发展，为下一阶段的目标实现奠定基础。2018年9月21日，习近平总书记在主持中央政治局第八次集体学习时指出，在实施乡村振兴战略中要注意处理好四个关系，第一就是处理好长期目标和短期目标的关系。习近平总书记强调，要遵循乡村建设规律，坚持科学规划、注重质量、从容建设，一件事情接着一件事情办，一年接着一年干，切忌贪大求快、刮风搞运动，防止走弯路、翻烧饼。

第二章

乡村振兴系统及水平评价指标体系的构建

全面推进乡村振兴，应该动态监测全国和各地乡村振兴进展情况，跟踪评价乡村振兴水平，这是推动乡村振兴高质量发展的一项重要的基础性工作。客观评价各层面的乡村振兴水平，首先要建立科学合理、有效可行的乡村振兴水平评价指标体系。

一、乡村振兴水平的内涵与特点

（一）乡村振兴的内涵

乡村振兴的内涵与实践是随着乡村建设与发展的进程加快而逐渐丰富与深化的。早在20世纪末期，日本首次提出乡村振兴的概念，以行为学研究为理论基础，侧重于村庄精神文明建设。同时期，国内振兴乡村的重点在于乡村经济建设，依托科技进步、技术教育、人才培养、发展乡村企业等方式对乡村经济进行重整、改革、振兴。步入21世纪后，国内的乡村振兴着重增强旅游业与经济的联系，通过发展乡村旅游业带动农业经济，从而促进乡村经济增长。

明晰乡村振兴的内涵与特征是度量乡村振兴水平、推动乡村全面振兴的根本。综合前人关于乡村建设、乡村重整等内容的研究，结合前面分析的研究背景，本研究认为，乡村振兴作为国家战略，是指在建设社会主义现代化强国的时代背景下，针对农业发展水平不高、农村发展相对落后、农民生活不够富裕等现实问题，由参与乡村建设的一系列主体，通过坚持农业农村优先发展的基本方针和建立健全城乡融合发展的体制机制与政策体系，按照产业兴旺、生态宜居、乡风文明、治理有效、生活富裕的总体要求，对乡村产业、乡村文化、乡村人才、乡村生态、乡村组织等方面进行全方位的改革与升级，使农业全面升级、农村全面进步、农民全面发展，最终实现农业农村现代化的实践过程和实现农业强、农村美、农民富的发展状态。

乡村振兴是在我国城乡关系变化的基础上对社会主义新农村建设的升级。党的十九大报告确立农业农村工作的基础地位和重要性，并强调要把中国人的饭碗牢牢端在自己手中。相比建设社会主义新农村，更强调农业的基础地位。从生产发展到产业兴旺，更强调产业对经济的带动作用。从村容整洁到生态宜居，更强调农村生态环境建设。从管理民生到治理有效，更强调多方参与，协同推进的过程。始终不变的乡风文明，更强调文化自信对农村发展的支撑力量。

从以往“三农问题”解决对策来看，乡村振兴包含的内容更加丰富。乡村不等同于农村，不仅仅代表行政村庄和自然村庄。把乡村看成独立的社会、经济、文化单元，在一个更深维度和更远时间里，实现当前乡村的全面发展。乡村振兴应该在传统“三农”问题解决经验的基础上，重新审视乡村发展，这包括乡村产业发展、乡村居民生活、乡村社会发展等。乡村产业不仅仅代表农业，不但要实现农业现代化发展，更要推进三次产业交叉融合，构建乡村产业新结构。乡村居民不等同于农民，还应包括返乡创业者、青年才俊等发挥人才支撑作用的新居民。

（二）乡村振兴水平的内涵

乡村振兴水平，是指在一定时期内，通过一系列乡村振兴措施的实施，使乡村在政治、经济、文化、社会、生态等方面产生的积极变化以及所达到的某种进步程度与状态。

乡村振兴水平反映的是乡村振兴过程中政策举措对乡村发展的正向推动力和乡村发生的积极变化。正向推动力作用于乡村的政治、经济、文化、社会、生态文明等多方面的建设，体现在乡村产业发展、生产与生活环境、生活水平与质量、乡村社会治理、乡村文化建设等各层面的改变。乡村产生的积极变化得益于实施的这一系列乡村振兴措施。乡村振兴水平的变化与乡村振兴的目标环环相扣，随着乡村振兴分阶段、有目标的循序渐进的实现，乡村振兴水平也会逐步上升，直至实现全面乡村振兴，乡村振兴水平将达到最高值。

（三）乡村振兴水平的特点

1.动态性和静态性

在本质上，乡村振兴水平反映的是乡村所发生的积极变化及变化之后达到的状态，因此乡村振兴水平具有动态性和静态性。乡村振兴既是乡村建设的变化过程，也是乡村建设所要实现的结果，所以乡村振兴水平反映的既是乡村振兴实施的进展情况也是乡村振兴的程度。一方面，乡村振兴水平展示实施乡村振兴战略的进度情况，从实施步骤上展现了乡村振兴水平的动态性，重要进展、决定性进展和全面实现是对乡村振兴战略实施阶段的规划，不同阶段任务会对应不同的乡村振兴水平，体现的是乡村振兴的进展程度。通过对乡村振兴水平的测度可以及时追踪乡村振兴进展情况，以确保按时完成各阶段、各项目的目标任务。另一方面，乡村振兴水平呈现实施乡村振兴战略的质量情况，从实施内容与要求上展现了乡村振兴水平的静态性，二十字总要求是对乡村振兴战略实施效果的评判。乡村振兴水平体现的是乡村振兴程度的深浅。通过对乡村振兴水平的统计可以对乡村振兴的实施过程产生约束性，确保乡村振兴的质量和效果。

2.层次性和综合性

乡村产生的变化包含政治、经济、文化、社会、生态等各个方面，因此乡村振兴水平具有层次性和综合性。乡村振兴是一项全面振兴的系统工程，五个方面总要求、五个振兴任务涉及“五位一体”总布局的方方面面。因此乡村振兴水平体现的也应该是全方位的综合水平。每个任务与总要求下涵盖了农业发展、农村建设、农民生活等更为具体的内容，所以乡村振兴水平是由不同层次的指标逐级递进汇集起来的。而且从全国、省域、县域等，从时间序列、截面数据、面板数据等不同层次均可测算乡村振兴水平，从而分析各层级发展是否具有协调性和一致性，为落实和细化乡村振兴战略与规划提供依据与参考。

3. 时效性和阶段性

乡村振兴水平衡量的是一定时期内乡村发生的变化，因此乡村振兴水平具有时效性和阶段性。乡村振兴提出的新“三步走”战略体现了乡村振兴不同阶段的发展任务及时间要求。2050年即实现乡村的全面振兴，因此对乡村振兴水平的衡量是具有时效性的。2020年、2035年均提出不同的发展目标，与此相对应，乡村振兴水平也应有不同时段实际发展过程中呈现的水平及发展任务需达到的节点。所以应以年为单位，对现阶段乡村所处的发展水平及提出乡村振兴后的乡村振兴水平进行逐年测度，以对比乡村发生的变化程度。

4. 量化性和监测性

乡村振兴是要通过一系列乡村振兴措施发生变化的，因此乡村振兴水平具有量化性和监测性。中央农村工作领导小组办公室提出《国家乡村振兴战略规划（2018~2022年）》，各省区市纷纷制定针对本地实情的乡村振兴五年规划。乡村振兴不是一蹴而就的，是需要多路径、多主体共同实施的，所呈现出的效果不单单是数字上的变化，更是肉眼可见的实质改变，因此乡村振兴水平不仅仅是数值，更是对乡村振兴复杂性、系统性、全面性的信息的量化处理。与此同时，通过对不同时段乡村振兴水平的测算也可以实现对乡村振兴政策方针实施效果的监测和检验，可以及时发现政策中值得推行和需要加以改善的地方。

二、乡村振兴系统的概念模型

乡村振兴战略从国家战略层面对乡村发展提出新的发展要求与目标，丰富和完善了乡村发展理念和内涵。乡村振兴包含的中心任务分别是乡村产业、人才、文化、生态、组织五个方面。乡村振兴既是一个过程，还是要达到的结果。五大振兴任务既表明了乡村振兴要发展、提升的内容，也阐释了要在这五大方面实现振兴的结果。中央农村工作会议提出实施五个中心任务要分阶段、有目标地完成。要求农村居民、乡镇企业、政府和社会其他个体、组织等多方利益共同体的积极参与、相互配合。因此，乡村振兴是一项复杂的系统工程，需要跨领域、跨部门、分阶段、分目标的有序进行。

乡村振兴系统是由相互独立且紧密关联的多个要素共同组成的，不同要素构成系统的不同层次。根据选择的角度不同，乡村振兴系统可分解成不同的子系统。因而可以分别根据乡村振兴总要求和乡村振兴任务进行拆解，形成五个子系统；从振兴主体可划分成以各级政府为主的子系统，以科研院所和高校为主的子系统，以农民专业合作社、家庭农场和农户为主的子系统等；根据振兴区域和层次还可以划分成全国层次、省域层次、县域层次子系统等；以及以其他方面标准来界定的子系统。系统与环境之间、要素之间、系统内部的子系统和子系统之间、要素和要素之间都存在纵横交错的联系。乡村振兴系统作为一个有机整体，其中的要素都不能脱离系统而单独研究，只有在整体环境下，要素相互作用才能促使乡村振兴各层次发挥功能。基于系统管理理论中复杂系统的内涵，研究乡村振兴系统，应该按照从定性到定量、逐级推论的逻辑顺序，构建乡村振兴系统的概念模型，有助于为后续定量分析乡村振兴水平、分析乡村振兴内在机理提供依据。

（一）乡村振兴系统的时空过程

根据复杂系统的层次理论，乡村振兴可以划分为政策制度、参与主体、决策行为和发展模式4个相互作用的组织结构。政策制度是影响乡村振兴发展的核心要素，党的十九大提出的乡村振兴战略就是对乡村振兴的总体政策设计和制度安排总体把握，二十字总要求对乡村未来发展基调和路线做出明确界定，并提出具体的发展模式。在政策制度和发展模式的共同作用与约束下，多个乡村振兴主体收到信号后对上级指示做出预判，结合环境要素的作用，产生对应的决策行为，并对最终取得的效果提出反馈，以供上级及时做出修正。

时空过程指的是乡村振兴在时间和空间上变动。从时间上来讲，在不同阶段乡村振兴会呈现不同的变动特征；从空间上来看，乡村振兴会表现出空间上的蔓延和区域性的聚集，表明资源要素的集聚效应和分布格局。乡村振兴系统是时间推进过程和空间分布过程的有机统一，时空过程总体上反映了乡村振兴在时间上宏观的全局变动和空间上微观的区域特征。整体的时空过程体现乡村振兴的连贯性、动态性和目标性。

政策制度指的是关于乡村振兴的规划、纲要、管理体系、方针政策等，涵盖了系统的内生政策和外生政策，两者的综合作用对乡村振兴系统的演进产生影响。系统会根据环境的变化对政策做出宏观调控，以适应时代发展。发展模式是由乡村振兴系统衍生出来的具体子系统，政策制度的改变会使发展模式产生实质性变动，发展模式的改变也会直接影响参与主体的决策行为，进而对系统演进产生影响。参与主体是乡村振兴系统的行为主体，需要社会各界力量汇聚而成，各主体需要具有执行能力和反馈能力，能够从供给、需求、管理等多个方面推动乡村振兴的实现。不同的参与者形成了政府、企业、农民、社会组织等多种主体。不同主体相互独立但在系统内存在相关关联。主体在系统内进行决策时，不但要对政策制度做出正确判断，产生有效的行为，也要考虑其他主体的行为会对政策执行效果产生的影响。主体需要在相互竞争和合作中寻求平衡，找到对政策制度最有利的解决方案。由此可见，乡村振兴系统具有自发性和适应性，能够对系统的环境信息做出自发性的调试，保持系统稳定和变化的有机平衡，从而实现从无序到有序、从低级到高级的系统演进（见图2-1）。

决策行为是参与主体基于各自的立场和利益对政策制度和发展模式做出的反应，包括政治建设、经济建设、社会建设、文化建设和生态文明建设，反映了在特定时空背景下参与主体的态度、需求和目标。从时间上看，参与主体的决策行为使乡村振兴系统产生时序变化，随着时间的推移表现出演进规律。从空间上来看，主体的不同决策行为会对不同区域产生影响，从而使乡村振兴呈现区域性聚集或分散的空间布局。

发展模式为乡村振兴的五个中心任务，分别从经济、政治、文化、社会和生态文明五个方面，围绕乡村振兴中的三个主要要素（人、地、财）进行全方位的振兴。

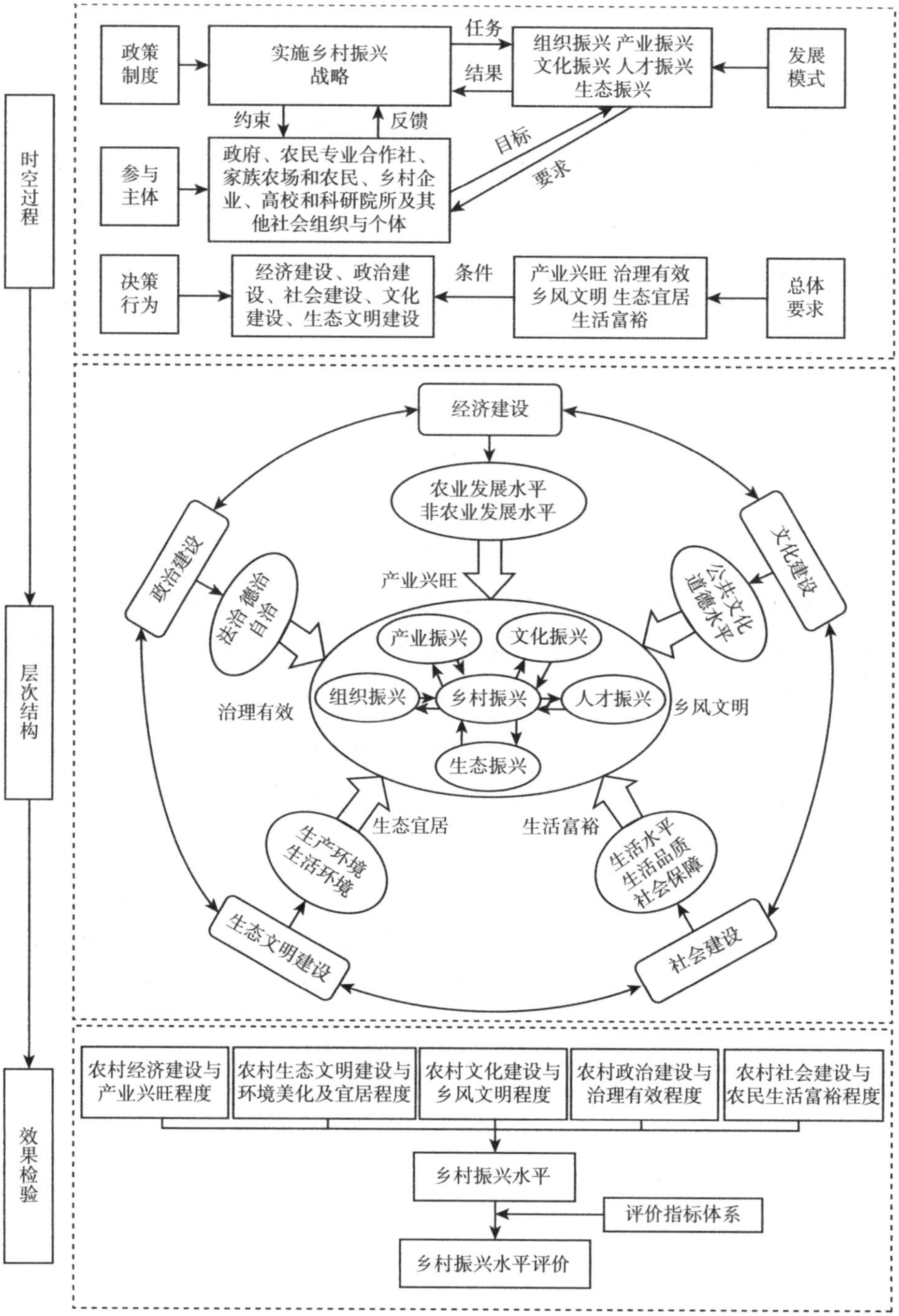

图 2-1　乡村振兴系统的演进流程

（二）乡村振兴子系统的层次结构

建立乡村振兴系统的目的是更加科学合理地构建乡村振兴水平评价指标体系。所以本研究选取从振兴内容上分解乡村振兴系统，因此乡村振兴系统是由五个振兴子系统构成的复杂系统，每个子系统都单独具有一系列相互独立又密切关联的要素，参与乡村振兴的主体会整合这些要素，形成不同的决策行为。

具体来看，产业振兴子系统是乡村振兴系统的重点发展系统，产业发展水平反映了乡村经济建设的基础和层次，也体现了国家对乡村经济建设的重视程度和资源投入。主体对乡村产业振兴子系统会从经济建设方面出发，以农业供给侧结构性改革为主线，围绕乡村农业现代化建设和非农产业发展两个方面，对各产业质量、品牌等方面做出具体的决策行为，推动乡村产业振兴，促进乡村产业兴旺。

乡村文化振兴子系统是乡村振兴系统演进的内生动力，乡村文化发展反映了乡村文化建设的繁荣度，体现乡村社会的文明程度。参与主体对乡村文化振兴子系统会从文化建设出发，以社会主义核心价值观为理念，围绕农村居民的思想道德建设、农村公共文化建设水平、农村社会乡风文明程度等方面，对农村文化环境、软实力建设情况进行剖析，形成乡村文化的高度自信，以提高乡风文明。乡村生态振兴子系统是乡村振兴系统的环境保障，乡村生态环境反映了乡村对资源要素的配置合理度，主要表现在农业生产环境和农民生活环境两个方面。农业生产环境主要是农业生产过程中农药化肥以及废弃物的利用，农民生活环境包括绿化美化程度、生活基础设施建设情况等，综合作用下使生态宜居成为乡村振兴的有力支撑点。

乡村组织振兴子系统是乡村振兴系统的核心力量，乡村组织表现了乡村振兴系统的执行能力，不同主体要齐心协力，积极构建现代化乡村治理体系，党委和政府作为组织核心，要积极引领基层组织系统运行，推动乡村治理机制的完善和治理效果的提升。

乡村人才振兴子系统是乡村振兴系统的关键基础。乡村人才振兴子系统为各主体做出行为决策提供操作平台，将人力资本开发摆在乡村振兴的重要位置，强调了人才振兴对乡村振兴的重要人力支撑，确保乡村振兴的参与主体可以充分发挥才能，使农业生产经营有效益，以促进农民生活富裕。参与主体在多要素中做出决策行为，综合作用在五个乡村振兴子系统，在乡村形成人才、土地、资金、产业的良性循环，促进乡村经济、社会、文化、政治、生态文明的和谐共生发展，以实现农民生活水平、生活质量、生活保障各方面的提高，从而提升农民的获得感、幸福感和安全感。

（三）乡村振兴系统的效果检验

结合乡村振兴系统的时空演进过程和层次结构的分解，本研究提炼出农村经济建设与产业兴旺程度、农村生态文明建设与环境美化及宜居程度、农村文化建设与乡风文明程度、农村政治建设与治理有效程度、农村社会建设与农民生活富裕程度五个方面的乡村振兴水平评价指标体系的一级指标。产业兴旺子系统对乡村振兴系统的作用效果是由农村经济建设与产业兴旺程度所反映的。农村经济建设与产业兴旺程度体现了农业产业体系、生产体系和经营体系的构建程度，由于农村经济建设中农业产值占比较大，该方面也会对农村经济发展程度进行有效的体现。农村生态文明建设与环境美化及宜居程度反映生态振兴子系统的作用效果，具体表现在农村生产和生活的环境方面，是乡村振兴的必要条件，良好的生态环境可以有效地整合乡村资源，提高乡村振兴系统的运行效率，促进乡村的快速振兴。文化振兴子系统对乡村振兴系统产生的作用由农村文化建设与乡风文明程度来反映，具体体现在农村居民的文化水平和综合素质水平，以此来反映乡村社会文明程度。农村居民综合素质的提升有助于乡村振兴的顺利推进。农村政治建设与治理有效程度可以反映组织振兴子系统的作用效果，是对乡村政策的制定主体和执行主体的治理能力及治理方式的综合考量，合理有效的治理体系是乡村社会稳定发展的重要保障，也是政治建设效果在乡村社会的根本体现。人才振兴子系统的作用效果体现在各指标的方方面面。农村社会建设与农民生活富裕程度表现乡村振兴的根本目标，反映社会发展的进行程度。

二、乡村振兴水平评价指标体系构建①

（一）乡村振兴水平评价指标体系的构建原则

科学构建乡村振兴水平评价指标体系，应遵循以下原则。

1.系统性和全面性原则

系统性指的是将反映乡村振兴水平的零散要素通过系统管理，从各种角度、层次建立由多个相互关联、互为条件的要素构成的子系统，最终整合为乡村振兴水平系统，以揭示乡村振兴水平演进规律，从而探寻乡村振兴发展动态。全面性要求各子系统应具备完备性和统一性。构建的指标体系应具有多视角、多层次性。从目标层、一级指标、二级指标到三级指标逐级渗透，层层递进，形成完整的乡村振兴水平评价指标体系，从宏观方向到微观指标逐步细化，形成系统全面的乡村振兴水平评价有机体。具体来看，“二十字”总要求是“五位一体”总布局在农村的具体落实，突出实施乡村振兴战略是多元一体化的综合建设和全面发展的过程。因此建立评价体系要分层次、多级化地选取指标，综合反映乡村振兴战略的特征内涵、内在逻辑，注重不同层级指标间的关联性，强调整体推进，统筹规划。

2.科学性与指导性原则

评价指标体系的构建需要真实科学反映目标要求及内在规律。评价指标体系是在科学问题研究的基础上而建立，所以要确保其构建内容与问题的相关性和一致性，也要保证指标的含义清晰明了，能够反映科学问题的研究意义和内涵要求，因此指标的选取要遵循乡村发展的客观规律。要根据乡村发展的实际情况与存在的问题有针对性地设立指标，使指标体系能够综合地反映乡村振兴战略的长远目标与深刻内涵。与此同时，由于乡村振兴战略是一项长期的历史任务，实施的过程具有长期性、连续性和动态性，指标设立也要具有稳定性及可发展性的，便于长期观察、动态评估乡村发展。构建评价指标体系旨在通过评估发展水平发现当前存在的问题，

① 本部分内容摘要发表于《农业经济与管理》2020年第5期，作者：郭翔宇、胡月。

为后续发展提供指导意义，所以指标的选择要具有前沿科学性，更要具有政策指导价值[①]。

3.独立性与可操作性原则

乡村振兴战略最终要实现的是乡村的全面振兴，因此涵盖的内容广泛，从不同视角研究就会构建不同的评价指标体系，因此乡村振兴水平评价指标体系的构建要考虑实用性，可以应用于实际评价中，能够得到明确科学的评价结果。指标选择时要注意各层级的独立性，各有侧重，避免重叠和交叉，从不同维度充分体现乡村振兴的真实水平。特别注意的是，指标的数量并不是越多越好，充分突出问题即可。精确完善的指标体系既能客观地反映振兴水平，也能保证测算过程中的普遍适用性。与此同时还要考虑数据的可获取性及可靠性，通过公开数据源可获得的数据，要注明清晰准确的数据来源，需要通过调研及访问获取的数据要注意数据获得、筛选和处理过程中的公开、公正、公平性。

4.目标导向性原则

指标体系要与评价主体的目标要求相吻合，乡村振兴水平评价指标体系的构建要坚持正确的政治方向性，符合当前乡村振兴战略实施的总要求，因此具备鲜明的导向性，充分反映和表现乡村振兴。要通过评价指标体系将乡村振兴理论中包含的要素和实际发展中能够切实反映乡村情况的指标有机结合起来，坚持新时期对乡村发展提出的方针政策和总任务要求，引导乡村向着全面振兴的目标不断前进。

5.“软硬兼施”的原则

硬基础与软环境协调统一。在乡村振兴系统中，各子系统目标任务各有侧重，参与主体对不同目标也会做出不同的决策行为，其中产业兴旺和生活富裕是乡村振兴的硬基础，是乡村振兴想要实现的路径和目的，而生态宜居、乡风文明、治理有效是乡村振兴的软环境，是为了保证乡村振兴硬基础可以夯实推进的环境保障，只有两者有效协调地结合在一起，才能

---

① 浙江省统计局课题组，方腾高，王兆雄.浙江乡村振兴评价指标体系研究［J］.统计科学与实践，2019（1）.

共同达成乡村全面振兴的最终目标。

硬指标与软指标有机结合。硬指标是指评价体系中比较刚性的指标，包括农村经济发展水平、农村生产与生活环境、农村居民收入与消费水平、农村社会保障与基础设施建设等，可以通过统计数据等方式获取从而量化处理。而软指标是指评价体系中比较柔性的指标，如农村乡风文明建设水平、农村干部优先配备比例、城乡资源要分配均衡度等指标是定性的，难以量化，可能要通过主观评价方法获取数据。由于硬指标可量化、便于操作等特点，多数指标体系的构建都倾向于选择硬性指标，但是缺乏全面性和系统性。乡村振兴水平评价应该是基于硬指标与软指标的综合评价，这样才能充分体现复杂的乡村振兴系统的真实发展规律。

6. 可比性原则

在构建乡村振兴水平评价指标体系中也要满足可比性原则。可比性原则要求指标具有稳定的数据源，并且具有统一的统计口径、来源可靠权威。在进行不同省区市比较时，也应根据具体指标情况，消除指标间的差异性，使实证具有可比性。

（二）乡村振兴水平评价指标体系构建的依据与参考

乡村振兴水平评价指标，是指反映全国或省域、市县乡村各级乡村振兴进展情况和振兴程度与水平的要素。本研究在筛选乡村振兴水平评价指标、构建指标体系过程中，主要以习近平关于“三农”工作和实施乡村振兴战略的重要论述、党和国家的相关政策文件为指导和依据，并参考了相关的理论研究成果。

1. 习近平关于“三农”工作和实施乡村振兴战略的重要论述

党的十八大以来，以习近平同志为核心的党中央坚持把解决好“三农”问题作为全党工作重中之重，贯彻新发展理念，勇于推动“三农”工作理论创新、实践创新、制度创新。在这个过程中，习近平总书记对做好“三农”工作作出了一系列重要论述，提出了一系列新理念、新思想、新战略，这些新理念、新思想、新战略是我们党“三农”理论创新的最新成果，是习近平新时代中国特色社会主义思想的重要组成部分。特别是党的十九大以来，习近平总书记对实施乡村振兴战略发表了一系列重要讲话，内容包括实施乡村振兴战略的重大意义、总体要求、指导思想、方针原则、目标任务、道路选择、政策举措以及要注意处理好的重大关系等许多方面。习近平新时代中国特色社会主义思想，尤其是其中关于“三农”工作和实施乡村振兴战略的一系列重要论述，既是指导我国农业农村发展取得历史性成就、发生历史性变革的科学理论和实施乡村振兴战略、做好新时代“三农”工作的行动指南，也是本研究构建乡村振兴水平评价指标体系的主要依据和基本遵循。

2. 党和国家的相关方针政策

在党和国家的相关方针政策上，本书构建的乡村振兴水平评价指标体系的重要依据包括三个方面：

一是党的十八大确定的“五位一体”总布局。党的十八大的一个重大理论创新是把生态文明建设提到与经济建设、政治建设、文化建设、社会建设并列的位置，从而把中国特色社会主义事业总体布局发展为“五位一体”。党的十八大报告提出，要坚持以经济建设为中心，全面推进经济建设、政治建设、文化建设、社会建设、生态文明建设，这是我们党对中国特色社会主义规律认识的深化。

二是党的十九大实施乡村振兴战略“五句话”的总要求。实施乡村振兴战略是党和国家的重大决策部署，党的十九大报告提出实施乡村振兴战略的总要求是产业兴旺、生态宜居、乡风文明、治理有效、生活富裕。这“五句话”的总要求涉及产业发展、生态环境、精神文明、社会治理、农民生活等方面，体现了经济建设、社会建设、文化建设、政治建设、生态文明建设全面提升的内在要求，是“五位一体”总布局在农村的具体落实。从相互关系来看，这些要求之间是相互联系、相互促进的，统一构成了一个有机整体和振兴系统，是多元一体化的综合建设和全面发展过程。

依据党的十八大和十九大精神，本研究将“五位一体”总布局和“五句话”总要求结合起来，从农村经济建设与产业兴旺程度、农村生态文明建设与环境美化及宜居程度、农村文化建设与乡风文明程度、农村政治建设与治理有效程度、农村社会建设与农民生活富裕程度五个方面确立了评价乡村振兴水平的五个一级指标。

三是2018年中央一号文件确定的实施乡村振兴战略的目标任务。2018年1月，《中共中央、国务院关于实施乡村振兴战略的意见》（中发〔2018〕1号）提出，实施乡村振兴战略的目标任务是：到2020年，乡村振兴取得重要进展，制度框架和政策体系基本形成。到2035年，乡村振兴取得决定性进展，农业农村现代化基本实现。到2050年，乡村全面振兴，农业强、农村美、农民富全面实现。按照“三步走”的时间表，乡村振兴从取得重要进展，到取得决定性进展，再到乡村全面振兴，每一个阶段都有具体的标准和相应表现，这是本研究筛选评价指标、对今后乡村振兴进展进行预测和目标值测算所参考的定性依据。

3. 中共中央、国务院印发的《乡村振兴战略规划（2018~2022年）》

2018年9月，中共中央、国务院印发《乡村振兴战略规划（2018~2022年）》，对实施乡村振兴战略作出了阶段性谋划，分别明确了至2020年全面建成小康社会和2022年召开党的二十大时的目标任务，提出了预期性和约束性的主要指标，细化实化了工作重点和政策措施，部署了若干重大工程、重大计划、重大行动，是指导各地区各部门分类有序推进乡村振兴的重要依据，也是本研究构建国家层面乡村振兴水平评价指标体系的最直接依据。

4. 国务院及有关部门的相关文件

近些年来，国务院及政府有关部门先后制定发布了一些与乡村振兴相关的国家标准、监测指标、行动方案、行业规划等政策性、技术性文件，也是本研究筛选乡村振兴水平评价指标的主要参考和依据，主要包括：

（1）《美丽乡村建设评价》国家标准。2018年12月，国家市场监督管理总局、中国国家标准管理委员会发布实施《美丽乡村建设评价》国家标准（GB/T 37072—2018）。该标准适用于美丽乡村建设的综合评价，规定了美丽乡村建设的评价原则、评价内容、评价程序、计算方法。

（2）《全面建成小康社会统计监测指标体系》于2013年提出。2016年12月，国家统计局修订形成了《全国全面建成小康社会统计监测指标体系（修订稿）》。

（3）全国农业农村现代化规划。2016年10月，国务院印发了《全国农业现代化规划（2016~2020年）》；2021年11月，国务院印发了《“十四五”农业农村现代化规划》。

（4）其他相关专项规划、方案等。其他相关专项规划、方案等主要包括：中共中央办公厅、国务院办公厅2018年2月印发的《农村人居环境整治三年行动方案》、2019年5月印发的《数字乡村发展战略纲要》；农业农村部2016年8月印发的《“十三五”全国农业农村信息化发展规划》，2019年12月印发的《数字农业农村发展规划（2019~2025年）》，2020年3月印发的《新型农业经营主体和服务主体高质量发展规划（2020~2022年）》，2020年7月印发的《全国乡村产业发展规划（2020~2025年）》，2021年12月印发的《“十四五”全国农业农村科技发展规划》和《“十四五”全国农业机械化发展规划》等。

5.地方政府的相关规划

在国家《乡村振兴战略规划（2018~2022年）》印发之后，31个省、直辖市、自治区政府相继编制、印发了本地区的乡村振兴战略规划。2021年，各省区市先后编制、印发了本地区的“十四五”农业农村现代化规划。

6.相关理论研究成果

目前，直接针对乡村振兴水平评价指标体系构建的文献中，具有代表性的有河南省人民政府发展研究中心的《河南省乡村振兴指标体系研究》、浙江省统计局课题组的《浙江乡村振兴评价指标体系研究》《乡村振兴战略统计监测体系和评价方法研究》《我国区域乡村振兴水平统计评价研究》等。

（三）乡村振兴水平评价指标体系

根据乡村振兴的内涵与特征，遵循上述原则，并考虑指标数值的可获得性和各地用以考核的可操作性，本研究设置农村经济建设与产业兴旺程度、农村生态文明建设与环境美化及宜居程度、农村文化建设和乡风文明、农村政治建设与治理有效程度、农村社会建设与农民生活富裕程度、农业农村优先发展与城乡融合程度6个一级评价指标，在一级指标下分别设置21个二级指标和58个三级指标（见表2-1）。

表2-1 乡村振兴水平评价指标体系

一级指标	二级指标	三级指标
A 农村经济建设与产业兴旺程度	A1农村经济发展水平	A11农业增加值增长水平
		A12按乡村人口计算的人均农业增加值水平
		A13村集体经济发展水平
	A2农业现代化水平	A21农业机械化水平
		A22农业科技化水平
		A23农业水利化水平
		A24农业信息化水平
		A25农业规模化水平
		A26农业组织化水平
		A27农业土地生产率增长水平
		A28农业劳动生产率增长水平
	A3非农产业发展水平	A31农产品加工业发展水平
		A32休闲农业与乡村旅游业发展水平
		A33农村非农产业就业水平
B 农村生态文明建设与环境美化及宜居程度	B1农村生活环境美化与宜居程度	B11村庄绿化覆盖率
		B12对生活垃圾进行治理的行政村占比
		B13对生活污水进行处理的行政村占比
		B14农村卫生厕所普及率
		B15农村居民住房条件
	B2农业绿色发展水平	B21农药使用合理化程度
		B22化肥施用合理化程度
		B23主要农作物病虫绿色防控覆盖率
		B24畜禽粪污综合利用率
		B25农作物秸秆综合利用率
C 农村文化建设和乡风文明程度	C1农村思想道德建设水平	C11农村居民教育文化娱乐支出水平
		C12农村高中及以上学历人口占比
	C2农村公共文化建设水平	C21农村义务教育学校专任教师本科以上学历占比
		C22村综合性文化服务中心覆盖率
	C3乡村社会文明程度■	C31县级及以上文明村和乡镇占比
		C32乡村社会文明程度▲

续表

一级指标	二级指标	三级指标
D农村政治建设与治理有效程度	D1农村基层党组织建设水平	D11村党组织书记兼任村委会主任的村占比
	D2乡村综合治理能力	D21村庄规划管理覆盖率
		D22村民选举投票率
		D23实行财务公开村占比
		D24有村规民约的村占比
	D3农村基层服务水平	D31建有综合服务站的村占比
	D4农村居民满意程度▲	D41农村居民幸福度▲
		D42农村居民社会公平感知度▲
E农村社会建设与农民生活富裕程度	E1农村居民收入水平	E11农村居民人均可支配收入水平
		E12农村脱贫实现程度
	E2农村居民生活质量	E21农村居民人均生活消费水平
		E22农村恩格尔系数
		E23农村自来水普及率
		E24具备条件的建制村通硬化道路比例
	E3农村社会保障水平	E31农村居民基本养老保险参保率
		E32农村居民基本医疗保险参保率
		E33农村居民最低生活保障人均支出水平
		E34农村医疗卫生人员配置水平
F农业农村优先发展与城乡融合程度	F1农业农村资金投入优先保障程度	F11农林水事务财政支出优先程度
		F12政策性农业保险发展水平
		F13农民转移性收入占比
	F2城乡居民收入均衡化程度	F21城乡居民人均可支配收入相对数差距缩小程度
		F22城乡居民人均可支配收入绝对数差距缩小程度
	F3城乡居民基本权益平等化程度■	F31户籍人口城镇化率与常住人口城镇化率之比
		F32城乡居民基本权益平等化程度▲
	F4要素配置农村优先满足与城乡合理化程度▲	F41要素配置农村优先满足与城乡合理化程度▲
	F5公共服务农村优先安排与城乡均等化程度▲	F51公共服务农村优先安排与城乡均等化程度▲
	F6农村干部配备优先考虑程度▲	F61农村干部配备优先考虑程度▲

注：标注“▲”的为主观评价指标，标注“■”的为主观与客观相结合的评价指标，其他为客观评价指标。

（四）乡村振兴水平评价指标体系的解释说明

1. 农村经济建设与产业兴旺程度

“五位一体”总布局，经济建设是中心；乡村振兴，产业兴旺是重点。评价乡村振兴水平，首先要看农村经济建设与产业兴旺程度。本研究选取农村经济发展水平、农业现代化水平、非农产业发展水平3个二级指标来反映农村经济建设和产业兴旺程度。

（1）农村经济发展水平。

农村经济发展水平是指全国或某个地区农村经济发展的规模、速度和所达到的水准，从理论上可以用农村地区的国内生产总值或地区生产总值的总量、人均水平、增长速度来衡量。由于我国没有分城乡分别统计生产总值，因此本研究选用农业增加值增长水平、按乡村人口计算的人均农业增加值水平、村集体经济发展水平3个三级指标来反映农村经济发展水平。其中，村集体经济发展水平可以用集体经济强村比例和当年无经营收益村占比两个具体指标综合平均加权测算。

（2）农业现代化水平。

乡村产业兴旺，首先要求作为基础产业的农业要兴旺。农业产业兴旺程度，主要表现为农业现代化水平的高低。农业现代化水平，在过程上主要表现在农业科技化、机械化、水利化、信息化、组织化、规模化等方面的水平度；在结果上表现为农业生产效率，主要是土地产出率和农业劳动生产率。

1）农业科技化水平。现代农业需要依靠先进适用的科学技术来改造，提高农业技术密集度。农业科技化程度反映农业生产手段的现代化水平，可用农业科技进步贡献率表示。

2）农业机械化水平。现代农业需要依靠精良的农机装备等现代物质条件来武装，提高农业的综合生产能力。农业机械化程度可以反映农业生产工具的现代化水平，可用主要农作物耕种收综合机械化率表示。

3）农业水利化水平。现代农业需要依靠完备便利的农田水利工程和设施来保障，提高农业抗御旱涝等自然灾害的能力。农田水利化程度可以反映农业基础设施条件的现代化水平，可主要用有效灌溉面积占耕地总面积的比重来表示。

4）农业信息化水平。现代农业需要依靠发达的信息技术和工具来调控生产经营的全过程，提高农业技术、设施装备、市场流通、经营管理等要素的数字化、智能化、自动化、网络化水平。农业信息化水平，可以综合选用农村物联网、农村互联网、农产品电子商务发展水平、农产品网上零售额占农业产值比重等指标反映。

5）农业规模化水平。农业适度规模经营是实现农业现代化的必由之路。农业经营规模化程度，能够在外延上反映农业现代化水平，可以运用土地经营规模化程度和畜禽养殖规模化率两个具体指标综合测算。

6）农业组织化水平。农业生产组织现代化是支撑农业现代化的必要手段。农户的组织化程度，能够从生产经营主体方面反映农业现代化水平。农民专业合作社是把农户联合起来进行组织化生产经营的主要载体，因此，可以用加入农民合作社的农户占农户总数的比重来表示农业组织化水平。

7）农业土地生产率。农业土地生产率反映农业生产中土地的生产能力和效率，常用一定时期内单位土地面积产出的农产品数量或产值表示，具体可用种植业产值除以耕地总面积计算。

8）农业劳动生产率。农业劳动生产率反映农业生产中劳动者的生产能力和生产效率，一般用平均每个农业劳动者在单位时间内生产的农产品量或产值表示，具体可用农业增加值计算。

（3）非农产业发展水平。

与国民经济部门由三次产业构成一样，农村经济发展也是由农业和农村二三次产业共同支撑；乡村产业兴旺，既要实现农业现代化，更要有发达的农村二三产业。同时，农村非农产业发展程度还可以反映农村三次产业融合发展水平。本研究选用农产品加工业发展水平、休闲农业与乡村旅游产业发展水平、农村非农产业就业水平3个三级指标来反映农村非农产业发展水平。其中，农产品加工业发展水平用农产品加工业主营业务收入与农业总产值比值（以农业总产值为1）表示；休闲农业与乡村旅游产业发展水平用休闲农业与乡村旅游接待人次和休闲农业与乡村旅游营业收入两个具体指标综合测算。

2.农村生态文明建设与环境美化及宜居程度

"五位一体"总布局，生态文明建设是基础；乡村振兴，生态宜居是关键。农村生态文明建设与环境美化及宜居程度是从生态、生产和生活环境角度反映乡村振兴水平，为此设置农村生活环境美化与宜居程度、农业绿色发展水平2个二级指标。

（1）农村生活环境美化与宜居程度。

改善农村人居环境，建设美丽宜居乡村，最能直观反映乡村振兴进展和水平。本研究选取村庄绿化覆盖率、对生活垃圾进行治理的行政村占比、对生活污水进行处理的行政村占比、农村卫生厕所普及率和农村居民住房条件等5个三级指标来反映农村生活环境的美化宜居程度。其中，农村居民住房条件采用村庄混合结构房屋面积占比和农村居民人均住房面积两个具体指标综合测算。

（2）农业绿色发展水平。

农业绿色发展是农业现代化和可持续发展的内在要求，农业绿色发展水平可以从农业生产角度反映乡村生态文明建设程度。本研究选择农药使用合理化程度、化肥施用合理化程度、主要农作物病虫绿色防控覆盖率、畜禽粪污综合利用率、农作物秸秆综合利用率等5个三级指标来反映农业绿色发展水平。其中，农药、化肥使用合理化程度可用单位耕地面积农药、化肥使用量变化率和主要农作物农药、化肥利用率两个具体指标综合测算。

3.农村文化建设与乡风文明程度

"五位一体"总布局，文化建设是灵魂；乡村振兴，乡风文明是保障。农村文化建设与乡风文明程度是从精神文明层面评价乡村振兴水平，为此设置农村思想道德水平建设、农村公共文化建设水平、乡村社会文明程度3个二级指标。

（1）农村思想道德建设水平。

建设文明乡风，要以农村思想道德建设、农民思想道德素质提升为着力点。农村思想道德建设水平难以精准度量，可以用农村居民教育文化娱乐支出占比、农村人口受教育水平等指标来间接反映。其中，农村人口受教育水平用农村高中及以上学历人口占比表示。

（2）农村公共文化建设水平。

培育文明乡风，要以农村教育为基础，以农村公共文化服务体系建设为载体，增加公共文化产品和服务供给。本研究选择农村义务教育学校专任教师本科以上学历占比、村综合性文化服务中心覆盖率2个三级指标衡量农村公共文化建设水平。

（3）乡村社会文明程度。

农村文化建设的效果，可以通过乡村社会文明程度来综合体现。乡村社会文明程度也难以精准度量，可采用主观与客观相结合的办法来评价，客观评价指标采用县级及以上文明村和乡镇占比来代表，主观评价指标可采用专家打分法赋值。

4.农村政治建设与治理有效程度

“五位一体”总布局，政治建设是保障；乡村振兴，治理有效是基础。农村政治建设与治理有效程度是从治理体系和治理成效两个方面衡量乡村振兴水平，为此设置农村基层党组织建设水平、乡村综合治理能力、农村基层服务水平、农村居民满意程度4个二级指标。

（1）农村基层党组织建设水平。

实现治理有效，首先要健全以党组织为核心的组织体系，坚持以农村基层党组织建设为主线，突出其政治功能，提升其组织力。农村基层党组织建设水平，影响着农村基层党组织领导核心地位与作用的发挥，可用村党组织书记兼任村委会主任的村占比反映。

（2）乡村综合治理能力。

实现治理有效，在加强农村基层党组织领导核心地位的基础上，要推进多元主体协同共治，提高乡村综合治理能力。本研究选用村庄规划管理覆盖率、有村规民约的村占比、村民选举投票率、实行财务公开村占比4个三级指标来反映乡村综合治理能力。

（3）农村基层服务水平。

有效治理乡村的重要目标之一，是健全农村基层服务体系，提高农村基层服务水平。建有综合服务站的村占比可以综合反映农村基层服务水平。

（4）农村居民满意程度。

乡村治理是否有效，最终要看农村居民的满意程度，看农民群众是否有更多实实在在的获得感、幸福感、安全感。本研究选择农村居民幸福度和农村居民社会公平感知度2个三级指标反映农村居民满意程度。

5.农村社会建设与农民生活富裕程度

“五位一体”总布局，社会建设是条件；乡村振兴，生活富裕是根本。农村社会建设与农民生活富裕程度是从根本目的层面评价乡村振兴水平，为此设置农村居民收入水平、农村居民生活质量、农村社会保障水平3个二级指标。

（1）农村居民收入水平。

农民生活富裕程度，首先取决于农村居民的收入水平，可把农村居民人均可支配收入作为正向指标，把农村贫困发生率作为逆向指标转换成农村脱贫实现程度，将这2个三级指标结合起来反映农村居民收入水平。

（2）农村居民生活质量。

评价农民生活富裕程度，在看农民收入水平的基础上，更要看农民的生活质量。农村居民人均生活消费水平、农村恩格尔系数等指标可以直接体现农村居民生活质量状况，农村自来水普及率、具备条件的建制村通硬化道路比例等反映农村基础设施建设水平的指标则会间接影响农民的生活质量。

（3）农村社会保障水平。

健全农村社会保障体系，是实现乡村振兴的助力器，要进一步完善农村居民的基本养老保险、基本医疗保险、最低生活保障等制度，全面提高农村美好生活保障水平。本研究选择农村居民基本养老保险参保率、农村居民基本医疗保险参保率、农村居民最低生活保障人均支出水平、农村医疗卫生人员配置水平等4个三级指标来综合体现农村社会保障水平。

6.农业农村优先发展与城乡融合程度

以上五个方面是将“五位一体”总布局与“五句话”总要求相结合、

侧重于是从结果上评价乡村振兴水平的指标，而乡村振兴进展快慢和水平高低在过程上则取决于农业农村优先发展和城乡融合程度。坚持农业农村优先发展是实施乡村振兴战略的总方针，要在干部配备上优先考虑，在要素配置上优先满足，在资金投入上优先保障，在公共服务上优先安排；坚持城乡融合发展是实施乡村振兴战略的基本原则，目标是逐步实现城乡居民基本权益平等化、城乡公共服务均等化、城乡居民收入均衡化、城乡要素配置合理化、城乡产业发展融合化。综合“四优先”要求和“五化”目标，本研究设置农业农村资金投入优先保障程度、城乡居民收入均衡化程度、城乡居民基本权益平等化程度、要素配置农村优先满足与城乡合理化程度、公共服务农村优先安排和城乡均等化程度、农村干部配备优先考虑程度6个二级指标。

（1）农业农村资金投入优先保障程度。

实施乡村振兴战略，必须解决“钱从哪来”的问题，要建立健全多元化投入保障机制。其中，政府财政资金投入起着基础性和支柱性作用。最能直接体现农业农村资金投入优先保障程度的指标是政府财政支出中农林水事务支出水平，可用农林水事务支出总额、增长速度、所占比重综合测算；同时，政策性农业保险发展水平和农民转移性收入占比的提高也能从不同侧面间接反映财政资金投入农业农村的优先保障程度。其中，政策性农业保险发展水平可用农业保险深度和农业保险保障水平平均加权测算。

（2）城乡居民收入均衡化程度。

在加快农民收入增长的基础上缩小城乡居民收入差距，促进城乡居民收入均衡化，是体现城乡融合发展程度和农民生活富裕程度的重要标志。衡量城乡居民收入均衡化程度，既要看城乡居民人均可支配收入相对数差距的缩小程度，同时还要看城乡居民人均可支配收入绝对数差距的变化情况。

（3）城乡居民基本权益平等化程度。

保障和增进农民权益是“三农”问题的核心，是实现城乡融合发展的出发点和落脚点。长期以来，城乡居民权益在财产权、户籍制度、义务教育、医疗卫生、劳动就业以及享受公共服务、公共产品、社会福利等诸多方面存在程度不同的不平等情况。在整体上，城乡居民基本权益平等化程度可以用主观指标进行评价，但在户籍制度方面的权益平等化程度可用户籍城镇化率与常住人口城镇化率之比来客观评价。

（4）主观评价指标。

坚持城乡融合发展，就是要形成工农互促、城乡互补、全面融合、共同繁荣的新型工农城乡关系，要求中央和地方各级党委政府在保障农业农村资金优先投入、促进城乡居民收入均衡和基本权益平等的基础上，还要在要素配置上优先满足农业农村，实现城乡要素配置合理化；在公共服务上优先安排农业农村，实现城乡公共服务均等化；在干部配备上优先考虑农业农村，实现农村干部队伍高素质化。由于要素配置农村优先满足与城乡合理化程度、公共服务农村优先安排与城乡均等化程度、农村干部配备优先考虑程度3个指标难以获得连续有效数据进行精准度量，因此可采用主观指标进行评价。

（五）乡村振兴水平评价指标体系的特点

相对于截至目前的国内同类研究成果，本研究所构建的乡村振兴水平评价指标体系具有如下特点：

1.“五句话”总要求与“五位一体”总布局相结合

产业兴旺、生态宜居、乡风文明、治理有效、生活富裕“五句话”的乡村振兴总要求，涉及乡村产业发展、生态环境、精神文明、社会治理、农民生活等“三农”问题的方方面面，体现了经济建设、社会建设、文化建设、政治建设、生态文明建设全面提升的内在要求，是“五位一体”总布局在农村的具体落实。在内容上，乡村振兴是一个有机整体，是多元一体化的综合建设和全面发展过程。因此，本研究按照经济建设与农村产业兴旺相结合、生态文明建设与农村环境美化宜居相结合、文化建设和农村乡风文明相结合、政治建设与农村治理有效相结合、农村社会建设与农民生活富裕相结合的原则设置一级指标，体现了乡村振兴水平评价指标内容的系统性。

2.结果评价与过程评价相结合

实现乡村振兴，既是一个长期的动态建设过程，又是通过战略实施要达到的一个目标和结果。本研究将“五句话”总要求与“五位一体”总布局相结合设置5个一级指标，侧重于对乡村振兴结果与水平进行评价；与此同时，从农业农村优先发展和城乡融合发展方面设置第6个一级指标，侧重于对乡村振兴过程与进展程度进行评价，从而使结果评价与过程评价有机结合，体现了乡村振兴水平评价指标体系的综合性。

3.农业农村发展“四优先”与城乡融合“五化”相结合

实施乡村振兴战略，一个总方针是在干部配备、要素配置、资金投入保障、公共服务安排等四个方面实行农业农村优先，一个基本原则是在居民基本权益、公共服务、居民收入、要素配置、产业发展等方面实现城乡融合“五化”目标。因此，在乡村振兴战略实施过程中，乡村振兴进展快慢，在很大程度上取决于农业农村优先发展程度和城乡融合进程。本研究将农业农村发展“四优先”与城乡融合“五化”相结合，在农业农村优先发展与城乡融合程度一级指标下设置7个二级指标，体现了乡村振兴水平过程评价指标的完整性，能够反映各级党委和政府在政策上推进乡村振兴战略实施的力度。

4.客观评价与主观评价相结合

已有相关研究均是选择可直接获取数据的定量指标进行客观评价，本研究也是以客观评价指标为主，但同时设置了部分主观评价指标（在表2-1中用“▲”标示）。在二级指标层次，设置5个主观评价指标、2个主观与客观相结合的指标；在三级指标层次，设置了8个主观评价指标。对于主观评价指标，一是邀请专家和管理人员进行基于客观事实的主观判断与评价；二是利用大规模调查数据，考察农村居民幸福度和社会公平感知度。将客观与主观评价指标相结合，可以克服某些指标难以精准定量评价的局限性，有助于增强乡村振兴水平评价指标体系的科学性。

第三章

全国乡村振兴水平评价与预测

运用上一章所构建的乡村振兴水平评价指标体系，采用综合指数测度法对2010~2020年全国乡村振兴水平进行测度，并对2021~2025年乡村振兴水平进行预测。评价和预测结果是构建乡村振兴进展监测机制和激励机制的基础。

一、数据来源、指标处理和权重确定

（一）数据来源

本研究应用的数据主要来源于2010~2020年的《中国统计年鉴》《中国农村统计年鉴》《中国农业年鉴》《中国城乡建设统计年鉴》《中国人口和就业统计年鉴》《中国科技统计年鉴》《中国社会统计年鉴》《中国农产品加工业年鉴》《中国农村经营管理统计年鉴》以及各省区市统计年鉴，中国综合社会调查数据库，中国司法部、民政部等政府部门公开数据。所使用的具体指标数据均在原始数据统计的基础上，剔除统计口径改变、通货膨胀等要素对数据的影响，依据指标的含义，对应的计算公式整理获得。

（二）指标计算与数据处理

1. 三级指标计算

利用所构建的指标体系评价乡村振兴水平，首先要根据所有三级指标的原始基础数据计算其评价值，具体计算方法见表3-1。

表 3-1　　乡村振兴水平评价三级指标计算与标准化处理方法

三级指标	指标解释与计算方法	标准化处理方法（最大值或最小值）
A11农业增加值增长水平	0.6a+0.4b：a为农业增加值定基增长率（%），按不变价格计算；b为比较农业增加值增长率（%）=农业增加值增长率/当年GDP增长率	a基期水平[①] b全国总体水平
A12人均农业增加值增长水平	0.6a+0.4b：a为人均农业增加值定基增长率（%），按不变价格计算；b为比较人均农业增加值增长率（%）=人均农业增加值增长率/当年人均GDP增长率	a基期水平 b全国总体水平
A13村集体经济发展水平	0.5（a/20%）+0.5b：a为集体经济强村比例（%），用年经营收益50万元以上村占比表示；b为（100%-当年无经营收益村占比）（%）	a设定最大值为20% b设定最大值为100%
A21农业机械化水平	主要农作物耕种收综合机械化率（%）	100%
A22农业科技化水平	农业科技进步贡献率（%）	100%
A23农业水利化水平	a/b：a为农田有效灌溉面积（千公顷）；b为耕地总面积（千公顷）	100%
A24农业信息化水平	农村互联网普及率（%）	100%
A25农业规模化水平	0.5（0.5a+0.5b）+0.5c：a为经营耕地10亩以上农户占比（%）；b为流转面积占家庭承包经营耕地面积比例（%）；c为畜禽养殖规模化率（%）	100%
A26农业组织化水平	a/b：a加入农民专业合作社的农户数（万户）；b农户总数（万户）	100%
A27农业土地生产率增长水平	单位耕地面积种植业产值定基增长率（%），按不变价格计算。单位耕地面积种植业产值=种植业产值/耕地总面积	基期水平
A28农业劳动生产率增长水平	0.6a+0.4b：a为农业劳动生产率定基增长率（%）；b为比较农业劳动生产率（%）=农业劳动生产率/社会全员劳动生产率	a基期水平 b全国总体水平
A31农产品加工业发展水平	农产品加工业主营业务收入与农业总产值之比	发达国家水平（1∶3.4）
A32休闲农业与乡村旅游业发展水平	0.4a+0.6b：a为休闲农业与乡村旅游接待人次/全国接待游客人次；b为休闲农业与乡村旅游营业收入/全国旅游业务收入	全国总体水平

① 均以2009年为基期。

续表

三级指标	指标解释与计算方法	标准化处理方法（最大值或最小值）
A33农村非农产业就业水平	0.6a+0.4b：a为农村非农产业就业人员比例定基增长速度（%），以2009年为基期；b为农村非农产业就业人员比例/全国二三产业就业人员比例（%）	a基期水平 b全国总体水平
B11村庄绿化覆盖率	村庄绿化覆盖率（%）	100%
B12对生活垃圾进行治理的行政村占比	对生活垃圾进行治理的行政村占比（%）	100%
B13对生活污水进行处理的行政村占比	对生活污水进行处理的村占比（达标处理率）（%）	100%
B14农村卫生厕所普及率	农村卫生厕所普及率（%）	100%
B15农村居民住房条件	0.5a+0.5b：a为村庄混合结构房屋面积占比（%）=（混合结构以上面积/年末实有建筑面积）×100%；b为农村居民人均住房面积定基增长率（%）	a 100% b基期水平
B21农药使用合理化程度	0.5a+0.5b：a为农药施用减量化程度（%）=0–单位耕地面积农药使用定基增长率，以2009年为基期；b为主要农作物农药利用率（%）	a基期水平 b 100%
B22化肥施用合理化程度	0.5a+0.5b：a为化肥施用减量化程度（%）=0–单位耕地面积化肥使用定基增长率，以2009年为基期；b为主要农作物化肥利用率（%）	a基期水平 b 100%
B23主要农作物病虫绿色防控覆盖率	主要农作物病虫绿色防控覆盖率（%）	100%
B24畜禽粪污综合利用率	畜禽粪污综合利用率（%）	100%
B25农作物秸秆综合利用率	农作物秸秆综合利用率（%）	100%
C11农村居民教育文化娱乐支出占比	农村居民教育文化娱乐支出（元）/农村居民消费总支出（元）	100%
C12农村人口受教育水平	a/b×100%：a农村高中及以上学历人口数/农村被调查总人口数（%），b城市高中及以上学历人口数/城市被调查总人口数（%）	城市发展水平
C21农村义务教育学校专任教师本科以上学历占比	0.5a+0.5b：a小学专任教师本科以上比例（%）；b初中专任教师本科以上比例（%）	100%
C22村综合性文化服务中心覆盖率	村综合性文化服务中心覆盖率（%）	100%

续表

三级指标	指标解释与计算方法	标准化处理方法（最大值或最小值）
C31县级及以上文明村和乡镇占比	县级及以上文明村和乡镇占比（%）	100%
C32乡村社会文明程度定性评价水平	定性评价（%）	100%
D11村党组织书记兼任村委会主任的村占比	村党组织书记兼任村委会主任的村占比（%）	100%
D21村庄规划管理覆盖率	有建设规划行政村占全部行政村的比例（%）	100%
D22村民选举投票率	村民选举投票率（%）	100%
D23实行财务公开村占比	实行财务公开村占比（%）	100%
D24有村规民约的村占比	有村规民约的村占比（%）	100%
D31建有综合服务站的村占比	建有综合服务站的村占比（%）	100%
D41农村居民幸福度	农村居民幸福度打分	5（5分制）
D42农村居民社会公平感知度	社会公平感知度打分	5（5分制）
E11农村居民人均可支配收入水平	a/b×100%：a为农村居民人均可支配收入（元）；b为城镇居民人均可支配收入（元）	城市发展水平
E12农村脱贫实现程度	100%–农村贫困发生率（%）	100%
E21农村居民消费水平	a/b×100%：a为农村居民消费水平（元/人）；b为城镇居民消费水平（元/人）	城市发展水平
E22农村恩格尔系数降低程度	0.5a+0.5b：a为农村恩格尔系数定基降低程度；b为比较农村恩格尔系数=城镇居民恩格尔系数/农村居民恩格尔系数	a基期水平 b城市发展水平
E23农村自来水普及率	农村自来水普及率（%）	100%
E24具备条件的建制村通硬化道路比例	具备条件的建制村通硬化路比例（%）	100%
E31农村居民基本养老保险参保率	a/b×100%：a为农村居民参加城乡居民基本养老保险人数（万人）；b为全国乡村人口（万人）	100%
E32农村居民基本医疗保险参保率	新型农村合作医疗参合率（%）	100%
E33农村居民最低生活保障人均支出水平	a/b×100%：a为农村居民最低生活保障平均支出水平（元/人，年）；b为城镇居民最低生活保障平均支出水平（元/人，年）	城市发展水平

续表

三级指标	指标解释与计算方法	标准化处理方法（最大值或最小值）
E34农村医疗卫生人员配置水平	a/b×100%：a为农村每千人口卫生技术人员数（人）；b为城市每千人口卫生技术人员数（人）	城市发展水平
F11农林水事务财政支出优先程度	农林水事务支出占财政支出比重提高程度（%）	基期水平
F12政策性农业保险发展水平	0.5a+0.5b：a为农业保险保障水平（%）；b为农业保险深度（%）	a发达国家水平（40%） b美国2018年水平（5.94）
F13农民转移性收入占比	农民转移性收入占比（%）	发达国家水平（40%）
F21城乡居民人均可支配收入相对数差距缩小程度	1/a：a为城乡居民人均可支配收入相对数差距（倍），a=1意味着城乡居民收入无差距	100%
F22城乡居民人均可支配收入绝对数差距缩小程度	0–城乡居民人均可支配收入绝对数差距比上一年扩大程度（%）	100%
F31户籍城镇化占常住人口城镇化率比例	a/b×100%：a为户籍城镇化率（%）；b为常住人口城镇化率（%）	100%
F32城乡居民基本权益平等化程度定性评价水平	专家主观定性评价（%）	100%
F4要素配置农村优先满足与城乡合理化程度	专家主观定性评价（%）	100%
F5公共服务农村优先安排与城乡均等化程度	专家主观定性评价（%）	100%
F6农村干部配备优先考虑程度	专家主观定性评价（%）	100%

2.数据标准化处理

为了消除由于计量单位不同、存在数量级差距等问题造成的指标间不可比较问题，充分考虑每个指标的内在含义，根据不同内涵采用如下方法进行数据的标准化处理。

（1）原值法。

对于最大值为100%的相对数指标，直接采用原值进行加权汇总，相当于以最大值为目标值，使用采用原始数据除以其目标值的计算方法。涉及的指标包括A21、A22、A23、A24、A25、A26、B11、B12、B13、B14、B23、B24、B25、C11、C21、C22、C31、C32、D11、D21、D22、D23、

D24、D31、E12、E23、E24、E31、E32、F21、F22、F31、F32、F4、F5、F6 36个。

（2）基期比较法。

对于最大值不明确，且可能超过100%的指标，采用与2009年基期进行比较，计算其定基增长率，反映指标逐年变化速度。涉及的指标包括A27和F11 2个。

（3）城乡对比法。

部分指标涉及城乡比较，如农村居民收入水平等，选择以城镇相同指标的发展水平作为比较值，计算与城市的相对差距或绝对差距，也可直接反映城乡在该方面的发展差距是否缩小。涉及的指标包括C12、E11、E21、E33、E34 5个。

（4）全国发展水平比较法。

对于须反映其在全国整体环境下发挥作用程度的指标，选择以全国发展水平作为比较值，计算相对差距作为标准化处理后的评价值。涉及的指标是休闲农业与乡村旅游业发展水平（A32），分别以全国接待游客人次和全国旅游业务收入计算比较相对值，平均加权后汇总。

（5）发达国家水平比较法。

个别指标在国外已处于较为领先的发展水平，可以充分参考，将其作为最大值进行标准化处理。涉及的指标有A31、F12、F13 3个，其中，农产品加工业发展水平（A31）中，农产品加工业主营业务收入与总产值之比以发达国家水平（1∶3.4）为目标值；政策性农业保险发展水平（F12）中，农业保险保障水平以发达国家水平（40%）为目标值，农业保险深度以2018年美国农业保险深度（5.94）为目标值，后将两者平均加权汇总；农民转移性收入占比（F13）以国外水平（40%）为目标值。

（6）特殊处理法。

需要特殊说明的是，村集体经济发展水平（A13）中，集体经济强村比例的最大值自拟为20%，当年有经营收益村占比的最大值设定为100%，后将两者平均加权汇总。农村居民幸福度（D41）和农村居民社会公平感知度（D42）为中国综合社会调查数据，原值为5分制打分结果，因而以5为最大值进行标准化处理。

（7）综合处理方法（二维/多维比较法）。

对于从单一维度比较无法充分刻画其含义的指标，采用综合方法，从横向、纵向两个维度进行标准化处理。从横向上，与自身最大值、城镇发展水平或全国发展水平比较，计算比较相对值；从纵向上，以2009年为基期，计算定基变化程度，后将两个维度标准化结果加权汇总得到指标最终评价值。

对于B15、B21、B22 3个指标，分别与基期（2009年）比较，计算定基增长率或减量化程度；与自身最大值（100%）比较，计算比较相对值，两者平均加权汇总。

对于A11、A12、A28、A33 4个指标，分别与基期（2009年）比较，计算定基增长率；与全国总体发展水平比较，计算比较相对值，两者的权重分配为6∶4。一方面反映指标逐年变化速度，另一方面反映在全国整体环境下，该指标发挥的作用程度。

对于E22指标，分别与基期（2009年）比较，计算农村恩格尔系数定基降低程度；与城市发展水平比较，计算比较农村恩格尔系数，两者平均加权汇总。

经过上述方法处理后，部分指标的含义发生变化，形成标准化后的乡村振兴水平评价指标体系。处理后的各指标数据均为百分数，具有可比性和公度性。

3.缺失值处理

对于个别年份数据缺失或不连续指标的年度缺失值，若有相邻年份数据，则采用均值法填充或用相近年份数值替代；对于数值存在规律性变化指标的年度缺失值，采用线性插值法填充；对于战略或政府规划中设置基期值和目标值的年度缺失值，按平均增长率推算，依据乡村振兴“三步走”战略提出2020年乡村振兴取得重要进展，按照各规划纲要中提出的目标值与实际值的差距，拟订2010年数值为2016年的60%进行估算。

（三）权重确定

为增强乡村振兴水平评价的科学性和严谨性，在线上发放评价指标权重打分问卷，共计发放80份，回收78份，问卷有效率97.5%。

表3-2 专家构成

类别	涉及单位
政府部门 学会组织	农业农村部、省级农业农村厅等 中国农业经济学会、中国农业技术经济学会、中国合作经济学会等
高等院校	浙江大学、中国人民大学、中国农业大学、吉林大学、贵州大学、深圳大学、中共黑龙江省省委党校、东北农业大学、吉林农业大学、沈阳农业大学等
科研院所	中国社会科学院、中国农业科学院，省级社会科学院、农业科学院等

问卷投放的专家所在机构涵盖涉农政府部门、具有农业经济及管理学科的相关科研院所、高等院校以及相关学术组织；专家包括从事农业经济、农村发展领域研究和实际工作的教授、副教授和研究员、副研究员以及管理人员等。问卷发放涉及多部门、多领域、多人员，因此获得的权重结果更具真实性与可靠性。

二、全国乡村振兴水平评价

（一）模型构建

不同层面的乡村振兴水平采用综合指数测度模型进行测算，其模型公式为：

$$F=\sum X_{ij}W_{ij} \tag{3-1}$$

其中，F为乡村振兴水平，数值越大，代表乡村振兴水平越高。X_{ij}为第i年第j个评价指标无量纲化后的数值，W_j为第j个评价指标的权重。

$$F=\sum_{k=1}^{6}\left\{\sum_{i=1}^{21}\left[\sum(x_{ij}\times\varpi_{ij})\times\varpi_i\right]\times\varpi_k\right\} \tag{3-2}$$

其中，F是全国农村现代化水平指数；x_{ij}为第i个二级指标下设的第j个三级指标的评价值，ϖ_{ij}为第i个二级指标下设的第j个三级指标的权重；ϖ_i为二级指标的权重，ϖ_k为一级指标的权重。

（二）评价结果分析

运用上述方法和公式，逐级计算各级指标评价值，最终得到全国不同年份的乡村振兴水平评价结果。

1. 全国乡村振兴水平评价结果

全国乡村振兴水平评价结果如图3–1所示。从整体来看，全国乡村振兴水平呈现稳步提高态势。2010年，全国乡村振兴水平为34.07%，2020年提高到58.76%，10年间提高了24.69个百分点。

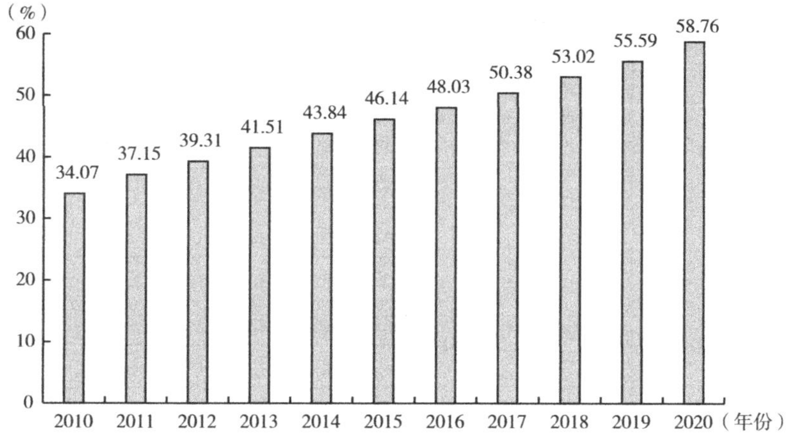

图 3–1　2010~2020 年全国乡村振兴水平

实现乡村全面振兴是一个长期渐进的动态过程，参考《中共中央国务院关于实施乡村振兴战略的意见》《乡村振兴战略规划（2018~2022年）》等文件精神和国内外相关研究成果，本研究将乡村振兴实现过程划分为五个阶段，每个阶段又划分为前后两个时期，见表3–3。

表 3–3　乡村振兴实现过程的阶段划分

	准备阶段	起步阶段	初步振兴阶段	基本振兴阶段	全面振兴阶段
前期	[30–40)	[50–60)	[70–75)	[80–85)	[90–95)
后期	[40–50)	[60–70)	[75–80)	[85–90)	[95–100]

测算结果显示，2017年全国乡村振兴水平为50.38%，开始了乡村振兴，这一年实施乡村振兴战略正式提出；2020年，全国乡村振兴水平为58.76%，以下预测2021年将达到60.34%，进入乡村振兴起步阶段的后期，意味着乡村振兴取得了重要进展，将为转入下一阶段的乡村初步振兴奠定坚实基础，这一年是我国在全面打赢脱贫攻坚战之后“三农”工作的重心历史性转向了全面推进乡村振兴。

表 3–4　　乡村振兴评价指标权重

<table>
<tr><th>一级指标</th><th>权重</th><th>二级指标</th><th>权重</th><th>三级指标</th><th>权重</th></tr>
<tr><td rowspan="14">A 农村经济建设与产业兴旺程度</td><td rowspan="14">0.2947</td><td rowspan="3">A1农村经济发展水平</td><td rowspan="3">0.2332</td><td>A11农业增加值增长水平（%）</td><td>0.3444</td></tr>
<tr><td>A12人均农业增加值增长水平（%）</td><td>0.3050</td></tr>
<tr><td>A13村集体经济发展水平（%）</td><td>0.3506</td></tr>
<tr><td rowspan="8">A2农业现代化水平</td><td rowspan="8">0.5129</td><td>A21农业机械化水平（%）</td><td>0.1460</td></tr>
<tr><td>A22农业科技化水平（%）</td><td>0.1548</td></tr>
<tr><td>A23农业水利化水平（%）</td><td>0.0998</td></tr>
<tr><td>A24农业信息化水平（%）</td><td>0.0820</td></tr>
<tr><td>A25农业规模化水平（%）</td><td>0.1208</td></tr>
<tr><td>A26农业组织化水平（%）</td><td>0.1069</td></tr>
<tr><td>A27农业土地生产率增长水平（%）</td><td>0.1429</td></tr>
<tr><td>A28农业劳动生产率增长水平（%）</td><td>0.1468</td></tr>
<tr><td rowspan="3">A3非农产业发展水平</td><td rowspan="3">0.2539</td><td>A31农产品加工业发展水平（%）</td><td>0.4062</td></tr>
<tr><td>A32休闲农业与乡村旅游业发展水平（%）</td><td>0.3351</td></tr>
<tr><td>A33农村非农产业就业人员比例（%）</td><td>0.2587</td></tr>
<tr><td rowspan="6">B 农村生态文明建设与环境美化及宜居程度</td><td rowspan="6">0.1614</td><td rowspan="5">B1农村生活环境美化与宜居程度</td><td rowspan="5">0.5509</td><td>B11村庄绿化覆盖率（%）</td><td>0.2377</td></tr>
<tr><td>B12对生活垃圾进行治理的行政村占比（%）</td><td>0.1985</td></tr>
<tr><td>B13对生活污水进行处理的行政村占比（%）</td><td>0.1627</td></tr>
<tr><td>B14农村卫生厕所普及率（%）</td><td>0.1916</td></tr>
<tr><td>B15农村居民住房条件（%）</td><td>0.2095</td></tr>
<tr><td>B2农业绿色发展水平</td><td>0.4491</td><td>B21农药使用合理化程度（%）</td><td>0.2503</td></tr>
</table>

续表

一级指标	权重	二级指标	权重	三级指标	权重
B 农村生态文明建设与环境美化及宜居程度	0.1614	B2农业绿色发展水平	0.4491	B22化肥施用合理化程度（%）	0.2487
				B23主要农作物病虫绿色防控覆盖率（%）	0.1922
				B24畜禽粪污综合利用率（%）	0.1556
				B25农作物秸秆综合利用率（%）	0.1532
C 农村文化建设和乡风文明程度	0.0870	C1农村思想道德建设水平	0.3946	C11农村居民教育文化娱乐支出占比（%）	0.4867
				C12农村人口受教育水平（%）	0.5133
		C2农村公共文化建设水平	0.3867	C21农村义务教育学校专任教师本科以上学历占比（%）	0.4266
				C22村综合性文化服务中心覆盖率（%）	0.5735
		C3乡村社会文明程度	0.2188	C31县级及以上文明村和乡镇占比（%）	0.5250
				C32乡村社会文明程度定性评价水平（%）	0.4750
D 农村政治建设与治理有效程度	0.1058	D1农村基层组织建设水平	0.1250	D11村党组织书记兼任村委会主任的村占比（%）	1.0000
		D2乡村治理体系与能力	0.4867	D21村庄规划管理覆盖率（%）	0.3010
				D22村民选举投票率（%）	0.2340
				D23实行财务公开村占比（%）	0.2387
				D24有村规民约的村占比（%）	0.2263
		D3农村基层服务水平	0.1313	D31建有综合服务站的村占比（%）	1.0000
		D4农村居民满意程度	0.2570	D41农村居民幸福度（%）	0.5758
				D42农村居民社会公平感知度（%）	0.4242
E 农村社会建设与农民生活富裕程度	0.2116	E1农村居民收入水平	0.3110	E11农村居民收入水平（%）	0.7008
				E12农村脱贫实现程度（%）	0.2992
		E2农村居民生活质量	0.3848	E21农村居民消费水平（%）	0.3074
				E22农村恩格尔系数降低程度（%）	0.2098
				E23农村自来水普及率（%）	0.2399
				E24具备条件的建制村通硬化道路比例（%）	0.2430
		E3农村社会保障水平	0.3043	E31农村居民基本养老保险参保率（%）	0.2973

续表

一级指标	权重	二级指标	权重	三级指标	权重
E 农村社会建设与农民生活富裕程度	0.2116	E3农村社会保障水平	0.3043	E32农村居民基本医疗保险参保率（%）	0.2961
				E33农村居民最低生活保障人均支出水平（%）	0.2012
				E34农村医疗卫生人员配置水平（%）	0.2054
F 农业农村优先发展与城乡融合程度	0.1397	F1农业农村资金投入优先保障程度	0.2881	F11农林水事务财政支出优先程度（%）	0.4728
				F12政策性农业保险发展水平（%）	0.2629
				F13农民转移性收入占比（%）	0.2643
		F2城乡居民收入均衡化程度	0.2082	F21城乡居民人均可支配收入相对数差距缩小程度（%）	0.6555
				F22城乡居民人均可支配收入绝对数差距缩小程度（%）	0.3446
		F3城乡居民基本权益平等化程度	0.1561	F31户籍城镇化占常住人口城镇化率比例（%）	0.4650
				F32城乡居民基本权益平等化程度定性评价水平（%）	0.5350
		F4要素配置农村优先满足与城乡合理化程度（%）			0.1225
		F5公共服务农村优先安排与城乡均等化程度（%）			0.1244
		F6农村干部配备优先考虑程度（%）			0.1007

2. 一级指标评价结果

从动态变化来看，6个一级指标评价结果与乡村振兴整体水平一样，2010~2020年均呈稳步提高态势，详见图3–2和表3–5。其中，农村经济建设与产业兴旺程度（A）增长幅度最大，由2010年的26.92%增长至2020年的60.04%，提高了33.12个百分点；农业农村优先发展与城乡融合程度（F）增长幅度最小，由2010年的24.22%增长至2020年的40.82%，提高了16.61个百分点，比农村经济建设与产业兴旺程度（A）增长幅度低16.5个百分点，仅相当于其50.1%。增长幅度排第二位和第三位的是农村文化建设与乡风文明程度（C）和农村生态文明建设与环境美化及宜居程度（B），分别由2010年的24.47%和26.32%增长至2020年的51.86%和52.09%，分别提高了增长27.39个百分点和25.76个百分点。农村政治建设与治理有效程度（D）和农村社会建设与农民生活富裕程度（E）增长幅度较小，分别由2010年的52.2%和51.33%增长至2020年的73.65%和69.34%，分别提高了21.45个百分点和18.00个百分点。

表 3-5　　　　全国乡村振兴水平一级指标评价结果

年份	A 农村经济建设与产业兴旺程度	B 农村生态文明建设与环境美化及宜居程度	C 农村文化建设和乡风文明程度	D 农村政治建设与治理有效程度	E农村社会建设与农民生活富裕程度	F农业农村优先发展与城乡融合程度
2010	26.92	26.32	24.47	52.20	51.33	24.22
2011	31.20	27.77	26.76	54.56	55.92	25.44
2012	33.38	29.53	28.84	55.68	59.06	27.32
2013	36.24	32.12	31.02	56.46	60.65	29.68
2014	39.47	34.92	33.94	58.15	61.92	31.31
2015	42.12	38.20	36.47	59.98	62.80	34.16
2016	44.70	40.32	38.50	61.06	64.44	35.20
2017	48.01	43.39	41.49	63.78	65.80	35.48
2018	50.58	47.02	46.25	66.75	67.42	37.11
2019	54.19	49.73	48.97	70.39	68.52	38.71
2020	60.04	52.09	51.86	73.65	69.34	40.82
2010~2020年提高百分点	33.12	25.76	27.39	21.45	18.00	16.61

从横向对比来看，2020年，全国农村政治建设与治理有效程度（D）为73.65%，水平最高；其次是农村社会建设与农民生活富裕程度（E），评价值为69.34%；再次是农村经济建设与产业兴旺程度（A），评价值为60.04%；排在第四位和第五位的分别是农村生态文明建设与环境美化及宜居程度（B）和农村文化建设与乡风文明程度（C），评价值分别为52.09%和51.86%；水平最低的是农业农村优先发展与城乡融合程度（F），评价值为40.82%，比水平最高的农村政治建设与治理有效程度（D）低32.83个百分点，仅相当于其55.4%。

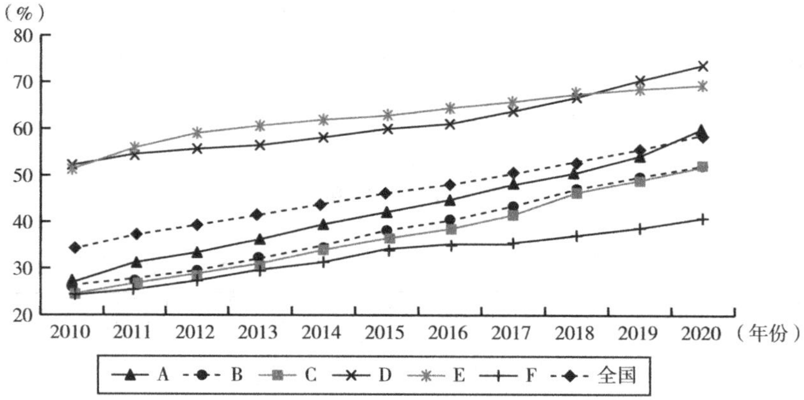

图 3-2　2010~2020 年全国乡村振兴水平一级指标变化情况

从各一级指标评价结果与乡村振兴整体水平比较来看，2020年，评价值高于乡村振兴整体水平的一级指标依次是农村政治建设与治理有效程度（D）、农村社会建设与农民生活富裕程度（E）和农村经济建设与产业兴旺程度（A），分别高出14.89个百分点、10.58个百分点和1.28个百分点；评价值低于乡村振兴整体水平的一级指标依次是农业农村优先发展与城乡融合程度（F）、农村文化建设与乡风文明程度（C）和农村生态文明建设与环境美化及宜居程度（B），分别低17.94个百分点、6.9个百分点和6.67个百分点。2010~2020年，提高幅度高于乡村振兴整体水平的一级指标依次是农村经济建设与产业兴旺程度（A）、农村文化建设与乡风文明程度（C）和农村生态文明建设与环境美化及宜居程度（B），分别高出8.43个百分点、2.7个百分点和1.08个百分点；提高幅度低于乡村振兴整体水平的一级指标分别依次是农业农村优先发展与城乡融合程度（F）、农村社会建设与农民生活富裕程度（E）和农村政治建设与治理有效程度（D），分别低8.09个百分点、6.68个百分点和3.24个百分点。综合对比分析，农村经济建设与产业兴旺程度（A）提高较快，对推动全国乡村振兴起到了重要支撑和正向拉动作用；而农业农村优先发展与城乡融合程度提高较慢，对全国乡村振兴产生了负向影响和向下拖拽作用。

3. 二级指标评价结果

2010~2020年，21个二级指标的评价结果与乡村振兴整体水平及一级指标评价结果在动态趋势上相同，均呈稳步上升态势，见表3-6。其中，上升幅度最大的二级指标是A1农村经济发展水平，10年间上升了48.08个百分点，其次是C2农业信息化水平和D3农业劳动生产率增长水平，分别上升了48.02个百分点和41.42个百分点；上升幅度最小的二级指标是D4产品加工业发展水平，10年间只上升了4.88个百分点，其次是C1农业水利化水平和F2对生活污水进行处理的行政村占比，分别只上升了6.31个百分点和6.38个百分点。

静态横向比较，2020年，乡村综合治理能力（D2）指标水平最高，评价值为84.64%，其次是农业信息化水平（C2）和村庄绿化覆盖率（E3），评价值分别为82.45%和80.54%；农业水利化水平（C1）评价结果最低，评价值为21.33%，与最高水平相差63.31个百分点，仅相当于其25.2%。

从各二级指标评价结果与其所属一级指标评价值比较来看，对农村经济建设与产业兴旺程度（A）起到正向拉动作用的二级指标是农村经济发展水平（A1）和农业现代化水平（A2），产生负向制约影响的是非农产业发展水平（A3）；对农村生态文明建设与环境美化及宜居程度（B）起到正向拉动作用的二级指标是农村生活环境美化与宜居程度（B1），产生负向制约影响的是农业绿色发展水平（B2）；对农村文化建设和乡风文明程度（C）起到正向拉动作用的是农村公共文化建设水平（C2）和乡村社会文明程度（C3），产生负向制约影响的是农村思想道德建设水平（C1）；对农村政治建设与治理有效程度（D）起到正向拉动作用的二级指标是乡村综合治理能力（D2）和农村居民满意程度（D4），产生负向制约影响的是农村基层服务水平（D3）和农村基层党组织建设水平（D1）；对农村社会建设与农民生活富裕程度（E）起到正向拉动作用的二级指标是农村社会保障水平（E3）和农村居民生活质量（E2），产生负向制约影响的是农村居民收入水平（E1）；对农业农村优先发展与城乡融合程度（F）起到正向拉动作用的二级指标是城乡居民基本权益平等化程度（F3）、农村干部配备优先考虑程度（F6）、公共服务农村优先安排与城乡均等化程度（F5）和要素配置农村优先满足与城乡合理化程度（F4），产生负向制约影响的是城乡居民收入均衡化程度（F2）和农业农村资金投入优先保障程度（F1）。

4. 二级指标评价结果

2010~2020年，58个三级指标的评价结果均呈稳步上升态势，但上升幅度不同，详见表3-6。其中，上升幅度最大的前三个三级指标分别是农业劳动生产率增长水平（A28）、农村居民基本养老保险参保率（E31）和农业土地生产率增长水平（A27），10年间分别上升了84.79个百分点、84.69个百分点和73.71个百分点；上升幅度最小的前三个三级指标分别是农村居民教育文化娱乐支出占比（C11）、户籍城镇化占常住人口城镇化率比例（F31）和实行财务公开村占比（D23），10年间分别只上升了1.16个百分点、2.65个百分点和2.8个百分点。具体分析，在农村经济建设与产业兴旺程度（A）一级指标内部，农业劳动生产率（A28）增长水平上升幅度最大，10年间上升了84.79个百分点，农业科技化水平（A22）上升幅度最小，只上升了8个百分点，两者相差76.79个百分点；在农村生态文明建设与环境美化及宜居程度（B）一级指标内部，对生活垃圾进行治理的行政村（B12）占比上升幅度最大，10年间上升了69.2个百分点，化肥施用合理化程度（B22）上升幅度最小，只上升了3.6个百分点，两者相差65.6个百分点；在农村文化建设与乡风文明程度（C）一级指标内部，村综合性文化服务中心覆盖率（C22）上升幅度最大，10年间上升了59个百分点，农村居民教育文化娱乐支出占比（C11）上升幅度最小，只上升了1.16个百分点，两者相差57.84个百分点；在农村政治建设与治理有效程度（D）一级指标内部，建有综合服务站的村占比（D31）上升幅度最大，10年间上升了41.42个百分点，实行财务公开村占比（D23）上升幅度最小，只上升了2.8个百分点，两者相差38.62个百分点；在农村社会建设与农民生活富裕程度（E）一级指标内部，农村居民基本养老保险参保率（E31）上升幅度最大，10年间上升了84.69个百分点，农村居民基本医疗保险参保率（E32）上升幅度最小，只上升了4个百分点，两者相差80.69个百分点；在农业农村优先发展与城乡融合程度（F）一级指标内部，农民转移性收入占比（F13）上升幅度最大，10年间上升了35.38个百分点，户籍城镇化占常住人口城镇化率（F31）上升幅度最小，只上升了2.65个百分点，两者相差32.73个百分点。

静态横向比较，2020年，农业劳动生产率增长水平（A28）、农村脱贫实现程度（E12）、具备条件的建制村通硬化道路比例（E24）、农村居民基本养老保险参保率（E31）、农村居民基本医疗保险参保率（E32）等三级指标评价值为100%，有村规民约的村占比（D24）、实行财务公开村占比（D23）、村综合性文化服务中心覆盖率（C22）、对生活垃圾进行治理的行政村占比（B12）等指标评价值达到了90%以上。在水平较低的三级指标中，2020年，城乡居民人均可支配收入绝对数差距缩小程度（F22）为负值，意味着城乡居民人均可支配收入绝对数差距还在扩大，但扩大程度自2018年起在逐年缩小；农村居民教育文化娱乐支出占比（C11）、农林水事务财政支出优先程度（F11）、化肥施用合理化程度（B22）等指标评价值低于20%，农业组织化水平（A26）、农药使用合理化程度（B21）等指标评价值低于30%。

从各三级指标评价结果与其所属一级指标评价值比较来看，对农村经济建设与产业兴旺程度（A）起到正向拉动作用最大的三级指标是农业劳动生产率增长水平（A28）和农业增加值增长水平（A11），产生负向制约影响最大的是农业组织化水平（A26）和休闲农业与乡村旅游业发展水平；对农村生态文明建设与环境美化及宜居程度（B）起到正向拉动作用最大的三级指标是对生活垃圾进行治理的行政村占比（B12）和农村卫生厕所普及率（B14），产生负向制约影响最大的是化肥施用合理化程度（B22）和农药使用合理化程度（B21）；对农村文化建设和乡风文明程度（C）起到正向拉动作用最大的三级指标是村综合性文化服务中心覆盖率（C22），产生负向制约影响最大的是农村居民教育文化娱乐支出占比（C11）；对农村政治建设与治理有效程度（D）起到正向拉动作用最大的三级指标是有村规民约的村占比（D24）和实行财务公开村占比（D23），产生负向制约影响最大的是建有综合服务站的村占比（D31）；对农村社会建设与农民生活富裕程度（E）起到正向拉动作用最大的三级指标是具备条件的建制村通硬化道路比例（E24）、农村居民基本养老保险参保率（E31）和农村居民基本医疗保险参保率（E32），产生负向制约影响最大的是农村居民人均可支配收入水平（E11）；对农业农村优先发展与城乡融合程度（F）起到正向拉动作用最大的三级指标是户籍城镇化占常住人口城镇化率比例（F31），产生负向制约影响最大的是城乡居民人均可支配收入绝对数差距缩小程度（F22）和农林水事务财政支出优先程度（F11）。

表 3–6　　全国乡村振兴水平二级指标评价结果

年份	2010	2011	2012	2013	2014	2015	2016	2017	2018	2019	2020	2010--2020 年增量
A1农村经济发展水平	21.60	25.17	29.60	31.23	34.70	38.06	40.44	46.59	51.42	54.74	69.68	48.08
A2人均农业增加值增长水平	29.02	32.16	35.07	38.32	42.08	45.15	47.60	50.41	53.17	58.43	62.57	33.55
A3村集体经济发展水平	27.56	34.79	33.44	36.63	38.59	39.71	42.78	44.46	44.57	45.10	46.07	18.51
B1农业机械化水平	27.50	29.71	31.93	35.24	39.15	43.38	45.61	48.45	53.39	56.53	55.55	28.05
B2农业科技化水平	24.83	25.35	26.54	28.24	29.68	31.77	33.75	37.10	39.13	41.29	47.75	22.92
C1农业水利化水平	15.02	15.41	15.51	15.76	17.81	18.96	18.87	19.36	20.40	21.44	21.33	6.31
C2农业信息化水平	34.43	39.25	43.63	48.09	52.55	56.95	61.30	65.92	74.51	78.37	82.45	48.02
C3农业规模化水平	23.92	25.14	26.76	28.38	30.11	31.85	33.57	38.21	42.91	46.65	52.85	28.93
D1农业组织化水平	18.00	20.00	22.00	24.00	26.00	28.00	30.00	34.00	38.00	50.00	55.00	37.00
D2农业土地生产率增长水平	63.82	66.40	68.85	70.11	72.27	74.70	76.23	77.77	80.21	82.53	84.64	20.82
D3农业劳动生产率增长水平	8.58	9.50	10.50	11.50	12.50	13.50	14.30	23.00	32.00	38.50	50.00	41.42
D4产品加工业发展水平	69.11	71.95	70.19	69.37	70.34	71.39	71.31	72.59	72.99	73.59	73.99	4.88
E1休闲农业与乡村旅游业发展水平	48.18	50.30	51.24	53.33	53.25	53.87	54.35	54.86	55.51	56.25	57.31	9.13
E2农村非农产业就业人员比例	54.88	56.44	58.68	60.58	63.02	63.73	65.82	67.53	69.27	69.97	70.20	15.32

续表

年份	2010	2011	2012	2013	2014	2015	2016	2017	2018	2019	2020	2010—2020年增量
E3村庄绿化覆盖率	50.07	61.02	67.55	68.22	69.38	70.75	73.00	74.80	77.26	79.24	80.54	30.47
F1对生活垃圾进行治理的行政村占比	8.29	9.93	13.44	15.22	21.05	25.35	25.77	24.12	26.61	27.84	29.24	20.95
F2对生活污水进行处理的行政村占比	18.76	18.41	18.60	23.62	18.86	21.34	21.53	21.42	21.90	22.41	25.14	6.38
F3农村卫生厕所普及率	49.39	49.87	50.71	51.33	52.88	55.37	56.37	57.30	58.69	59.93	61.40	12.01
F4农村居民住房条件	29.19	31.00	33.00	35.00	37.00	39.00	41.00	42.75	44.42	46.75	49.50	20.31
F5公共服务农村优先安排与城乡均等化程度	28.60	31.00	33.00	35.00	37.00	39.00	41.00	42.75	44.26	47.25	50.00	21.40
F6农村干部配备优先考虑程度	29.50	31.75	33.75	35.75	37.75	39.75	42.00	44.00	45.91	48.75	51.00	21.50
A11农业增加值增长水平	18.81	23.19	30.99	31.45	36.93	40.06	40.46	46.94	47.62	49.54	85.21	66.40
A12人均农业增加值增长水平	11.95	17.07	21.76	26.66	31.71	37.89	43.81	50.33	56.94	60.33	64.71	52.76
A13村集体经济发展水平	32.75	34.15	35.05	35.00	35.10	36.25	37.50	43.00	50.35	55.00	58.75	26.00
A21农业机械化水平	52.30	55.00	57.00	59.50	61.00	63.00	65.20	66.00	67.00	70.00	71.25	18.95
A22农业科技化水平	52.00	53.50	54.50	55.20	56.00	56.40	56.70	57.50	58.30	59.20	60.00	8.00
A23农业水利化水平	44.61	45.61	46.24	46.96	47.79	48.79	49.76	50.28	50.65	53.71	55.63	11.02
A24农业信息化水平	17.50	20.20	23.70	27.50	28.80	32.30	33.10	35.40	38.40	44.00	48.00	30.50
A25农业规模化水平	29.71	30.98	32.78	34.93	37.13	38.90	40.40	41.95	42.40	43.00	43.50	13.79

续表

年份	2010	2011	2012	2013	2014	2015	2016	2017	2018	2019	2020	2010~2020年增量
A26农业组织化水平	9.93	11.84	14.58	14.93	21.06	20.19	20.51	21.74	22.03	22.59	22.71	12.78
A27农业土地生产率增长水平	4.39	10.22	14.99	20.10	26.10	32.98	38.67	45.24	50.96	66.45	78.10	73.71
A28农业劳动生产率增长水平	15.21	22.13	28.40	37.76	47.65	56.06	62.14	69.52	78.43	89.24	100.0	84.79
A31农产品加工业发展水平	43.40	54.84	50.76	54.29	55.55	55.91	56.07	56.49	56.97	57.65	58.24	14.84
A32休闲农业与乡村旅游业发展水平	13.33	17.62	17.16	17.43	17.41	18.49	27.60	32.12	31.03	30.22	32.00	18.67
A33农村非农产业就业人员比例	21.57	26.13	27.90	34.42	40.09	42.45	42.31	42.33	43.43	45.46	46.00	24.43
B11村庄绿化覆盖率	12.00	13.30	14.70	16.00	17.40	18.60	20.00	22.50	25.00	27.50	30.00	18.00
B12对生活垃圾进行治理的行政村占比	20.80	24.50	29.40	36.60	48.20	62.20	65.00	67.00	84.00	87.00	90.00	69.20
B13对生活污水进行处理的行政村占比	6.00	6.30	6.70	9.10	9.98	10.00	11.38	17.19	20.00	25.00	30.00	24.00
B14农村卫生厕所普及率	67.40	69.20	71.70	74.10	76.10	78.40	80.30	81.70	82.80	84.00	86.00	18.60
B15农村居民住房条件	31.76	35.42	37.21	40.66	44.25	47.71	51.30	54.33	55.79	60.16	44.07	12.31
B21农药使用合理化程度	11.17	11.86	13.19	14.55	15.61	17.25	19.52	25.23	22.31	26.78	28.17	17.00
B22化肥施用合理化程度	13.50	12.92	12.39	11.72	11.44	11.72	12.70	14.49	16.72	16.67	17.10	3.60
B23主要农作物病虫绿色防控覆盖率	12.00	14.00	16.00	18.00	20.00	23.10	25.20	27.20	29.20	31.20	60.00	48.00
B24畜禽粪污综合利用率	37.00	38.00	40.00	43.00	46.00	50.00	54.00	60.00	70.00	73.00	75.00	38.00

续表

年份	2010	2011	2012	2013	2014	2015	2016	2017	2018	2019	2020	2010~2020年增量
B25农作物秸秆综合利用率	69.00	68.70	70.60	75.00	77.50	80.10	81.00	82.00	83.70	85.00	86.00	17.00
C11农村居民教育文化娱乐支出占比	8.38	7.58	7.55	7.33	10.25	10.51	10.57	10.69	10.74	11.12	9.54	1.16
C12农村人口受教育水平	21.33	22.83	23.06	23.76	24.98	26.97	26.74	27.59	29.57	31.23	32.50	11.17
C21农村义务教育学校专任教师本科以上学历占比	35.02	38.23	41.78	45.52	49.26	52.86	56.33	60.45	62.30	64.09	68.28	33.26
C22 村综合性文化服务中心覆盖率	34.00	40.00	45.00	50.00	55.00	60.00	65.00	70.00	83.60	89.00	93.00	59.00
C31县级及以上文明村和乡镇占比	12.72	13.50	15.00	16.50	18.00	19.50	21.20	28.00	35.00	40.00	50.00	37.28
C32乡村社会文明程度定性评价水平	36.29	38.00	39.75	41.50	43.50	45.50	47.25	49.50	51.65	54.00	56.00	19.71
D11村党组织书记兼任村委会主任的村占比	18.00	20.00	22.00	24.00	26.00	28.00	30.00	34.00	38.00	50.00	55.00	37.00
D21村庄规划管理覆盖率	47.88	52.73	55.81	59.58	58.97	60.54	61.46	65.00	70.00	75.00	80.00	32.12
D22村民选举投票率	56.66	54.82	55.89	49.75	51.34	52.94	52.77	54.12	57.25	60.00	62.00	5.34
D23实行财务公开村占比	95.70	96.32	96.91	96.80	97.50	97.50	97.20	97.40	97.80	98.10	98.50	2.80
D24有村规民约的村占比	58.80	65.00	70.00	77.00	85.00	92.00	98.00	98.50	99.00	99.40	99.60	40.80
D31建有综合服务站的村占比	8.58	9.50	10.50	11.50	12.50	13.50	14.30	23.00	32.00	38.50	50.00	41.42
D41农村居民幸福度	74.20	77.80	75.20	74.80	75.60	76.40	76.40	77.60	78.00	78.60	79.00	4.80

续表

年份	2010	2011	2012	2013	2014	2015	2016	2017	2018	2019	2020	2010~2020年增量
D42农村居民社会公平感知度	62.20	64.00	63.40	62.00	63.20	64.60	64.40	65.80	66.20	66.80	67.20	5.00
E11农村居民人均可支配收入水平	33.40	34.51	34.77	37.03	36.36	36.61	36.78	36.91	37.24	37.82	39.08	5.68
E12农村脱贫实现程度	82.80	87.30	89.80	91.50	92.80	94.30	95.50	96.90	98.30	99.40	100.0	17.20
E21农村居民消费水平	28.86	30.60	31.50	32.70	34.24	36.02	37.68	40.05	43.05	44.07	47.20	18.34
E22农村恩格尔系数降低程度	43.31	45.66	48.13	50.44	53.67	54.76	56.23	57.78	59.31	59.41	54.77	11.46
E23农村自来水普及率	71.20	72.10	74.60	76.40	79.00	76.00	79.00	80.00	81.00	82.00	83.00	11.80
E24具备条件的建制村通硬化道路比例	81.70	83.00	86.46	89.00	91.76	94.45	96.70	98.40	99.47	100.0	100.0	18.30
E31农村居民基本养老保险参保率	15.31	50.23	72.16	73.86	77.20	81.56	84.69	88.18	92.69	96.82	100.0	84.69
E32农村居民基本医疗保险参保率	96.00	97.50	98.30	98.70	98.90	98.80	99.36	100.0	100.0	100.0	100.0	4.00
E33农村居民最低生活保障人均支出水平	44.09	44.15	43.49	43.95	45.29	46.50	51.23	53.85	56.25	57.69	58.93	14.84
E34农村医疗卫生人员配置水平	39.90	40.38	39.93	39.65	38.87	38.20	39.16	39.37	42.44	44.68	45.20	5.30
F11农林水事务财政支出优先程度	2.27	3.41	7.95	7.95	5.68	12.50	12.50	6.82	7.95	9.09	10.23	7.96
F12政策性农业保险发展水平	9.21	12.39	16.10	22.55	24.65	28.20	27.92	30.53	36.46	37.55	38.82	29.61
F13农民转移性收入占比	18.05	19.05	20.46	20.79	44.74	45.23	47.08	48.45	49.95	51.46	53.43	35.38

续表

年份	2010	2011	2012	2013	2014	2015	2016	2017	2018	2019	2020	2010–2020年增量
F21城乡居民人均可支配收入相对数差距缩小程度	33.40	34.51	34.77	37.03	36.36	36.61	36.78	36.91	37.24	37.82	39.08	5.68
F22城乡居民人均可支配收入绝对数差距缩小程度	−9.08	−12.2	−12.15	−1.90	−14.45	−7.73	−7.48	−8.05	−7.27	−6.92	−1.38	7.70
F31户籍城镇化占常住人口城镇化率比例	68.41	66.97	66.48	65.52	66.55	69.60	70.02	70.30	70.52	70.77	71.06	2.65
F32城乡居民基本权益平等化程度定性评价水平	32.86	35.00	37.00	39.00	41.00	43.00	44.50	46.00	48.40	50.50	53.00	20.14
F41要素配置农村优先满足与城乡合理化程度	29.19	31.00	33.00	35.00	37.00	39.00	41.00	42.75	44.42	46.75	49.50	20.31
F51公共服务农村优先安排与城乡均等化程度	28.60	31.00	33.00	35.00	37.00	39.00	41.00	42.75	44.26	47.25	50.00	21.40
F61农村干部配备优先考虑程度	29.50	31.75	33.75	35.75	37.75	39.75	42.00	44.00	45.91	48.75	51.00	21.50

三、全国乡村振兴水平预测

（一）乡村振兴水平预测的意义与流程

虽然经济全球化不断深化、科学技术不断发展，但我国乡村发展水平较世界领先水平仍有差距，各方面发展不均衡不充分的问题依然突出，我国乡村振兴任务艰巨，实现的过程曲折且长远。改革开放以来，我国农村产业结构由重农业向二三产业转移，农业在国民经济中的份额有所减小，农村居民人均可支配收入持续增加，基本物质生活得到有效保障后，农村居民对乡村发展提出新诉求和高要求，因此，党的十九大提出，要实施乡村振兴战略，解决当前我国乡村存在的现实问题，以期谋求更好的发展。

2017年末的中央农村工作会议对乡村振兴战略的实施做出了“三步走”的战略部署，在每一个政策转折的关键节点，需要推行具体的衡量标准来判定是否实现既定的目标。而乡村振兴水平的实质就是从统计学角度，结合系统理论分析，将乡村从比较落后，存在诸多不完善、不健全的体系到形成相对完善的系统，实现全面振兴。结合2010~2020年的振兴水平，综合不同阶段提出的细则性政策规划，对未来时期进行预测，可以避免乡村振兴发展处于无序、盲目推进。通过预测值与各期目标值的比较，对乡村振兴水平进行实时监测，使政府和相关部门及时有效地获取乡村振兴的运行状态等信息，在此基础上，对乡村振兴水平的基础指标进行预测，通过预测结果和构建的乡村振兴水平评价指标体系评估不同时期乡村振兴可能实现的水平，从而分析乡村振兴水平的发展轨迹，以判断当前政策实施的效果是否明显，以此为决策者提供有效信息来制订相应措施，促进乡村振兴健康、有序地推进，从而实现既定的发展目标。

结合前面构建的评价指标体系，受时间序列取值的长度影响，为保证更加准确地获得2021~2025年的预测值，需要对各基础指标进行分析。首先结合前面构建的乡村振兴系统和乡村振兴水平评价指标体系对指标进行预选，选取的标准是：一是符合乡村振兴发展的客观规律，二是保证结果的可信度。确定预测乡村振兴水平所需的指标后对指标的属性进行判断，观察各指标时间序列的变动规律和分析指标的具体内涵和作用，对于可以通过统计学方法进行预测的将运用模型方法进行预测，反之则结合系统分析理论，对指标作出经济学意义上的分析。对于通过统计学方法进行预测的指标，需要分析它们的变动规律，为更客观地进行预测，根据不同指标特性采用不同的模型预测，在设定的不同情境中选择最优序列形成最终的预测矩阵，嵌入第三、第四章构建的乡村振兴水平评价指标体系和评价方法，得到预测的时间序列。具体分析过程如图3–3所示。

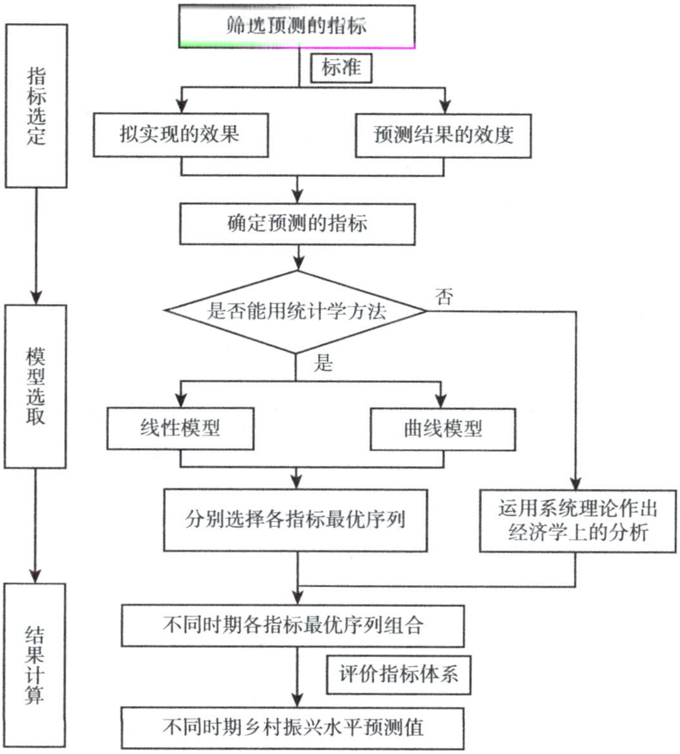

图 3-3　不同时期全国乡村振兴水平预测流程

（二）乡村振兴水平的预测

1. 指标选定

常规获得乡村振兴水平预测值的估算思路是根据2010~2020年乡村振兴水平评价值进行时间序列的预测。由于时间序列长度较短，需要预测的时序偏长，技术上可以计算出具体数值，但是效度上会失真。结合宏观环境对拟实现的效果的预期，考量早期数据的可获取性会影响预测值的效度，本研究采用对基础指标的原始数据进行逐一预测，最后依照乡村振兴水平评价指标体系拟合出所需时间节点的乡村振兴水平预测值，这样既可以保证全书一致性，参照前面构建的乡村振兴评价指标体系，同样也使后续预测值与现期值的比较分析具有可比性。

2.模型选取

（1）数理模型预测目标值。

统计学上对时间序列的预测模型种类繁多，有指数平滑法、神经网络模型、回归分析、移动平均自回归模型等。通过对本研究数据特征的观察发现，数据样本表现为短期多序列的特征。为更精准拟合各序列的变动趋势，因此本研究拟采用多种预测方法进行预测，为综合充分考虑各指标实际波动特点，使预测值更贴近指标的内在变动规律，分别对各序列在OLS回归中的一元线性回归、二元线性回归；ARIMA中自回归阶数AR取值0~2，差分阶数取值0~2，移动平均阶数MA在0~2的取值范围内进行排列组合；采用Var系统预测和灰色预测模型GM（1，1）逐一进行大量的预测，综合理论分析中各指标的演进规律，确定适合每个序列的预测模型，检验结果见附录3，所得预测序列均通过模型检验。

1）ARIMA 模型拟合的步骤。

第一步，数据的平稳性检验。首先依照序列变动特征绘制折线图，并进行单位根检验，根据ADF检验结果判定序列是否稳定，如果序列为非平稳序列，但整体表现出明显的上升或下降态势，则需要进行差分，将数据进行转换变为平稳序列，其中差分的次数就是ARIMA（p，d，q）中的阶数d（见表3-7）。

第二步，确定参数。阶数d通过差分变换确定，自回归阶数和移动平均阶数则需要通过ACF和PACF，即自相关系数和偏相关系数确定，根据AIC准则、BIC准则、SC准则等准则判定方法确定p和q参数，一般选择使AIC和BIC准则最小的情况的参数为最优解。

第三步，参数估计与模型检验。确定各参数后，代入数据需要对参数进行估计，并对模型结果的显著性进行检验，检验在当前参数组合下，模型设计是否合理。

第四步，模型检验。根据残差序列检验当前模型是否充分解释了序列信息，模型是否可行，结果是否有效。若模型有效度不充分，则需要返回第二个步骤，对参数进行新的排列组合。

表 3-7 ARMA（p，q）序列特征

模型	AP（p）	MA（q）	ARMA（p，q）
自相关函数	拖尾 指数衰减和（或）正弦衰减	截尾	拖尾 指数衰减和（或）正弦衰减
偏自相关函数	截尾（阶）	拖尾 指数衰减和（或）正弦衰减	拖尾 指数衰减和（或）正弦衰减

2）灰色预测模型。

灰色预测模型是基于GM模型做出的定量预测，GM(1，1)是其中一种。

第一步，设定时间序列有n个初始值，通过累加形成新的时间序列$x(1)=(x(1)(1)，x(1)(2)，\cdots，x(1)(n))$，其中，$x(1)(k)= x(0)(1)+x(0)(2)+\cdots+x(0)(k)$，$k=1，2，\cdots，n$。

第二步，建立以$x(1)$为紧邻均值生成序列为$z(1)(k)=(z(1)(1)，z(1)(2)，\cdots，z(1)(n))$，其中，$z(1)(k)=0.5(x(0)(k)+x(0)(k-1))$，$k=2，3，\cdots，n$。

GM(1，1)模型是由1个变量组成的一阶线性动态模型，其微分方程为：$\mathrm{d}x(1)/\mathrm{d}t+ax(1)=b$，其中a为发展系数，b为灰色作用量。

第一步，求解微分方程得到时间响应式：$\hat{x}^{(1)}(t+1)=\left(x^{(0)}(1)-\dfrac{b}{a}\right)e^{-at}+\dfrac{b}{a}$，与之对应的时间相应序列为：$\hat{x}^{(1)}(k+1)=\left(x^{(0)}(1)-\dfrac{b}{a}\right)e^{-ak}+\dfrac{b}{a}$。

第二步，引入参数向量$\hat{u}=[a,b]^T$，利用最小二乘法求出$\hat{u}$，应用的公式为：$\hat{u}=(B^TB)^{-1}B^TY$。

其中，Y为时间序列矩阵，$B=\begin{bmatrix}-z^{(1)}(2) & 1\\ \vdots & \vdots\\ -z^{(1)}(n) & 1\end{bmatrix}$。

第三步，进一步求出前面的累减还原式：$\hat{x}^{(0)}(k+1)=x^{(1)}(k+1)-x^{(1)}(k)$。

3）Var预测模型。

第一步，对时间序列进行单位根检验，确定数据间是否存在单位根以及序列是否为同阶单整。

若数据满足存在单位根，并且为同阶单整序列，可以进行协整检验，判断变量之间是否存在长期稳定关系。

第二步，进行平稳性检验，通过AIC和SC相对最小值确定最佳滞后阶数，一般达到最小值时，为比较可靠的Var模型。

（2）规划文件确定目标值。

目标值的确定主要来源于《乡村振兴战略规划（2018~2022年）》《国家质量兴农战略规划（2018~2022年）》《“十三五”农业科技发展规划》《全国农业现代化规划（2016~2020年）》《“十三五”脱贫攻坚规划的通知》。涵盖的指标有A13、A22、A23、A24、A25、A28、A31、B11、B12、B14、B21、B22、B24、B25、C11、C22、C31、C32、D21、D31、E23、F32、F4、F5、F6（见表3–8）。

表3–8　乡村振兴战略规划评价指标体系及目标值

二级指标	三级指标	2016年基期值	2020年目标值	2022年目标值
产业兴旺	粮食综合生产能力	>6	>6	>6
	农业科技进步贡献率	56.7	60	61.5
	农业劳动生产率	3.1	4.7	5.5
	农产品加工产值与农业总产值比	2.2	2.4	2.5
	休闲农业和乡村旅游业接待人次	21	28	32
生态宜居	畜禽粪污综合利用率	60	75	78
	村庄绿化覆盖率	20	30	32
	对生活垃圾进行处理的村占比	65	90	>90
	农村卫生厕所普及率	80.3	85	>85
乡风文明	村综合性文化服务中心覆盖率	–	95	98
	县级及以上文明村和乡镇占比	21.2	50	>50
	农村义务教育学校专任教师本科以上学历比例	55.9	65	68
	农村居民教育文化娱乐支出占比	10.6	12.6	13.6

续表

二级指标	三级指标	2016年基期值	2020年目标值	2022年目标值
治理有效	村庄规划管理覆盖率	-	80	90
	建有综合服务站的村占比	14.3	50	53
	村党组织书记兼任村委会主任的村占比	30	35	50
	有村规民约的村占比	98	100	100
	集体经济强村比重	5.3	8	9
生活富裕	农村居民恩格尔系数	32.2	30.2	29.2
	城乡居民收入比	2.72	2.69	2.67
	农村自来水普及率	79	83	85
	具备条件的建制村通硬化路比例	96.7	100	100

3. 模型构建与结果分析

运用上述方法对评价指标体系的基础指标进行预测，将所得结果进行对比，根据经济理论和现实发展情况进行筛选，最终确定基础指标的预测数据，所有序列通过各模型检验，检验结果见附录。综上所述，将所得到的基础指标的预测数据和估算数据汇总，代入前面指标计算方法，得到三级指标2021~2025年数值（见表3–9）。

表 3–9　　2021~2025 年乡村振兴三级指标预测值

二级指标	三级指标	2021年	2022年	2023年	2024年	2025年
A1农村经济发展水平	A11农业增加值增长水平（%）	60.31	63.91	67.51	71.11	74.71
	A12人均农业增加值增长水平（%）	71.30	76.77	82.24	87.71	93.18
	A13村集体经济发展水平（%）	56.32	58.84	61.37	63.89	66.42
A2农业现代化水平	A21农业机械化水平（%）	73.49	75.33	77.16	79.00	80.84
	A22农业科技化水平（%）	60.75	61.50	62.16	62.89	63.62
	A23农业水利化水平（%）	55.50	56.00	57.15	58.15	59.16
	A24农业信息化水平（%）	48.73	51.57	54.40	57.24	60.07
	A25农业规模化水平（%）	46.69	48.17	49.66	51.14	52.63
	A26农业组织化水平（%）	26.14	27.43	28.73	30.02	31.31
	A27农业土地生产率增长水平（%）	76.98	83.92	90.87	97.82	104.77
	A28农业劳动生产率增长水平（%）	108.57	117.34	126.11	134.88	143.65

续表

二级指标	三级指标	2021年	2022年	2023年	2024年	2025年
A3非农产业发展水平	A31农产品加工业发展水平（%）	60.50	61.49	62.48	63.47	64.46
	A32休闲农业与乡村旅游业发展水平（%）	35.40	37.44	39.49	41.53	43.57
	A33农村非农产业就业人员比例（%）	51.87	54.27	56.67	59.07	61.47
B1农村生活环境美化与宜居程度	B11村庄绿化覆盖率（%）	31.00	32.00	33.97	35.75	37.53
	B12对生活垃圾进行治理的行政村占比（%）	100.00	100.00	100.00	100.00	100.00
	B13对生活污水进行处理的行政村占比（%）	27.55	29.84	32.13	34.43	36.72
	B14农村卫生厕所普及率（%）	88.60	90.47	92.33	94.19	96.05
	B15农村居民住房条件（%）	65.86	68.95	72.04	75.13	78.22
B2农业绿色发展水平	B21农药使用合理化程度（%）	29.46	31.25	33.05	34.84	36.63
	B22化肥施用合理化程度（%）	16.64	17.12	17.60	18.08	18.56
	B23主要农作物病虫绿色防控覆盖率（%）	62.50	65.00	67.50	70.00	72.50
	B24畜禽粪污综合利用率（%）	76.50	78.00	84.90	88.90	92.89
	B25农作物秸秆综合利用率（%）	85.50	86.00	90.47	92.07	93.67
C1农村思想道德建设水平	C11农村居民教育文化娱乐支出占比（%）	13.10	13.60	13.13	13.56	14.00
	C12农村人口受教育水平（%）	32.87	33.95	35.03	36.10	37.18
C2农村公共文化建设水平	C21农村义务教育学校专任教师本科以上学历占比（%）	72.27	75.62	78.97	82.32	85.66
	C22 村综合性文化服务中心覆盖率（%）	96.50	98.00	100.00	100.00	100.00
C3乡村社会文明程度	C31县级及以上文明村和乡镇占比（%）	50.50	51.00	52.03	55.47	58.91
	C32乡村社会文明程度定性评价水平（%）	58.75	61.22	62.75	64.25	65.75
D1农村基层组织建设水平	D11村党组织书记兼任村委会主任的村占比（%）	55.20	55.35	58.78	62.21	65.64

续表

二级指标	三级指标	2021 年	2022 年	2023 年	2024 年	2025 年
D2乡村治理体系与能力	D21村庄规划管理覆盖率（%）	81.00	81.90	84.68	87.45	90.23
	D22村民选举投票率（%）	64.00	65.00	67.00	69.00	70.00
	D23实行财务公开村占比（%）	98.59	98.82	99.04	99.27	99.49
	D24有村规民约的村占比（%）	100.00	100.00	100.00	100.00	100.00
D3农村基层服务水平	D31建有综合服务站的村占比（%）	51.50	53.00	54.65	58.84	63.04
D4农村居民满意程度	D41农村居民幸福度（%）	78.98	79.36	79.75	80.13	80.51
	D42农村居民社会公平感知度（%）	67.44	67.93	68.41	68.90	69.38
E1农村居民收入水平	E11农村居民收入水平（%）	39.10	39.54	39.99	40.44	40.89
	E12农村脱贫实现程度（%）	100.00	100.00	100.00	100.00	100.00
E2农村居民生活质量	E21农村居民消费水平（%）	47.73	49.53	51.34	53.14	54.95
	E22农村恩格尔系数降低程度（%）	61.94	63.42	64.90	66.39	67.87
	E23农村自来水普及率（%）	84.00	85.00	86.43	87.54	88.64
	E24具备条件的建制村通硬化道路比例（%）	100.00	100.00	100.00	100.00	100.00
E3农村社会保障水平	E31农村居民基本养老保险参保率（%）	100.00	100.00	100.00	100.00	100.00
	E32农村居民基本医疗保险参保率（%）	100.00	100.00	100.00	100.00	100.00
	E33农村居民最低生活保障人均支出水平（%）	60.08	61.83	63.57	65.32	67.07
	E34农村医疗卫生人员配置水平（%）	46.00	47.00	48.00	49.00	50.00
F1农业农村资金投入优先保障程度	F11农林水事务财政支出优先程度（%）	11.51	12.12	12.73	13.34	13.95
	F12政策性农业保险发展水平（%）	43.80	46.79	49.78	52.77	55.76
	F13农民转移性收入占比（%）	62.75	66.87	70.98	75.10	79.21
F2城乡居民收入均衡化程度	F21城乡居民人均可支配收入相对数差距缩小程度（%）	39.10	39.54	39.99	40.44	40.89
	F22城乡居民人均可支配收入绝对数差距缩小程度（%）	-4.30	-3.67	-3.04	-2.42	-1.79

续表

二级指标	三级指标	2021年	2022年	2023年	2024年	2025年
F3城乡居民基本权益平等化程度	F31户籍城镇化占常住人口城镇化率比例（%）	71.67	72.16	72.64	73.13	73.62
	F32城乡居民基本权益平等化程度定性评价水平（%）	55.75	58.97	60.71	62.45	64.19
F4要素配置农村优先满足与城乡合理化程度（%）	–	52.25	55.37	56.95	58.53	60.11
F5公共服务农村优先安排与城乡均等化程度（%）	–	52.75	55.52	57.15	58.78	60.41
F6农村干部配备优先考虑程度（%）	–	53.75	56.65	58.18	59.71	61.24

（三）预测值结果分析

将三级指标代入全国乡村振兴水平评价指标体系，计算得到2021~2025年全国乡村振兴水平预测值。从预测结果来看，实施乡村振兴战略后，乡村振兴水平保持较稳定的高速增长。2025年，预计乡村振兴水平达到67.66%，分别比2017年和2020年提升8.38个百分点和17.28个百分点，提升速度有所提高（见图3–4）。

在2020年中央一号文件对农业农村发展的规划中提及加强农村基础设施建设，加快补齐农村基础设施的短板。这也佐证了政策体系会根据现期的发展水平做出有所侧重的改变。从三级指标可以看出，农业经济发展水平的提高、完善农村基础设施建设、增强农村社会保障水平、提升乡村治理能力对乡村振兴水平的增加起到正向推动作用，而农业农村优先发展程度、农村三次产业融合水平、农村居民收入与消费水平对乡村振兴发展的提升动力不足。

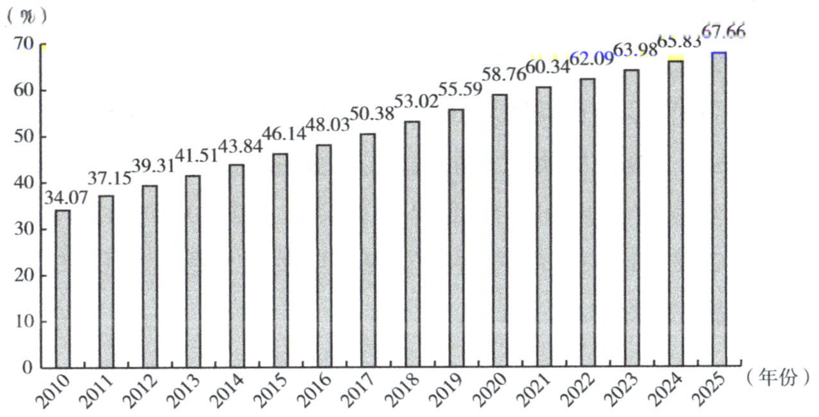

图 3-4　乡村振兴水平 2010~2025 年预测值

分开来看，一级指标之间的差距在逐渐缩小。除农村政治建设与治理有效程度和农村社会建设与农民生活富裕程度外，农村经济建设与产业兴旺程度也对全国乡村振兴水平表现出积极作用。农业农村优先发展与城乡融合程度受财政增长率变动情况的影响出现小幅波动，但是增长速度明显高于其他一级指标，说明在实施乡村振兴战略后，从财政倾斜角度对农业农村的投入明显增加（见图3-5）。

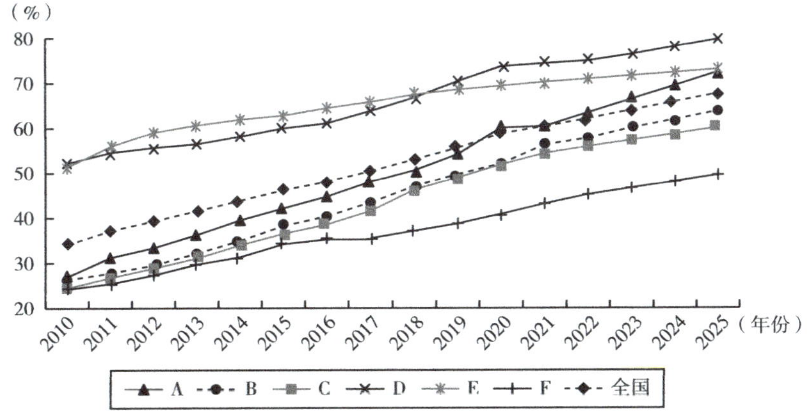

图 3-5　2010~2025 乡村振兴一级指标变化情况

从图3-6中可以看出，农村经济建设与产业兴旺程度和农村社会建设与农民生活富裕程度始终保持对乡村振兴水平较大贡献度。与一级指标的设定相吻合，两者的权重系数也高于其他指标。农村经济建设与产业兴旺程度的贡献度从2010年的23.28%增长至2025年的31.54%；农村社会建设与农民生活富裕程度的贡献度从2010年的31.87%减少至2025年的22.83%，但是仍位于6个一级指标贡献度的第2位。农村生态文明建设与环境美化及宜居程度对乡村振兴的贡献度提高较多，从2010年的12.47%增加至2025年的15.21%。而农业农村优先发展与城乡融合程度的贡献度比较稳定，始终保持在10%左右。

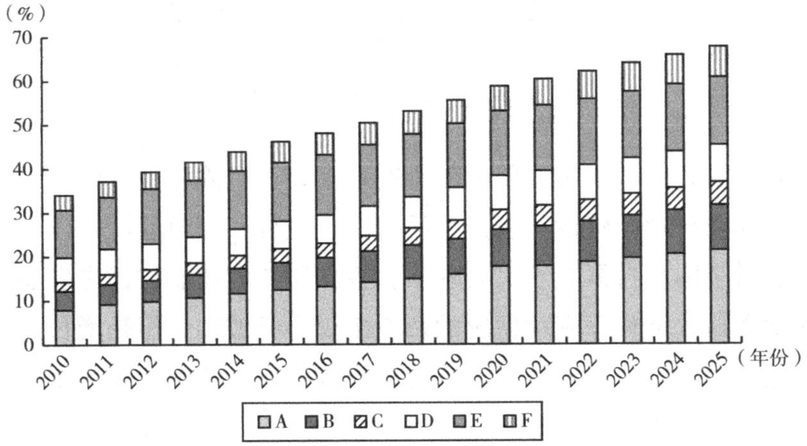

图 3–6　一级指标对乡村振兴水平的贡献

第四章
省域乡村振兴水平评价与对比分析

全国乡村振兴水平的变动与各省区市乡村振兴水平发展情况息息相关。根据省域特点对乡村振兴水平评价指标体系进行适当调整，对31个省区市2010~2020年乡村振兴水平进行测算，分析省域乡村振兴水平的发展变化。

一、数据来源与指标处理

（一）数据来源

本部分应用的数据主要来源于四个方面，一是统计数据，包括2010~2020年的《中国统计年鉴》《中国城乡建设统计年鉴》《中国农村统计年鉴》《中国农村经营管理统计年鉴》《中国农业年鉴》《中国人口和就业统计年鉴》《中国社会统计年鉴》《中国环境统计年鉴》《中国农产品加工业年鉴》《中国科技统计年鉴》《中国住户调查年鉴》以及各省区市统计年鉴等；二是政府公开数据，包括各省区市乡村振兴战略规划、中国综合社会调查数据库、中国司法部、民政部等政府部门公报及公开数据等；三是全国水平，对于个别需要定性评价及国家战略规划设定的指标，各省区市暂未纳入统计范畴，因此拟采用全国水平进行替代，此类指标在权重设定过程中充分考虑其数据可获取性对最终结果的影响，尽量将影响降低到最小；四是其他已有研究成果的引用，农业科技化水平在省域层面没有连续的、直接的、可获取的公开统计数据进行测算，但是在已有的学术成果中，有学者对农业科技创新能力进行测评，在一定程度上可以反映农业科技化水平。

（二）指标体系解释说明

受数据可获取性、指标来源及计算方法等因素影响，省域层面乡村振兴水平评价指标体系在全国层面基础上进行微调。目标层、一级指标和二级指标不变，根据调整三级指标名称和对应的解释说明与计算方法会发生变化，整理如表4–1所示。

表4–1 省域乡村振兴水平评价指标体系调整情况

三级指标	指标解释说明与计算方法
A21 农业机械化水平（%）	农业机械总动力（千瓦时）
A22 农业科技化水平（%）	农业科技创新能力（%）
A24 农业信息化水平（%）	各省农村每百户年接入互联网计算机拥有量（%）
B21 农药使用减量化程度（%）	单位耕地面积农药使用量
B22 化肥施用减量化程度（%）	单位耕地面积化肥施用量
E23 农村自来水普及率（%）	集中供水的行政村占比（%）
F12 政策性农业保险发展水平（%）	农业保险深度（%）

在各省区市数据的采集中发现，个别指标仅在全国的宏观层面具有公开的统计数据，为保证指标体系的完整性和计算结果的可比性，对上述三级指标所采用的具体指标进行调整。农业机械化水平由全国的农作物耕种收综合机械化率变为农业机械总动力；农业科技化水平由全国的农业科技进步贡献率变为农业科技创新能力；农业信息化水平由全国的农村互联网普及率变为每百户接入互联网计算机拥有量；农药使用量/化肥施用减量化程度由全国根据减量化程度和利用程度简化为单位耕地面积农药使用量/化肥施用量；农村自来水普及率变为集中供水的行政村占比；政策性农业保险发展水平由全国的农业保险保障水平和农业保险深度综合计算结果变化为农业保险深度。

（三）指标处理

1.标准化处理

由于省域乡村振兴水平的比较为截面数据，省区市之间进行对比，因而标准化处理过程有所简化，消除了全国乡村振兴水平作为时间序列存在的价格因素影响，因此将各省区市中的最大值作为比较，进行标准化处理，涉及的指标有A11、A21、A32、A33、C11、F11等；以及前面阐述的原始指标的调整，个别指标的标准化处理方法发生改变，如A12按农村人口计算的人均农业增加值处理方法变为用各省区市人均农业增加值除以对应年份的全国人均GDP，因为省域水平计算不涉及全国水平中存在的通货膨胀问题，所以标准化的处理过程相对简易。

2. 缺失值处理

对于个别年份指标的连续缺失值，以及定性评价指标的数据，根据全国逐年的数值进行替代填充。对于缺失值邻近年份数值存在的指标，对缺失年份取平均值进行填充。

二、省域乡村振兴水平评价结果分析

省域乡村振兴水平评价指标体系调整情况（标准化后）如表4–2所示。

表 4–2　　省域乡村振兴水平评价指标体系调整情况（标准化后）

三级指标	指标解释说明与计算方法
A11农业增加值增长率	农业增加值增长率/各省最大值
A12按农村人口计算的人均农业增加值	人均农业增加值/全国人均GDP
A21农业机械化水平	农机总动力/各省最大值 ×100%
A28农业劳动生产率	各省农业劳动生产率/全国社会全员劳动生产率
A32休闲农业与乡村旅游业发展水平	0.4×休闲农业与乡村旅游接待人次/最大值+0.6×休闲农业与乡村旅游营业收入/最大值
A33农村非农产业就业人员比例	农村二三产业就业人员占比/各省最大值 ×100%
B21农药使用合理化程度（%）	0–农药使用强度定基增长率
B22化肥施用合理化程度（%）	0–化肥施用强度定基增长率
C11农村居民教育文化娱乐支出占比（%）	农村居民教育文化娱乐支出占比/各省最大值 ×100%
F11农林水事务财政支出水平	0.5×农林水事务财政支出占比/各省最大值+0.5×（农林水事务财政支出占比/2009年–1）
F12政策性农业保险发展水平（%）	各省农业保险深度/5.94（2018年美国农业保险深度）×100%

（一）省域乡村振兴水平的总体评价

从各省区市乡村振兴水平来看，2010~2020年，各省区市呈现出不同的增长趋势，大体上分为三种，快速直线增长、平缓稳定提高、小幅波动上升。其中，变化幅度前五名的省市为天津、贵州、广东、上海和湖北。逐年乡村振兴水平高于平均水平的省市共8个，分别是北京、天津、上海、江苏、浙江、福建、山东、广东。逐年乡村振兴水平均低于平均水平的省区市有山西、内蒙古、辽宁、吉林、黑龙江、广西、海南、重庆、贵州、云南、西藏、陕西、甘肃、青海、宁夏、新疆，共计16个省区市，其中多数省区市集中在西部地区。其余省区市乡村振兴水平与各省区市振兴水平平均值较为接近。与全国乡村振兴水平比较来看，高于全国乡村振兴水平的省区市较少，大部分省区市乡村振兴水平低于全国水平，甚至低于省域乡村振兴水平平均值，说明处于振兴水平高速发展的省区市对提升省域乡村振兴水平、全国乡村振兴水平的贡献度较大，因此使各层面乡村振兴水平保持稳定的快速增长（见表4-3）。

表 4-3　　2010~2020 年各省域乡村振兴水平

年份	2010	2011	2012	2013	2014	2015	2016	2017	2018	2019	2020
北京	49.367	50.856	52.352	53.233	53.158	51.453	52.367	56.129	60.209	63.252	61.495
天津	40.534	44.844	47.216	49.412	50.406	52.302	53.822	57.146	57.709	58.461	59.106
河北	35.460	37.602	38.769	40.084	42.599	43.991	45.565	47.276	49.480	50.247	49.815
山西	33.241	35.230	36.246	37.478	39.297	38.674	40.493	42.058	43.562	44.095	43.103
内蒙古	33.992	35.331	35.424	37.005	37.998	39.894	41.741	43.399	44.858	45.707	44.934
辽宁	35.134	37.148	37.777	39.682	39.789	42.130	40.938	43.931	45.079	45.675	45.222
吉林	33.696	34.670	35.973	37.007	38.233	39.293	41.017	43.065	44.309	46.154	46.209
黑龙江	36.779	37.235	38.178	40.601	42.192	44.115	45.972	45.332	46.967	48.202	46.541
上海	50.663	55.197	56.134	57.191	58.876	60.791	59.638	65.834	65.100	67.825	68.154
江苏	44.668	49.147	51.664	52.681	54.671	55.964	56.906	58.391	59.385	62.144	61.630
浙江	45.009	46.625	47.706	49.513	51.336	53.098	54.890	55.846	57.331	58.647	58.040
安徽	34.642	37.312	39.036	40.586	43.308	44.821	46.790	48.462	49.884	50.887	51.084

续表

年份	2010	2011	2012	2013	2014	2015	2016	2017	2018	2019	2020
福建	40.210	42.174	43.459	46.066	48.175	49.249	49.923	51.430	53.481	54.777	54.043
江西	34.021	36.486	38.130	39.630	41.486	42.552	44.090	46.201	48.153	49.845	50.284
山东	41.043	45.471	47.340	48.640	50.808	52.134	53.627	54.809	56.512	57.440	56.417
河南	34.395	36.020	37.950	40.664	42.332	44.220	46.333	47.851	49.249	50.698	51.024
湖北	33.904	36.898	38.857	41.610	43.975	45.293	47.266	48.467	50.232	51.932	51.383
湖南	33.016	35.011	36.160	38.276	41.737	43.527	45.628	48.035	49.542	50.082	48.842
广东	37.605	40.251	41.397	43.396	45.264	47.139	47.834	51.759	53.875	55.300	55.254
广西	30.020	32.374	33.049	34.910	37.373	39.072	40.188	42.358	46.283	45.663	45.444
海南	32.241	34.974	36.513	39.332	40.653	42.710	43.568	44.996	46.915	47.180	46.312
重庆	33.924	35.845	36.777	38.635	40.501	41.603	43.641	44.607	47.195	47.256	47.336
四川	33.249	36.138	37.063	38.387	41.502	43.191	44.502	46.433	48.708	49.639	49.053
贵州	25.234	25.825	29.187	30.996	33.671	36.026	38.759	40.558	42.654	44.214	43.801
云南	28.528	31.213	32.558	34.738	36.553	37.999	39.369	40.847	43.401	45.281	44.393
西藏	25.171	26.949	27.460	28.465	29.694	30.829	32.642	34.181	36.632	40.321	40.448
陕西	33.364	35.854	36.197	37.897	39.934	41.617	42.607	44.045	46.041	47.471	46.227
甘肃	27.953	29.078	30.521	31.778	33.553	35.591	37.327	39.879	41.845	43.647	42.754
青海	29.962	32.198	35.157	35.841	37.502	39.212	41.077	41.603	43.520	46.015	44.964
宁夏	31.373	32.813	34.072	36.073	38.256	38.775	40.389	42.722	44.146	45.259	45.125
新疆	33.190	35.597	36.530	39.699	39.241	41.006	42.176	42.742	44.916	46.859	46.722
平均	35.213	37.496	38.866	40.629	42.389	43.815	45.196	47.109	48.941	50.328	49.844

以2020年的乡村振兴水平进行排序，对比2010年和2020年的乡村振兴水平来看，2010年乡村振兴水平较高的省区市，连续稳定增长后，2020年依然保持乡村振兴高水平（见图4-1）。但是，个别省区市存在乡村振兴水平排名下降的变动，变动幅度较大的省区市主要集中在东北地区。辽宁排名下降最多，为第12名。黑龙江排名下降9名，吉林排名下降3名（见表4-4）。虽然东北地区为保障全国粮食安全、农产品供给作出重要贡献，但是从经济社会整体发展来看，仍有较大的提升空间。

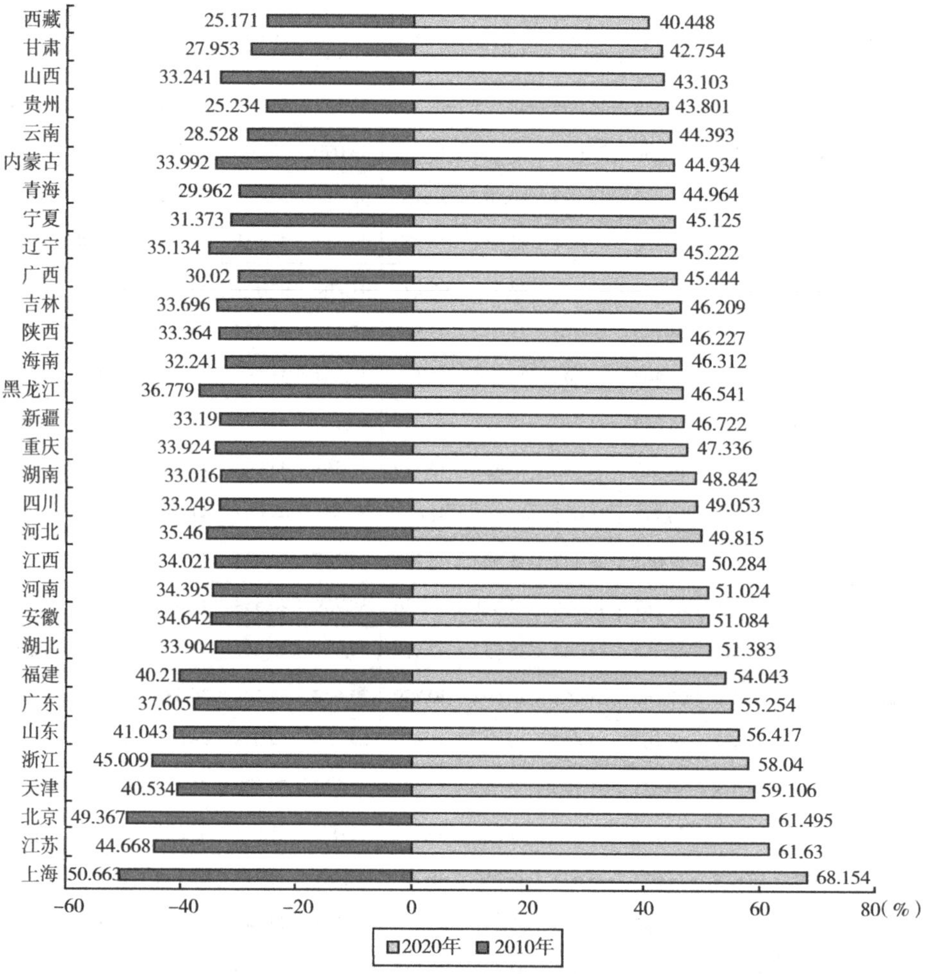

图 4–1　2010 年和 2020 年省域乡村振兴水平比较

表 4–4　　　2010~2020 年各省域乡村振兴水平排名情况

年份	2010	2011	2012	2013	2014	2015	2016	2017	2018	2019	2020	变化
北京	2	2	2	2	3	6	6	4	2	2	3	–1
天津	6	6	6	5	6	4	4	3	4	5	4	2
河北	10	9	11	13	11	13	14	13	12	12	13	–3
山西	21	21	20	22	21	27	25	26	26	29	29	–8
内蒙古	15	20	24	24	25	22	21	21	23	23	26	–11

续表

年份	2010	2011	2012	2013	2014	2015	2016	2017	2018	2019	2020	变化
辽宁	11	12	15	15	20	18	24	20	21	24	23	−12
吉林	18	24	23	23	24	23	23	22	24	21	21	−3
黑龙江	9	11	12	11	13	12	12	16	17	16	18	−9
上海	1	1	1	1	1	1	1	1	1	1	1	0
江苏	4	3	3	3	2	2	2	2	3	3	2	2
浙江	3	4	4	4	4	3	3	5	5	4	5	−2
安徽	12	10	9	12	10	10	10	10	10	10	10	2
福建	7	7	7	7	7	7	7	8	8	8	8	−1
江西	14	14	13	16	16	17	16	15	15	14	12	2
山东	5	5	5	6	5	5	5	6	6	6	6	−1
河南	13	16	14	10	12	11	11	12	13	11	11	2
湖北	17	13	10	9	9	9	9	9	9	9	9	8
湖南	23	22	22	20	14	14	13	11	11	13	15	8
广东	8	8	8	8	8	8	8	7	7	7	7	1
广西	26	26	27	27	27	25	27	25	19	25	22	4
海南	24	23	19	17	17	16	18	17	18	19	19	5
重庆	16	18	17	18	18	20	17	18	16	18	16	0
四川	20	15	16	19	15	15	15	14	14	15	14	6
贵州	30	31	30	30	29	29	29	29	29	28	28	2
云南	28	28	28	28	28	28	28	28	28	26	27	1
西藏	31	30	31	31	31	31	31	31	31	31	31	0
陕西	19	17	21	21	19	19	19	19	20	17	20	−1
甘肃	29	29	29	29	30	30	30	30	30	30	30	−1
青海	27	27	25	26	26	24	22	27	27	22	25	2
宁夏	25	25	26	25	23	26	26	24	25	27	24	1
新疆	22	19	18	14	22	21	20	23	22	20	17	5

通过对2010年和2020年各省区市乡村振兴水平排名的比较分析，对其排名变动幅度进行区间划分，波动幅度在0~4名的省区市为变动稳定省

区市，波动幅度在5~8名的省区市为变动强烈省区市，波动幅度在9~12名的省区市为变动剧烈省区市。整体来看各省区市排名变动相对稳定，共22个省区市排名变动稳定在0~4名之间，占比为70.97%（见表4-5）。乡村振兴排名变化波动强烈的省区市有6个，占比为19.35%，排名变动剧烈的省区市为3个，占比为9.68%。结合2010~2020年各省区市乡村振兴水平来看，东北地区农业份额所占比重高，对乡村建设投入较大，存在资源要素禀赋上的区位优势，但是受经济条件等因素制约，东北地区表现出衰退情形，并且呈现明显的变动趋势。排名变动幅度稳定的省区市集中为乡村振兴水平排名位于前10位和后10位的地区。前10名多处于乡村振兴水平的初步阶段，水平一直居于领先地位，所以排名变动幅度较小。后10位的省区市多处于乡村振兴水平的起步阶段，提升空间较大，但是受财政倾斜力度、经济发展水平等众多因素影响，发展速度较为缓慢，所以提升名次较少。

表4-5　　省域乡村振兴水平排名及变动幅度

变动幅度	年份	2010	2020	变化
变化稳定（0~4名）	上海	1	1	0
	重庆	16	16	0
	西藏	31	31	0
	广东	8	7	1
	云南	28	27	1
	宁夏	25	24	1
	天津	6	4	2
	江苏	4	2	2
	安徽	12	10	2
	江西	14	12	2
	河南	13	11	2
	贵州	30	28	2
	青海	27	25	2
	广西	26	22	4
	北京	2	3	-1

续表

变动幅度	年份	2010	2020	变化
变化稳定（0~4名）	福建	7	8	−1
	山东	5	6	−1
	陕西	19	20	−1
	甘肃	29	30	−1
	浙江	3	5	−2
	河北	10	13	−3
	吉林	18	21	−3
变化强烈（5~8名）	海南	24	19	5
	新疆	22	17	5
	四川	20	14	6
	湖北	17	9	8
	湖南	23	15	8
	山西	21	29	−8
变化剧烈（9~12名）	黑龙江	9	18	−9
	内蒙古	15	26	−11
	辽宁	11	23	−12

（二）省域乡村振兴各级指标比较分析

根据一级指标的水平与其权重相乘，再计算在目标层中的占比，可以得到各省区市一级指标的贡献度。从图4−2和图4−3中可以看出，一级指标对各省区市乡村振兴水平贡献度较大的指标是A农村经济建设与产业兴旺程度和E农村社会建设与农民生活富裕程度，说明2010~2020年省域乡村振兴水平的稳步提升依赖于农业现代化发展和农村居民收入与消费水平的提高。2010年A的贡献度为25%，E为28%；2020年A的贡献度为22%，E的贡献度为28%，较2010年贡献度略有下降，但B农村生态文明建设与环境美化及宜居程度和C农村文化建设和乡风文明程度的贡献度有所提高，表明2020年较2010年乡村振兴更注重农村生产与生活环境的改善提升和农村居民道德文化素质的提高。

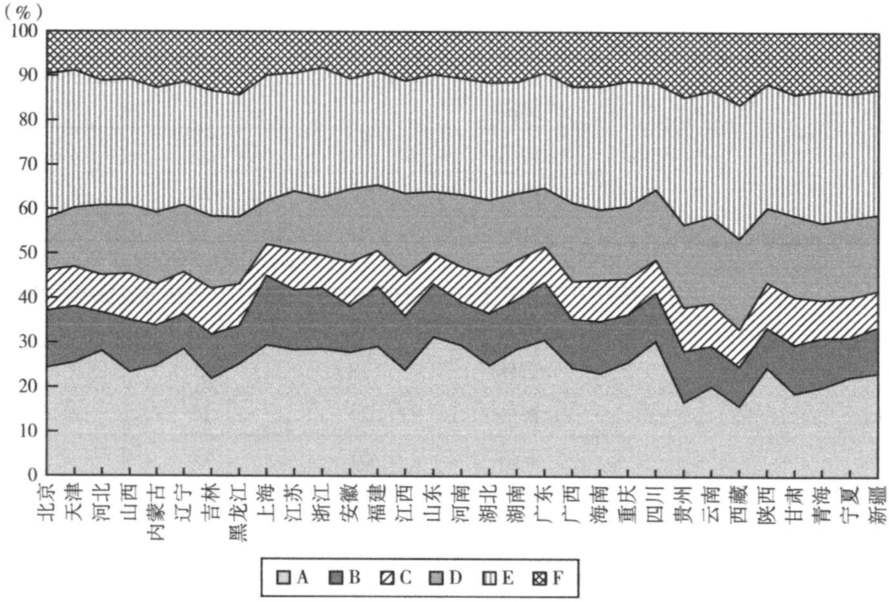

图 4-2　2010 年一级指标对乡村振兴水平的贡献度

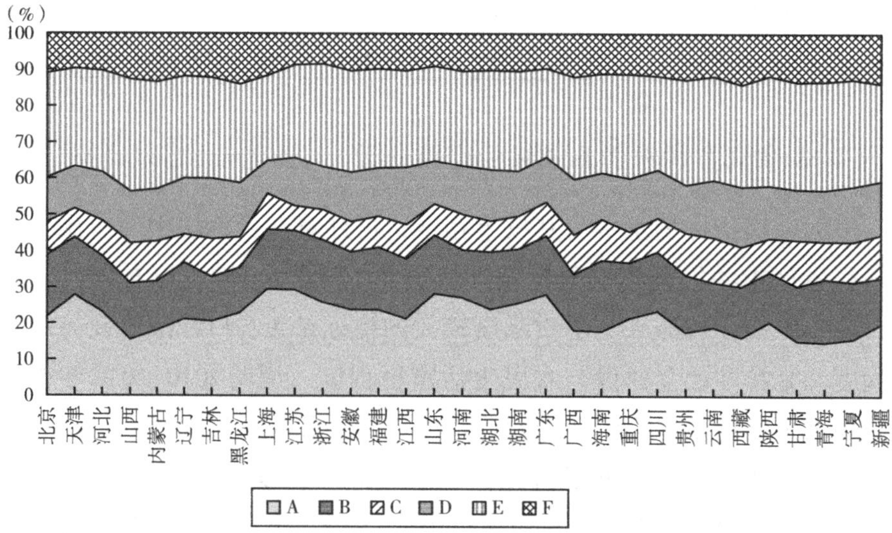

图 4-3　2020 年一级指标对乡村振兴水平的贡献度

各省区市的一级指标贡献度也存在差异性。2020年与2010年比较来看，天津、江苏和贵州乡村振兴水平中，A农村经济建设与产业兴旺程度贡献度略有提升，其余省区市均表现负增长贡献度。31个省区市的B指标均表现不同程度的正增长。除北京、天津、辽宁、黑龙江、江苏、安徽以及陕西等省区市外，其他省区市的C指标表现出了不同程度的正增长。在D指标的贡献度中，仅有北京市表现出正向增长。E指标的贡献度中，山西、安徽、广西、四川、陕西、甘肃均表现出2%左右的正增长。F指标的贡献度中，北京、山西、上海表现出1%以上的正增长。从每个省区市各指标贡献度来看，不同省区市指标贡献度增长情况有所不同，特别是西部经济欠发达地区，2020年多个省区市对E、F指标的投入明显高于2010年，说明各省区市较以往更注重农业农村发展，特别是资源要素向农村倾斜程度的提高，同时更注重农村居民生活水平的提升。在提升乡村振兴水平过程中，要继续保持贡献度较大的指标的拉动优势，同时也要关注和加强贡献度小的指标的发展水平，促进各省区市各指标的均衡发展（见表4–6）。

表4–6　2010年和2020年省域乡村振兴水平一级指标比较

省份	变化	2010年						2020年						综合变化
		A	B	C	D	E	F	A	B	C	D	E	F	
北京	水平	40.78	39.08	51.81	54.52	75.73	34.04	45.36	65.15	64.33	70.95	83.93	48.33	11.23
	排名	5	2	1	6	1	3	8	2	2	4	1	2	1
天津	水平	35.12	31.47	41.33	51.17	59.16	25.67	55.88	58.00	54.17	65.14	75.46	40.84	18.46
	排名	8	6	3	19	4	29	3	6	19	14	4	7	–2
河北	水平	33.80	19.06	34.18	52.68	46.96	28.27	39.09	47.64	56.12	62.84	66.03	36.54	14.50
	排名	12	23	18	13	9	13	13	15	13	22	11	27	3
山西	水平	26.33	24.30	39.20	48.61	44.60	25.61	22.62	41.44	55.24	57.75	63.22	39.06	9.88
	排名	21	11	8	24	15	30	28	23	17	27	17	14	7
内蒙古	水平	28.72	18.68	36.54	51.98	45.05	30.88	27.51	37.79	56.94	61.07	62.83	43.08	11.04
	排名	17	25	13	17	13	6	25	26	12	24	20	5	8
辽宁	水平	34.06	17.07	37.88	50.18	46.06	28.63	32.35	43.87	40.92	65.73	60.34	38.12	10.36
	排名	11	29	11	21	11	10	18	19	31	9	23	18	12

续表

省份	变化	2010年						2020年						综合变化
		A	B	C	D	E	F	A	B	C	D	E	F	
吉林	水平	25.03	20.64	40.27	51.83	44.92	32.25	32.18	35.11	56.11	72.41	60.84	40.39	12.17
	排名	24	19	5	18	14	4	19	30	14	3	21	12	4
黑龙江	水平	31.44	19.39	39.82	52.61	47.72	37.67	36.09	36.04	45.49	65.48	59.94	46.66	10.32
	排名	15	22	6	14	8	1	16	28	30	10	28	3	9
上海	水平	50.61	48.80	41.20	47.01	67.73	35.77	68.13	69.43	77.52	58.84	75.59	56.58	17.53
	排名	1	1	4	28	2	2	1	1	1	26	3	1	0
江苏	水平	43.04	37.25	46.44	55.46	56.26	29.85	61.25	62.20	48.59	77.57	74.57	38.15	16.55
	排名	4	4	2	4	5	8	2	3	28	1	5	17	−1
浙江	水平	43.62	38.17	38.06	55.65	61.99	26.41	50.83	61.96	55.84	64.72	77.88	34.89	13.09
	排名	2	3	10	3	3	25	6	4	16	17	2	31	1
安徽	水平	32.72	22.28	39.17	53.89	40.75	26.35	41.20	50.51	49.33	65.73	67.53	37.61	16.79
	排名	13	16	9	7	24	26	12	12	27	8	8	23	−4
福建	水平	39.80	33.32	37.65	56.13	48.41	26.17	43.47	58.11	53.14	67.92	69.87	37.63	13.71
	排名	6	5	12	2	7	27	9	5	21	6	6	22	1
江西	水平	27.58	25.72	35.33	59.44	40.76	26.94	36.30	51.61	55.13	74.44	63.51	36.84	15.91
	排名	20	9	14	1	23	19	15	10	18	2	16	26	0
山东	水平	43.60	30.38	32.63	53.55	51.19	28.37	54.14	56.32	55.95	63.40	69.61	36.27	14.89
	排名	3	7	22	9	6	11	4	8	15	19	7	29	1
河南	水平	34.35	20.73	31.29	52.79	42.65	25.80	47.09	41.54	57.73	64.12	63.06	37.88	16.68
	排名	10	18	24	11	18	28	7	22	10	18	19	19	−2
湖北	水平	28.70	24.63	32.77	54.80	42.29	27.79	41.69	50.66	50.40	68.45	66.67	37.13	17.19
	排名	18	10	20	5	19	17	11	11	25	5	9	24	−6
湖南	水平	32.06	22.75	33.85	46.63	39.26	26.62	42.42	45.39	51.34	56.99	63.61	36.21	16.41
	排名	14	13	19	30	25	22	10	16	24	28	15	30	−8
广东	水平	39.11	30.14	34.84	46.90	46.25	24.67	52.70	55.28	59.27	64.87	63.79	37.82	16.71
	排名	7	8	15	29	10	31	5	9	7	15	13	20	−1

续表

省份	变化	2010年						2020年						综合变化
		A	B	C	D	E	F	A	B	C	D	E	F	
广西	水平	24.90	20.40	29.11	50.28	37.10	26.44	27.93	43.81	57.25	65.45	60.61	38.75	15.31
	排名	25	21	28	20	28	23	24	20	11	11	22	15	−4
海南	水平	25.38	23.26	34.44	48.53	42.21	28.30	27.99	56.49	60.46	55.76	59.99	36.44	15.07
	排名	23	12	17	25	21	12	23	7	6	30	26	28	−6
重庆	水平	29.57	22.70	31.20	52.46	45.09	26.83	34.47	45.25	46.78	65.37	64.40	37.67	13.21
	排名	16	14	26	16	12	21	17	17	29	12	12	21	0
四川	水平	34.36	22.36	28.50	49.54	37.72	27.34	38.98	49.98	52.79	61.32	60.12	40.78	15.61
	排名	9	15	30	22	27	18	14	13	22	23	25	8	−5
贵州	水平	14.39	17.83	28.66	44.36	34.22	26.44	26.14	43.08	58.85	54.61	59.96	39.80	18.70
	排名	30	27	29	31	31	24	26	21	8	31	27	13	−3
云南	水平	19.65	16.09	31.56	52.53	38.23	26.88	28.51	34.27	63.71	66.13	60.18	37.11	15.41
	排名	28	30	23	15	26	20	22	31	4	7	24	25	−1
西藏	水平	13.63	13.78	24.30	48.50	35.89	29.33	22.19	35.37	51.42	62.87	53.95	40.51	15.17
	排名	31	31	31	26	30	9	30	29	23	21	31	11	1
陕西	水平	27.81	18.40	39.32	53.04	43.91	27.81	32.03	39.51	50.31	63.05	66.22	38.30	12.95
	排名	19	26	7	10	17	16	20	25	26	20	10	16	−1
甘肃	水平	17.82	18.84	34.60	48.45	35.97	28.07	22.06	40.34	62.64	56.21	59.81	40.73	14.53
	排名	29	24	16	27	29	14	31	24	5	29	29	9	1
青海	水平	20.45	20.52	29.63	49.15	42.25	28.01	22.60	48.85	53.89	59.95	63.65	42.39	15.10
	排名	27	20	27	23	20	15	29	14	20	25	14	6	−2
宁夏	水平	23.81	17.24	32.63	52.68	41.78	30.98	24.04	44.22	57.84	64.76	63.08	40.61	13.70
	排名	26	28	21	12	22	5	27	18	9	16	18	10	0
新疆	水平	26.23	21.22	31.28	53.80	44.13	30.74	31.45	37.11	64.08	65.20	59.49	45.85	13.31
	排名	22	17	25	8	16	7	21	27	3	13	30	4	−3

从2010年和2020年各省区市的一级指标发展水平和排名来看，A指标对15个省区市起到抑制作用，对13个省区市起到拉动作用，对3个省区市作用不明显。B指标对14个省区市起到抑制作用，对13个省区市起到拉动作用，对4个省区市作用不明显。C指标对12个省区市起到抑制作用，对14个省区市起到拉动作用，对5个省区市作用不明显。D指标对18个省区市起到抑制作用，对12个省区市起到拉动作用，对1个省区市作用不明显。E指标对11个省区市起到抑制作用，对10个省区市起到拉动作用对10个省区市作用不明显。F指标对15个省区市起到抑制作用，对14个省区市起到拉动作用，对2个省区市作用不明显。其中，D指标对58.06%的省区市乡村振兴水平起到负向作用，因此在未来发展中要注重农村政治建设与治理有效程度方面政策举措的调整。E指标对32.26%的省区市作用并不明显，因此要在未来发展中加强农村社会建设与农民生活富裕程度方面政策的实施力度，加强其正向促进作用。

分别对各省区市二级和三级指标进行排序，根据各省区市乡村振兴水平排名情况，将指标分为强势指标、中势指标、弱势指标三类，其中强势指标表示该指标排名高于乡村振兴水平排名，说明该指标对乡村振兴水平起到正向推动作用；中势指标表明该指标排名与乡村振兴水平排名相同，说明该指标对乡村振兴水平作用效果不明显；弱势指标表明该指标排名低于乡村振兴水平排名，说明该指标对乡村振兴水平起到一定程度的抑制作用。

从二级指标统计结果来看，总体结果表明，2020年较2010年弱势指标减少6个，中势指标减少7个，强势指标增加13个。结合具体省区市来看，吉林、黑龙江、浙江、江西及西藏等弱势指标和中势指标均发生不同程度的减少，强势指标发生不同程度的增加，表现在乡村振兴水平上是稳定快速的增长，2020年较2010年均提高10个以上百分点。湖南强势指标虽表现较突出的减少趋势，但是乡村振兴水平排名上升8位，说明湖南强势指标对乡村振兴水平提升发挥的积极作用显著高于弱势指标对乡村振兴水平的抑制作用（见表4-7、表4-9、表4-10、表4-11）。

从三级指标结果来看，整体结果表明2020年较2010年，弱势指标减少41个，中势指标增加7个，强势指标增加34个，这是使各省区市乡村振兴水平产生不同幅度增长的根本原因，弱势指标发生不同程度的减少，中势指标和强势指标均发生不同程度的增加。河北省的三级指标中弱势指标发生不同程度的减少，中势指标和强势指标均发生不同程度的增加，表现在乡村振兴水平上是稳定快速的增长，反映在排名上却下降3名，说明河北省中势指标和强势指标对乡村振兴水平发挥的积极作用力弱于弱势指标对其的抑制作用，因此在未来发展中要注重增强中势指标和强势指标的正向推动强度（见表4-8）。

表4-7　　省域乡村振兴二级指标水平

年份	2010			2020		
	弱势指标	中势指标	强势指标	弱势指标	中势指标	强势指标
北京	10	4	7	8	4	9
天津	9	4	8	11	2	8
河北	14	1	6	10	0	11
山西	5	3	13	3	0	18
内蒙古	8	1	12	3	0	18
辽宁	11	1	9	5	1	15
吉林	6	1	14	3	2	16
黑龙江	11	0	10	7	1	13
上海	12	9	0	11	10	0
江苏	13	1	7	13	3	5
浙江	12	1	8	9	4	8
安徽	10	2	9	13	1	7
福建	11	3	7	10	0	11
江西	13	0	8	12	1	8
山东	13	2	6	14	1	6
河南	13	2	6	13	0	8
湖北	10	1	10	11	1	9
湖南	6	0	15	11	1	9
广东	10	3	8	11	1	9

续表

年份	2010			2020		
	弱势指标	中势指标	强势指标	弱势指标	中势指标	强势指标
广西	4	0	17	6	2	13
海南	5	0	16	8	0	13
重庆	9	1	11	9	1	11
四川	7	1	13	8	2	11
贵州	0	6	15	4	2	15
云南	3	2	16	4	0	17
西藏	3	2	16	0	5	16
陕西	6	0	15	7	1	13
甘肃	2	2	17	4	0	17
青海	2	1	18	5	1	15
宁夏	4	1	16	3	1	17
新疆	5	0	16	5	0	16

表 4-8　　省域乡村振兴三级指标水平

年份	2010			2020		
	弱势指标	中势指标	强势指标	弱势指标	中势指标	强势指标
北京	33	9	13	34	5	16
天津	29	2	24	30	5	20
河北	38	2	15	33	2	20
山西	16	4	35	20	3	32
内蒙古	23	0	32	25	2	28
辽宁	30	1	24	36	3	16
吉林	18	1	36	18	0	37
黑龙江	29	1	25	31	1	23
上海	32	23	0	35	20	0
江苏	39	2	14	35	4	16
浙江	33	5	17	36	5	14
安徽	29	3	23	24	0	31
福建	31	4	20	30	2	23

续表

年份	2010			2020		
	弱势指标	中势指标	强势指标	弱势指标	中势指标	强势指标
江西	33	3	19	32	2	21
山东	39	2	14	37	1	17
河南	30	2	23	25	3	27
湖北	29	1	25	16	4	35
湖南	12	2	41	11	1	43
广东	33	2	20	27	5	23
广西	12	1	42	9	2	44
海南	19	0	36	12	2	41
重庆	28	2	25	26	0	29
四川	20	0	35	14	4	37
贵州	0	8	47	0	4	51
云南	5	4	46	4	4	47
西藏	11	5	39	12	12	31
陕西	13	1	41	18	2	35
甘肃	4	4	47	7	3	45
青海	13	1	41	9	1	45
宁夏	13	2	40	8	2	45
新疆	15	1	39	14	1	40

表 4-9　　　2020 年省域乡村振兴二级指标水平（A、B、C）

省域	A 农村经济建设与产业兴旺程度			B 农村生态文明建设与环境美化及宜居程度		C 农村文化建设与乡风文明程度		
	A1 农村经济发展水平	A2 农业现代化水平	A3 非农产业发展水平	B1 农村生活环境美化与宜居程度	B2 农业绿色发展水平	C1 农村思想道德建设水平	C2 农村公共文化建设水平	C3 乡村社会文明程度
北京	6.98	38.76	93.93	69.14	60.24	50.78	88.25	46.46
天津	28.22	28.74	136.13	58.11	57.86	38.42	74.59	46.46
河北	27.19	39.31	49.55	45.90	49.77	43.91	74.02	46.46
山西	22.74	19.67	28.47	45.92	35.94	49.05	66.51	46.46
内蒙古	27.56	27.90	26.68	43.82	30.39	51.01	69.11	46.08

续表

省域	A 农村经济建设与产业兴旺程度			B 农村生态文明建设与环境美化及宜居程度		C 农村文化建设与乡风文明程度		
	A1 农村经济发展水平	A2 农业现代化水平	A3 非农产业发展水平	B1 农村生活环境美化与宜居程度	B2 农业绿色发展水平	C1 农村思想道德建设水平	C2 农村公共文化建设水平	C3 乡村社会文明程度
辽宁	31.05	26.93	44.51	47.57	39.33	42.92	35.74	46.46
吉林	29.79	28.77	41.28	42.51	26.03	45.20	70.69	49.96
黑龙江	38.20	38.90	28.49	37.27	34.53	44.39	45.69	47.11
上海	23.55	31.53	183.02	74.01	63.81	38.86	134.54	46.46
江苏	63.95	57.35	66.63	73.10	48.83	45.50	48.45	54.38
浙江	46.27	38.25	80.43	68.73	53.66	45.87	71.32	46.46
安徽	36.17	38.45	51.37	54.86	45.17	45.19	45.85	62.93
福建	38.26	40.00	55.29	67.41	46.70	37.89	66.15	57.62
江西	33.39	30.37	50.96	50.62	52.82	51.73	63.48	46.46
山东	27.09	49.34	88.68	61.22	50.32	48.78	70.68	42.84
河南	24.78	43.64	74.57	43.53	39.09	50.32	71.65	46.46
湖北	43.88	39.06	44.98	50.59	50.73	46.03	57.96	44.91
湖南	36.55	39.89	52.92	49.43	40.44	58.60	48.17	43.84
广东	66.52	40.91	63.81	64.56	43.90	42.86	79.39	53.27
广西	40.11	26.75	19.11	53.19	32.31	53.19	65.99	49.08
海南	39.78	28.48	16.17	60.46	51.63	50.21	78.83	46.46
重庆	26.31	31.68	47.59	47.79	42.13	44.19	49.58	46.46
四川	26.29	33.37	61.99	51.48	48.15	36.38	72.36	47.78
贵州	50.41	21.29	13.63	40.42	46.34	56.70	68.03	46.46
云南	45.69	23.51	22.85	36.85	31.11	53.13	80.23	53.57
西藏	44.54	16.66	12.83	28.58	43.70	23.19	83.02	46.46
陕西	36.66	28.41	35.07	41.69	36.84	47.27	55.57	46.46
甘肃	39.84	21.64	6.58	43.41	36.58	56.78	76.28	49.09
青海	34.40	21.73	13.51	44.59	54.08	39.73	72.51	46.46
宁夏	30.99	21.60	22.57	50.18	36.91	48.48	73.81	46.46
新疆	45.05	33.71	14.38	52.76	17.92	56.21	73.86	60.94

表 4-10　　2020 年省域乡村振兴二级指标水平（D、E）

省域	D 农村政治建设与治理有效程度				E 农村社会建设与农民生活富裕程度		
	D1 农村基层组织建设水平	D2 乡村治理体系与能力	D3 农村基层服务水平	D4 农村居民满意程度	E1 农村居民收入水平	E2 农村居民生活质量	E3 农村社会保障水平
北京	82.55	78.10	34.01	70.66	78.08	64.59	114.32
天津	45.47	69.77	34.01	81.82	70.99	58.65	101.25
河北	32.64	72.58	34.01	73.81	56.25	56.09	88.59
山西	29.55	67.49	31.10	66.61	52.11	51.46	89.42
内蒙古	23.08	70.91	37.14	73.15	56.41	53.01	81.79
辽宁	36.80	69.95	70.53	69.35	57.82	50.52	75.31
吉林	93.03	73.54	57.33	67.93	55.61	53.23	75.81
黑龙江	27.40	74.91	59.53	69.19	55.77	54.08	71.60
上海	45.47	61.96	34.01	72.10	85.74	60.99	83.68
江苏	45.47	81.70	113.07	67.23	68.61	62.42	95.99
浙江	23.67	80.56	34.01	70.36	80.97	61.72	95.13
安徽	45.47	77.77	34.01	69.01	56.49	54.46	95.32
福建	45.47	80.40	34.01	72.53	63.30	56.24	93.80
江西	27.17	89.05	78.47	67.69	57.07	50.89	86.03
山东	45.47	78.97	34.01	57.66	59.90	58.87	93.08
河南	45.47	74.18	34.01	69.53	55.67	55.70	79.89
湖北	45.47	81.05	47.88	66.28	55.99	56.52	90.40
湖南	33.22	64.61	35.01	65.34	56.43	51.33	86.45
广东	86.90	62.03	53.37	65.43	62.12	53.34	78.68
广西	28.77	69.31	80.59	68.24	53.61	48.80	82.68
海南	45.47	58.77	34.01	66.19	55.95	51.94	74.29
重庆	15.60	73.99	71.03	70.35	56.08	53.38	86.81
四川	45.47	67.85	34.01	70.61	55.39	51.85	75.38
贵州	45.47	55.85	34.01	67.24	48.53	51.19	82.71
云南	42.57	74.36	50.53	69.98	50.45	50.86	81.89
西藏	37.13	82.32	34.01	53.30	53.26	38.90	73.66
陕西	37.03	75.85	29.02	68.87	51.21	57.17	93.00
甘肃	6.03	63.75	42.13	73.53	46.46	52.23	83.02
青海	45.47	64.66	34.01	71.33	49.65	53.37	90.92
宁夏	45.47	72.58	34.01	75.06	52.13	59.36	78.95
新疆	45.47	67.47	34.01	86.42	52.39	54.26	73.33

表 4-11　　2020 年省域乡村振兴二级指标水平（F）

省域	F 农业农村优先发展与城乡融合程度					
	F1 农业农村资金投入优先保障程度	F2 城乡居民收入均衡化程度	F3 城乡居民基本权益平等化程度	F4 要素配置农村优先满足与城乡合理化程度	F5 公共服务农村优先安排与城乡均等化程度	F6 农村干部配备优先考虑程度
北京	48.24	25.69	74.71	49.50	50.00	51.00
天津	20.69	34.28	66.11	49.50	50.00	51.00
河北	12.15	28.18	62.46	49.50	50.00	51.00
山西	23.93	25.21	60.85	49.50	50.00	51.00
内蒙古	35.80	27.22	61.99	49.50	50.00	51.00
辽宁	14.21	29.41	67.18	49.50	50.00	51.00
吉林	17.90	31.61	71.93	49.50	50.00	51.00
黑龙江	38.77	36.26	67.41	49.50	50.00	51.00
上海	72.69	29.00	78.04	49.50	50.00	51.00
江苏	11.62	29.24	72.35	49.50	50.00	51.00
浙江	7.16	32.86	54.89	49.50	50.00	51.00
安徽	22.01	26.53	53.32	49.50	50.00	51.00
福建	13.01	28.72	67.14	49.50	50.00	51.00
江西	13.91	27.50	62.07	49.50	50.00	51.00
山东	8.66	27.52	68.06	49.50	50.00	51.00
河南	19.83	31.10	52.99	49.50	50.00	51.00
湖北	14.73	30.44	58.50	49.50	50.00	51.00
湖南	19.50	25.13	50.89	49.50	50.00	51.00
广东	16.42	25.32	66.62	49.50	50.00	51.00
广西	23.86	27.12	56.40	49.50	50.00	51.00
海南	12.04	28.91	61.05	49.50	50.00	51.00
重庆	18.16	25.54	62.16	49.50	50.00	51.00
四川	29.77	25.95	60.08	49.50	50.00	51.00
贵州	26.23	19.97	68.31	49.50	50.00	51.00
云南	17.56	21.99	64.41	49.50	50.00	51.00
西藏	30.77	20.29	64.06	49.50	50.00	51.00
陕西	21.88	21.92	64.15	49.50	50.00	51.00

续表

省域	F 农业农村优先发展与城乡融合程度					
	F1 农业农村资金投入优先保障程度	F2 城乡居民收入均衡化程度	F3 城乡居民基本权益平等化程度	F4 要素配置农村优先满足与城乡合理化程度	F5 公共服务农村优先安排与城乡均等化程度	F6 农村干部配备优先考虑程度
甘肃	33.63	18.86	62.07	49.50	50.00	51.00
青海	30.98	21.50	74.13	49.50	50.00	51.00
宁夏	26.96	24.91	65.55	49.50	50.00	51.00
新疆	38.92	27.66	73.40	49.50	50.00	51.00

三、省域乡村振兴水平差异分析

目前，研究区域差异问题的方法比较多，运用不同的指数和系数可以分解区域差异的变化幅度、演变规律等。归纳起来，主要有三种研究方法：第一种是统计指标法，通过描述性统计法定量分析某一指标距参照值的偏离度，以分析截面数据的分布特征。这种方法分为两种，绝对差异分析和相对差异分析。绝对差异分析法包括平均差、标准差、极差等；相对差异分析法包括变异系数、塞尔熵指数、锡尔指数、基尼系数、泰尔指数等。第二种是数理模型法，运用计量模型建立空间分析模型以分析面板数据的关联特征和分布格局。应用较为广泛的方法有尺度方差模型、空间统计分析模型等。第三种是理论逻辑分析，基于系统分析法、理论分析法等定性分析方法，结合各区域实际计量结果的定量分析以推导出符合发展特征的结论。目前应用较多的为前两种分析法，因此本书结合前人对不同方法在区域差异测度产生效果的分析，拟采用绝对差异分析中的平均差和标准差、数理模型法中的空间统计分析模型对各省域乡村振兴水平的差异性进行分析。

（一）省域乡村振兴水平差异指数分析

通过统计指标法分析省域乡村振兴水平逐年差异性变动情况，从截面数据的角度对乡村振兴水平的时间序列作出判断。

1.绝对差异指数分析

平均差：

$$R = \frac{1}{n}\sum_{i=1}^{n}\left|x_i - \bar{x}\right| \tag{4-1}$$

标准差：

$$S = \sqrt{\frac{1}{n}\sum_{i=1}^{n}\left(x_i - \bar{x}\right)^2} \tag{4-2}$$

其中，R为平均差，S为标准差，x_i为第i区域的乡村振兴水平值，$\bar{x}$为i个区域乡村振兴水平的平均值，n为区域数量。

从总体上分析省域乡村振兴水平绝对差异指数的时序演进过程可以发现，2010~2020年省域乡村振兴水平的绝对差异指数随时间递增而波动，标准差和平均差变动幅度呈现相同的波动趋势，并且标准差表现的差异程度高于平均差的差异程度（见图4–4）。2020年，省域乡村振兴水平的绝对差异略高于2010年，说明省域乡村振兴水平的差异性随着各省区市的乡村建设水平的提高而不断增大。2012~2016年，绝对差异指数变动趋势放缓，保持小幅稳定下降，2017年后上升速度加快，这说明，各省区市对2017年提出乡村振兴战略后农业农村政策作出不同响应，在短期内形成较大的差异性，2020年差异性较2017年减小，但仍略高于2010年，说明部分省区市因地制宜制定和推行惠农政策，实施精准扶贫、精准脱贫方略等政策举措在一定程度上已经取得明显成效，而由于2017年造成的差异性较大，缩小区域差距还需要时间，因此个别省区市关于"三农"问题的解决措施仍需要继续完善。

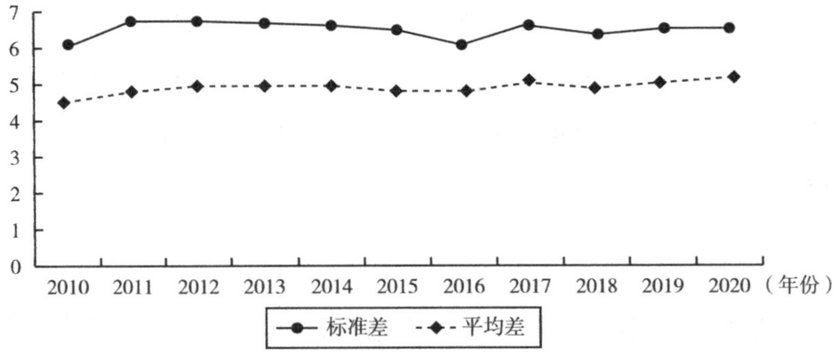

图 4–4　2010~2020 年省域乡村振兴水平标准差与平均差

2. 相对差异指数分析

相对差异指数中，变异系数也称为变差系数，是以各省区市乡村振兴水平的平均值作为参照组，计算各省区市与省域平均值的距离。

公式为：

$$CV = \frac{s}{\bar{x}} \tag{4-3}$$

其中，CV为变异系数，$\bar{x}$为i个区域乡村振兴水平的平均值，s为该截面序列的标准差。

从省域乡村振兴水平相对差异指数的时间序列来看，2010~2020年省域乡村振兴水平变异系数呈现缓慢下降的特点，变动趋势表明其相对差异变动趋势敏感度变弱。整体来看，变异系数逐渐减小，但变化幅度较小，说明省域乡村振兴水平距离平均值的离散程度降低，但离散度的减小速度比较缓慢。结合绝对差异指数来看，2020年较2010年来说，标准差与平均差的变动趋势表明各省区市的乡村振兴水平差异性表现波动式小幅增大，说明乡村振兴高水平与低水平与平均值距离较远，差异性增加。相对差异指数受省域乡村振兴水平的平均值和标准差综合影响，各省区市的乡村振兴水平即使差异性略有增大，但是整体增长幅度较快，导致省域乡村振兴水平的平均值增长速度超过各省区市乡村振兴水平差异性的变动幅度，最终表现在相对差异指数上呈现下降趋势。

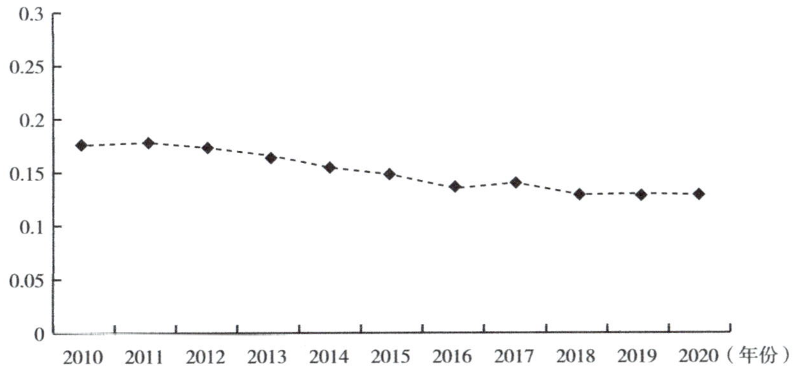

图 4–5　2010~2020 年省域乡村振兴水平变异系数

（二）省域乡村振兴水平空间差异分析

本研究运用空间统计分析方法分析省域乡村振兴水平空间差异。空间统计分析是将地理区位与时间序列相结合，判断面板数据的空间关联度和依赖度。地理学第一定律认为，任何事物都和周边事物存在联系，并且伴随地理位置上的接近，这种联系越紧密。由此可见，空间自相关是客观存在的，而且这种相关具有普遍性，变化情况存在规律性。为进一步深入分析省域乡村振兴水平的差异性，运用ESDA模型对特定区域展现的地理属性和特征与邻近区域相同属性和特征作比对①，从而挖掘某属性和特征的空间作用，即空间上的关联程度。这种空间关联称为空间自相关，分为全局自相关和局部自相关。本部分拟用全局莫兰指数测算省域乡村振兴水平差异的空间依赖性，再结合热点指数判断省域乡村振兴水平高低值的冷热集聚地区的分布情况。

1.全局自相关分析

全局自相关反映的是空间要素的空间依赖程度，用以分析某特征和属性在空间中的关联模式，主要用莫兰指数表达。该指数取值区间在［−1，1］，当指数为负时，表示空间呈现负相关，反之则为正相关，而当指数为0时则表示不存在空间相关性。具体公式如下：

$$I=\left(\frac{n}{\sum_{i=1}^{n}\left(x_i-\bar{x}\right)}\right)\left(\frac{\sum_{i=1}^{n}\sum_{j=1}^{n}W_{ij}\left(x_i-\bar{x}\right)\left(x_j-\bar{x}\right)}{\sum_{i=1}^{n}\sum_{j=1}^{n}W_{ij}}\right) \tag{4-4}$$

其中，n为样本数，x_i为第i区域的乡村振兴水平值，$\bar{x}$为i个区域乡村振兴水平的平均值，W_{ij}为空间权重矩阵，根据邻接标准构建权重矩阵，即空间不相邻为0，相邻为1。

对莫兰指数进行统计检验，在既定的显著性水平下，如果莫兰指数显著为正，则表示乡村振兴水平在省域空间上呈现显著聚集，反之莫兰指数为负，则表示乡村振兴水平在省域空间上存在显著差异。

① 孙才志，王雪妮.基于WPI-ESDA模型的中国水贫困评价及空间关联格局分析［J］.资源科学，2011（6）.

本部分选取2010年、2014年、2017年和2020年作为代表年份进行空间自相关分析，得到结果如图4–5所示，四个年份的省域乡村振兴水平莫兰指数均通过1%水平的显著性检验，莫兰值分别为2010年的0.334、2014年的0.350、2017年的0.345和2020年的0.329。四年莫兰值均为正数，且通过显著性检验，表明省域乡村振兴水平呈现显著的空间正相关，在空间上表现出或高或低的集聚分布格局，空间聚集效应显著。莫兰值持续下降，对应空间自相关的水平表现相同的变动趋势，即省域乡村振兴水平空间聚集效应稳定下降。产生这样的原因是国家对乡村发展的重视度不断提高，空间集聚性降低，特别是提出乡村振兴战略后，各省域做出积极的应对措施，措施具有异质性，使不同地区乡村水平产生差异性，从而引起空间集聚性降低（见图4–6）。

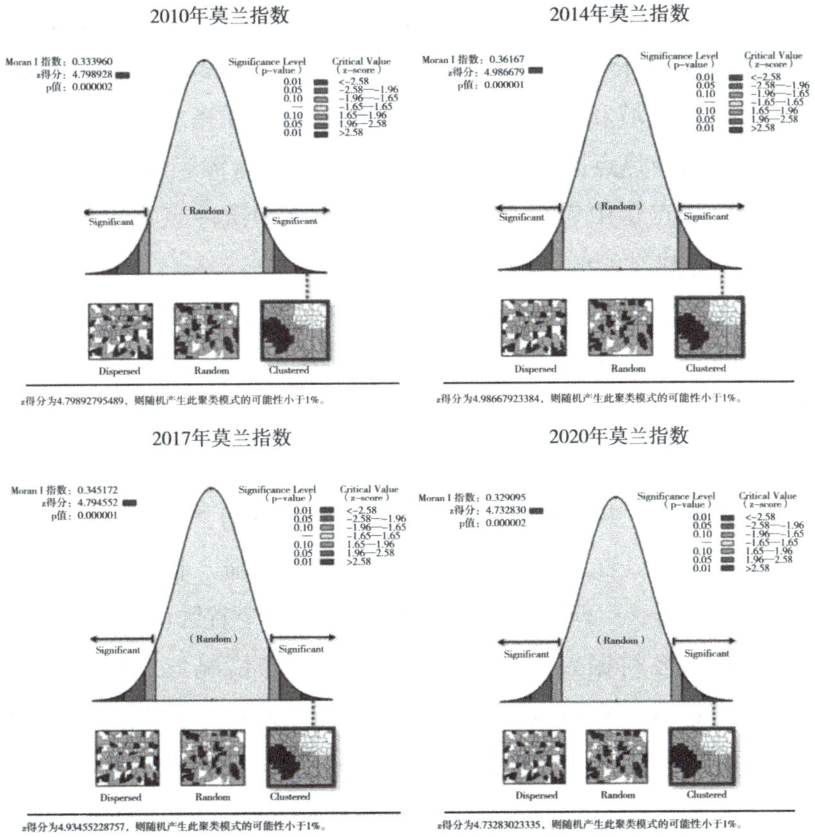

图4–6　2010年、2014年、2017年、2020年莫兰指数分布示意图

2. 热点分析

通过热点分析可以判断产生聚集效应的各模块属于高分值聚集还是低分值聚集，从而为后面根据不同聚集模块提出具有针对性的建议提供实证参考。热点分析主要是通过空间关联指数 G_i^* 来表示，具体公式为：

$$G_i^* = \frac{\sum_{i=1}^{n} W_{ij} x_i}{\sum_{i=1}^{n} x_i} \tag{4-5}$$

其中，G_i^* 值显著为正，表示第 i 区域周边存在高值聚集，属于热点区域，反之显著为负，则表示低值聚集，属于冷点区域。

在分析省域乡村振兴水平空间自相关的基础上，继续分析2010年、2014年、2017年和2020年各省域冷热点聚集情况，并将其可视化操作，根据最佳自然断裂法将热点指数从高至低划分为四类区域，冷点区域、次冷点区域、次热点区域和热点区域，生成省域乡村振兴水平的热点演化图，可以清晰地看到冷热点区域划分清晰，空间布局总体表现出连续性和稳定性，热点和次热点集中表现在东部地区，冷点和次冷点集中在西部地区，中部地区处于冷热过渡的区域。

具体来看，2010年省域乡村振兴水平的冷热点空间分布情况明显呈现出从西向东的由冷点地区—次冷点地区—次热点地区—热点地区的变动特点。热点地区主要分布在辽宁、北京、河南、安徽、湖北、江苏、浙江、上海、河北、山东和天津，共计11个省市。次热点地区有吉林、内蒙古、山西、江西和福建，共计5个省区市。次冷点地区有黑龙江、陕西、宁夏、湖南和广东，共计5省区市。冷点地区分布在新疆、甘肃、青海、西藏、四川、重庆、贵州、广西、云南和海南，共计10个省区市。

2014年省域乡村振兴水平的冷热点空间分布情况与2017年基本相同，较2010年热点地区和次热点缩小，次热点地区增多。辽宁、北京、河北和天津从热点地区变为次热点地区，内蒙古从次热点地区变为次冷点地区。

2020年省域乡村振兴水平的冷热点空间分布情况表现为热点地区、次热点地区减少，次冷点地区数量保持不变，冷点地区增加，山东由热点地区变为次热点地区，吉林和辽宁由次热点地区变为次冷点地区，黑龙江和广西由次冷点地区变为冷点地区。

2010~2020年省域乡村振兴水平空间冷热地区变动呈现由热至冷，热点地区从华东、华北部分地区呈现持续向华东地区缩小的变动趋势。冷热地区具有明显的空间上的聚集与分割，热点地区集中在中部偏东地区，冷点集中在中部偏西地区。

四、省域乡村振兴水平的类型划分

通过前面对省域乡村振兴水平的差异性分析可以明显看到，各省区市乡村振兴水平存在区域性特征，并且不同区域表现出显著差异性。为深入研究不同区域模块乡村振兴水平的差异和关联，本部分对省域2010~2020年乡村振兴水平通过聚类分析的方法进行类型划分。

（一）类型划分方法与分类结果

聚类分析运用数据蕴含的物理信息，基于数据中蕴含的相似性，将数据进行归纳，设置不同类别。聚类分析是将复杂数据简化的过程，常用的聚类方法有K-means均值聚类、动态聚类、系统聚类、模糊聚类等，其中，K-means是聚类分析较为基础的计算方法。

导入数据为$S = X_1, X_2, \cdots, X_m$，其运算过程为：

第一步，选择初始的k个类别中心$\mu_1, \mu_2, \cdots, \mu_k$。

第二步，对于每个样本X_1，根据欧姆距离计算其到类别中心的距离，根据距离大小进行归纳分类，并标记为对应的类别内。

第三步，计算每个类别中数据的均值，设定为类别中心。

第四步，重复计算距离和均值，进行迭代，直到类别中心的变动幅度小于规定值。终止条件可以设定为迭代的次数、类别中心变化率、最小平方误差MSE（Minimum Squared Error）等。

根据上述操作步骤，进行多次迭代后，结果呈现收敛，根据K-means均值聚类得到的结果将各省区市乡村振兴水平分为三种类型，如表4-12所示。

表 4-12　　省域乡村振兴水平聚类结果

类别	省域	个数	占比
乡村振兴高速发展地区	北京、天津、上海、江苏、浙江、山东	6	19.35%
乡村振兴中速发展地区	河北、内蒙古、辽宁、吉林、黑龙江、安徽、福建、江西、河南、湖北、湖南、广东、海南、重庆、四川、陕西、新疆	17	54.84%
乡村振兴低速发展地区	山西、广西、贵州、云南、西藏、甘肃、青海、宁夏	8	25.81%

结合聚类分析结果和前面对各省区市乡村振兴水平的测算，可以根据乡村振兴水平将各省区市划分为三个类别。其分别是乡村振兴高速发展地区、乡村振兴中速发展地区、乡村振兴低速发展地区。按2020年乡村振兴水平来看，乡村振兴高速发展的地区是乡村振兴水平达到57%以上的省区市，乡村振兴中速发展地区是乡村振兴水平在46%~56%的省区市，乡村振兴低速发展地区是乡村振兴水平在46%水平以下的省区市。各省区市在不同地区分类中分布相对平均，乡村振兴高速发展地区占有省区市较少，为6个，占比19.35%；乡村振兴中速发展地区有17个省区市，占有率最高，为54.84%。乡村振兴低速发展地区有8个省区市，占比为25.81%。从增长百分数来看，乡村振兴高速发展地区逐年保持较高速的增长速度。2017年上海增长幅度最大，较2016年增长6.196个百分点；乡村振兴中速发展地区增长幅度最大的是2018年广西，较2017年增长3.925个百分点；乡村振兴低速发展地区增长幅度较小，2012年贵州增长幅度最大，较2011年增长3.362个百分点；不同省区市按其乡村振兴水平高低划分的类别在一定程度上也反映了各省区市的经济社会发展建设水平。

（二）不同乡村振兴水平地区的指标评价分析

1.方法选择

首先将55个指标中数值采用全国数值进行替代的指标剔除，得到44个变量进行因子分析，提取公共因子。通过对变量矩阵进行KMO和巴特利特检验，得到检验结果如表4-13所示。从结果可以看出KMO为0.831>0.8，可以比较好地解释模型，适合进行因子分析。

经过因子分析提取特征根大于1的前10个主成分，累计方差贡献率达到77.939%，可以包含所有指标的大部分信息，能够较好地解释模型。根据成分矩阵判断各因子包含的指标信息，再结合系数矩阵计算各因子得分，作为下一步回归分析的因变量。

表 4-13　　KMO 和 Bartlett 的检验

取样足够度的 Kaiser-Meyer-Olkin 度量。		0.831
Bartlett 的球形度检验	近似卡方	16892.106
	df	946
	Sig.	0.000

经过因子分析提取特征根大于1的前10个主成分，累计方差贡献率达到77.939%，可以包含所有指标的大部分信息，能够较好地解释模型。根据成分矩阵判断各因子包含的指标信息，再结合系数矩阵计算各因子得分，作为下一步回归分析的因变量（见表4-14）。

表 4-14　　成分矩阵

指标	1	2	3	4	5	6	7	8	9	10
A11	−0.720	0.245	0.162	0.129	0.139	−0.130	0.072	−0.154	−0.151	−0.047
A12	−0.053	0.226	0.378	0.641	0.487	0.140	0.022	0.012	−0.018	0.121
A13	0.803	−0.178	0.042	−0.031	0.194	−0.130	0.058	−0.061	0.189	−0.145
A21	−0.059	0.342	0.466	0.188	−0.542	0.053	0.118	0.105	0.126	−0.344
A22	0.677	−0.108	0.179	0.276	−0.338	−0.069	0.090	−0.048	0.328	0.116
A23	0.672	−0.168	0.341	−0.119	−0.062	−0.158	0.137	0.002	0.054	−0.410
A24	0.877	−0.067	0.055	0.112	−0.264	−0.097	−0.118	0.024	−0.054	0.107
A25	0.316	0.355	−0.454	0.432	−0.036	0.288	−0.077	0.170	0.140	−0.219
A26	0.226	0.497	0.009	0.221	−0.011	0.050	0.003	−0.518	0.248	−0.062
A27	0.560	−0.197	0.601	−0.060	0.256	−0.273	0.047	0.096	0.099	0.139
A28	0.480	−0.146	0.286	0.660	0.392	0.116	0.043	0.011	−0.009	0.008
A31	0.752	−0.213	−0.071	−0.180	−0.085	0.191	−0.037	0.124	−0.191	−0.181
A32	0.064	0.207	0.603	−0.060	−0.433	0.208	0.218	0.187	0.204	−0.001
A33	0.727	−0.380	0.205	−0.015	−0.196	0.035	0.058	0.118	−0.048	0.004

续表

指标	1	2	3	4	5	6	7	8	9	10
B11	0.697	−0.139	0.170	−0.089	0.249	−0.233	0.029	0.037	0.197	−0.074
B12	0.810	0.221	0.245	−0.303	0.055	−0.029	−0.011	−0.060	−0.086	0.129
B13	0.776	−0.279	−0.037	−0.069	0.158	0.020	0.081	0.037	−0.054	−0.069
B14	0.807	0.110	0.279	0.042	0.060	−0.051	0.037	0.048	−0.134	0.019
B15	0.379	0.449	−0.043	0.126	0.082	0.053	−0.125	0.098	0.387	0.019
B21	0.405	0.109	0.143	−0.077	0.042	0.595	0.235	−0.324	0.007	0.094
B22	0.296	−0.115	−0.085	−0.093	−0.093	0.552	0.301	−0.373	−0.113	0.134
C11	−0.011	0.635	0.027	0.366	−0.061	−0.226	−0.265	0.150	−0.209	0.285
C12	0.726	−0.095	−0.115	−0.023	−0.200	−0.298	0.062	0.022	0.095	0.374
C21	0.652	0.071	−0.435	−0.155	−0.133	−0.069	0.152	0.006	−0.180	0.116
C31	0.295	0.532	0.023	−0.341	0.284	−0.177	0.093	0.084	0.092	−0.272
D21	0.328	0.160	0.023	−0.022	0.039	−0.389	0.341	−0.455	−0.107	0.008
D22	−0.208	0.326	0.082	−0.077	0.198	0.234	0.340	0.315	0.175	0.312
D41	0.350	0.467	−0.328	0.106	−0.071	−0.157	0.447	0.108	−0.225	−0.189
D42	0.201	0.544	−0.160	0.033	0.115	−0.102	0.519	0.183	−0.245	−0.045
E11	0.919	−0.302	0.056	0.058	−0.004	0.075	−0.043	0.087	−0.094	0.030
E12	0.702	0.439	0.180	0.040	−0.027	0.073	−0.131	0.100	−0.088	0.140
E21	0.946	−0.025	0.005	−0.016	0.012	0.051	−0.069	0.081	−0.042	0.085
E22	0.206	0.207	−0.277	0.555	−0.550	−0.174	−0.157	−0.133	−0.092	−0.021
E23	0.714	0.248	−0.102	0.178	0.168	−0.214	−0.119	−0.164	−0.090	−0.114
E24	0.413	0.755	−0.135	−0.337	0.042	0.074	−0.035	0.020	−0.041	0.069
E31	0.114	0.741	0.251	−0.278	−0.218	−0.089	−0.094	−0.220	0.076	0.127
E33	0.808	−0.208	−0.299	−0.114	−0.043	0.110	−0.082	−0.072	0.014	0.135
E34	0.721	−0.300	−0.293	0.173	−0.005	−0.083	−0.094	0.030	0.005	0.045
F11	−0.323	0.047	−0.425	0.322	−0.035	−0.048	0.401	0.284	0.131	0.081
F12	0.554	−0.159	−0.624	−0.183	0.007	0.124	0.001	0.155	0.221	−0.035
F13	0.155	0.661	−0.211	−0.364	0.100	0.031	−0.169	0.088	0.202	0.046
F21	0.707	0.157	0.205	0.218	0.006	0.351	−0.083	0.108	−0.278	−0.131
F22	0.173	0.413	0.100	−0.184	0.090	0.209	−0.492	0.085	−0.167	−0.162
F31	0.491	0.077	−0.479	0.235	0.254	0.040	−0.067	−0.212	0.229	−0.132

结合成分矩阵和三级指标的含义，对各因子中囊括的指标进行整理归纳，分类情况如表4-15所示。其中，因子1包含的指标较多，涵盖农村经济发展、农业生产条件、农民生活水平等方面；因子2包含的是乡村的文化建设以及社会保障情况；因子3涵盖的是农业生产规模和农村三次产业的分布与发展情况；因子4包含的是农民从事农业生产的经济效益情况；因子5主要是农业机械化水平；因子6主要是农药化肥施用合理化程度；因子7反映的是农村居民幸福度与满意度；因子8包含农业生产组织化程度；因子9体现的是农村居民住房条件；因子10是村民选举投票率。

表 4-15　三级指标因子分类情况

因子	三级指标
FAC1	A11、A13、A22、A23、A24、A31、A33、B11、B12、B13、B14、C12、C21、D21、E11、E12、E21、E23、E33、E34、F21、F31
FAC2	C11、C31、E24、E31、F13
FAC3	A25、A27、A32、F11、F12
FAC4	A12、A28、E22
FAC5	A21
FAC6	B21、B22
FAC7	D41、D42、F22
FAC8	A26
FAC9	B15
FAC10	D22

2. 不同乡村振兴水平地区的共性因子分析

通过对各乡村振兴水平地区的因子分析，结果表明FAC1因子对各地区乡村振兴水平在1%显著水平下产生正向推动作用。该因子包含的指标有农业增加值增长水平、村集体经济发展水平、农业信息化水平、对生活垃圾进行治理的行政村占比、对生活污水进行处理的行政村占比、农村居民收入水平、农村脱贫实现程度、农村居民消费水平、农村居民最低生活保障人均支出水平、城乡居民人均可支配收入相对数差距缩小程度。这些指标涵盖了农村经济社会发展情况、农村生活环境以及生活水平、城乡差距缩小程度等方面，说明不论各省区市乡村振兴处于怎样的水平，这些指标都是振兴乡村的基础指标，是在各振兴阶段保障乡村振兴水平稳固提升的核心内容。

3. 乡村振兴高速发展地区分析

乡村振兴高速发展地区有北京、天津、上海、江苏、浙江、福建和山东7个省市，它们代表了我国当前乡村振兴的最高发展水平。7个省市均位于我国的东部地区，是该地区经济较为发达的省域群体。

从回归结果来看，FAC2因子在1%显著性水平下对乡村振兴高速发展地区发挥非常突出的正向拉动作用，FAC6和FAC11因子在10%显著性水平下对乡村振兴高速发展地区发挥积极拉动作用。结合具体指标来看，包含的指标有农村非农产业就业人员比例、农村居民社会公平感知度、农村居民基本养老保险参保率、农村卫生厕所普及率、村庄规划管理覆盖率、村民选举投票率、农村自来水普及率、农业水利化水平、农村居民住房条件。这些指标主要是农村基础设施建设和社会保障方面，涉及农民对农村社会的满意度、幸福度、获得感等方面。由此可见，经济发达地区将农村居民的物质需求充分有效满足后，还应注重人文方面的关怀与建设。

4. 乡村振兴中速发展地区分析

乡村振兴中速发展地区有河北、山西、内蒙古、辽宁、吉林、黑龙江、安徽、江西、河南、湖北、湖南、广东、广西、海南、重庆、四川、陕西、青海、宁夏、新疆，共20个省区市，它们代表了我国当前乡村振兴的中等偏上的发展水平。

回归分析结果显示，除FAC6和FAC11因子外，其他因子均在不同显著水平下对乡村振兴中速发展地区的乡村振兴水平产生影响。其中FAC5在1%显著水平下对该地区乡村振兴水平产生抑制作用；FAC2、FAC3、FAC7和FAC8在1%显著水平下对乡村振兴水平发挥正向推动作用；FAC4、FAC9和FAC10在5%显著水平下对乡村振兴水平起到积极拉动作用。乡村振兴中速发展地区的各省区市经济发展水平整体落后于乡村振兴高速发展地区，表现在具体指标上对乡村振兴高速发展地区的指标对提升乡村振兴中速发展地区的乡村振兴水平并不适用，说明不同地区应根据自身发展需要，因地制宜地制定发展政策。FAC5因子中的指标对该地区乡村振兴水平起到抑制作用，因此在振兴乡村过程中应注重农村三次产业融合、农业机械化、科技化、村庄绿化率等方面的适度发展，避免脱离实际发展需求的盲目提升（见表4-16）。

表 4-16　　乡村振兴高速发展地区指标变化情况

模型	非标准化系数		标准系数	t	Sig.
	B	标准误差	试用版		
（常量）	45.868	1.531		29.951	0.000
FAC1	5.218	0.812	0.770	6.423	0.000
FAC2	2.705	0.686	0.433	3.945	0.000
FAC3	–0.043	0.810	–0.009	–0.053	0.958
FAC4	–1.057	0.492	–0.189	–2.148	0.036
FAC5	0.340	0.277	0.063	1.229	0.225
FAC6	0.828	0.290	0.184	2.850	0.006
FAC7	0.334	0.260	0.068	1.284	0.205
FAC8	–0.371	0.335	–0.085	–1.108	0.273
FAC9	0.166	0.262	0.041	0.633	0.530
FAC10	0.671	0.311	0.128	2.154	0.036
FAC11	0.640	0.231	0.147	2.767	0.008
（常量）	41.682	0.099		419.945	0.000
FAC1	6.508	0.238	0.571	27.365	0.000
FAC2	2.580	0.110	0.500	23.354	0.000
FAC3	1.644	0.095	0.334	17.262	0.000
FAC4	0.253	0.073	0.049	3.481	0.001
FAC5	–0.223	0.051	–0.049	–4.346	0.000
FAC6	0.027	0.069	0.005	0.387	0.699
FAC7	0.376	0.062	0.074	6.049	0.000
FAC8	0.263	0.063	0.052	4.192	0.000
FAC9	0.208	0.063	0.038	3.295	0.001
FAC10	0.180	0.060	0.033	2.986	0.003
FAC11	–0.158	0.068	–0.031	–2.322	0.021

5. 乡村振兴低速发展地区分析

乡村振兴低速发展地区有贵州、云南、西藏、甘肃，共4个省区，它们代表了我国当前乡村振兴较薄弱的发展水平地区（见表4–17）。

表 4–17　乡村振兴低速发展地区主要指标变化情况

模型	非标准化系数		标准系数	t	Sig.
	B	标准误差	试用版		
（常量）	45.731	2.776		16.471	0.000
FAC1	9.979	1.967	0.785	5.074	0.000
FAC2	0.703	0.705	0.158	0.998	0.328
FAC3	1.629	0.665	0.141	2.449	0.022
FAC4	0.020	0.785	0.002	0.025	0.980
FAC5	0.221	1.118	0.016	0.198	0.845
FAC6	0.252	0.452	0.039	0.558	0.582
FAC7	–0.445	0.207	–0.082	–2.155	0.041
FAC8	0.103	0.443	0.010	0.231	0.819
FAC9	0.408	0.336	0.054	1.212	0.237
FAC10	–0.307	0.321	–0.073	–0.955	0.349
FAC11	–0.838	0.443	–0.096	–1.892	0.071

回归结果显示，仅FAC1因子对乡村振兴低速发展地区起到显著的正向拉动作用。这4个省区的农村经济社会发展水平位于所有省区市靠后的位置，该类省域多处于偏远地区、物质资源相对匮乏，整个经济社会发展均处于落后水平。这种落后水平不单表现在农业经济上，还体现在农村生产条件、农民生活水平等方面的发展水平上，因此注重基础指标的稳定发展和提升，可以有针对性地夯实振兴基础，为持续增进乡村振兴水平的提高供给源源不断的动力。

第五章

县域乡村振兴水平评价研究

县域是工业化、产业化、城市化和城镇化发展的重要载体，也是农村联结城市的重要纽带。全面推进乡村振兴，应该将县域作为重点关注的区域。因此，对县域乡村振兴水平进行评价，有助于为分类推进乡村振兴战略实施提供参考依据。

一、县域乡村振兴水平评价指标体系构建

结合党的十八大确定的“五位一体”总布局和党的十九大提出的实施乡村振兴战略“五句话”总要求，根据乡村振兴战略的内涵与特征，遵循系统性、全面性、科学性、目标导向性等原则，构建县域乡村振兴水平的评价指标体系。

具体来看，一级指标将“五位一体”中的经济建设、政治建设、文化建设、社会建设和生态文明建设与“五句话”总要求中的产业兴旺、生态宜居、乡风文明、治理有效和生活富裕相结合，构建了包含农村经济建设与产业兴旺程度、农村生态文明建设与环境美化及宜居程度、农村文化建设和乡风文明程度、农村政治建设与治理有效程度和农村社会建设与农民生活富裕程度5个指标。二级指标的构建主要考虑是将一级指标的内容进一步细分，每个一级指标对应2个二级指标，最终形成了农村经济发展水平、农业现代化水平和农业绿色发展水平等10个二级指标。三级指标则主要考虑指标体系的完整性、科学性和数据可获得性，县域乡村振兴水平评价指标体系构建了农业总产值水平、非农产业增加值占比和村集体经济发展水平等30个三级指标。县域乡村振兴水平评价指标体系及权重赋值见表5-1。

表 5–1　　县域乡村振兴评价指标体系及权重赋值

一级指标	权重	二级指标	权重	三级指标	权重
A 农村经济建设与产业兴旺程度	0.3	A1农村经济发展水平	0.35	A11农业总产值水平	0.3
				A12非农产业增加值占比	0.3
				A13村集体经济发展水平	0.4
		A2农业现代化水平	0.65	A21农业机械化水平	0.15
				A22农业科技化水平	0.15
				A23高标准农田建设水平	0.15
				A24农业规模化水平	0.15
				A25政策性农业保险发展水平	0.1
				A26农业土地生产率	0.15
				A27农业劳动生产率	0.15
B 农村生态文明建设与环境美化及宜居程度	0.2	B1农村生活环境美化与宜居程度	0.5	B11生活垃圾全部集中处理的行政村占比	0.35
				B12生活污水全部集中处理的行政村占比	0.35
				B13农村卫生厕所普及率	0.3
		B2农业绿色发展水平	0.5	B21化肥施用减量化程度	0.25
				B22畜禽粪污综合利用率	0.35
				B23农作物秸秆综合利用率	0.4
C 农村文化建设和乡风文明程度	0.15	C1农村文化建设与发展水平	0.5	C11农村义务教育学校专任教师本科及以上学历比例	0.45
				C12村综合性文化服务中心覆盖率	0.55
		C2乡村社会文明程度	0.5	C21县级及以上文明乡镇发展质量	0.45
				C22县级及以上文明村发展质量	0.55
D 农村政治建设与治理有效程度	0.1	D1农村基层组织建设水平	0.3	D11村党组织书记兼任村委会主任的村占比	1
		D2乡村治理体系与能力	0.7	D21村庄规划管理覆盖率	0.4
				D22有村规民约村占比	0.3
				D23有四会村占比	0.3
E 农村社会建设与农民生活富裕程度	0.25	E1农村居民收入与生活水平	0.6	E11农村居民收入水平	0.5
				E12农村自来水普及率	0.25
				E13农村道路硬化率	0.25
		E2农村社会公共服务水平	0.4	E21农村居民基本养老保险参保率	0.4
				E22农村居民基本医疗保险参保率	0.3
				E23乡村医疗卫生水平	0.3

二、评价方法、对象选择与数据来源

（一）评价方法

1.三级指标计算方法

乡村振兴是一个整体，对乡村振兴水平开展评价需要站在全面性和综合性的角度，在县域乡村振兴水平评价指标体系的设计过程中严格遵循系统性、完整性和科学性的原则，因此三级指标并非全部可直接获取数据的量化指标，部分三级指标需要经过替换或综合计算。

A11农业总产值水平、A22农业科技化水平、B11生活垃圾全部集中处理的行政村占比、B12生活污水全部集中处理的行政村占比、B13农村卫生厕所普及率、B22畜禽粪污综合利用率、B23农作物秸秆综合利用率、C21农村义务教育学校专任教师本科及以上学历比例、C22 村综合性文化服务中心覆盖率、D11村党组织书记兼任村委会主任的村占比、D21村庄规划管理覆盖率、D22有村规民约村占比、D23有四会村占比、E12农村自来水普及率、E11农村居民收入水平等15个指标可直接获取量化数据，其中A22农业科技化水平用农业科技进步贡献率表示。需要比值计算的三级指标共有11个，其中，A12非农产业增加值占比=农村二三产业产值/地区生产总值；A13村集体经济发展水平=经营收入10万元以上的村/全部行政村；A21农业机械化水平=农用机械总动力/耕地面积；A23高标准农田建设水平=高标准农田面积/耕地面积；A24农业规模化水平=规模经营耕地面积/耕地面积；A25政策性农业保险法案展水平=四大粮食作物政策性保险覆盖面积/耕地面积；A26农业土地生产率=种植业总产值/耕地面积；A27农业劳动生产率=第一产业增加值/第一产业从业人员；E13农村道路硬化率=农村有铺装路面里程/农村公路总里程；E21农村居民基本养老保险参保率=城乡居民基本养老保险参保人数/全县户籍人口；E22农村居民基本医疗保险参保率=城乡居民基本医疗保险参保人数/全县户籍人口。

需要进行倒数计算的三级指标为B21化肥施用合理化程度=1/（化肥施用量/耕地面积），由于该项指标为逆向指标，因而对其取倒数进行正向化处理。

需要进行加权计算的三级指标共有3个，其中，C31县级及以上文明乡镇占比=0.5×省级及以上文明乡镇/全部文明乡镇+0.3×市级文明乡镇/全部文明乡镇+0.2×县级文明乡镇/全部文明乡镇；C32县级及以上文明村占比=0.5×省级及以上文明村/全部文明村+0.3×市级文明村/全部文明村+0.2×县级文明村/全部文明村；E23乡村医疗卫生水平=0.5×每千人医疗卫生机构床位数+0.5×每千人医疗卫生机构技术人员数。

具体县域乡村振兴水平评价指标计算方法如表5–2所示。

表5–2　　县域乡村振兴水平评价指标计算方法

三级指标	指标计算方法与解释说明
A11农业总产值水平	农业总产值（万元）
A12非农产业增加值占比	农村二三产业增加值/地区生产总值（%）
A13村集体经济发展水平	经营收入10万元以上的村/全部行政村（%）
A21农业机械化水平	农用机械总动力/耕地面积（千瓦/公顷）
A22农业科技化水平	农业科技进步贡献率（%）
A23高标准农田建设水平	高标准农田面积/耕地面积（%）
A24农业规模化水平	规模经营耕地面积/耕地面积（%）
A25政策性农业保险发展水平	四大粮食作物政策性保险覆盖面积/耕地面积（%）
A26农业土地生产率	种植业总产值/耕地面积（元/亩）
A27农业劳动生产率	第一产业增加值/第一产业从业人员（万元/人）
B11生活垃圾全部集中处理的行政村占比	生活垃圾全部集中处理的行政村占比（%）
B12生活污水全部集中处理的行政村占比	生活污水全部集中处理的行政村占比（%）
B13农村卫生厕所普及率	农村卫生厕所普及率（%）
B21化肥施用合理化程度	1/（化肥施用量/耕地面积）
B22畜禽粪污综合利用率	畜禽粪污综合利用率（%）
B23农作物秸秆综合利用率	农作物秸秆综合利用率（%）
C21农村义务教育学校专任教师本科及以上学历比例	农村义务教育学校专任教师本科及以上学历比例（%）
C22村综合性文化服务中心覆盖率	村综合性文化服务中心覆盖率（%）
C31县级及以上文明乡镇占比	0.5×省级及以上占比+0.3×市级占比+0.2×县级占比（%）
C32县级及以上文明村占比	0.5×省级及以上占比+0.3×市级占比+0.2×县级占比（%）
D11村党组织书记兼任村委会主任的村占比	村党组织书记兼任村委会主任的村占比（%）
D21村庄规划管理覆盖率	村庄规划管理覆盖率（%）
D22有村规民约村占比	有村规民约村占比（%）
D23有四会村占比	村民议事会、道德评议会、禁毒禁赌会、红白理事会（%）

续表

三级指标	指标计算方法与解释说明
E11农村居民收入水平 E12农村自来水普及率 E13农村道路硬化率	农村居民人均可支配收入（元） 农村自来水普及率（%） 农村有铺装路面里程/农村公路总里程（%）
E21农村居民基本养老保险参保率 E22农村居民基本医疗保险参保率	城乡居民基本养老保险参保人数/全县户籍人口（%） 城乡居民基本医疗保险参保人数/全县户籍人口（%）
E23乡村医疗卫生水平	0.5×每千人医疗卫生机构床位数+0.5×每千人医疗卫生机构技术人员数

2.数据标准化处理方法

为了消除由于指标计量单位不同、存在数量级差距等问题造成的指标间不可比较的问题，本研究充分考虑每个指标的内在含义及发展目标，运用极值法的思想，对数据进行标准化处理。

（1）对于A22农业科技化水平、B11生活垃圾全部集中处理的行政村占比、B12生活污水全部集中处理的行政村占比、B13农村卫生厕所普及率、B22畜禽粪污综合利用率、B23农作物秸秆综合利用率、C21农村义务教育学校专任教师本科及以上学历比例、C22村综合性文化服务中心覆盖率、D11村党组织书记兼任村委会主任的村占比、D21村庄规划管理覆盖率、D22有村规民约村占比、D23有四会村占比、E12农村自来水普及率、E13农村道路硬化率、E21农村居民基本养老保险参保率和E22农村居民基本医疗保险参保率16个相对数指标，数值越大对系统越有利，且本身最优值就是100%，可直接用于加权计算。

（2）对于A12非农产业增加值占比、A13村集体经济发展水平、A23高标准农田建设水平、A24农业规模化水平和A25政策性农业保险发展水平5个通过比值计算得出的指标，其最优结果也是比值达到100%，因此也可以直接用于加权计算。

（3）对于A11农业总产值水平、A21农业机械化水平、A26农业土地生产率B21化肥施用合理化程度、C31县级及以上文明乡镇占比、C32县级及以上文明村占比、E11农村居民收入水平和E23乡村医疗卫生水平8个指标，其最优结果没有固定值，因此将系统内的最高水平作为各个县域所能达到的最优水平，采用县域极值法进行计算，即各个县市的实际值/县域最大值 ×100%。处理后的各指标数据均为百分数，具有可比性和公度性。

（4）对于A27农业劳动生产率指标，用全省农业劳动生产率/全省社会全员劳动生产率进行处理。

3. 指标权重赋值

考虑到乡村振兴水平评价指标体系构建的复杂性和指标间的差异性，本研究采用德尔菲法对指标权重进行合理赋值。首先，课题组主要成员借鉴已有成熟研究成果和全国乡村振兴水平评价的经验，形成指标权重“初值”；其次，在此基础上，积极与专家探讨并最终确定指标权重赋值。具体县域乡村振兴水平指标权重赋值见表5-1。

4. 评价水平测度

县域乡村振兴水平采用综合指数测度模型进行测算，其模型公式为：

$$F=\sum X_{ij}W_j$$

其中，F为乡村振兴水平，当F取值为100时，则代表实现乡村全面振兴。X_{ij}为第i年第j个评价指标无量纲化后的数值，W_j为第j个评价指标的权重。

（二）县域评价对象选择

本研究以黑龙江省为例，以2021年黑龙江省统计局有关市（地）县（区）及涉农区的最新划定的67个县和10个涉农区即77个县级单位为对象进行县域层面的乡村振兴水平评价。其中，哈尔滨市包含12个涉农县区，齐齐哈尔市包含10个涉农县区，鸡西市包含3个涉农县区，鹤岗市包含2个涉农县区，双鸭山市包含4个涉农县区，大庆市包含5个涉农县区，伊春市包含6个涉农县区，佳木斯市包含7个涉农县区，七台河市包含1个涉农县区，牡丹江市包含7个涉农县区，黑河市包含6个涉农县区，绥化市包含10个涉农县区，大兴安岭地区包含4个涉农县区。

（三）数据来源

由于县级单位相对较小、数据难以获取，除公开可获得的统计数据外，课题组依托黑龙江省统计局、省委农办和农经中心等多部门的协助对数据进行完善。研究过程中所使用的数据主要来源于4个渠道：一是黑龙江统计年鉴，黑龙江省县域乡村振兴水平评价中与经济发展水平相关的数据主要来自《黑龙江统计年鉴2020》；二是黑龙江省政府部门的统计数据，其中，文化建设和乡村治理相关数据主要来自黑龙江省委宣传部；三是黑龙江省统计局县卡数据，农村公共服务的相关数据主要来自黑龙江省统计局的县卡数据整理；四是对于农业科技进步贡献率和农业劳动生产率等指标，采用黑龙江省的数值进行替代，以保证指标体系的完整性。

三、县域乡村振兴水平评价结果分析

依据乡村振兴水平评价的理论分析，并结合黑龙江省县域的实际情况，对黑龙江省77个县区的乡振兴水平进行测算。

（一）总体评价结果

牡丹江市海林市乡村振兴水平最高，综合评价值为62.86%；伊春市丰林县乡村振兴水平最低，综合评价值为43.31%。最大值和最小值相差19.55%，说明黑龙江省各个县域间的乡村振兴发展水平差距还很大。进一步分析，乡村振兴水平超过60%的县区有19个，占全部县区的24.68%；乡村振兴水平处于50%~60%之间的县区共计52个，占全部县区的67.53%；乡村振兴水平低于50%的县区有6个，占全部县区的7.79%，这说明黑龙江省县域乡村振兴水平整体上处于中间水平，但是也要认清仍然存在发展相对滞后的县区。具体结果见表5–3。

表5–3　　黑龙江省县域乡村振兴水平评价结果

排序	地级市	县（市、区）	评价结果	排序	地级市	县（市、区）	评价结果
1	牡丹江	海林市	62.86	8	鹤岗	绥滨县	61.50
2	牡丹江	绥分河市	62.79	9	哈尔滨	方正县	61.23
3	绥化	安达市	62.48	10	绥化	绥棱县	61.20
4	黑河	五大连池市	62.38	11	鹤岗	萝北县	61.04
5	佳木斯	同江市	62.20	12	鸡西	鸡东县	60.96
6	鸡西	虎林市	62.15	13	佳木斯	汤原县	60.66
7	哈尔滨	通河县	61.67	14	齐齐哈尔	龙江县	60.57

续表

排序	地级市	县（市、区）	评价结果	排序	地级市	县（市、区）	评价结果
15	七台河	勃利县	60.57	47	牡丹江	阳明区	56.47
16	哈尔滨	五常市	60.52	48	齐齐哈尔	梅里斯区	56.45
17	大兴安岭	漠河市	60.51	49	哈尔滨	木兰县	56.44
18	绥化	庆安县	60.50	50	伊春	嘉荫县	56.39
19	绥化	望奎县	60.47	51	大庆	肇源县	56.32
20	齐齐哈尔	克山县	59.91	52	黑河	爱辉区	56.22
21	齐齐哈尔	克东县	59.88	53	绥化	兰西县	56.21
22	绥化	肇东市	59.85	54	佳木斯	抚远市	56.19
23	哈尔滨	依兰县	59.83	55	佳木斯	桦川县	55.94
24	绥化	青冈县	59.75	56	双鸭山	宝清县	55.82
25	鸡西	密山市	59.74	57	伊春	铁力市	55.57
26	哈尔滨	巴彦县	59.66	58	齐齐哈尔	依安县	55.51
27	佳木斯	佳木斯郊区	59.33	59	大庆	林甸县	55.47
28	齐齐哈尔	讷河市	59.10	60	黑河	逊克县	55.01
29	哈尔滨	双城区	59.05	61	齐齐哈尔	富裕县	54.75
30	大庆	杜蒙自治县	59.02	62	双鸭山	饶河县	54.66
31	黑河	北安市	58.79	63	绥化	北林区	54.65
32	牡丹江	穆棱市	58.74	64	哈尔滨	阿城区	54.34
33	牡丹江	东宁市	58.71	65	大庆	大同区	54.20
34	佳木斯	富锦市	58.62	66	双鸭山	集贤县	54.07
35	黑河	嫩江市	58.44	67	齐齐哈尔	拜泉县	53.86
36	哈尔滨	宾 县	58.38	68	黑河	孙吴县	53.81
37	绥化	明水县	58.28	69	大兴安岭	塔河县	51.48
38	大庆	肇州县	58.20	70	大兴安岭	呼玛县	51.23
39	哈尔滨	尚志市	57.50	71	牡丹江	林口县	51.04
40	齐齐哈尔	甘南县	57.37	72	伊春	南岔县	48.68
41	绥化	海伦市	57.06	73	大兴安岭	加格达奇区	48.10
42	齐齐哈尔	泰来县	56.97	74	伊春	大箐山县	47.01
43	佳木斯	桦南县	56.92	75	双鸭山	友谊县	45.65
44	哈尔滨	延寿县	56.58	76	伊春	汤旺县	45.43
45	哈尔滨	呼兰区	56.56	77	伊春	丰林县	43.31
46	牡丹江	宁安市	56.54				

结合各个县区的情况，进一步测算各个地级市乡村振兴水平的平均值发现，鹤岗市各县市平均值居首位，综合评价平均值为61.27%；伊春市各县市平均值处于末位，综合评价平均值为49.4%。其中，综合评价平均值超过60%的地市除去鹤岗市外，还包括鸡西市和七台河市；综合评价平均值低于50%的仅有伊春市。具体结果见表5-4。

表5-4　　黑龙江省县域乡村振兴水平地级市平均值

序号	地级市	乡村振兴水平均值	序号	地级市	乡村振兴水平均值	序号	地级市	乡村振兴水平均值
1	鹤岗	61.27	6	哈尔滨	58.48	11	大兴安岭	52.83
2	鸡西	60.95	7	牡丹江	58.17	12	双鸭山	52.55
3	七台河	60.57	8	黑河	57.44	13	伊春	49.40
4	绥化	59.05	9	齐齐哈尔	57.44			
5	佳木斯	58.55	10	大庆	56.64			

（二）一级指标评价结果

在黑龙江省县域乡村振兴水平总体评价的基础上，进一步从一级指标的角度分析县域间的差异。从各一级指标间关系来看，农村政治建设与治理有效程度整体得分最高，且县域之间差别不大，在一定程度上体现了在乡村振兴过程中黑龙江省农村政治建设及乡村治理发挥着重要的引领性作用；农村生态文明建设与环境美化及宜居程度和农村社会建设与农民生活富裕程度整体得分较高，这说明黑龙江省农村目前的生产生活环境和农民生活条件比较完善；农村经济建设与产业兴旺程度和农村文化建设及乡风文明程度整体得分较低，农业产业的不发达仍是限制黑龙江省乡村振兴的重要制约因素，黑龙江省农村文化建设仍处于乡村振兴的薄弱环节。乡村振兴水平排在前十位的县，在农村经济建设与产业兴旺方面的排名也都在前端，排名靠后的县在经济建设与产业兴旺程度方面也处于后端，农村产业发展仍然是影响黑龙江省乡村振兴发展水平的重要因素。

与县域乡村振兴水平总体评价值相比，县域差距在一级指标得分上表现得更加突出。在农村经济建设与产业兴旺程度方面，佳木斯市同江市得分67.26，居首位，双鸭山市友谊县得分27.44，居末位，两者得分相差近40，县域间农业产业发展存在较大差距；在农村生态文明建设与环境美化及宜居程度方面，黑河市漠河市得分68.7，处于第一位，齐齐哈尔市梅里斯区得分56.29，处于最后一位，地理位置较远的黑河和大兴安岭地区在农村环境治理上较为靠前，市属涉农区面临的农业环境污染治理问题较大；在农村文化建设和乡风文明程度方面，佳木斯市同江市得分63.15，处于首位，伊春市丰林县得分22.92，处于末位，县域间文化建设环节仍然存在较大差距，在注重乡村文化发展和繁荣的同时也要注意缩小文化建设差距；在农村政治建设与治理有效程度方面，县域之间差距不大，基本上达到相近的水平；在农村社会建设与农民生活富裕程度方面，牡丹江市宁安市得分74.68，排在首位，大兴安岭地区呼玛县得分36.29，排在末位，与农村生态文明建设呈现反方向趋势，地理位置较为偏远地区农村社会建设与农民生活富裕程度相对落后，地级市周边县市和城市所属涉农区发展较为完善。具体结果见表5-5。

表5-5　　黑龙江省县域乡村振兴水平一级指标评价结果

县（市、区）	农村经济建设与产业兴旺程度		农村生态文明建设与环境美化及宜居程度		农村文化建设和乡风文明程度		农村政治建设与治理有效程度		农村社会建设与农民生活富裕程度	
	得分	排名	得分	排名	得分	排名	得分	排名	得分	排名
呼兰区	49.43	49	58.77	61	49.55	53	74.9	1	60.22	33
阿城区	40.64	67	60.06	46	49.59	52	74.9	1	60.84	30
双城区	60.06	12	58.05	70	44.58	69	72.8	68	61.81	23
依兰县	55.92	26	64.96	11	47.29	61	74.9	1	61.90	22
方正县	62.77	7	60.03	48	52.90	28	73.4	62	60.47	31
宾县	53.14	37	57.98	71	52.17	38	73.2	64	62.76	20
巴彦县	56.42	21	59.78	52	50.99	43	74.9	1	62.55	21
木兰县	53.84	32	61.30	27	43.19	73	74.9	1	56.25	58
通河县	62.74	8	61.84	23	57.01	9	74.9	1	57.75	52
延寿县	53.92	31	59.09	58	52.42	34	74.9	1	52.93	66
尚志市	52.87	38	61.72	24	47.46	60	74.9	1	58.75	44
五常市	59.53	13	60.35	39	48.11	59	70.7	74	65.21	9

续表

县（市、区）	农村经济建设与产业兴旺程度		农村生态文明建设与环境美化及宜居程度		农村文化建设和乡风文明程度		农村政治建设与治理有效程度		农村社会建设与农民生活富裕程度	
	得分	排名	得分	排名	得分	排名	得分	排名	得分	排名
龙江县	57.11	17	62.25	21	54.76	17	74.9	1	61.14	26
依安县	47.42	53	64.45	13	45.48	66	71.2	72	57.81	51
泰来县	48.63	51	58.32	67	55.91	11	74.9	1	59.37	38
甘南县	53.15	36	60.28	44	54.71	18	74.9	1	54.67	60
富裕县	41.56	65	59.45	54	54.24	21	74.9	1	59.06	42
克山县	56.01	25	62.22	22	52.69	30	74.9	1	61.09	28
克东县	52.08	41	66.13	6	55.08	14	74.9	1	61.10	27
拜泉县	44.46	59	60.53	36	47.22	62	74.9	1	55.36	59
讷河市	50.06	47	63.52	16	53.84	23	74.9	1	63.24	15
梅里斯区	45.13	58	56.29	77	60.33	4	74.9	1	60.45	32
鸡东县	54.21	30	62.83	18	54.60	19	74.4	56	66.02	6
虎林市	63.66	5	59.30	56	48.40	58	74.9	1	65.75	7
密山市	58.87	14	57.93	72	46.09	65	74.9	1	64.34	11
萝北县	61.87	10	58.18	69	58.03	6	74.9	1	58.59	46
绥滨县	66.97	2	58.52	66	51.42	41	74.9	1	57.99	48
集贤县	47.49	52	57.23	75	44.36	70	74.2	57	57.22	55
友谊县	27.44	77	60.34	40	31.26	75	62.3	77	57.74	53
宝清县	49.80	48	56.91	76	50.24	49	71.8	71	59.12	39
饶河县	52.17	40	60.04	47	56.29	10	72.5	70	45.24	70
肇州县	53.45	34	58.73	62	53.58	25	74.9	1	59.56	37
肇源县	47.17	54	61.16	28	52.47	33	74.9	1	58.30	47
林甸县	46.65	55	60.43	38	50.48	47	74.9	1	57.30	54
杜蒙自治县	53.45	35	59.46	53	52.70	29	74.9	1	62.78	19
大同区	39.48	70	61.03	31	48.55	56	74.9	1	61.53	24
嘉荫县	35.51	72	59.39	55	57.27	7	74.9	1	71.13	4
汤旺县	28.72	76	68.61	3	28.63	76	74.9	1	45.22	71
丰林县	31.81	74	67.15	5	22.92	77	74.9	1	37.64	75
大箐山县	32.53	73	65.69	8	52.29	36	64.4	76	39.33	74
南岔县	39.74	69	68.44	4	36.85	74	74.9	1	40.22	73
铁力市	43.97	61	61.15	29	52.59	32	74.9	1	59.08	40
佳木斯郊区	56.61	18	58.70	63	54.80	16	73.6	61	60.11	34

续表

县（市、区）	农村经济建设与产业兴旺程度		农村生态文明建设与环境美化及宜居程度		农村文化建设和乡风文明程度		农村政治建设与治理有效程度		农村社会建设与农民生活富裕程度	
	得分	排名	得分	排名	得分	排名	得分	排名	得分	排名
桦南县	52.53	39	58.57	65	48.59	54	74.9	1	58.66	45
桦川县	48.75	50	57.44	74	58.37	5	74.9	1	54.30	65
汤原县	63.48	6	59.91	51	53.12	27	74.9	1	56.69	57
同江市	67.26	1	60.30	43	63.15	1	74.9	1	52.02	68
富锦市	54.61	29	58.29	68	43.61	72	74.9	1	66.21	5
抚远市	51.62	44	57.69	73	53.74	24	74.9	1	54.46	61
勃利县	62.13	9	58.67	64	52.36	35	74.1	58	59.74	36
林口县	31.20	75	63.50	17	53.24	26	73.9	60	54.45	62
绥芬河市	56.59	19	62.81	19	50.75	44	74.9	1	72.61	3
海林市	61.82	11	60.74	33	57.06	8	74.9	1	64.49	10
宁安市	37.93	71	60.50	37	46.54	64	74.1	59	74.68	1
穆棱市	50.45	46	64.57	12	51.33	42	72.8	69	62.85	18
东宁市	41.93	64	61.38	25	54.44	20	74.9	1	72.80	2
阳明区	51.71	43	61.14	30	48.55	55	69.7	75	57.94	49
爱辉区	51.23	45	60.20	45	49.76	50	71.1	73	56.96	56
逊克县	45.91	57	60.02	49	49.70	51	73.0	66	57.91	50
孙吴县	43.94	62	65.82	7	46.69	63	73.4	63	52.47	67
北安市	55.16	27	60.70	34	50.57	46	74.9	1	60.09	35
五大连池市	66.49	3	62.41	20	52.61	31	73.2	65	58.96	43
嫩江市	56.58	20	65.16	10	50.27	48	73.0	67	54.37	64
北林区	44.03	60	60.64	35	43.98	71	74.9	1	60.89	29
望奎县	56.18	23	60.31	42	54.00	22	74.9	1	63.87	14
兰西县	53.66	33	58.81	60	48.43	57	74.9	1	54.39	63
青冈县	56.30	22	60.99	32	51.98	39	74.9	1	61.52	25
庆安县	51.73	42	63.54	15	55.64	12	74.9	1	65.74	8
明水县	54.78	28	64.34	14	44.84	67	74.9	1	59.06	41
绥棱县	57.45	15	61.37	26	54.85	15	74.9	1	63.91	13
安达市	63.86	4	60.34	41	51.77	40	74.9	1	64.01	12
肇东市	57.23	16	58.87	59	50.72	45	74.9	1	63.23	16
海伦市	46.49	56	59.98	50	52.27	37	74.9	1	63.16	17
漠河市	56.08	24	68.70	1	63.14	2	74.9	1	51.94	69

续表

县（市、区）	农村经济建设与产业兴旺程度		农村生态文明建设与环境美化及宜居程度		农村文化建设和乡风文明程度		农村政治建设与治理有效程度		农村社会建设与农民生活富裕程度	
	得分	排名	得分	排名	得分	排名	得分	排名	得分	排名
呼玛县	41.17	66	65.65	9	61.22	3	74.9	1	36.29	77
塔河县	42.52	63	68.70	2	55.41	13	74.9	1	36.74	76
加格达奇区	39.98	68	59.29	57	44.61	68	74.9	1	40.25	72

（三）二级指标评价结果

对二级指标评价结果进行分析，有助于进一步掌握黑龙江省县域乡村振兴水平在一级指标层面出现差距的原因。从全部二级指标来看，乡村治理体系与能力的整体得分最高，其主要源于农村“一约四会”和村庄管理规划在全省范围的发展落实，这也符合政治建设引领乡村振兴的发展趋势；农业绿色发展水平、农村文化建设与发展水平和农村居民收入与生活水平的得分也相对较高，这体现黑龙江省农村在农业绿色发展、基本文化教育和农民收入上有一定程度的保障；在农村经济发展水平、农业现代化水平、农村生活环境美化与宜居程度、乡村社会文明程度、农村基层组织建设水平和农村社会公共服务水平方面整体得分相对较低，推进黑龙江省县域乡村振兴进一步发展需要抓住以上薄弱环节，尤其注重农村经济发展与农业现代化发展。

从具体的指标得分来看，农村经济发展水平、农村文化建设与发展水平、农村居民收入与生活水平和农村社会公共服务水平的县域间得分差距较大，最高得分与最低得分相差分别为67.34、59.95、56.04和52.44，从以上指标得分差距来看，在县域间存在较为严重的发展不平衡问题；农业现代化水平、农业绿色发展水平和乡村社会文明程度的县域间得分差距较小，得分相差分别为40.57、24.83和29.87；农村生活环境美化与宜居程度、农村基层组织建设水平和乡村治理体系与能力三项指标得分接近，县域间发展差距不大。根据上述分析，在未来黑龙江省乡村振兴建设和发展过程中，追求补短板、强弱项、促发展的同时，要着力加强县域间资源要素的合理流动。具体二级指标评价结果见表5-6。

表 5-6　　黑龙江省县域乡村振兴水平二级指标评价结果

县（市、区）	A 农村经济建设与产业兴旺程度				B 农村生态文明建设与环境美化及宜居程度				C 农村文化建设与乡风文明程度				D 农村政治建设与治理有效程度				E 农村社会建设与农民生活富裕程度			
	A1 农村经济发展水平		A2 农业现代化水平		B1 农村生活环境美化与宜居程度		B2 农业绿色发展水平		C1 农村文化建设与发展水平		C2 乡村社会文明程度		D1 农村基层组织建设水平		D2 乡村治理体系与能力		E1 农村居民收入与生活水平		E2 农村社会公共服务水平	
	得分	排名	得分	排名	得分	排名	得分	排名	得分	排名	得分	排名	得分	排名	得分	排名	得分	排名	得分	排名
呼兰区	49.39	49	49.45	42	44.37	–	73.18	61	81.12	41	17.98	67	35	–	92.00	1	72.96	32	41.11	39
阿城区	37.06	61	42.57	66	44.37	–	75.75	46	82.22	34	16.96	71	35	–	92.00	1	74.00	26	41.11	39
双城区	76.76	4	51.06	35	44.37	–	71.73	70	76.62	51	12.53	75	35	–	89.00	68	75.60	18	41.11	39
依兰县	60.50	26	53.45	22	44.37	–	85.55	11	69.67	66	24.92	27	35	–	92.00	1	74.16	23	43.52	30
方正县	60.48	27	64.00	3	44.37	–	75.69	48	75.29	54	30.51	7	35	–	89.90	62	71.21	37	44.37	26
宾　县	64.33	18	47.12	55	44.37	–	71.59	71	85.15	20	19.19	63	35	–	89.60	64	73.31	30	46.94	15
巴彦县	65.55	15	51.50	31	44.37	–	75.20	52	77.05	48	24.94	26	35	–	92.00	1	77.01	13	40.87	50
木兰县	56.23	37	52.56	27	44.37	–	78.23	27	59.85	73	26.52	19	35	–	92.00	1	68.26	48	38.24	58
通河县	63.66	21	62.24	8	44.37	–	79.32	23	85.15	21	28.87	11	35	–	92.00	1	72.39	35	35.80	65
延寿县	62.10	24	49.51	41	44.37	–	73.82	58	82.72	31	22.11	44	35	–	92.00	1	62.97	65	37.88	60
尚志市	68.79	10	44.30	65	44.37	–	79.08	24	75.03	55	19.90	59	35	–	92.00	1	73.70	28	36.32	64
五常市	54.20	43	62.40	7	44.37	–	76.34	39	74.04	57	22.17	43	35	–	86.00	74	79.53	10	43.72	29
龙江县	66.95	14	51.81	29	44.37	–	80.13	21	85.20	19	24.32	29	35	–	92.00	1	68.67	45	49.85	9

续表

县（市、区）	A 农村经济建设与产业兴旺程度				B 农村生态文明建设与环境美化及宜居程度				C 农村文化建设与乡风文明程度				D 农村政治建设与治理有效程度				E 农村社会建设与农民生活富裕程度			
	A1 农村经济发展水平		A2 农业现代化水平		B1 农村生活环境美化与宜居程度		B2 农业绿色发展水平		C1 农村文化建设与发展水平		C2 乡村社会文明程度		D1 农村基层组织建设水平		D2 乡村治理体系与能力		E1 农村居民收入与生活水平		E2 农村社会公共服务水平	
	得分	排名	得分	排名	得分	排名	得分	排名	得分	排名	得分	排名	得分	排名	得分	排名	得分	排名	得分	排名
依安县	49.19	50	46.47	58	44.37	–	84.53	13	67.83	70	23.14	37	35	–	86.75	72	67.61	52	43.10	32
泰来县	53.81	45	45.85	61	44.37	–	72.27	67	83.40	28	28.42	12	35	–	92.00	1	64.83	60	51.17	6
甘南县	65.15	16	46.70	57	44.37	–	76.20	44	85.29	17	24.13	31	35	–	92.00	1	64.21	61	40.36	53
富裕县	30.13	67	47.72	51	44.37	–	74.53	54	85.29	18	23.19	36	35	–	92.00	1	66.23	55	48.29	[illegible]
克山县	67.34	13	49.91	39	44.37	–	80.08	22	83.62	27	21.77	46	35	–	92.00	1	73.81	27	42.00	34
克东县	60.28	28	47.67	52	44.37	–	87.89	6	83.89	26	26.27	20	35	–	92.00	1	74.09	24	41.61	37
拜泉县	43.74	57	44.85	63	44.37	–	76.69	36	80.20	42	14.25	74	35	–	92.00	1	65.84	58	39.63	57
讷河市	50.86	48	49.63	40	44.37	–	82.67	16	85.97	12	21.71	47	35	–	92.00	1	74.97	21	45.65	15
梅里斯区	33.77	65	51.24	33	44.37	–	68.21	77	82.22	35	38.44	1	35	–	92.00	1	73.35	29	41.11	39
鸡东县	54.84	42	53.88	20	44.37	–	81.30	18	89.56	7	19.63	62	35	–	91.27	56	75.96	17	51.12	[illegible]
虎林市	78.60	3	55.61	15	44.37	–	74.24	56	77.05	49	19.76	61	35	–	92.00	1	84.11	4	38.21	59
密山市	70.10	9	52.83	25	44.37	–	71.50	72	72.05	60	20.13	57	35	–	92.00	1	71.44	36	53.70	4
萝北县	58.16	34	63.87	4	44.37	–	72.00	69	95.20	2	20.86	52	35	–	92.00	1	77.59	12	30.09	70

续表

县（市、区）	A 农村经济建设与产业兴旺程度				B 农村生态文明建设与环境美化及宜居程度				C 农村文化建设与乡风文明程度				D 农村政治建设与治理有效程度				E 农村社会建设与农民生活富裕程度			
	A1 农村经济发展水平		A2 农业现代化水平		B1 农村生活环境美化与宜居程度		B2 农业绿色发展水平		C1 农村文化建设与发展水平		C2 乡村社会文明程度		D1 农村基层组织建设水平		D2 乡村治理体系与能力		E1 农村居民收入与生活水平		E2 农村社会公共服务水平	
	得分	排名	得分	排名	得分	排名	得分	排名	得分	排名	得分	排名	得分	排名	得分	排名	得分	排名	得分	排名
绥滨县	62.12	23	69.58	2	44.37	–	72.67	66	85.38	15	17.47	69	35	–	92.00	1	70.08	41	39.86	55
集贤县	39.72	59	51.68	30	44.37	–	70.09	75	62.15	72	26.58	18	35	–	91.01	57	68.55	47	40.22	54
友谊县	17.08	76	33.01	76	44.37	–	76.32	40	37.27	75	25.25	23	35	–	74.00	77	68.56	46	41.51	38
宝清县	41.97	58	54.01	19	44.37	–	69.45	76	72.55	59	27.92	15	35	–	87.56	71	68.11	49	45.65	19
饶河县	47.49	53	54.68	16	44.37	–	75.71	47	86.50	10	26.08	21	35	–	88.58	70	57.85	69	26.33	72
肇州县	48.14	52	56.32	12	44.37	–	73.09	62	84.34	23	22.81	39	35	–	92.00	1	70.61	39	42.99	33
肇源县	33.80	64	54.38	18	44.37	–	77.96	28	84.52	22	20.41	56	35	–	92.00	1	70.72	38	39.66	56
林甸县	46.38	56	46.80	56	44.37	–	76.50	38	80.20	43	20.76	53	35	–	92.00	1	64.13	63	47.06	14
杜蒙自治县	57.15	36	51.46	32	44.37	–	74.55	53	83.35	29	22.05	45	35	–	92.00	1	74.50	22	45.21	23
大同区	23.29	71	48.19	47	44.37	–	77.70	31	82.22	36	14.88	73	35	–	92.00	1	75.14	19	41.11	39
嘉荫县	26.94	68	40.13	70	44.37	–	74.41	55	85.38	16	29.16	9	35	–	92.00	1	81.78	7	55.15	3
汤旺县	15.28	77	35.97	74	44.37	–	92.85	3	37.27	76	20.00	58	35	–	92.00	1	56.70	71	27.99	71
丰林县	18.39	75	39.03	71	44.37	–	89.93	5	37.27	77	8.57	77	35	–	92.00	1	47.41	75	22.99	75

续表

县（市、区）	A 农村经济建设与产业兴旺程度				B 农村生态文明建设与环境美化及宜居程度				C 农村文化建设与乡风文明程度				D 农村政治建设与治理有效程度				E 农村社会建设与农民生活富裕程度			
	A1 农村经济发展水平		A2 农业现代化水平		B1 农村生活环境美化与宜居程度		B2 农业绿色发展水平		C1 农村文化建设与发展水平		C2 乡村社会文明程度		D1 农村基层组织建设水平		D2 乡村治理体系与能力		E1 农村居民收入与生活水平		E2 农村社会公共服务水平	
	得分	排名	得分	排名	得分	排名	得分	排名	得分	排名	得分	排名	得分	排名	得分	排名	得分	排名	得分	排名
大箐山县	26.15	69	35.97	75	44.37	–	87.02	8	93.25	5	11.32	76	35	–	77.00	76	49.58	74	23.96	74
南岔县	37.52	60	40.93	68	44.37	–	92.52	4	52.67	74	21.04	51	35	–	92.00	1	53.27	73	20.66	76
铁力市	48.71	51	41.42	67	44.37	–	77.94	29	81.15	40	24.04	32	35	–	92.00	1	77.91	11	30.83	69
佳木斯郊区	63.78	20	52.74	26	44.37	–	73.03	63	81.67	38	27.94	13	35	–	90.20	61	72.78	33	41.11	39
桦南县	59.25	32	48.92	45	44.37	–	72.77	65	71.20	62	25.98	22	35	–	92.00	1	67.29	54	45.71	[illegible]
桦川县	22.76	72	62.75	6	44.37	–	70.52	74	95.05	3	21.69	48	35	–	92.00	1	57.15	70	50.03	8
汤原县	63.93	19	63.23	5	44.37	–	75.45	51	82.45	32	23.79	33	35	–	92.00	1	64.18	62	45.45	[illegible]
同江市	58.33	33	72.06	1	44.37	–	76.24	43	97.21	1	29.08	10	35	–	92.00	1	59.36	68	41.00	[illegible]
富锦市	64.98	17	49.03	44	44.37	–	72.21	68	64.55	71	22.68	41	35	–	92.00	1	80.12	9	45.35	22
抚远市	52.55	46	51.11	34	44.37	–	71.01	73	86.23	11	21.24	50	35	–	92.00	1	67.81	51	34.42	63
勃利县	67.98	11	58.98	9	44.37	–	72.98	64	87.20	9	17.53	68	35	–	90.80	58	70.02	42	44.33	27
林口县	21.09	74	36.64	73	44.37	–	82.64	17	75.65	53	30.84	6	35	–	90.50	60	65.93	57	37.22	62
绥芬河市	76.14	5	46.06	60	44.37	–	81.26	19	73.75	58	27.75	16	35	–	92.00	1	86.80	2	51.33	[illegible]

续表

县(市、区)	A 农村经济建设与产业兴旺程度				B 农村生态文明建设与环境美化及宜居程度				C 农村文化建设与乡风文明程度				D 农村政治建设与治理有效程度				E 农村社会建设与农民生活富裕程度			
	A1 农村经济发展水平		A2 农业现代化水平		B1 农村生活环境美化与宜居程度		B2 农业绿色发展水平		C1 农村文化建设与发展水平		C2 乡村社会文明程度		D1 农村基层组织建设水平		D2 乡村治理体系与能力		E1 农村居民收入与生活水平		E2 农村社会公共服务水平	
	得分	排名	得分	排名	得分	排名	得分	排名	得分	排名	得分	排名	得分	排名	得分	排名	得分	排名	得分	排名
海林市	67.93	12	58.53	10	44.37	–	77.12	33	78.50	46	35.62	2	35	–	92.00	1	82.78	5	37.05	63
宁安市	32.50	66	40.86	69	44.37	–	76.63	37	74.52	56	18.56	66	35	–	90.80	59	84.78	3	59.54	1
穆棱市	55.97	39	47.47	53	44.37	–	84.77	12	69.08	68	33.59	4	35	–	89.00	69	76.94	14	41.70	36
东宁市	51.73	47	36.65	72	44.37	–	78.40	25	85.60	13	23.27	35	35	–	92.00	1	94.20	1	40.71	51
阳明区	59.94	30	47.27	54	44.37	–	77.91	30	71.93	61	25.18	25	35	–	84.50	75	69.16	44	41.11	39
爱辉区	57.72	35	47.73	50	44.37	–	76.03	45	76.72	50	22.80	40	35	–	86.60	73	67.53	53	41.11	39
逊克县	46.95	54	45.35	62	44.37	–	75.68	49	69.94	64	29.47	8	35	–	89.30	66	69.42	43	40.64	52
孙吴县	35.03	63	48.74	46	44.37	–	87.28	7	70.45	63	22.92	38	35	–	89.90	63	59.56	67	41.82	35
北安市	74.76	6	44.61	64	44.37	–	77.04	34	82.25	33	18.90	64	35	–	92.00	1	63.21	64	55.40	2
五大连池市	82.28	2	57.99	11	44.37	–	80.46	20	81.78	37	23.45	34	35	–	89.60	65	66.07	56	48.31	10
嫩江市	72.69	7	47.91	48	44.37	–	85.96	10	76.20	52	24.34	28	35	–	89.30	67	61.19	66	44.14	28
北林区	37.01	62	47.81	49	44.37	–	76.92	35	69.31	67	18.64	65	35	–	92.00	1	74.08	25	41.11	39
望奎县	63.05	22	52.48	28	44.37	–	76.26	42	87.38	8	20.63	55	35	–	92.00	1	76.87	15	44.38	25

续表

县（市、区）	A 农村经济建设与产业兴旺程度				B 农村生态文明建设与环境美化及宜居程度				C 农村文化建设与乡风文明程度				D 农村政治建设与治理有效程度				E 农村社会建设与农民生活富裕程度			
	A1 农村经济发展水平		A2 农业现代化水平		B1 农村生活环境美化与宜居程度		B2 农业绿色发展水平		C1 农村文化建设与发展水平		C2 乡村社会文明程度		D1 农村基层组织建设水平		D2 乡村治理体系与能力		E1 农村居民收入与生活水平		E2 农村社会公共服务水平	
	得分	排名	得分	排名	得分	排名	得分	排名	得分	排名	得分	排名	得分	排名	得分	排名	得分	排名	得分	排名
兰西县	59.87	31	50.32	38	44.37	–	73.25	60	79.90	44	16.96	72	35	–	92.00	1	65.76	59	37.32	61
青冈县	61.93	25	53.26	24	44.37	–	77.62	32	81.66	39	22.30	42	35	–	92.00	1	72.53	34	45.00	24
庆安县	54.16	44	50.43	36	44.37	–	82.72	15	84.14	24	27.15	17	35	–	92.00	1	80.63	8	43.41	31
明水县	55.50	41	54.40	17	44.37	–	84.31	14	69.85	65	19.83	60	35	–	92.00	1	68.02	50	45.63	20
绥棱县	60.24	29	55.94	14	44.37	–	78.38	26	77.57	47	32.14	5	35	–	92.00	1	76.03	16	45.73	16
安达市	82.61	1	53.76	21	44.37	–	76.31	41	79.26	45	24.27	30	35	–	92.00	1	75.11	20	47.36	13
肇东市	71.69	8	49.44	43	44.37	–	73.37	59	84.00	25	17.45	70	35	–	92.00	1	81.87	6	35.29	66
海伦市	46.76	55	46.35	59	44.37	–	75.59	50	82.99	30	21.55	49	35	–	92.00	1	73.24	31	48.03	12
漠河市	56.21	38	56.02	13	44.37	–	93.04	1	92.49	6	33.79	3	35	–	92.00	1	70.50	40	24.09	73
呼玛县	24.13	70	50.35	37	44.37	–	86.93	9	94.51	4	27.92	14	35	–	92.00	1	55.75	72	7.09	77
塔河县	22.44	73	53.34	23	44.37	–	93.04	2	85.60	14	25.21	24	35	–	92.00	1	38.16	77	34.61	67
加格达奇区	55.75	40	31.49	77	44.37	–	74.21	57	68.47	69	20.75	54	35	–	92.00	1	39.67	76	41.11	39

四、县域乡村振兴的分类推进路径

根据黑龙江省县域层面乡村振兴发展水平，针对不同县域农村经济建设与产业兴旺程度、农村生态文明建设与环境美化及宜居程度、农村文化建设和乡风文明程度、农村政治建设与治理有效程度、农村社会建设与农民生活富裕程度，因地制宜，精准施策，补齐短板，从县域层面分类提升乡村振兴水平。

（一）农村经济建设提升类县市

农村经济建设提升类县市是指农村经济建设与产业兴旺水平较低的县市，即农村经济建设与产业兴旺程度方面排名在全省所有涉农县市中后三分之一，包括哈尔滨市下辖的阿城区，齐齐哈尔市下辖的梅里斯达斡尔族区、依安县、富裕县、拜泉县，牡丹江市下辖的宁安市、东宁市、林口县，佳木斯市下辖的汤原县，大庆市下辖的大同区、肇源县，双鸭山市下辖的友谊县，伊春是下辖的铁力市、大箐山县、丰林县、嘉荫县、南岔县、林甸县，黑河市下辖的逊克县、孙吴县，绥化市下辖的北林区、海伦市，大兴安岭地区下辖的加格达奇区、塔河县、呼玛县，共25个县市。此类县市农村经济发展水平和农业现代化水平指标上表现相对较差，农业总产值、非农产业增加值、农村集体经济发展水平、农业机械化水平、农业科技化水平、高标准农田建设水平、农业规模化水平、农业保险发展水平、农业土地生产率、农业劳动生产率等方面亟待进一步提高，需要着重通过提高农村经济建设与产业兴旺程度来提升乡村振兴水平。

促进农村经济发展水平的提升，保证粮食等主要农作物播种面积的基础上，推动农作物种植与管理方式改进，加强增产措施的普及和运用，促进主要农作物质量和主要农作物单位面积产量的提升，提高农业综合生产能力，充分利用黑龙江省寒地黑土等资源优势，结合县域内实际情况，加强区域公用农产品品牌和地理标志农产品的创建，通过发展地方电商平台、订单农业等形式推动农产品营销模式的多元化，实现农产品由“种得好”向“种得好并卖得好”转变，提高农业总产值和农业土地生产年率。

以农业为基础发展非农产业，开发农业的多种功能，重点支持食品及农副产品精深加工业的发展，着力将其打造成县域主导或特色产业，不断深入挖掘农产品加工潜力和增值空间，以乡村为基础发展休闲旅游业，开发乡村的多元价值，依托龙江田园、冰雪等资源优势，结合各地区位优势，通过农产品采摘园、农家乐、乡村民宿等多种形式推动休闲农业和乡村旅游的发展，提高非农产业增加值。加快推进农村集体产权制度改革，拓展农村集体经济发展路径，加强对农村集体资产的管理，有效盘活农村集体资产，推动农村集体经济快速发展。

加快推进农业现代化，继续深入推进农业机械化全程、全面、高质、高效发展，有效落实农机相关补贴政策，优化农机装备结构，加快高效率、智能化等高端智能农机装备的研发与应用，推进高能耗、高污染、低效率等老旧农机的淘汰与报废，逐步实现农机装备转型升级，提高农业劳动生产率，确保主要粮食作物耕种收综合机械化率稳中有升。提高科学技术在农业领域的应用，尤其是生物技术、数字技术的应用，加强与东北农业大学、东北林业大学、黑龙江省农业科学院等省内主要涉农高等院校、科研院所的交流与合作，促进其成果就地转化，提高农业科技贡献率。严格贯彻落实《黑龙江省人民政府办公厅关于切实加强高标准农田建设提升粮食安全保障能力的实施意见》，以粮食生产功能区和重要农产品生产保护区为重点加强高标准农田建设，保证建设标准和质量，扩大高标准农田面积。建立健全农村土地经营权流转服务体系，继续扩大农村土地流转平台覆盖的县市范围，为农村土地依法有序流转提供保障，继续支持和推动家庭农场、农民专业合作社等新型农业经营主体高质量发展，探索和完善农户与新型农业经营主体间的利益联结机制，推动农村土地有序向新型农业经营主体流转，推进实现适度规模经营。积极推动农业保险的普及和发展，加大政策的支持力度，鼓励各县市结合本地特色及实际情况进行农业保险品种和服务的创新，进一步扩大主要农作物政策性农业保险的覆盖面积。

（二）农村环境建设提升类县市

农村环境建设提升类县市是指农村生态文明建设与环境美化及宜居程度较低的县市，即农村生态文明建设与环境美化及宜居程度方面排名在全省所有涉农县市中后三分之一，包括哈尔滨市下辖的呼兰区、双城区、延寿县、宾县，齐齐哈尔市下辖的梅里斯达斡尔族区、富裕县、泰来县，佳木斯市下辖的郊区、富锦市、抚远市、桦南县、桦川县，大庆市下辖的杜尔伯特蒙古族自治县、肇州县，鸡西市下辖的虎林市、密山市，双鸭山市下辖的集贤县、宝清县，伊春市下辖的嘉荫县，七台河市下辖的勃利县，鹤岗市下辖的绥滨县、萝北县，绥化市下辖的肇东市、兰西县，共25个县市。此类县市农村生活环境美化与宜居程度和农业绿色发展水平指标上表现相对较差，生活垃圾处理、生活污水处理、农村卫生厕所普及、化肥施用减量、畜禽粪污综合利用、农作物秸秆综合利用等方面亟待进一步提高，需要着重通过提高农村生态文明建设与环境美化及宜居程度来提升乡村振兴水平。

提高农村生活环境美化与宜居程度，继续推进农村生活垃圾处理体系的完善，从源头上对农村生活垃圾实行分类减量和资源化利用，加大对农村有机废弃物综合处置利用设施建设的普及力度，因地制宜地对暂时不具备生活垃圾处理能力和条件的村屯，通过划定固定存放区定期统一进行清理或转运，增加公共垃圾箱等设施的配备，建立健全农村保洁制度，加大对农村生活垃圾乱堆乱放现象的治理力度。建立健全农村生活污水和黑臭水体的治理体系，因地制宜地推进农村污水的治理，具备条件的地区推进将城镇污水处理管网向附近农村覆盖，实现城镇和农村生活污水统一收集与处理，不具备条件的地区通过采取乡镇、中心村屯集中建设污水处理设施、以户为单位建立污水处理设施等方式，有效推进农村生活污水治理率提升。进一步深入推进厕所革命，根据地区生活习惯和气候条件，探索出适合黑龙江省高寒地区的农村实用型改厕模式，因地制宜地通过原有旱厕改造升级、新建卫生厕所等形式提高农村卫生厕所普及率，加大农村文化广场等公共场合卫生厕所建设，推动农村改厕与污水治理相连接。

推行农业绿色发展，深入实施化肥、农药、除草剂减量增效行动，加快推进测土配方施肥、有机肥替代等新技术、新方式的采用和推广，实现化肥、农药、除草剂的科学、精准施用。建立健全禽畜粪污综合利用体系，因地制宜地分类推动实现农村禽畜粪污收集、贮存、处理、利用的科学化，规模养殖场提高禽畜粪污处理配套设施的覆盖，养殖散户加强禽畜粪污收集点的建设，养殖密集区加快禽畜粪污集中处理中心的建立，探索禽畜粪污资源化利用模式，通过肥沼还田等方式完成禽畜粪污的资源化利用、生态化循环。继续严格落实秸秆禁烧制度，进一步通过还田、肥料化、能源化等方式推动秸秆的综合利用，提高秸秆的综合利用率和还田利用率，不放松对农药包装废弃物、农膜等农业面源污染物的回收与整治，有效落实生产者、经营者、使用者的相关责任和义务。

（三）农村文化建设提升类县市

农村文化建设提升类县市是指农村文化建设和乡风文明程度较低的县市，即农村文化建设和乡风文明程度方面排名在全省所有涉农县市中后三分之一，包括哈尔滨市下辖的呼兰区、双城区、五常市、尚志市、依兰县、木兰县，齐齐哈尔市下辖的拜泉县、依安县，牡丹江市下辖的阳明区、宁安市，佳木斯市下辖的富锦市、桦南县，大庆市下辖的大同区，鸡西市下辖的密山市、虎林市，双鸭山市下辖的集贤县、友谊县，伊春市下辖的汤旺县、丰林县、南岔县，黑河市下辖的孙吴县，绥化市下辖的北林区、兰西县、明水县，大兴安岭地区下辖的加格达奇区，共25个县市。此类县市农村文化建设与发展水平和乡村社会文明程度指标上表现相对较差，农村义务教育发展、综合性文化中心普及、文明乡镇和文明村建设等方面亟待进一步提高，需要着重通过提高农村文化建设和乡风文明程度来提升乡村振兴水平。

提高农村文化建设与发展水平，继续完善农村义务教育薄弱环节，优化义务教育阶段农村教师学历结构，通过提高乡村教师工资福利、职称评聘向乡村学校倾斜等措施吸引更多高学历人才到乡村学校从教，加强县城与乡村学校间的互动交流，统筹协调县城学校教师前往乡村支教、下乡服务。推进基本公共文化服务进一步向乡村延伸，建立和完善农村文化基础设施，增加乡村综合文化中心、乡村文化广场、乡村图书室、农家书屋等文化活动场所的覆盖面。

以文明村镇创建为导向，对标《全国文明村镇测评题体系》，重点从思想引领和精神风貌两个方面着手提高农民精神风貌和综合素质，推进乡村社会文明程度的提升。加强习近平新时代中国特色社会主义思想等思想理论在农民中间的宣传，探索贴近农民生产生活实际的传播方式和载体，采取建设文化墙、张贴标语、开展群众性文化活动、微信、移动客户端等通俗易懂的形式，增强广大农民的思想觉悟，促进党的思想理论在农村落地生根。深入推进爱国主义、集体主义、社会主义教育，结合黑龙江实际开展东北抗联精神、北大荒精神、铁人精神的学习，进一步巩固农民思想文化阵地。通过加强以社会公德、职业道德、家庭美德、个人品德建设为主要内容的农村思想道德建设，提升农民思想道德水平。深入开展家庭文明建设，通过实施星级文明户、文明家庭、五好家庭等评选活动，以典型示范带动乡村精神风貌的改善。弘扬优秀传统文化和具有黑龙江特色的乡村文化，举办春节、元宵、清明、端午、中秋、重阳等传统节日文化活动，办好中国农民丰收节系列活动，充分挖掘黑龙江省寒地农耕文化、少数民族文化等资源，加强对东北二人转、东北大鼓、满族萨满神话等特色文化保护与传承，打造具有龙江地域特色的乡村文化品牌。

（四）农村政治建设提升类县市

农村政治建设提升类县市是指农村政治建设与治理有效程度较低的县市，即农村政治建设与治理有效程度方面排名在全省所有涉农县市中后22位，包括哈尔滨市的双城区、五常市、方正县、宾县，齐齐哈尔市下辖的依安县，牡丹江市下辖的阳明区、穆棱市、宁安市、林口县，佳木斯市的郊区，鸡西市下辖的鸡东县，双鸭山市下辖的友谊县、集贤县、饶河县、宝清县，伊春是下辖的大箐山县，七台河市下辖的勃利县，黑河市下辖的爱辉区、五大连池市、嫩江市、逊克县、孙吴县，共22个县市。此类县市农村基层组织建设水平和乡村治理体系与能力指标上表现相对较差，村庄规划管理等方面亟待进一步提高，需要着重通过提高农村政治建设与治理有效程度来提升乡村振兴水平。

继续强化农村基层党组织建设，充分发挥农村基层党组织的领导作用，重点做好农村基层党组织带头人队伍建设，选拔培养退伍军人、优秀青年农民等类型党员进入基层党组织书记队伍，吸引和鼓励返乡大学生、外出经商人员等类型党员返乡任职，加强对农村基层党组织书记的培训工作，实现农村基层党组织书记队伍素质的整体提升。有序推进农村基层党组织负责人兼任村民委员会主任，促进村党组织书记兼任村委会主任的村比重进一步提高。持续加强对软弱涣散基层党组织的治理工作，驻村第一书记的派驻向党组织相对软弱涣散的行政村适当倾斜。继续优化农村党员队伍结构，积极发展农村青年党员，进一步壮大农村党员队伍，为农村基层党组织发展提供坚实的人员储备。

有效推动乡村治理体系与能力的提升，继续按照“集聚提升类”“城郊融合类”“特色保护类”“边境巩固类”“搬迁撤并类”五种类型，因地制宜地进一步深入推动村庄规划工作的开展，重点关注还没有纳入规划范畴的村庄，提升村庄规划管理的覆盖范围。扩大村规民约的覆盖范围，已经制定的村庄进一步完善村规民约，还未制定的村庄加快修订村规民约，严格规范村规民约的修订程序，不断丰富村规民约的内容，将“婚事新办”“丧事简办”“余事不办”等内容及时纳入其中。建立健全农村“四会”工作制度，即村民议事会、道德评议会、禁毒禁赌会、红白理事会，扩大农村“四会”的覆盖范围，加快还未设置或还未完全设置“四会”村庄的“四会”建设进程，已经完全设置“四会”的村庄进一步完善“四会”制度，不断探索创新会议形式，修订完善会议程序，充分发挥农村自治组织作用。

（五）农村社会建设提升类县市

农村社会建设提升类县市是指农村社会建设与农民生活富裕程度较低的县市，即农村社会建设与农民生活富裕程度方面排名在全省所有涉农县市中后三分之一，包括哈尔滨市下辖的延寿县、木兰县，齐齐哈尔市下辖的拜泉县、甘南县，牡丹江市下辖的林口县，佳木斯市下辖的抚远市、同江市、汤原县、桦川县，大庆市下辖的林甸县，双鸭山市下辖的集贤县、饶河县、友谊县，伊春市下辖的大箐山县、南岔县、丰林县、汤旺县，黑河市下辖的爱辉区、嫩江市、孙吴县，绥化市下辖的兰西县，大兴安岭地区下辖的加格达奇区、漠河市、塔河县、呼玛县，共25个县市。此类县市农村居民收入与生活水平和农村社会公共服务水平指标上表现相对较差，农村自来水普及、道路硬化、医疗卫生、基本医疗和养老保险发展等方面亟待进一步提高，需要着重通过提高社会建设与农民生活富裕程度来提升乡村振兴水平。

促进农村居民收入与生活水平的进一步提高，通过拓展农民就业渠道、出台增收致富政策等方式推动农民收入的稳步增长。进一步推动农村基础设施建设，继续推进农村公路建设，实现农村公路总里程的稳定增加，加快推进农村公路向自然村延伸，优化农村公路走向，尽可能连通更多的自然村，逐步打通村屯之间的断头路，提高村屯内部道路的硬化率，完善农村道路的养护机制，推动路长制的深入有效实施，逐步实现农村公路养护的常态化。继续推进实施农村饮用保障工程，加快对农村老旧供水工程的改造，重点加快对标准较低、规模较小、水质不达标的农村水厂的改造进程，推进农村规模化供水工程的建设进程，完善农村饮用水水质监测和监测体系，探索实施城乡供水一体化，进一步推动农村自来水普及率和集中供水率的提升。

提高农村社会公共服务水平，进一步完善城乡居民基本养老制度，提高农村居民基本养老保险参保率。逐步提高城乡居民基本医疗保险各级财政补助标准和个人缴费标准，提升参保居民待遇水平，提高农村居民基本医疗保险参保率。进一步完善农村基层医疗卫生服务体系，推动实现行政村卫生室的全覆盖，加强乡村医生队伍建设，切实提高乡村医疗卫生水平。

第六章

村域尺度乡村振兴评价及推进路径研究[①]

县域是乡村振兴战略的具体实施者，村域是乡村振兴的基本单元。对全国不同地区的乡村振兴水平进行客观动态评价，不仅可以为分类指导各地区乡村振兴工作提供理论依据，也有利于发掘乡村振兴的典型实践案例，研判乡村振兴进程中面临的瓶颈，从而提出更有针对性的政策建议。

一、理论基础与评价指标体系构建

（一）乡村振兴科学内涵

乡村振兴战略是对“新农村建设”与“美丽乡村建设”的升华和创新。乡村振兴战略的“20字”总要求是“产业兴旺、生态宜居、乡风文明、治理有效、生活富裕”，基本涉及经济建设、社会建设、文化建设、政治建设、生态文明建设五个方面，是“五位一体”总体布局在乡村的具体落实。因此，乡村振兴的总目标可以归纳为“五大建设”，即产业兴旺是经济建设的重点任务，生态宜居是生态文明建设的关键举措，乡风文明是文化建设的基本条件，治理有效是政治建设的重要保障，生活富裕是社会建设的根本目标。这五方面是一个相互制约、相互作用、相互协调的有机联系整体，可将这五方面用五边形来表示其与乡村振兴关系（见图6–1）。其中，五边形的中心表示五个方面初始推动状态，由内向外第一个五边形各个顶点表示五个方面的最高要求、第二个五边形各个顶点表示五个方面对应的评价维度、第三个五边形各个顶点表示影响五个方面对应

① 本章内容发表于《经济地理》2021年第8期，原文题目为“村域尺度乡村振兴评价及推进路径——以黑龙江省拜泉县为例”，作者：杜国明等。

的因素，五条边表示这是一个复合联系大系统，需要“产业发展—人居环境—文化建设—治理能力—生活质量”协调发展，“五位一体”共同促进乡村振兴与农业农村现代化实现①。

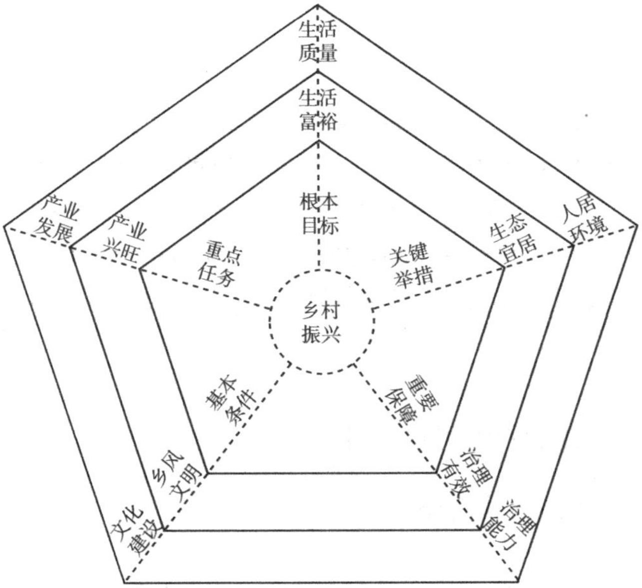

图 6-1 乡村振兴科学内涵

（二）村域乡村振兴评价指标体系构建

为全面反映村域尺度乡村振兴发展的实际情况，本研究遵循全面性、系统性、科学性、代表性、可操作性等原则，在系统梳理已有理论研究成果的基础上，根据全国农业现代化标准、国家建立小康社会指标体系、新农村建设评价指标体系、乡村振兴战略、质量兴农战略、现有乡村振兴评价指标体系，构建了包括产业发展等5个维度层、农业生产水平等13个因素层、农业生产综合机械化率等38个指标层的村域乡村振兴评价指标体系，如表6-1所示。

① 何仁伟.城乡融合与乡村振兴：理论探讨、机理阐释与实现路径［J］.地理研究，2018，37（11）：2127-2140.

表 6-1　　村域乡村振兴评价指标体系

维度层及权重	因素层	指标层	符号	属性	AHP法权重	熵权法权重	综合权重	均值	标准差	目标值
产业发展（0.35）	农业生产水平	农业劳动生产率（万元/人）	X_1	+	0.11	0.16	0.13	3.55	4.18	≥3.4
		耕地流转率/%	X_2	+	0.12	0.06	0.09	0.49	0.19	≥50
		农业生产综合机械化率/%	X_3	+	0.12	0.07	0.09	0.96	0.21	≥70
		土地生产率（万元/hm^2）	X_4	+	0.12	0.16	0.14	0.09	0.01	≥0.32
	农村市场化水平	参与合作社户数占比/%	X_5	+	0.11	0.08	0.10	0.10	0.11	≥80
		新型经营主体数量/个	X_6	+	0.10	0.14	0.12	15.25	21.25	≥10
		非农产业人口占比/%	X_7	+	0.12	0.05	0.08	0.46	0.18	≥75
	农村经济发展水平	人均总产值/万元	X_8	+	0.11	0.15	0.13	0.83	0.76	≥7
		村集体收入/万元	X_9	+	0.10	0.13	0.12	97.52	177.69	≥100
人居环境（0.20）	农民生活环境宜居度	自来水入户率/%	X_{10}	+	0.15	0.22	0.19	1.00	0.00	100
		卫生厕所普及率/%	X_{11}	+	0.13	0.15	0.14	0.03	0.05	≥80
		每百户拥有垃圾桶数量/个	X_{12}	适度	0.14	0.15	0.15	28.63	16.07	7
		燃煤取暖户数占比/%	X_{13}	−	0.15	0.06	0.11	0.09	0.15	≤40
	农村生产环境宜居度	村内道路硬化率/%	X_{14}	+	0.15	0.16	0.15	0.81	0.25	100
		村内道路绿化率/%	X_{15}	+	0.15	0.07	0.11	0.59	0.37	≥40
		村内道路亮化率/%	X_{16}	+	0.12	0.08	0.10	0.19	0.32	≥40
		是否有污水处理设施	X_{17}	+	0.01	0.11	0.06	0.01	0.07	≥0.4
文化建设（0.11）	农民文化教育普及度	每100个16周岁以下人口拥有学校数量/个	X_{18}	适度	0.25	0.28	0.27	0.61	3.16	1
		每1000个常住人口拥有文化场所数量/个	X_{19}	适度	0.25	0.11	0.18	1.48	0.99	1
	农村民生保障度	养老院数量/个	X_{20}	适度	0.25	0.16	0.21	0.07	0.45	1
		卫生室数量/个	X_{21}	适度	0.25	0.45	0.35	0.98	0.24	1
治理能力（0.07）	村民自治水平	是否有村规民约	X_{22}	+	0.17	0.12	0.15	1.00	0.07	1
		是否有村民理事会	X_{23}	+	0.17	0.10	0.13	1.00	0.00	1
	基层组织建设水平	是否实现村党组织书记兼任村委会主任	X_{24}	+	0.17	0.11	0.14	1.00	0.07	1
		党员人数占比/%	X_{25}	+	0.17	0.17	0.17	0.05	0.02	≥5
	基层法治建设水平	每千户上访户数/户	X_{26}	−	0.17	0.22	0.19	0.28	1.57	≤10
		每万人发生刑事案件和民事纠纷数量/件	X_{27}	−	0.17	0.28	0.22	0.00	0.00	≤10

续表

维度层及权重	因素层	指标层	符号	属性	AHP法权重	熵权法权重	综合权重	均值	标准差	目标值
生活质量（0.27）	农民收入水平	人均纯收入/万元	X_{28}	+	0.11	0.18	0.15	0.87	0.18	≥1.8
	农民社会保障水平	医保参保率/%	X_{29}	+	0.11	0.10	0.11	0.72	0.13	≥95
		养老保险参保率/%	X_{30}	+	0.11	0.12	0.11	0.35	0.14	≥85
		每300个常住人口拥有小卖部数量/个	X_{31}	适度	0.11	0.13	0.12	1.10	0.81	1
		享受低保人数占比/%	X_{32}	–	0.05	0.08	0.06	0.05	0.02	≤1
	农民生活水平	户均宅基地面积/m²	X_{33}	适度	0.09	0.07	0.08	568.99	171.90	350
		有线电视使用率/%	X_{34}	+	0.11	0.04	0.07	0.60	0.34	100
		宽带使用率/%	X_{35}	+	0.11	0.05	0.08	0.28	0.13	100
		燃气使用率/%	X_{36}	+	0.05	0.08	0.06	0.00	0.03	100
		年户均用水量/吨	X_{37}	适度	0.07	0.10	0.08	41.31	39.57	150
		年户均用电量/kW·h	X_{38}	适度	0.04	0.09	0.06	954.58	857.15	2040

（三）目标值的确定

本章中各指标目标值的确定主要是根据目前我国乡村发展的实际情况而制定的，并参考张挺[①]、闫周府[②]、张雪[③]等的研究成果以及《全国农业现代化规划（2016~2020年）》《美丽乡村建设指南》《国家乡村振兴战略规划（2018~2022年）》《国家质量兴农战略规划（2018~2022年）》《黑龙江省土地管理实施条例》《黑龙江省阶梯电价标准》《农村生活用水量卫生标准》《黑龙江省农村人居环境整治三年行动实施方案（2018~2020年）》《全国第三次农业普查主要数据公报》《中国农村经营管理统计年报（2018年）》《中国农村统计年鉴（2019年）》等综合设置，目标年设为2035年，具体如表6–1所示。

① 张挺，李闽榕，徐艳梅.乡村振兴评价指标体系构建与实证研究［J］.管理世界，2018，34（8）：99–105.

② 闫周府，吴方卫.从二元分割走向融合发展——乡村振兴评价指标体系研究［J］.经济学家，2019（6）：90–103.

③ 张雪，周密，黄利，等.乡村振兴战略实施现状的评价及路径优化——基于辽宁省调研数据［J］.农业经济问题，2020（2）：97–106.

二、研究区概况、数据来源和研究方法

（一）研究区概况

拜泉县地处黑龙江省中西部、小兴安岭与松嫩平原的过渡带，地势东高西低，地形以丘陵为主。全县土地总面积为3599.15km²，下辖7镇9乡，186个行政村（见图6-2）。境内黑土肥沃，水量充沛，雨热同期，是东北黑土区典型县域和全国产粮强县。2019年全县地区生产总值62亿元，第一产业产值29亿元，总人口55万人，农村常住人口17万人。受自然地理和社会经济条件等多方面的制约，拜泉县是2019年黑龙江省最后一批脱贫退出县，在乡村振兴战略的实施中具有较大挑战性。

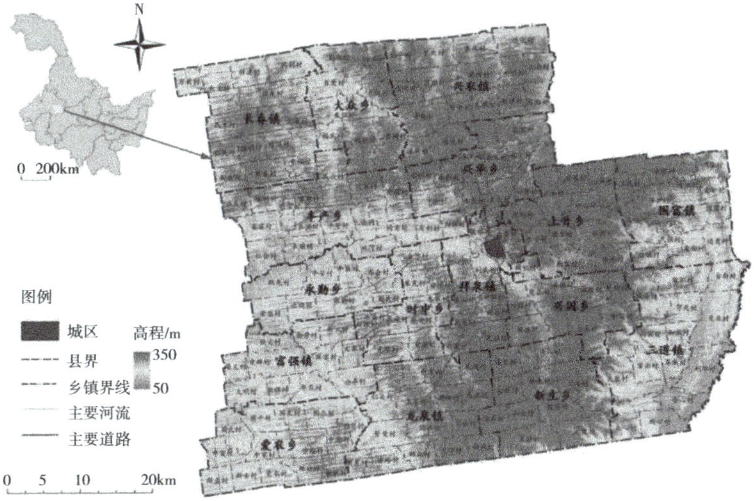

图 6-2　拜泉县位置及地形分布示意图

（二）数据来源

本课题组于2019年对拜泉县186个行政村逐村实地调研，访谈县、乡、村干部和农户，填写统计表格和调查问卷，主要内容包括农村产业发展状况、农村生态环境、农村文明状况、基层治理情况、农民生活水平等。村域层面的DEM、道路、耕地等地理空间数据来自第三次国土调查数据和村庄地籍数据。以上所有数据的时间为2019年度或截至2019年底。

（三）研究方法

1.指标评价得分

根据所选指标与乡村振兴发展的关系，运用以下公式计算各指标得分，评价指标得分越接近100，表明该指标所代表的乡村振兴结果越好，反之亦然。除了常规性的正向指标和负向指标外，设置部分约束性指标或适度指标。

正向指标：

$$Y_{ij}=\frac{X_{ij}}{\max\left(X_{ij},B\right)}\times 100 \tag{6-1}$$

负向指标：

$$Y_{ij}=\frac{\min\left(X_{ij},D\right)}{X_{ij}}\times 100 \tag{6-2}$$

适度指标：

$$Y_{ij}=\frac{1}{1+|X_{ij}-A|}\times 100 \tag{6-3}$$

其中，Y_{ij}为第i个村第j个评价指标的分值，X_{ij}为第i个村第j个评价指标的原始值，A为适度指标确定的目标值，B为正向指标确定的目标值，D为负向指标确定的目标值。

2.综合权重模型

对指标进行合理赋权是科学评价的前提。由于层次分析法是基于专家主观经验的一种主观赋权法，而熵权法是基于指标数据的一种客观赋权法，两者各有利弊。因此，为了弥补两者的缺陷，本章参考已有文献的做法，采用层次分析法和熵权法等权重加权平均的方法相加得出综合权重。

综合权重法：

$$Q_j=\frac{1}{2}\left(W_j+C_j\right) \tag{6-4}$$

其中，Q_j为第j个指标X_j的综合权重值，W_j为第j个指标X_j的熵权，C_j为第j个指标X_j的层次分析法权重值。

（1）乡村振兴评价模型。

乡村振兴评价就是对某个时间节点的乡村振兴系统发展状态的度量，是一个静态概念。本章引入乡村振兴指数综合评价各研究单元的乡村振兴发展水平，通过运用多目标线性综合加权法得到各行政村的乡村振兴评价值[①]。模型计算如下：

$$RREV=\sum_{j=1}^{m}\left(\sum_{i=1}^{n}\left(Y_{ij}\times Q_{j}\right)\right)W_{j} \tag{6-5}$$

其中，$RREV$为各行政村的乡村振兴指数得分，Q_j为第j个指标的综合权重值，Y_{ij}为第i个村第j个指标的评价指标分值，W_j是第j个维度层指标的权重，m是维度层个数，n是评价指标个数。

（2）耦合协调度模型。

由于乡村振兴五个维度之间既相互独立又相互作用、相互影响，因此借用耦合协调度模型计算乡村振兴各维度的耦合协调发展水平：

$$D=\sqrt{C\times T} \tag{6-6}$$

$$T=\alpha Y+\beta S+\chi X+\lambda X+\kappa X \tag{6-7}$$

其中，Y、S、X、Z、F分别为产业发展、人居环境、文化建设、治理能力、生活质量各维度的评价指数得分，C为5个维度的耦合度，取值为［0，1］，值越大表明耦合度越好，D为协调度，T为综合协调指数，α、β、χ、λ、κ分别为待定系数，借鉴前人研究成果，待定系数确定为1/5[②]。其判断标准见表6–2、表6–3[③]。

表6–2　　耦合度分类标准

耦合度	［0，0.1］	（0.1，0.3］	（0.3，0.5］	（0.5，0.7］	（0.7，0.9］	（0.9，1］
耦合特征	随机耦合	间接耦合	松散耦合	协同耦合	紧密耦合	控制耦合
分类	弱耦合		较弱耦合	较强耦合		强耦合

① 周扬，郭远智，刘彦随.中国乡村地域类型及分区发展途径［J］.地理研究，2019，38（3）：467–481.

② 杜国明，刘美，薛濡壕.基于多维测度框架的贫困县脱贫质量评价［J］.地理科学，2021，41（7）：1227–1236.

③ 文琦，郑殿元.西北贫困地区乡村类型识别与振兴途径研究［J］.地理研究，2019，38（3）：509–521.

表 6–3　　耦合协调度类型及等级评价标准

耦合协调度	[0，1]	(1，2]	(2，3]	(3，4]	(4，5]	(5，6]	(6，7]	(7，8]	(8，9]	(9，10]
耦合协调等级	极度失调	严重失调	中度失调	轻度失调	濒临失调	勉强协调	初级协调	中级协调	良好协调	优质协调
耦合协调类型	失调衰退类型				中间过渡类型		协调提升类型			

三、结果与分析

根据乡村振兴评价模型计算出拜泉县各行政村乡村振兴5个维度的分项指数得分和乡村振兴指数得分，并参考杜国明等关于县域脱贫质量划分，将乡村振兴各维度指数得分和乡村振兴指数得分划分为4个等级，其中，得分≥85为高水平、[70，85）为较高水平、[55，70）为中等水平、<55为较低水平（见图6–3）。

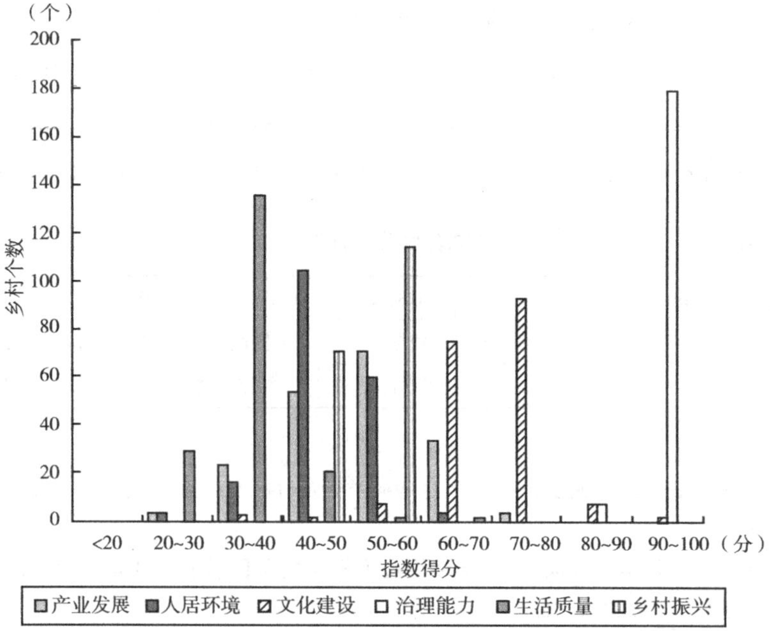

图 6–3　乡村振兴指数得分分布

（一）乡村振兴水平及区域分异特征

综合乡村振兴5个维度的分项指数得分，得到拜泉县乡村振兴指数得分介于40~60，其均值为51.47、标准差为4.11。乡村振兴指数全局Moran's I值为0.18，P值是0.001，表明乡村振兴水平有一定的空间集聚性。由表6–4可知，在自然资源、交通条件、生态环境、产业发展、社会发展的综合影响下，拜泉县乡村振兴水平存在明显的空间分异性。据统计，乡政府驻地村的乡村振兴水平略高于其他行政村，而经过精准扶贫政策实施，脱贫村与非贫困村的乡村振兴水平差距在显著缩小。利用缓冲区分析工具以县城为中心，向外分别计算5km、8km、10km、12km、15km圆环所落在的各行政村的乡村振兴水平均值，各均值总体以城区为核心由近及远向外呈现“中等—较低—中等”水平的圈层式分布状态。这是由于距离县城近的乡村，区位条件优越，种植业、养殖业与二三产业发展占据优势，新型经营主体数量众多，与县城联系紧密，城乡要素流动较大，受县城涓滴效应强，生活水平较高，乡村振兴为中等水平；距离县城次近的乡村，由于现代交通与物流、通信技术发展，使人口向县城流失严重，以种植业为主，产业结构单一，经济发展滞后，乡村振兴水平较低；距离县城较远的乡村，二三产业相对较发达，常住人口较多，社会经济发展活跃，具备发展为次一级的经济文化中心，乡村振兴水平也处于中等水平。

由表6–4可得，拜泉县乡村振兴指数分布整体呈现中等水平乡村占比较少、低水平乡村占比较多的“金字塔”结构。具体来看，1）中等水平乡村（49个）集中分布在长春镇、丰产乡、永勤乡、国富镇、新生乡、龙泉镇，少部分分布在上升乡、兴华乡、时中乡等乡镇。经调研发现，其中，新生乡和国富镇有五岭峰生态旅游区和北山旅游景点，旅游资源丰富，人均总产值高，村内生产生活环境较好，尤其是国富镇的自治村有乡贤带动作用，乡村振兴水平高；丰产乡和永勤乡由于地势较低，双阳河流经此地，各乡村的农业和饮用水加工业较发达，村集体收入高，乡村振兴水平高；长春镇由于工业产值居各乡镇第二，常住人口达3万余人，从事非农产业人口较多，且有依拜公路通过，对外交通便利，乡村振兴水平也位居前列。2）较低水平乡村（137个）在拜泉镇、时中乡、上升乡、兴华乡、大众乡、爱农乡、富强镇、三道镇、兴国乡、兴农镇呈现大范围集中分布，在龙泉镇、长春镇、国富镇、丰产乡等乡镇呈现小范围集聚分布。这主要是因为各乡村以发展玉米种植业为主，且对农产品深加工较少，产业结构单一，农业劳动生产率与人均纯收入较低；村集体收入较少、文化设施建设薄弱；交通路网不完善、经济发展受限等因素造成乡村振兴水平整体较低。总的来说，与预期目标值100分相比，拜泉县乡村振兴水平总体处于较低水平，且具有明显的区域分异性。

表6–4　各行政村乡村振兴评价水平等级统计　单位：%

维度 水平	高水平	较高水平	中等水平	较低水平
产业发展	0	1.61	38.17	60.22
人居环境	0	0.00	23.12	76.88
文化建设	1.08	55.91	38.71	4.30
治理能力	100	0.00	0.00	0.00
生活质量	0	0.00	0.54	99.46
乡村振兴	0	0	26.34	73.66

（二）乡村振兴各维度发展水平与区域分异特征

1.产业发展

全县各村产业发展指数得分介于20~80，其均值为51.21，以较低水平乡村占比较多，在乡村振兴5个维度指数得分中排名第3，产业发展水平总体较低，距离目标值有一定差距，还有较大发展空间。由图6–4可得，各行政村的产业发展水平差异较大，据统计，乡政府驻地村的产业发展水平较其他行政村高，而经过产业扶贫政策落实，脱贫村与非贫困村的产业发展水平在减小。产业发展水平整体呈现西北—东南高、东北—西南低的分布格局，且产业发展指数全局Moran's I值为0.19，P值是0，表明各乡村的产业发展水平整体空间集聚性较强，与乡村振兴水平空间分布相似。分各乡镇看，长春镇、丰产乡、国富镇、永勤乡、新生乡、兴华乡、上升乡、龙强镇、时中乡、大众乡的产业发展较突出。经调研发现，这些乡镇不仅种植玉米、大豆、小麦等传统农作物，还种植奶白花芸豆、食用菌、香菇、黑木耳、黄金沟豆角等经济作物，以及发展超甜玉米、有机生态猪、有机生态白鹅、黄肉牛、东北梅花鹿等具有地域特色的产业，劳动生产率高、人均总产值较大，因此产业发展水平高。而产业发展水平较低的村域，如大兴村、国安村、自由村、兴展村等多是受到自然条件、生产技术、劳动力以及销售渠道等制约，特色产业发展较为滞后。

2. 人居环境

全县各村人居环境指数得分介于20~70，其均值为48.09，在乡村振兴5个维度指数得分中排名第4，这与预期目标值还有较大距离，仍需要大力推进人居环境建设。由图6–4可得，随着黑龙江省农村人居环境整治三年行动政策的普惠性实施，拜泉县各行政村的生态环境得到极大改善，脱贫村与非贫困村的人居环境水平已经持平，人居环境中等水平的村域不断增多，但仍以较低水平乡村占比居多，各行政村的人居环境水平存在显著差异，基本呈现由乡镇政府所在地向外围逐渐降低的特征，且采用全局空间自相关分析表明，P值未通过检验，空间集聚性较弱，呈随机分布状态。这主要是由于人居环境指数得分高低受乡村道路建设情况、垃圾和污水处理设施、自来水入户率等公共基础设施的影响。而通过调研发现，如国安村、自爱村、永兴村、和乐村等较低水平乡村由于村集体收入较少、资金投入不足，且受政策扶持力度不同，造成基础设施建设缓慢。

3. 文化建设

全县各村文化建设指数得分介于30~100，其均值为69.84，以较高水平乡村占比居多，在乡村振兴5个维度指数得分中排名第2，文化建设水平总体较高，距离实现预期目标相对较小，但仍需进一步提升。由图6–4可得，拜泉县经过精准扶贫工作，各乡村的公共文化服务设施得到不断改善，文化建设水平差异较小，但脱贫村的文化建设水平依然略低于非贫困村。全县仅有8个行政村的文化建设程度处于较低水平，得分最低的是丰产乡的有利村。经调研发现，该村的常住人口仅为500人左右，常住人口中16周岁以下不足1/5，却有3所幼儿园、1所小学、2个文化广场，在某种程度上存在资源浪费现象，导致分值较低。

4. 治理能力

全县各村治理能力指数得分介于80~100，其均值为97.19，在乡村振兴5个维度指数得分中排名第1，治理能力水平基本达到预期目标。可见，随着基层法治建设水平和村民自治水平的不断提高，以及基层组织建设逐渐完善，拜泉县各行政村的治理能力水平都达到高水平，在单维占比中最大。但治理能力指数标准差为3.55，可以看出各行政村的治理能力水平仍有略微差异。尤其是富裕村、朝阳村、自由村、向荣村、镇郊村、一心村和自立村由于党员人数占比较低且上访户数较多，导致治理能力指数得分相对偏低。

5. 生活质量

全县各村生活质量指数得分介于20~60，其均值为34.53，生活质量水平总体较低，在乡村振兴5个维度指数得分中排名第5，与预期目标值差距较大，目前需要集中人力、物力和财力加快实现人民生活富裕。由图6-4可得，生活质量较低水平乡村在全县普遍分布。生活质量高低受农民收入水平、社会保障水平、生活水平等因素的协同影响，而导致拜泉县村域生活质量总体偏低的原因主要包括：一是拜泉县属于传统农业大县，各行政村的经济发展主要依靠种植业，且农业发展水平较低，产业优势不明显，造成农民人均年纯收入（8776.74元）低于全国平均水平；二是拜泉县只有202国道和203省道两条主要交通干线，乡村路网密度较低，交通不便，限制农产品、出行等要素流通和信息交流，缺乏带动村域经济发展的引擎；三是拜泉县地广人稀，农村平均人口密度小于150人/km^2，人口密度较小、呈均质化状态，且近年来人口流失较严重，据统计，全县2013~2019年共减少5万人左右，导致农村劳动力等要素不够集聚，不利于乡村地区发展；四是拜泉县行政村规模较小，且全县所有村屯的平均最邻近距离为1052.87m、最邻近指数为1.216，分布较为离散，难以形成规模效应，也不利于基础设施的集中投资，导致农民生活水平不高。

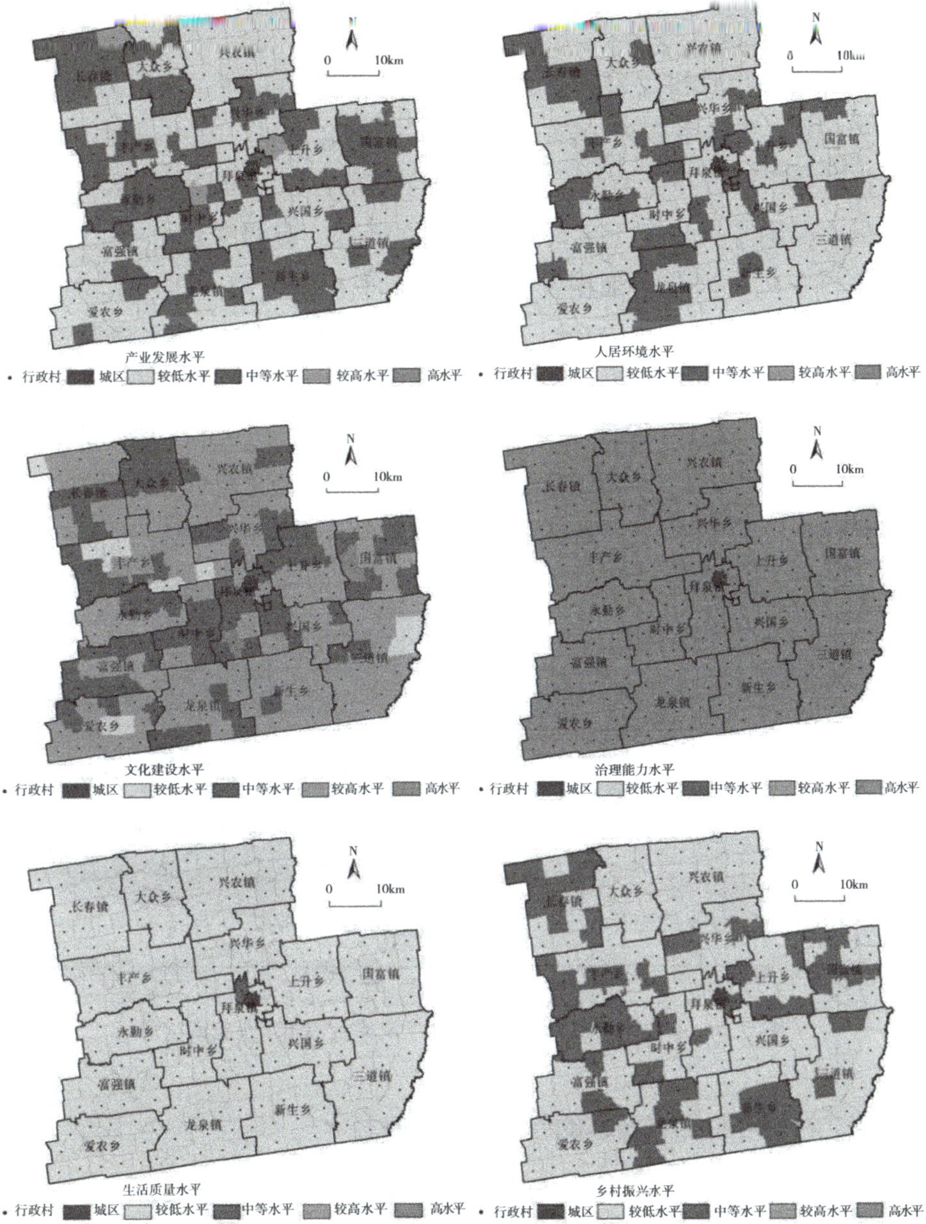

图 6-4 乡村振兴水平空间分布格局

（三）乡村振兴各维度耦合协调水平与区域分异特征

拜泉县各行政村乡村振兴5个维度耦合度整体较高，均值为0.93，标准差为0.02，变异系数为0.02，都达到了强耦合水平。其中，控制耦合特征的行政村广泛分布于全县，呈集中连片分布态势，而紧密耦合特征的行政村呈小范围零星分布于全县的东部与西南部。协调度显示（见图6–5），各行政村乡村振兴子系统耦合协调发展水平相对较高，都处于协调提升型，均值为7.5，标准差为0.2，变异系数为0.02。其中，初级协调乡村15个，小规模集中分布于全县东北部与东南部；中级协调乡村161个，大范围广泛分布于全县各乡镇；良好协调乡村10个，主要分布于地势低平与水资源丰富的中西部，以及旅游资源丰富的中东部。这表明乡村振兴5个维度相互影响、相互联系、相互促进，协调推动乡村振兴实现。

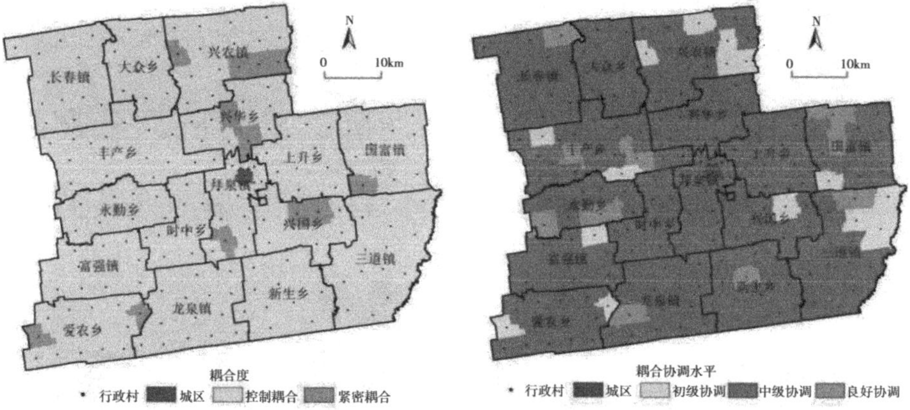

图6–5　乡村振兴各维度水平耦合度及耦合协调水平空间格局

四、村域乡村振兴面临的问题与推进路径

根据上述分析可见，拜泉县乡村振兴面临产业结构单一、人口“空心化”、基础设施建设薄弱、收入水平较低等一系列问题。由于拜泉县不同村域的社会经济环境和自然地理因素差异明显，以及政策倾斜程度不同，导致不同村域的乡村振兴发展水平差距较大，各乡村也由相对均质化走向异质化。乡村振兴总目标的实现有赖于乡村振兴5个维度的相互支撑与耦

合协调。因此，促进不同村域乡村振兴发展既要科学谋划，精准定位，从宏观层面把握乡村发展路径；也要针对不同乡村的乡村振兴水平差异性，围绕产业结构调整、夯实设施建设、优化乡村空间格局，因村施策，分类有序推进乡村振兴战略实施。

（一）乡村振兴面临的主要问题

（1）产业结构单一，产业链条较短。拜泉县乡村振兴面临产业结构单一、同质化现象严重的问题。拜泉县是东北黑土区典型农业大县，2019年第一产业产值占全县GDP的46.36%，占各行政村经济产值的90%以上，种植业特别是玉米种植业是绝大部分行政村的支柱产业。由于各行政村普遍存在产业技术落后、人才匮乏、创新能力不足等情况，乡村旅游、农产品加工、特色产业等普遍缺失，农产品产业链较短、产业融合程度低，农产品品牌同质化竞争激烈。因此，产业效益较低，品牌效应不强，经济发展较为滞后。

（2）基础设施建设薄弱，公共服务残缺。精准扶贫精准脱贫方略实施以来，整体上，拜泉县各贫困村的道路、自来水等基础设施建设水平得到很大提高，但部分非贫困村基础设施建设依然薄弱，且与信息技术相关的配套基础设施建设比较欠缺。截至2019年底，平均各乡村宽带使用率仅为13%，在一定程度上阻碍了城乡之间信息流、人流和物流，减缓了乡村发展速度。此外，部分行政村的基本医疗、教育、养老、安全等公共服务残缺不全，影响农村居民的生活水平。

（3）农村居民点数量多、规模小，“空心化”严重。拜泉县地处松嫩平原一带，农村居民点数量多、规模小，常住人口小于1000人的小型行政村和常住人口介于1000~2000人的中型行政村占比为98.39%，等级较为扁平化，空间分布离散、呈均质化分布状态，难以形成区域规模效应。且由于县域农村经济发展水平还比较落后，外出务工人员多，农村居民点“空心化”率已超过20%，部分行政村“空心化”率甚至超过60%，人口“空心化”率达到34.61%，乡村建设用地利用率不高，基础设施和公共服务设施配套困难，耗资大、利用效率低下且管理不善。这在一定程度上造成农村人才流失、产业发展停滞，严重阻碍乡村发展进程。

（4）农民收入结构单一，生活水平较低。由于拜泉县以农业为主，农民收入来源以种植业为主，农业经营性收入与地力补贴、轮作休耕补贴等各种转移性收入占比达65.12%，农民收入结构较单一。且由于粮食价格不稳定，而农用物资、劳动力、运输等成本在不断上涨，降低了农民经营农业利润，打击农民种粮积极性，农民实现稳定增收具有不确定性，农民生活水平总体不高。

（二）乡村振兴推进路径

（1）发展特色产业，完善产业链条。拜泉县应继续发挥生态、水土、产业等资源优势，巩固粮食生产、蔬菜种植、生猪肉牛养殖等主导产业，探索不同形式的“种养结合”模式；以农业为依托，培育一批农业合作社开展食用菌、香菇、黑木耳等地方特色种植和深加工；加快绿色有机食品基地建设，着力构建集生产、加工、销售为一体的现代农业产业体系、生产体系和经营体系，提高农产品生产能力和附加值。充分融合区域生态旅游、农田景观、梅花鹿之乡等旅游资源优势，厚植优势、激活产业、优化环境，建设一批休闲农业观光园区和康养基地，推进宜居宜业的美丽乡村建设；促进农旅结合，构建具有村域特色的休闲农业和乡村旅游格局，打造产业链条完整、功能多样、业态丰富、利益联结紧密的三次产业融合示范基地，实现粮食生产与二三产业交叉融合协调发展，多渠道增加农民收入。

（2）夯实基础设施建设，增强公共服务功能。拜泉县近期应以完善民生设施为重点，全面提升教育、医疗、卫生、养老、文化体育、社会保障等公共服务能力，加强与之配套的基础设施和公共服务设施建设，实施农田水利、道路交通、电网改造、通信建设、自来水供给、污水处理、垃圾收集等综合整治，加快城乡基础设施互联互通、公共服务共建共享，逐步强化服务城镇发展、承接城镇功能外溢、满足城镇消费需求的能力，逐步改变乡村生产和生活方式，提升村域整体生活水平和综合实力，促进产业发展、人居环境和生活质量的协调发展。

（3）推进搬迁撤并，重构乡村“三生”空间。对于部分位于生态环境脆弱、自然灾害频发等资源环境承载力较弱的乡村，以及人口流失特别严重的“空心村”，应通过易地搬迁、生态宜居搬迁、农村集聚发展搬迁等方式，实施乡村搬迁撤并重构乡村生产、生活、生态空间，提高搬迁户的认同感与归属感[①]；优化农村居民点布局，开展乡村建设用地集中整理，适当进行乡村工业园区建设，鼓励农民就近就地就业，统筹解决村民生计、生产发展与生态保护等问题。

五、结论与政策建议

（一）结论

乡村振兴战略明确提出要根据不同乡村的发展现状、资源禀赋、区位条件等，突出重点、分类施策、因势利导，有序推进乡村振兴。既有利于优化乡村“三生空间”，也有利于促进城乡统筹发展，加快农业农村现代化步伐。基于此，本章在全面解读乡村振兴战略“五位一体”总目标的基础上，探讨了乡村振兴科学内涵，建立了村域乡村振兴评价指标体系和评价方法。以东北黑土区典型县域为例，开展村域尺度的乡村振兴评价研究，提出了不同乡村的推进路径。主要得出以下结论。

村域乡村振兴评价指标体系由产业发展、人居环境、文化建设、治理能力和生活质量5个维度层，以及农业生产水平、农村市场化水平、农村经济发展水平、农民生活环境宜居度、农村生产环境宜居度、农民文化教育普及度、农村民生保障度、村民自治水平、基层组织建设水平、基层法治建设水、农民收入水平、农民社会保障水平、农民生活水平13个因素层和农业生产综合机械化率等38个指标层构成。

拜泉县乡村振兴指数得分分布整体呈现“金字塔”结构，乡村振兴水平总体不高，处于较低水平。从空间上看，拜泉县乡村振兴水平具有一定的空间集聚性，呈现明显的区域空间分异性，总体以城区为核心向外逐渐呈现“中等—较低—中等”水平的圈层式分布特征。

① 文琦，郑殿元.西北贫困地区乡村类型识别与振兴途径研究［J］.地理研究，2019，38（3）：509-521.

从乡村振兴5个维度看，拜泉县乡村振兴中的治理能力水平最高，基本达到预期目标；文化建设水平总体较高、排名第二，各乡村发展差异较小，距离实现预期目标相对较小，但仍需提升；产业发展水平排名第三，与乡村振兴水平空间分布相似，整体呈现西北—东南高、东北—西南低的分布格局，空间集聚性较强，距离目标值有一定差距，还有较大发展空间；人居环境水平排名第四，基本呈现由乡镇政府所在地向外围逐渐降低的特征，空间集聚性较弱，呈随机分布状态，但与预期目标实现还有很大距离，后期仍需加强人居环境整治；生活质量水平最低，与预期目标值差距较大，是目前需投入大量人力、物力和财力集中解决的重点。但各维度耦合度整体较高，都达到了强耦合水平；耦合协调发展水平也较高，都处于协调提升型。分村域看，经过精准扶贫方略实施，脱贫村与非贫困村在乡村振兴以及各维度方面的差距在显著缩小，且乡政府驻地村由于人均收入不高、村集体收入小、人口流失严重等，并没有显现优势。

拜泉县各乡村振兴普遍面临产业结构单一、基础设施建设薄弱、农村“空心化”严重、农民生活水平低等问题。为加快村域乡村振兴推进，要坚持以人民发展为中心，以增强村域产业发展能力为重点，因村制宜、分类指导，扎实稳步推进不同类型村域的乡村振兴。努力提高农村社会经济发展水平，多渠道增加农民收入，加快补齐农村基础设施和公共服务设施短板，改善农村生态环境和生活环境，实现村域可持续发展。

（二）政策建议

构建乡村振兴评价指标体系是响应中央对“三农”工作理论创新和实践创新的现实要求，为统筹推进实施乡村振兴战略提供理论支持，为解决“三农”工作中的发展不充分、不平衡问题提供新思路、新方案。本书经综合考量乡村振兴“五位一体”总要求，构建的村域乡村振兴评价指标体系和评价方法主要是对村域乡村振兴进行综合评价，不仅可以为村域乡村振兴战略实施过程中出现的问题进行及时纠偏提供借鉴，也可以对村域乡村振兴目标的实现进行跟踪监测和预警。然而我国地域辽阔，各地农村地区社会经济发展程度都有明显差异，农业农村工作的侧重点也不同。未来在应用推广该评价指标体系时，应从几个方面着手：一是加强与政府相关部门对接联系，找准政府治理和乡村自治的结合点，高效利用政府的扶持政策优势和乡村建设资金，针对“三农”工作中的重点、难点、突出问题，形成系统有效的解决方案；二是依托专业的研究机构和工作团队，组建乡村振兴成效评价指标指导小组，科学度量乡村振兴进展，分类指导，因村制宜，为各地及各部门精准施策提供量化管理依据和咨询服务；三是运用评价指标体系对不同地域的乡村进行监测、评价和对比，总结发现乡村振兴进程中的实践经验和存在问题，建立系统完备的乡村振兴评价指标体系大数据库，通过汇总分析各项数据资料，以政策为重点，在研究基础上提出合理化建议。各地如果开展推广应用，应在总目标的要求下，结合各地实际情况对指标体系和目标值做出适当调整和修改。此外，指标建立应注意横向可比性，便于不同村域内部比较，总结优秀典型案例和成功经验，为落后乡村提供借鉴。

东北黑土区是我国重要的农业基地和粮仓，肩负着粮食安全的重任。近年来，我国粮食产量逐年增长，农业生产取得前所未有的成就，粮食供需已经实现平衡，农业的主要矛盾已由总量不足转变为结构性矛盾。东北黑土区典型县域乡村振兴面临保障国家粮食安全与推动农业供给侧结构性改革，推进生态文明建设与发展农业农村、保护黑土地与提高农业经营效益、加快农业科技创新与社会经济发展等一系列特殊矛盾。因此，东北黑土区典型县域实现乡村振兴应从以下几方面着手：

一是以农业农村可持续发展为根基、以“绿水青山就是金山银山”为理念，逐步调整种植结构。首先要保证农业生产稳定，核算出粮食生产的安全底线，构建粮食安全保障体系；其次要进一步加强政策引导，通过地力补贴等有效手段，引导农民进行种植业结构调整，促进粮食安全保障体系的构建，逐步缓解库存压力，确保农民稳定增收；最后要树立保护自然资源就是保护和发展生产力的生态价值理念，改变过去谈农业农村发展就是加大投资上项目的观念。将发展目光转向对自身地域性资源环境的挖掘，发挥环境优势，改变过去半年劳动半年闲的状态，把东北特有的冰天雪地打造成为“金山银山”。

二是处理好经济发展与农业科技的关系。农业现代化关键在科技、在人才。要把发展农业科技放在更加突出的位置，大力推进农业机械化、智能化，给农业现代化插上科技的翅膀。从现状来看，东北农业新产业、新业态发展缓慢，形式相对单一，项目同质化明显，用新理念、新技术、新装备对农村农业改造升级能力明显不足，先进技术要素扩散渗透力不强。与南方农业新兴业态蓬勃发展的状况相比，东北农业新业态发展明显迟缓，创意农业、观光农业、体验农业、特色小镇等一些新兴业态虽有所涉及，但大多处于探索起步阶段。东北要实现乡村全面振兴，应把发展农业科技放在更加突出的位置。第一，加大农业科技和教育投入，提高科学技术水平和劳动者受教育程度；第二，建立和完善人才引进培养机制，吸引高层次人才和创新创业人才到农村安家落户，在创业扶持、税收优惠、金融支持、生活待遇等方面制定各种优惠政策和实施细则，增强人才对落户地的信任感，切实把吸引人才的工作做到实处，形成吸引人才和留住人才的良好氛围；第三，尽快建立农业大数据平台，特别是农产品销售平台，利用互联网平台，打通农产品销售渠道；第四，充分利用县域工业园区这个技术、资金、土地集聚的平台，加大支持力度，以县域工业园区为载体，大力发展具有县域特色的农产品加工业，发展全产业链经济，促进三次产业融合发展。

三是确保农民增收，恢复生态、发展全产业链经济，做强新型经营主体、建立东北特色品牌。首先，要对原有的在农村地区建立的工业企业进行优化整合，对于浪费资源破坏环境、不能确保绿色发展的要坚决取缔；其次，对农产品主产区，要把经济发展的重点放在地力保护和增强农业综合生产能力上，大力发展农产品深加工，发展新型经营主体，实现农业产业化发展，在确保绿色发展的前提下提高农业经济效益，建立东北特色品牌；最后，对重点生态功能区，要把恢复生态、增强生态产品生产能力放在首位，把生态环境保护上升到造福子孙后代的高度上来，防止急功近利、过度开发造成生态的进一步恶化。此外，要进一步加强制度建设，尽快落实和深化国有自然资源资产管理、生态环境监管、国家公园、生态补偿等生态文明改革举措，实现区域性绿色发展、共享发展。

第十章

乡村振兴战略驱动机制与水平提升对策

> 通过综合评价和预测，跟踪监测全国和各地乡村振兴战略实施状态和乡村振兴进展程度，分析不同地区各级指标均衡性和优劣势，找出影响乡村振兴实施的有利条件和制约因素，可以构建有效的乡村振兴战略驱动机制，对增强外源输入、提升乡村振兴内生动力具有重要作用。在此基础上，从全国和省域层面，更有针对性地提出乡村振兴水平提升对策。

一、乡村振兴战略驱动机制构建

（一）构建及时的乡村振兴进展监测机制

实现乡村全面振兴，是一个长期的、动态的渐进过程，在不同的发展时期具有不同的阶段性目标。为了保证乡村振兴战略顺利实施、如期实现乡村振兴目标，应该运用乡村振兴水平的综合评价和预测结果，构建及时的乡村振兴进展监测机制，跟踪监测全国和各地乡村振兴战略实施状态和乡村振兴进展程度，分析不同地区各级指标均衡性和优劣势，找出影响乡村振兴实施的有利条件和制约因素，构建乡村振兴监测预警系统。

建立乡村振兴监测机制，在实时监测乡村振兴水平的过程中，可以对获取到的数据进行客观分析，帮助政府制定更好、更有针对性的宏观政策。同时，这也是对各级政府及相关部门乡村振兴投入效果的反馈，便于考核相关部门对乡村振兴的执行力。乡村振兴进展监测机制可以将责任细分化到各层级，对每个层级的相关部门产生约束性，监测过程中发生数值偏离可以及时进行沟通，对实施的政策进行调整以适应宏观环境的改变，提升乡村振兴体制机制的运行效率。

乡村振兴进展监测，在运行流程上，一是建立由政府牵头、由涉农相关部门和单位参与的乡村振兴战略监测工作机制；二是构建以乡村振兴水平评价体系为基础的监测体系框架，设置科学合理的监测报表；三是充分利用现代信息技术和“互联网+”功能，构建便于使用软件进行数据采集的集数据录入、审核、评估、分析功能为一体的联网直报数据处理平台；四是组织多部门共同完成实施的乡村振兴战略统计监测结果分析及运用机制有效性的论证；五是明确各部门统计职责，将各部门职责进行合理分工，分别负责搜集、录入、核实、更新系统；六是建立各部门参与乡村振兴工作的考核制度。

（二）构建有效的乡村振兴水平激励机制

实施乡村振兴战略，在总要求上要实现产业兴旺、生态宜居、乡风文明、治理有效、生活富裕，在振兴任务上要实现乡村产业振兴、人才振兴、文化振兴、生态振兴、组织振兴，推动农业全面升级、农村全面进步、农民全面发展，这是一个多元一体化的综合建设和全面发展过程。因此，实施乡村振兴战略，实现农业农村现代化，需要大量的资金投入。在不断健全完善农业支持保护体系的基础上，国家和地方都要加大对实施乡村振兴战略的财政投入保障力度，各级政府要优先保障用于乡村振兴的财政投入，确保投入力度不断增强、总量持续增加、与乡村振兴目标任务相适应。

在推进乡村振兴战略实施的过程中，农民希望政府投入更多资金，基层政府希望上级政府投入更多资金，地方政府希望国家投入更多资金。但是，单纯依赖国家的财政投入是不能完全满足乡村振兴需要的。在这种情况下，需要更充分地调动地方与基层政府和广大农民的积极性、主动性，激发其内生动力。为此，应该运用乡村振兴水平评价结果建立有效的乡村振兴水平激励机制。其基本思路是，在加大普惠性财政投入的基础上，建立特惠性的资金奖励机制：对于乡村振兴水平最高、排名靠前的一定比例地区或乡村，设立“先进奖”；对于乡村振兴进展最快、位次上升靠前的一定比例地区或乡村，设立“进步奖”。省级政府对市县进行资金奖励，县级政府对乡村进行资金奖励。同时，还可以对获奖地区的党政主要负责同志，在符合条件时优先提拔任用，甚至可以破格提拔重用；对于在推进乡村振兴工作中做出显著成绩的单位和个人，应按照规定给予表彰和奖励。

（三）构建有力的乡村振兴法治保障机制

实现乡村全面振兴，是一个长期的、具有战略意义的重大历史任务。为了全面实施乡村振兴战略，促进农业全面升级、农村全面进步、农民全面发展，加快农业农村现代化，全面建设社会主义现代化国家，应该构建有力的乡村振兴法治保障机制，把全国层面和各地行之有效的乡村振兴政策法定化，充分发挥立法在乡村振兴中的保障和推动作用。

2021年4月29日，《中华人民共和国乡村振兴促进法》由第十三届全国人民代表大会常务委员会第二十八次会议表决通过，于6月1日开始实施。实施好乡村振兴促进法，要求各级政府要积极承担起应有的职责，各级人大要发挥好职能作用，切实履行好法定职责。当前，各级政府及其有关部门应当采取多种形式，准确解读、深刻阐释、广泛宣传乡村振兴促进相关法律法规和政策，努力营造依法推进乡村全面振兴的良好氛围。同时，国家和地方还应及时修改和废止不适应全面实施乡村振兴战略和加快农业农村现代化的相关法律法规。

在贯彻实施国家乡村振兴促进法的过程中，各地应该从本地乡村发展实际需要出发，制定促进乡村振兴的地方性法规和地方政府规章。制定地方乡村振兴促进条例，在充分体现国家实施乡村振兴战略总的目标、任务、要求、原则等基本内容的基础上，重点是要紧密结合当地实际，明确省级政府及其部门促进本地乡村振兴的支持对象、支持范围、支持手段、支持措施等制度，注意将基层创造的实践证明行之有效、可复制、可推广的乡村振兴经验上升为法律规范。

（四）构建严格的乡村振兴考核约束机制

实施乡村振兴战略，是新时代“三农”工作的总统领和主要抓手，是实现中华民族伟大复兴的一项重大任务，是全面建设社会主义现代化国家的必然要求。作为党的十九大作出的重大决策部署，国家已从立法、规划、政策等方面对实施乡村振兴战略进行了顶层设计，各地、各部门、各级政府必须严肃认真地贯彻落实，要举全党全社会之力加快农业农村现代化。因此，全面推进乡村振兴，应该建立严格的考核约束机制。

（1）实行乡村振兴战略实施目标责任制和考核评价制度。一方面，上级政府要对下级政府实施乡村振兴战略的目标完成情况等进行考核，考核对象重点是市地和县级政府，考核工作可由省级实施乡村振兴战略领导小组直接领导，由省实施乡村振兴战略领导小组办公室和省乡村振兴局共同实施，采取分级负责制，省级政府对市级政府进行考核，市级政府参照省级政府对县级政府进行考核，考核内容是市、县乡村振兴战略实施目标和重点工作任务完成情况，考核结果作为各级党政领导班子和领导干部综合考核评价的重要依据。另一方面，国家和省级政府有关部门要建立客观反映乡村振兴进展的指标和统计体系，县级以上地方政府对本行政区域内乡村振兴战略实施情况进行评估。

（2）建立乡村振兴促进工作报告制度。一方面，各级政府要向本级人民代表大会或者其常务委员会报告乡村振兴促进工作情况；另一方面，地方各级政府要向上一级政府报告乡村振兴促进工作情况。

（3）强化乡村振兴促进工作监督检查机制。一是县级以上政府要定期对下一级政府乡村振兴促进工作情况开展监督检查；二是要加强督促落实，建立重点任务清单式督查制度，确保各项决策部署落地见效；三是要加强监督执纪问责，对各级政府及其有关部门在乡村振兴促进工作中不履行或者不正确履行职责的，要依照法律法规和有关规定追究责任。

二、提升全国乡村振兴水平的对策建议

（一）深化乡村振兴战略在各层级的落实与有机结合

当前，各省（自治区、直辖市）、各县市、各乡村围绕《乡村振兴战略规划（2018~2022年）》的总纲领，分别对各地乡村振兴发展作出规划。

但是，各地乡村振兴规划的发展设计整体存在缺乏系统性、科学性、可操作性和可持续等问题，例如，省域规划与地方规划有机融合度不充分；县域和村庄规划调研度不够，存在朝令夕改的现象。以上问题就会导致乡村振兴力量的分散化，各级部门发展步调不协调，行动上缺乏一致性，可能会出现落实规划难、实施效果差的问题。乡村振兴战略是长期发展任务，不是一蹴而就的，乡村振兴是在“五位一体”总布局下对产业、人才、组织、生态、文化等方面进行综合治理的复杂系统。因此，要增强各级政府紧密联系，加快建立以村庄、县域等基层组织为核心的乡村振兴规划，并与宏观层面的城镇规划相衔接，注重乡村振兴的整体性、关联性、层次性、递进性。

1. 顶层设计与各地发展实际相结合

乡村振兴战略是国家战略，经过党中央的总体布局，统筹谋划，自上而下已经作出周密部署，制定了长远规划，因此乡村振兴战略规划也是基于国家当前的发展现状制定的全方位、立体化的发展建议。在下级政府制定当地乡村振兴战略规划时，必须坚持和确保顶层设计的全面分析和贯彻落实。要保持自上而下，从始至终按照乡村振兴战略提出的总要求，围绕乡村振兴的发展理念，扎实推进，确保乡村振兴战略实施不偏离、不走样。

2. 因地制宜走中国特色社会主义乡村振兴之路

中国与其他国家国情有显著差异、根本政治制度不同，具有原则性的差异。他山之石可以攻玉，在市场经济体制下，基于生产力发展的国外乡村建设仍存在相似性，在总结经验教训、扬长避短的过程中，更要坚定发展中国特色。中国坚持走中国特色社会主义的现代化道路，结合当前我国乡村发展所面临的现实困境，坚持因地制宜、因时制宜的发展理念，对症下药，有针对性地制定发展战略。发达国家推崇的是从自上而下，政府主导演变成政府引导，农民自主协同的乡村振兴模式。中国农村居民人口众多，农民专业合作社是形成农民自主振兴乡村的有效经济组织，然而立法仅15年，政策体系尚未完善。合作经济组织发展存在优秀典型案例，还不具有普遍推广性，依然处于探索阶段，农民组织化程度仍有较大的提升空间，因此，在一定时期内我国乡村振兴仍将处于政府主导的模式，可以更快地推进战略实施。

注重国家特色的同时也要兼顾地区特色，注重区域协调发展。第一，中国地大物博，各地区乡村发展水平良莠不齐。因此，乡村振兴不能等量齐观，要结合不同地区乡村发展阶段和特色、农民的不同需求制定具有差异性的振兴战略。对于自然条件不足、经济基础较为落后的乡村，应将振兴重点落实在基础设施的投资建设、生态环境保护等方面。对于经济较为发达的乡村，应加大力度改造生产模式，提高生产效率。第二，乡村振兴战略最终实现的目标是城乡融合发展，因此在乡村振兴过程中要注重城乡的协调均衡发展。作为世界第二大经济体，中国城镇化与工业化仍有较大的发展空间，还可以释放更多的发展需求，为中国经济发展增添更多动力。

（二）统筹规划以促进乡村振兴系统的协调发展

乡村振兴水平反映的是乡村振兴系统的绩效，乡村振兴系统的结构复杂性导致乡村振兴水平的提升受很多因素影响。因此，提升乡村振兴水平的根本在于建立和健全乡村振兴系统。随着不同因素在不同时期对乡村振兴水平的影响程度会发生变动，对乡村振兴发展的要求也会改变，所以乡村振兴系统也要与时俱进，根据社会发展和时代要求不断完善，提升系统适应性。与此同时，还要注重乡村振兴系统中各子系统的协调性和平衡性，将零散的影响因素通过系统整合归类，形成模块化，把发展薄弱的子系统重视起来，形成稳定均衡的发展结构，以促进乡村振兴系统的各层级、各环节、各要素协调联动，从而促进乡村振兴水平的稳定提升。结合乡村振兴水平评价的一级指标与乡村振兴系统的作用要素分别来看，不同方面需要统筹规划，促进乡村振兴系统的协调发展

1. 农村经济建设与产业振兴

当前农村经济建设与产业振兴对全国乡村振兴的促进作用有待加强和提高，其中应当着力提升的是农业现代化水平，特别是农业机械化水平、农业科技化水平、农业水利化水平、农业土地生产率增长水平和农业劳动

生产率增长水平。此外还应注重村集体经济发展水平和人均农业增加值增长水平，以及农产品加工业发展水平的提升。

一方面，要注重推进农业现代化生产和产出效益的提升。一是促进农村土地流转新模式的开发，形成土地规模化生产，提高大型农机具在农业耕种收各阶段的利用率，增进农业机械化水平；二是增进科学技术在农业生产与经营各环节的应用，特别是农作物新品种培育技术和“互联网+”销售模式中的技术应用，引进先进科学技术的同时，也要注重技术型农民的培养，将理论学习与实践应用相结合，把科学技术的使用价值落到实处；三是加强农村土地治理与整治，提高农用地的使用效率，使单位耕地面积土地创造更高的农业产值；四是改善农村基础设施建设，特别是水利设施的改造，建设配套的农田水利设施，提高有效灌溉面积。

另一方面，要加强农村三次产业的紧密联系，农村产业结构中农业占比较大，受资源要素配置不充分和不均衡的影响，二三产业发展存在诸多困难，在未来发展中要加强农村涉农企业、农民专业合作社等新型经营主体对二三产业发展的带动作用，与此同时也要注意工商资本进入后对农民利益的影响，可以通过构建利益联结机制对工商资本形成制约，提高农民的抗风险能力。

此外，村集体经济发展水平主要依赖于农业经济的发展，农业产值的提升可以为村集体创造更多的效益。然而随着农村人口的不断流失，短期的人均农业增加值和农业劳动生产率的提升不能充分说明是农业产值的提高，因此只有实现上述各要素的平衡发展，才能有效促进农业产值的稳固提升，使农村社会经济发展水平显著提高。

2. 农村生态文明建设与美化宜居

在农村生态文明建设与美化宜居程度方面，首要任务是改善农村居民的生活环境，特别是对生活垃圾进行治理的行政村占比和农村卫生厕所普及率的提升；其次要促进农业的绿色发展，包括畜禽粪污综合利用和农作物秸秆综合利用等。政府要增加改善农村居住环境和农业生产环境专项整治项目的资金投入，特别是要加大生产和生活中废弃物处理与再利用的支持力度。同时，要建立有效机制一方面要建立监督管理机制，以此监督实施部门的工作有效性，避免重复性工作造成的资源浪费；另一方面是建立奖惩机制，一是监督农村居民对基础设施的合理使用，促进基础设施投入后的长效使用，杜绝出现恶意破坏设施建设等行为；二是形成村级评比竞争模式，定期评选生态宜居村镇进行奖励，提高各级部门构建宜居环境的主观能动性和积极性，促进农村居民形成良好的居住习惯，提高对环境保护的意识。

3.农村文化振兴与乡风文明

在农村文化振兴与乡风文明方面，要加强农村公共文化建设，特别是提高农村人口的受教育水平和提升村综合性文化服务中心覆盖率。一是要多种方式并存培育和引进新型乡村振兴人才，营造良好的公共文化氛围。人、财、地是乡村发展的三个重要因素。牵扯城镇与乡村的纽带是人口流动。因此，推进乡村振兴的过程中要坚持以人为本。人才匮乏也是乡村振兴发展的瓶颈之一。乡村较城镇发展落后，特别是贫困乡村，人才外流现象严重。鼓励外出优秀人才返回家乡谋发展，降低人才从乡村向城镇的单向流动率。将走出去获得的成功经验、先进技术、资金也可以带回来，为本土建设提供更多可靠资源。与此同时，也要留得住本土人才。本土人才作为长期驻扎农村，长期从事农业生产经营活动的能人，更容易培养成懂农业、有技术、高素质的新型职业农民。此外，吸引大学生下基层，成为“三农”工作队伍的新鲜血液也是为乡村振兴注入新活力的重要举措。但如何让大学生村干部留得住、干得好，建立长期有效的培养机制需要重点关注。二是增强义务教育阶段教师整体素质的提升，特别是教师的作风和师德方面。在政策激励上可以向三下乡、支教大学生倾斜，丰富农村教育的内容和种类，扎实有效地推进农村义务教育的普及。三是建立教育与服务一体、生活与生产结合、覆盖各年龄层的综合性文化服务中心，使农民在学习过程中遇到问题可以及时有效地解决，提升农民的求知欲。

4.农村政治建设与治理有效

农村政治建设与治理有效重点在于构建三治结合的乡村治理体系和提高农村居民的满意度。特别是农村居民的幸福度。建立治理体系方面，一是普及社会主义价值观在农村居民中的认知度，使农村居民形成现代化的价值观，形成自我约束力；二是建立和完善农村法律法规，前期要通过充分调研和听证，了解农村居民真实和切身需求，有所侧重地制定法律法规；三是引导更多的乡村振兴主体，特别是农民群体参与到乡村振兴中，增进农民自身对乡村振兴的强烈意愿，划分不同单元，构建不同层级管理机制，探索新型自治组织模式，调动农村居民自发参与其中的积极性。提升农村居民满意度与幸福度方面，要加强管理过程、政策实施推进过程中以及其他环节的公开透明性，提高农村居民参与乡村治理的比例等。

5. 农村社会建设与生活富裕

农村社会建设与生活富裕的实现，重点在于推进提高农民收入水平，刺激农村居民消费水平，缩小城乡居民差距以及加强农村生活基础设施建设。提升农村社会保障水平，要健全农村社会养老保障体系，改善农村医疗卫生条件。政府在农村建立了多种社会保障体系，为农村社会建设与生活富裕提供了有力保障，然而农村医疗与养老保险保障方面依然存在形式单一、保障力度不足等问题。因此要探寻更多适应农村客观政策环境和实施条件的社会保障体系。与此同时，也要提高农村居民的自我保障意识，一方面是为农村居民普及讲解健康生活的重要性，引导农村居民在日常生活中自我防护；另一方面是提高农村居民参与社会保障的比例，可以通过提升保障水平、降低参与费用等方式吸引农村居民参加。提升基础设施建设可以从农村自来水普及和建制村通硬化道路等方面进行，水、电、路是与农村居民生活息息相关的内容，是提升农村居民生活质量的重要组成部分，同时也可以提高农村居民的幸福感。

6. 区域协调发展，促进城乡融合发展

各省域、各地区、城乡之间的协调融合发展是实现乡村全面振兴的重要因素。要素投入方面，要增进政策性农业保险的深入度，提升财政转移支付用于农业的力度，提高农民抵御风险的能力，增加转移性收入占比；城乡差距方面，要促进城乡居民收入均等化，逐渐缩小城乡居民收入与消费差距，特别是城乡居民收入的相对差距；政策体制方面，要减少甚至消除户籍制度对农村居民生产和生活的限制，提高户籍城镇化率。

（三）推动乡村振兴政策的法制化

党的十九大报告提出的三治结合的乡村治理体系是推进依法治国进程中加强民主法治的必要之举，更是促进国家治理体系和治理能力现代化的重要部分。目前关于“三农”工作的法律文件较为分散，仍有出现问题无法可依、有法不依的现象难以解决。乡村振兴战略提出以来，对于乡村振兴立法的具体思路、框架设计与实证研究仍不充分，而中国的乡村振兴较发达国家内容更为具体和繁杂，因此立法的过程中更要注重乡村居民的个人意志和需求，以及乡村社会发展的客观规律；更加强调社会主义的民主性和法制性。建立多层级的管理监督部门，不但可以将权责细分化、规范化和常态化，有针对性地推行政策体制，更有助于提高管理效率，以保障乡村振兴更精准地落实到各区域各乡村，其重点是通过法律形式对乡村振兴参与主体的决策行为进行约束，保护乡村振兴的投入和农民的相关利益。乡村振兴战略涉及内容多、覆盖面广，立法一定要结合深化农村改革，力求破解阻碍城乡融合发展的体制机制。

乡村振兴政策的法制化首先要充分考虑我国的国情，结合乡村振兴不同阶段的发展目标以及不同地区的实际情况，逐级分项地构建乡村振兴法；其次要以问题为导向，增强政策法制化的准确性、有效性和针对性，围绕乡村振兴过程中存在的农村基础设施建立不完善、农村三次产业融合度不够、农村治理体系建立不充分、农村社会保障体系构建不立体等问题，结合相关负责部门，逐层级建立乡村振兴总法和分项法律法规。最后要坚持立法的科学性、民主性、公开性。建立法规是要切实保障农村居民的合法利益，所以在建立过程中要充分参考农村居民的意见和建议，公开立法环节和过程，通过多种途径听取群众声音，使法规建立可以最大限度地体现民意，最大可能保护农村居民利益。

三、提升省域乡村振兴水平的对策建议

（一）综合提升省域乡村振兴水平的对策

省域乡村振兴水平表现明显差异性，主要是受各地区地理位置、自

然环境、经济社会发展水平等要素综合作用的影响。但是农业农村发展中的基础内容可以对省域乡村振兴水平的综合提升起到促进作用。通过前面各指标对不同类型乡村振兴水平作用效果的分析发现，对于省域乡村振兴水平的整体提升来说，可以从以下几个方面开展：一是农村生活条件的改善，包括农村互联网普及率，对生活垃圾、污水等废弃物的处理情况等，良好的生活环境有助于农村居民幸福感的提升。二是提高农村居民的收入水平与消费能力。可以通过建立促进农村居民增收的长效机制，促进多种就业形式，调动农村居民主动谋求多种职业的内生动力；可以通过农业结构调整，拓宽农业销售渠道，提升农民增收的空间；也可以创造更多的农业产值，从而提高村集体经济发展水平，形成良性循环。

（二）乡村振兴高速发展地区的提升对策

充分发挥乡村振兴高速发展地区的带头作用。乡村振兴水平评价结果显示，对于经济发展水平较高、资源要素禀赋存在优势的省域，其乡村振兴水平也具有较高优势，反之则处于较低水平。因此乡村振兴高速发展地区代表当下乡村振兴发展的最高水平，应充分发挥新时代经济发达地区乡村振兴排头兵的作用，总结乡村振兴发展的成功经验，促进与其他地区的交流合作，为经济欠发达地区提供发展范本，提高各省域乡村振兴的总体运行效率。

对于乡村振兴高速发展地区来说，乡村振兴已经处于较高的水平，基础指标发展相对均衡，一方面应该注重的是人文关怀方面的提升，特别是农村居民对经济社会发展的感知度、满意度、幸福感和获得感的增强，具体包括农村生产与生活条件的改善和提高，如农村卫生厕所的覆盖率、农村水利设施建设情况、农村绿化情况以及农村居民的住房条件等方面；另一方面应该探索新的乡村振兴发展模式，将发展重点落在具体方面具体内容上，打开乡村振兴新格局，特别是在提高产业集群效应、增进农村居民收入与消费水平等方面的探索和创新。

具体来看，乡村振兴高速发展地区包括的省区市中，北京、上海等地均处于全国经济发展的前列水平，从农村经济发展水平，特别是农业增加值增长水平来看，这些地区在个别年份呈现负增长的情况，说明农业产业、农村发展在这些省区市经济发展中所占比重并不高，但是乡村振兴水平却依然位居靠前位置，因而城市经济的高速发展以及要素禀赋的差异是造成这些省区市乡村振兴水平稳固提高的重要因素。在未来发展中，除上述具体指标的发展侧重点外，还要注重城乡要素的合理流动，以及省级行政区之间要素的合理配置，对于乡村振兴高速发展地区充足的资源可以向乡村振兴中速地区特别是低速地区转移，实现互利共赢的发展模式。

（三）乡村振兴中速发展地区的提升对策

乡村振兴中速发展地区地理分布较为分散，涉及省区市较多，针对这个类型地区的发展方向比较丰富。首先要完善农村基础建设，包括基础设施建设、基层组织建设，建设的重点应该落在基础上，夯实各方面的建设根基，才能促进全方位的稳固提升和协调发展。基础设施建设包括农村水、电、网、路等生产与生活必备的资源条件的完善。基层组织建设包含基层党组织和村民自治组织，两者的模式多种多样，演进模式应该是党组织统筹规划乡村振兴，继而党组织带动与扶持村民自治组织推进乡村振兴，最后形成不同组织协同合作以促进乡村振兴。其次是农村环境的改善与提升，包括农村文化环境和农村生态环境。农村文化环境中要特别注重乡贤文化的传承和弘扬，有助于提高乡村软实力，促进乡村社会的健康发展，同时也要构建乡村文化服务机构和体系，为软实力的增强提供有力支撑。农村生态环境是指农村生活和生产环境，包括农药化肥的合理使用、生产与生活废弃物的处理和综合利用等方面，但是要注意各方面的适度均衡发展，如果投入过多，则效果会适得其反。

具体来看，乡村振兴中速发展地区囊括的省区市较多，遍布全国各个地区，其中大部分省区市为粮食主产区，农业生产占比较高，但是从乡村振兴水平结果来看排名靠后，说明这些省区市的农业生产带来的经济效益距离理想值还有较大的提升空间。此外，造成效益偏小的原因可能还有农业生产效率低下。从指标结果来看农村生产与生活环境也需要改善，在不断增进农业产量的同时，也要注重农业质量的改善，促进资源要素的利用率提高，从而提升单位产量下生产效益的提升。与此同时，也要关注农民生活状态，降低农民由于生产效益较低产生的心理落差感，稳定农民的种植意愿，拓宽其他增收渠道。

（四）乡村振兴低速发展地区的提升对策

乡村振兴低速发展地区多为经济落后地区，各要素均表现出较为落后的水平，所以对该类型地区乡村振兴水平的提升对策应该侧重于系统构建体制机制方面，保障地区先建立起合理有效的发展模式，继而根据发展情况调整发展重点。一是建立农村三次产业融合机制，将技术创新和政策驱动作为发展三次产业的动力，从而形成相互促进、共同发展的产业链条，拓宽传统农业产业的效益；二是构建现代化农业产业体系，挖掘农业新功能，提升农业在其他领域的复合价值；三是建立城乡融合机制，不仅把农村三次产业融合，更要把城乡区域融合、城乡产业融合、工农业相互融合，刺激城市资源要素向农村倾斜和转移，形成以城市带动农村，以工业带动农业的新格局。此外，由于该类型地区乡村经济发展主要靠农业带动，但农业生产条件仍很薄弱，生产成本较高，各地区乡村农业发展水平存在异质性，需要消耗大量的财政资金给予支持与平衡，仅依靠财政补贴也会对地方政府造成较大压力，因此可以增加社会资源的吸收，提高乡村或城镇企业的准入度，低息或无息的信贷政策等方式都可以作为缓解资金难问题的重要渠道。但由于农民抗风险能力低，信息不对称现象依然普遍存在，相关部门作为连接不同融资渠道的纽带要做好把关，为农民谋福祉的同时，更要保证农民的切身利益不受损害。

乡村振兴低速发展地区包含的省区市多为经济欠发达地区，但是文化底蕴丰富，所以可以结合各省区市的习俗文化特色，因地制宜地开展乡村振兴，探索少数民族地区乡村振兴新的发展模式和实现路径，以农村文化建设和乡风文明为切入点，着力推进乡村治理能力的提升，从而带动乡村振兴水平的提高。

第八章
贫困地区实施乡村振兴战略的路径与对策

摆脱贫困是乡村振兴的基本前提。随着工业化和城镇化的推进，农业农村发展面临要素非农化、农村“空心化”、农业劳动力老龄化和生态环境日趋恶化等多重困境，引起社会各界的广泛关注和担忧。与非贫困地区相比，贫困地区的发展基础更为薄弱，城乡发展不平衡、农村发展不充分的问题更为突出，转型发展的难度更大。因此，贫困地区无疑是实施乡村振兴战略应重点关注的地区，亟待通过乡村振兴和精准脱贫的协同并进。

一、贫困地区实施乡村振兴战略的重要意义①

贫困地区实施乡村振兴战略不仅有利于本地区提升经济社会发展水平，缩小其与非贫困地区的差距，还有利于加快经济增长新旧发展动能转换、促进经济高质量发展。

（一）贫困地区实施乡村振兴战略有利于缩小其与非贫困地区的发展差距

贫困地区普遍具有远离中心城市、交通不便、基础设施落后、生态敏感脆弱等共同特征，意味着其面临更大的发展制约。在区域竞争日趋加剧和城乡差距日益拉大的背景下，若不采取强有力的政策干预，贫困地区的要素单向外流趋势将难以有效扭转，贫困地区乡村的衰退将进一步加剧。贫困地区实施乡村振兴战略，采取强有力政策干预和资源投入，有助于弥补贫困地区发展短板，提升贫困地区整体发展水平，缩小贫困地区与非贫

① 本章前4节内容发表于《农业经济与管理》2018年第4期，原文题目为“贫困地区实施乡村振兴战略的路径与对策”，作者：郭晓鸣等。

困地区的发展差距，加快形成城乡融合发展格局。

（二）贫困地区实施乡村振兴战略有利于巩固脱贫攻坚成效

当前，脱贫攻坚战取得了决定性进展，贫困户数量大幅下降，贫困地区的落后面貌有效改观。但是，巩固脱贫攻坚成效的长效机制尚未健全，贫困户的可持续生计仍难以有效保障，或因病因残而导致其无法具备自我发展能力，或处于人居环境恶劣的边远山区部分贫困户仍存在返贫风险。实施乡村振兴战略，从时间上接续了国家扶贫政策，避免了扶贫“单兵突进”仅关注“两不愁”“三保障”和公共服务指标等硬性评估达标的片面性，有利于贫困户持续稳定脱贫，提升脱贫质量。

（三）贫困地区实施乡村振兴战略有助于加快新旧动能转换实现高质量发展

贫困地区往往由于开发活动少、开发强度低而保持良好的生态环境，复杂多样的地形和小气候孕育了多样化优质的特色农产品。随着居民消费结构持续升级，消费趋势呈现个性化、多样化、品质化，加之社会大众对优美生态环境和优质生态产品的需求更为迫切。贫困地区的生态优势和农业资源优势开始显现，展现出良好的发展潜力。贫困地区实施乡村振兴战略，通过政策引导支持，促进农业产业升级，不仅有利于将自身的生态优势、资源优势转化为产业优势、经济优势，还能够为整体宏观经济的发展提供新的经济支撑点，促进经济发展中新旧动能的加快转换。

乡村振兴是新时代“三农”工作的总抓手，精准脱贫是目前阶段最大政治责任和最大民生工程。比较而言，前者涉及时间更长、覆盖领域更广，具有管长远和管全面的特征。尽管两者之间存在长期与短期、整体与局部的区别，但两者在宏观指向和微观举措等方面有着紧密的内在联系。

其一，在时序安排上，乡村振兴与精准脱贫交叉承接。乡村振兴与精准脱贫既存在时间上的交叉，又存在逻辑脉络的先后承启。未来三年，乡村振兴和精准脱贫同步实施，两者共同构成全面建成小康社会的重大战略支撑。摆脱贫困是乡村振兴的前提，开展脱贫攻坚，保证农村和城市同步全面建成小康社会是实现乡村全面振兴的阶段性目标，两者之间体现了发展水平的不断提升和发展层次的逐步递增。

其二，在目标指向上，乡村振兴与精准脱贫总体一致。精准脱贫旨在解决在经济社会整体发展的进程中部分特殊人群“掉队”的问题，让全体人民共同进入小康社会。乡村振兴旨在解决城乡发展不平衡、农村发展不充分的问题。尽管在具体目标上存在差异，但两者均是应对社会主要矛盾转化为人民日益增长的美好生活需要和发展不充分、不平衡之间的矛盾的战略选择，两者均体现以人民为中心的思想和消除两极分化、实现共同富裕的社会主义本质要求。

其三，在实施路径上，乡村振兴与精准脱贫可以协同。乡村振兴和精准脱贫在实施主体、推进方式、实施内容、重点对象等方面均存在相似之处，两者在实施路径上可做到协调一致。在实施主体上，两者均需要充分发挥农民的主体作用，激发农民的积极性、主动性和创造性。在推进方式上，两者均需要政府和市场两手发力，既发挥政府宏观指导、统筹协调、规范监管、投资引导等作用，也要发挥市场在资源配置中的决定性作用。在实施内容上，精准扶贫的内容包含于乡村振兴之中，两者均需要解决“人、地、钱”三大问题。在重点对象上，两者均将深度贫困地区脱贫作为重中之重。

其四，在具体举措上，乡村振兴与精准脱贫需要整合。乡村振兴和精准脱贫在制度构建、资金安排、项目实施等多方面具有诸多相同之处，只有将乡村振兴与精准脱贫的各项举措有机衔接，才能使各项政策形成整体合力，通过实施乡村振兴战略能够巩固和提升精准脱贫成效，通过实施精准脱贫可以为乡村的全面振兴奠定基础。如果乡村振兴和精准脱贫仅是呈平行式各自推进而没有实现整合，则难免造成低效投入、重复建设，不利于乡村振兴和精准脱贫的顺利开展。

二、贫困地区实施乡村振兴战略面临的主要挑战

（一）农业分散化经营与纵向整合趋势对立

理论和实践均表明，将产前、产中、产后各个生产环节整合起来实现纵向一体化经营，能够促进农业产业链升级和价值链增值，是现代农业的

重要发展趋势，未来农业竞争也将演变为整个农业产业链条之间的竞争[①]。而实现纵向一体化需要以一定的组织化程度和规模体量为前提，只有实现组织化经营，才能实现生产过程的全程控制和投入品的严格把控，进而确保产品的标准化和高品质，为后续加工环节和品牌建设奠定基础，形成农产品加工的有质量的规模经济效益。

贫困地区农业经营普遍分散，组织化程度低，呈现出小规模、低水平等突出特征，实现农业产业链条延伸与整合存在较大困难，由此导致农业发展层次低、竞争力不足。农业发展呈现“多而不优”“特而不强”的特征，表现在“有产品无市场”“有品质无品牌”，质优物美的农产品却往往只能卖“大路货”的价。因此在贫困地区，单纯追求规模扩大和产业链延伸的产业振兴将面临严峻挑战，必须因地制宜，突出特色，主要以“小规模”+“强服务”寻求产业提升的破解之道。

（二）小农户发展受困与集体经济薄弱交织

农民和集体经济组织是贫困地区推进乡村振兴的实施主体和受益主体，其中，数量上占绝对优势的小农户的发展水平和受益程度，直接关系到贫困地区乡村振兴的成色和质量，而农村集体经济是否发展壮大，则关系到乡村振兴的带动力量是否强劲和群体凝聚力是否强大。目前在贫困地区，虽然小农户生活条件显著改善，但其生计发展仍然面临重重困境。小农户生产规模小，主要依赖有限的低弱型家庭劳动力，自给性生产特征显著，由此造成小农户经营产出有限、风险抵御能力不足。同时贫困地区农业产业支持政策对小农户的关注不够，其较少得到金融、农技、生产设施建设等外部支持。持续性发展能力不足，无疑是当前贫困地区小农户面临的共同难题。

与此同时，贫困地区集体经济发展严重不足，绝大多数均为没有任何集体经营性收入来源的“空壳村”，且贫困地区集体产权制度改革相对滞后，缺乏利用自身资源优势发展壮大的基本能力。集体经济的严重薄弱，

① 成德宁.我国农业产业链整合模式的比较与选择［J］.经济学家，2012（8）：52–57.

也造成集体经济组织对小农户的带动严重不足，无法发挥对小农户的服务和保护功能。

（三）区域竞争不断加剧和城乡要素争夺叠加

贫困地区的农村与城市之间、贫困地区与非贫困地区之间的发展差距更加突出，导致资本持续向回报高、效率高的城市和发达地区流动，贫困地区无法实现人才、资本、技术等现代要素的聚集。在当前区域之间发展要素争夺愈加激烈背景下，贫困地区在与城市之间的人才和资金争夺中同样处于明显劣势，导致贫困地区产业发展、社会建设等各方面均出现“缺钱缺人”的普遍性困境。贫困地区农村人口的大量外流造成农村“空心化”不断加重，村庄公共文化趋于丧失，集体行动开展困难，农村基层组织由于缺乏人才支撑而出现软弱涣散，进而带来乡村衰退矛盾的全面加剧。

（四）生态环境保护加强与开发需求不断增长悖离

贫困地区面临生态环境保护加强与经济发展、基础设施建设等方面的开发需求不断增长之间难以调和的矛盾。一方面，贫困地区摆脱落后面貌、实现跨越发展的需求更为迫切，希望把握好乡村振兴的重大政策机遇，利用自然资源优势和生态优势积极发展特色农业、农产品加工、生态旅游以及矿产水能等产业，为经济发展找到新的支撑点，同时，道路交通、农田水利、通讯网络等基础设施短板亟待弥补，基础设施建设任务十分繁重；另一方面，贫困地区又在空间上与生态功能区、生态敏感脆弱地带存在高度重叠，在国家主体功能定位上大多被确定为限制开发区和禁止开发区，承担着更大范围内生态产品与服务供给的责任，严格的环保政策不允许过度开发。加之由于生态敏感脆弱，贫困地区可承受的开发强度有限，一旦发生污染破坏，则生态恢复困难且治理成本高昂。

（五）投资建设需求巨大与资金筹集困难矛盾

贫困地区实施乡村振兴在投入上具有覆盖范围广、涉及领域多、基础设施建设与维护成本高等特征，决定其需要投入庞大的资金。但同时，贫困地区普遍经济落后，税源结构单一，地方财政收入有限，整合困难。与非贫困地区相比，贫困地区基础设施欠账多、建设难、成本高，导致贫困地区实施乡村振兴战略面临较大的投入缺口。

三、贫困地区实施乡村振兴战略的路径选择

贫困地区实施乡村振兴战略必须根据其资源禀赋特点，找准比较优势，并将其转变成为市场优势和竞争优势，进而形成带动区域内乡村全面振兴、城乡融合发展的强大动能。针对贫困地区推进乡村振兴面临的现实困难和挑战，应选择如下基本路径。

（一）以开放性振兴为指向释放内生动力

“富饶的贫困”是大部分贫困地区的共同点，多数贫困地区拥有丰富的生态资源、特色农业资源，但却因地理阻隔、交通不便而无法与消费市场对接，因为资本、人才、技术等发展要素稀缺而没有能力开发。因此，贫困地区推进乡村振兴必须树立开放发展理念，以开放寻求突破，以开放实现发展。要加强交通、通信、网络等基础设施建设，解决交通困难、信息闭塞的问题，让贫困地区和外部的物质流和信息流能互联互通、畅通无阻。要大力发展农村电商，让消费者与农产品实现快捷对接，解决农产品销售难、价格低的问题。要促进资本、技术、人才等现代要素向贫困地区流动聚集，须搭建中间平台，构建有效激励机制，促进外部要素与本地资源的对接，有效释放发展潜能。要转变思想观念，学习和借鉴其他地区的发展模式和发展经验，探索创新符合贫困地区实际的特色化乡村振兴之道。

（二）以适度规模为引领强化优势特色产业竞争力

以超小规模为基本特征的小农经营方式带来土地细碎、粗放经营和兼业经营等一系列问题，进而加剧贫困地区土地和生态资源的分散化，无法将资源要素聚合培育形成高质量、高效益的产业。因此，贫困地区要通过

土地规模经营和服务规模经营的协同并进强化优势特色产业竞争力。一方面，推动土地适度规模经营。深化农村承包土地“三权分置”改革，进一步放活土地经营权，开展农业共营制、股份合作、土地托管等多种多样的土地流转方式，适度扩大土地经营规模。另一方面，更大力度推动服务规模经营发展。通过形成系统完备、运行高效的社会化服务体系，有效增强农业经营的专业化、组织化和社会化程度。

（三）以小农提升为基础构建现代农业产业体系

贫困地区多为山地、深丘地形，地块狭小、分散、坡度大，农业机械应用范围有限，能够密集投入劳动和善于精耕细作的小农户具有很强的适应性。因此，要发挥小农户在贫困地区现代农业产业体系的支柱作用，选择能够发挥小农户的密集劳动投入和复杂手工劳动优势，契合当地自然条件和市场需求的特色产业，因地制宜地发展林下种植、林下养殖、特色水果、中药材、休闲观光农业，提升贫困地区农业产业体系的质量、效益和竞争力。要在构建现代农业产业体系过程中同步进行小农户的改造与升级。在保持小农户基本组织形态的基础上，通过能力培训、服务支持、链条延伸、要素保障等方式实现对小农户的改造与提升，增强小农户的要素投入强度与组合度，将传统型“小农”转变为现代型“小农”。探索小农户与新型经营主体紧密的利益联结机制，形成风险共担、收益共享、命运与共的产业共同体。

（四）以强化社会建设为重点促进乡村全面振兴

贫困地区乡村全面振兴需要处理好经济发展与社会建设之间的关系，需要更加高度重视在脱贫攻坚中常被忽视的社会建设，让乡村的独特形态得以保持、魅力文态得以彰显、优美生态得以涵养。要提升农村组织化程度，鼓励农民成立具有互助性质的农民合作社、专业协会和资金互助社。要完善乡村治理体系，加强乡村公共文化设施建设和公共文化服务人才配置，增强村庄居民的凝聚力和向心力。要将自治、德治、法治有机结合，重点要在自治和德治上下功夫，加强村级乡规民约的约束力，运用熟人社会的声誉机制对村民行为形成正向激励和规范约束。要加强宜居村庄建设，以规划约束为先导，拆村并村，建设一批新村聚居点，完善安全饮水、供电、网络、道路等配套公服设施建设，形成绿色低碳的生活方式和循环生态的生产方式，推进垃圾处理、污水治理、厕所改造等，优化农村生态环境。

（五）以系统性政策支持为平台汇聚多元政策合力

对贫困地区而言，推进乡村振兴必须通过综合而持续性的政策支持，最大化地释放多元政策叠加效应。要注重不同政策的整合协同，将目标指向总体一致、实施路径和具体举措存在重合的政策整合衔接起来，避免多种资金项目安排配置出现重复分散。当前，最重要的是将精准脱贫和乡村振兴有机结合，形成精准脱贫与乡村振兴同向发力、同频共振的良性互动格局。要注重长期政策和短期政策的衔接整合，避免将一些具有长期性、复杂性问题的解决仅建立在一些临时性举措之上，应更加重视从顶层设计出发，采取更具有系统性、持久性的政策举措。

四、贫困地区实施乡村振兴战略的对策建议

（一）构建乡村人才培育机制

贫困地区实施乡村振兴战略需要破解人才瓶颈，要通过人才引进、人才回流和人才培训等多元手段，建设充满人气和具有生机活力的乡村。一是引导外部人才流向贫困地区乡村。出台人才吸引的优惠政策，构建公平竞争空间，畅通社会上升渠道，让贫困地区成为创业人员、年轻干部实现人生价值、创造幸福生活的筑梦空间。要发挥生态优势，完善基础设施和公共服务配套，做精魅力乡情文化，让乡村成为城市人口度假休闲旅游之所、城市退休人员的绿色养老之地。二是引导和鼓励本地外出人才回流。要出台具体支持政策，鼓励能力相对更加突出的退伍军人、返乡农民工、大学生等人员返乡创业。三是注重本土人才培育。要加强专业人才队伍建设，尤其是从贫困地区农村专业技术人员严重匮乏的现状出发，合理增加农技人员、教师、医生等专业技术人员编制。积极培育新型职业农民、乡村工匠、文化能人和非遗传承人等。

（二）强化对小农户的支持保护

贫困地区要建立健全针对小农户的支持保护机制，促进小农户提升发展，发挥小农户在贫困地区农业产业转型升级的支柱作用。一是要加强对支持保护小农户重要意义的认识，将农业支持政策从重点支持规模经营主体向支持规模经营主体和小农户并重的方向转变。二是要分类明确小农户支持保护重点。要从小农户群体正处于分化发展的现状出发，采取针对性和差异化的扶持政策，重点支持发展型“小农”转型升级。三是要鼓励小农户通过土地流转、地块置换等方式实现适度集中规模经营，在生产基础设施建设、生产性社会化服务、金融、培训、农业保险、电商等方面加强对小农户的支持，实现小农户社会化服务的全环节支撑、全要素保障。四是要强化对小农户的权益保护。建立真正代表农民利益的合作社，以合作社为载体提升小农户的组织程度，发挥其对小农户的保护作用。

（三）深化农村土地制度改革

农村土地制度改革能够关联性地带动城市要素向农村流动聚集，促进农村产业发展，这对发展要素尤为稀缺的贫困地区无疑更为重要。一是继续深化农村承包土地的“三权分置”改革。在保证“确实权、颁铁证”的基础上，探索采取更加低成本的、多元化的土地确权方式；要加快土地流转市场交易体系建设，解决因产权分散、农民获取信息困难而导致土地产权交易性和流动性不足的困境。二是深入推进宅基地和集体经营性建设用地改革。贫困地区应抓住改革机遇，探索宅基地所有权、资格权、使用权“三权分置”的有效实现形式，利用闲置宅基地和闲置住房发展乡村旅游、精品民宿、休闲体验、健康养生等新产业新业态。应促进集体经营性建设用地入市改革试点成果在贫困地区推广应用。利用村庄零散闲置的建设用地，保障农用地设施建设、新产业新业态的用地需求。三是深化集体林地改革。解决林地开发层次低、农民被挤出等问题，重点改变林木资源“砍伐+销售”的单一低效经营方式，促进林地规模化经营。探索合作经营等能让农民共享收益的经营模式，积极发展附加值更高的林下经济、森林旅游、森林康养等，提升林地资源的综合利用效率。

（四）建立多元投入保障体系

要进一步加大资金投入力度，拓展资金投入来源渠道，为贫困地区乡村振兴提供资金保障。一是要加大财政资金投入力度。完善财政支农投入稳定增长机制，财政投入乡村振兴资金应与年度GDP增速、年度财政收入增幅挂钩，各级财政转移支付要重点向贫困县尤其是深度贫困县倾斜。二是要撬动社会资本。发挥财政资金的投资引导作用，通过设立发展基金、风险补偿基金吸引社会资本投向乡村振兴。三是要推动金融资本进入乡村振兴投资领域。在进一步抑制农村信用社、农商银行脱农倾向的基础上，继续推动农村信用体系建设，解决借贷双方信息不对称和贷款违约惩戒难的问题。同时推动承包地经营权、宅基地使用权和农房财产权、集体经营性建设用地使用权等抵押贷款。创新农村金融产品模式，采用土地经营权反担保、农民合作社担保、农户联保等方式实现借贷增信，有效缓解金融机构因担心农户违约而导致不敢放贷的矛盾。

（五）创新有效的政策整合平台

促进乡村振兴与脱贫攻坚、新农村建设等其他战略举措之间的政策整合，汇聚政策合力，提升政策效率。一是要增强各项政策举措的联动性。在脱贫攻坚中，要将乡村振兴的各项要求融入其中，把深度贫困地区发展作为乡村振兴的重点，在确保“两不愁”“三保障”和公共服务指标等指标达标的同时，同步推进生态建设、基层善治、文化传承，为乡村全面振兴奠定坚实基础。二是要注重工作机制的整合。要将脱贫攻坚中形成的经验、模式、政策固化成为规范制度，如实施区域扶贫协作、对口帮扶、设置驻村工作组和第一书记等，积极应用到乡村振兴之中。三是要注重资金项目的整合。要制定关于财政涉农资金和乡村振兴项目整合的实施细则，解决整合资金项目面临的实际困难。建立健全资金项目整合制度与平台，有效解决资金使用分割、利用效率不高的问题。

五、巩固与提升脱贫地区的脱贫成果①

（一）巩固与提升脱贫成果的目标

巩固与提升脱贫成果必须立足精准扶贫、精准脱贫方略的基本要求，必须立足于各地区精准扶贫工作进展和存在的不足，必须立足于巩固拓展脱贫质量与乡村振兴战略的有效衔接。巩固与提升脱贫质量必须确立有序化、过程化、长远化的层级目标，系统谋划、分步实施、有序推进，打造共建共治共享社会治理格局，不断增强人民群众的获得感、幸福感、安全感。首先，构建更加完善的精准扶贫体制机制，切实做到精准识别、精准帮扶、精准管理、精准考核，确保各级政府决策科学、政令畅通、贯彻有力，全面落实党中央、国务院的各项要求；其次，有效实现脱贫目标，降低贫困发生率、提高群众认可度、降低返贫风险、兜住脱贫底线，按照计划完成全部脱贫任务；再次，探索各地乡村振兴之路，促进产业兴旺、营造生态宜居、构建乡风文明、推动乡村治理、实现生活富裕，实现城乡融合发展，让农业成为有奔头的产业，让农民成为有吸引力的职业，让农村成为安居乐业的美丽家园；最后，满足农民对美好生活的需求，实现幼有所育、学有所教、劳有所得、病有所医、老有所养、住有所居、弱有所扶，使农村人民群众的获得感、幸福感、安全感得到最大的提升（见图8–1）。

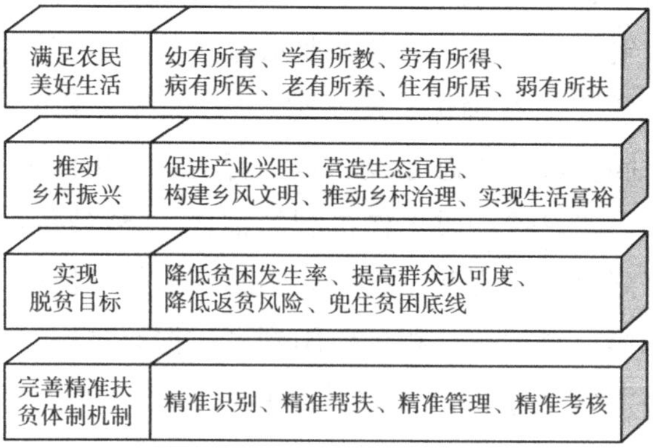

图8–1　巩固与提升脱贫成果的层级目标

① 本部分内容发表于《黑龙江日报》2018年8月24日，作者：杜国明。

（二）巩固与提升脱贫成果的路径

1.继续提升顶层设计的系统性、适用性、协调性水平

中央和省区市制定的脱贫攻坚政策体系需要在县域因地制宜因势利导地进行在地化、特色化分解、组合，并组织部署乡镇、村干部梯次推进、有序落实。县级脱贫攻坚体制机制创新是深化改革的内在要求，是全面打赢脱贫攻坚战的重要保障。已经脱贫摘帽的各县，在脱贫退出巩固提升工作中，应通盘谋划精准脱贫与乡村振兴战略的有效衔接，从产业扶贫到产业兴旺、从生态扶贫向生态宜居、从驻村帮扶到治理有效、从志智双扶到乡风文明、从“两不愁三保障”到生活富裕，全面统筹乡村经济建设、政治建设、文化建设、社会建设、生态文明建设“五位一体”的多重目标，夯实县域顶层设计的系统性；应充分考虑贫困村与非贫困村、建档立卡户零星分布村与集聚分布村、贫困村零星分布区与集聚分布区、自然村与中心村、无劳动力户与有劳动力户以及农户人口状况、家庭条件、社会关系等方面的差异，真正做到因地制宜、分类指导、分户施策，强化县域工作方案的适用性；应有效融合区域发展与民生改善、保障性政策与产业类政策、物质帮扶与精神帮扶，真正做到部门间协同、落实中有序。通过夯实县域脱贫巩固提升方案的系统性、适用性、协调性，节约扶贫成本、提升脱贫质量。

2.不断加强扶贫环节的人性化、精细化、长效化程度

精准扶贫、精准脱贫政策执行中，扶贫干部需要深入了解帮扶户的现实困难，切实解决贫困户吃饭、穿衣、教育、医疗、住房、养老、生产等方面的问题，切实改善农民群众的生产生活条件，切实改变农民落后的生活习惯和陈旧的思想观念，避免简单生硬、高高在上、唯帮扶对象达到脱贫条件为使命的狭隘之思，提升扶贫工作的人性化水平；应随着扶贫工作的不断深入，及时总结工作经验与教训，针对工作中出现的新情况、新问题，持续优化各项政策执行中的细枝末节，避免“上有政策下有对策”的走样变调，更要避免针对政策漏洞的投机取巧，持续提升扶贫工作的精细化水平；应深入分析区域及农户贫困落后的原因，立足当前、着眼长远，

制订多阶段性目标，避免短期效应、急于求成，不断提升扶贫工作的长效化程度。各相关部门的窗口工作人员、帮扶责任人、村干部作为参与扶贫工作的一线人员，应提升对各项政策的熟悉程度、培养对农户的真情实感、掌握扶贫工作的基本方法，改善干群关系、彰显人文关怀，真正做到把“人民拥护不拥护、赞成不赞成、高兴不高兴、答应不答应”作为衡量一切工作得失的根本标准。

3.努力健全社会保障的多样性、全民性、福利性体系

建档人口老弱化、劳动能力差、内生动力严重不足，因此，各县应加快建成覆盖全民、城乡统筹、权责清晰、保障适度、可持续性强，涵盖社会保险、社会救济、社会福利、优抚安置的多层次社会保障体系。实施农村全民参保计划，创新针对农民工、残疾人、智障人员、留守儿童、妇女和老年人等不同群体的社会保障措施，增强社会保障的针对性、适用性、多样性，牢牢构建农村社会保障网。在有条件的地方，将光伏发电、企业贷款分红等资金用于给村民尤其是建档立卡人口缴纳医疗保险、养老保险等保险，提升弱势群体的社会保障水平，降低致贫、返贫风险，减轻政策依赖与政府压力。

4.持续提升产业扶贫的市场化、组织化、社会化层次

产业发展是脱贫攻坚的核心保障，也是未来乡村振兴的重要根基，扶贫产业的市场化能力、组织化程度、社会化水平亟待提升。各地要立足区位条件、资源禀赋、市场需求来谋划和发展扶贫产业，特别是要强化农产品加工业和劳动力密集型产业发展，将扶贫产业与县域主导产业、支柱产业有效链接，凸显比较优势、突出区域特色、延长产业链条，提升扶贫产业的市场竞争力和盈利能力；要努力创新建档立卡户与普通农户、合作社、企业、帮扶单位在产业发展上的利益联结机制，创新产业发展模式，做好建档立卡户产业发展的产前培训、产中服务、产后营销，提升扶贫产业的组织化程度，努力弥补建档立卡户劳动能力弱、技术水平差、管理能力低、销售成本高的问题；要推动金融、技术、人力、土地等要素自由流动和高效配置，引导合作社、返乡下乡人员、相关企业投资兴业、带动创业、吸纳就业，激励各种社会组织参与扶贫产业、增强市场能力，提高产业扶贫的社会化水平，构建专项扶贫、行业扶贫、社会扶贫“三位一体”的大扶贫格局。

5.充分发挥思想引领的先导性、启迪性、激发性作用

2014年以来，习近平总书记先后提出了“扶贫开发贵在精准，重在精准，成败之举在于精准”的“精准”理念，“要破除城乡二元结构，推进城乡发展一体化，把广大农村建设成农民幸福生活的美好家园”的破解城乡二元结构思路，坚持专项扶贫、行业扶贫、社会扶贫等多方力量、多种举措有机结合、互为支撑的“三位一体”大扶贫格局。当前，思想保守、因循守旧、观念滞后依然是脱贫攻坚中的瓶颈。各级领导干部要通过深入系统学习习近平新时代中国特色社会主义思想，特别精准扶贫思想，深刻领会思想内涵、努力提升政治站位，将精准扶贫思想与各地贫困区域特征结合起来，不断将伟大思想转换为伟大实践；要不断总结和大力宣传各地精准扶贫的宝贵经验、主要模式、创新精神，启迪广大扶贫干部的智慧和思维，更加创造性地推进巩固提升工作；要通过丰富多彩的形式加强农村文化建设，加大技术培训力度，进一步提高农村人口特别是建档立卡人口的思想观念、道德规范、知识水平、劳动技能，努力实现“志智双扶”，共同营造文明乡风。

6.全面培育乡村发展的现代化、等值化、有序化能力

人民日益增长的美好生活需要和不平衡不充分的发展之间的矛盾是我国当前社会的主要矛盾。最大的不均衡就是城乡发展不均衡，最大的不充分就是农村发展不充分。要坚持农业农村优先发展，按照产业兴旺、生态宜居、乡风文明、治理有效、生活富裕的总要求，建立健全城乡融合发展体制机制和政策体系，加快推进农业农村现代化。不断提升乡村自我发展能力是化解当前社会主要矛盾的有效途径，是实现城乡融合的必由之路。要继续推动乡村交通、水利、电力、信息、防灾等基础设施建设，努力提升农业农村现代化水平；要大力构建农村教育、医疗、养老、文化、体育等公共服务设施和服务体系，提升城乡服务等值化水平；要在稳定和优化驻村帮扶的基础上，加强农村党建工作，健全自治、法治、德治相结合的乡村治理体系，培养造就一支懂农业、爱农村、爱农民的“三农”工作队

伍，全面提升乡村治理水平。

（三）巩固提升脱贫成果的具体措施

2013年国家开展脱贫攻坚工作以来，黑龙江省的精准扶贫工作取得了决定性进展，但仍存在一些不足与问题，进一步提升脱贫质量、巩固脱贫成果十分必要。基于8个县的脱贫质量评价结果，本部分提出以下针对性的具体措施：

1.打造以产业扶贫为核心的多元化扶贫体系，增强扶贫针对性

产业扶贫的长效、显效、高效是脱贫攻坚的核心保障，也是未来乡村振兴发展的根基。产业增收是脱贫攻坚的主要途径和长久之策，要因地制宜做好产业扶贫工作，不断增强贫困地区和贫困人口的自我发展能力，真正做到农民增收、扶贫增效。要有效推进政府主导产业、优化产业布局和生产体系、大力发展特色农业产业、科学引导现代化产业、全面落实产业帮扶政策，实现产业扶贫的市场化能力、组织化程度、社会化水平的提升。

第一，要整合利用县域资源优势，主打产业扶贫。打造以产业扶贫为核心的多元化帮扶体系，要联合高等学校、科研机构、相关部门与扶贫部门协作，从县、乡镇、村三个层面科学规划产业布局，制订精准的产业扶贫计划，将扶贫工作与项目落实纳入全程计划中，坚持短平快项目与长效项目相结合，在全面分析地区经济社会条件、贫困基本特征与类型的基础上，针对不同类型、特征的贫困户，提出针对性强、可行性好、远期效益可持续的精准帮扶措施，在帮扶项目的立项、选项方面，综合分析预测市场发展变化，根据投资回收期、资金投入等要求梯次推进、有序开展，确保产业可持续发展。要立足区位条件、资源禀赋、市场需求来谋划和发展扶贫产业，特别是要强化农产品加工业和劳动力密集型产业发展，在建档立卡户分散经营、自主经营的基础上，培育村域、镇域甚至县域主导产业。明确区域性布局规划，形成规模化养殖模式，同时加强疾病防疫措施，防治村庄环境卫生恶化。将扶贫产业与主导产业、支柱产业有效链接，凸显比较优势，突出区域特色，延长产业链条，提高产业的规模化和专业化水平，提升扶贫产业的市场竞争力和盈利能力。要推动要素自由流动和高效配置，激励各种社会组织参与扶贫产业，增强市场能力，提高产业扶贫的社会化水平。

第二，多渠道多方式加快就业扶贫进程。各县域、各乡镇要提供优惠政策，积极吸引、主动引导优质企业到贫困地区投资兴业、带动创业、吸纳就业；支持劳动密集型企业在贫困村设加工点、场、站，提高就业机会，实现就近就业；在全县各乡镇创办“农村就业市场”、建立“招工”微信群、成立“乡镇务工服务站”等，促进用工单位与农户的有效对接；规范贫困户劳务输出渠道，把农闲时间漫长、资源条件相对较差的乡村剩余劳动力有序向外地转移，助力脱贫；关心关怀外地务工人员的家属，建立联络沟通渠道，吸引他们反哺家乡，充分利用外界信息带动当地贫困户寻求就业机会。

第三，大力发展专业合作社建设。加快培育和引进农民专业合作社等具有带动功能的新型农业经营主体，针对部分建档立卡户劳动能力弱、经营能力差的问题，大力发展种植、养殖类专业合作社，有效增加收益的同时减轻分散养殖带来的经营风险、环境负担和防疫隐患。通过土地流转、产品收购、全程服务、入股分红、务工就业等方式和途径，努力创新建档立卡户与普通农户、合作社在产业发展上的利益联结机制，创新产业发展模式，进一步加大合作社的带动作用，实现贫困户叠加增收、稳定增收、持续增收。

第四，加大电商扶贫投入力度。加大项目资金投入力度，进一步完善物流网络基础设施建设，定期定量引进专业电子商务技术人员或留住本地人才，对有能力有意愿的贫困户提供免费培训，帮助其参与到电商产业链实现创业就业，将农民生产的农副产品通过电商平台直接由一级供应商向消费者流动，增加农民净收益。对具备发展电商条件的贫困村每村要培育至少1名电商带头人，适当开展电商扶贫现场观摩或专项活动，带动村民更好地参与到电商产业。加强与阿里巴巴、京东等大型电商服务平台的合作，拓宽融资渠道，不断提升农产品市场化水平。

第五，加强有针对性的劳动技能培训。加强种、养、加、销等更具针对性的劳动技能培训，改进培训方式与手段，蒙古族等少数民族聚集区培训时尽量使用该民族语言，加快培养各乡镇和村的专业技术能手。做好建档立卡户产业发展的产前培训、产中服务、产后营销，提升扶贫产业的组织化程度，努力弥补建档立卡户劳动能力弱、技术水平差、管理能力低、销售成本高的问题。

第六，加快发展集体经济。充分利用各种扶贫资金和产业积累集体资产，以农村集体资产、资源、资金等要素有效利用为纽带，通过集体土地承包、集体资产收益、集体经济实体经营、集体公益林补贴、股份合作经济组织分红、村级光伏扶贫电站收益等方式增加集体收入。同时通过光伏产业、扶贫资金入股、手工业扶贫车间等方式增加集体收入，大力发展农宅合作社等股份合作制经济组织，规范组织管理、运行体制机制，加快发展集体经济。

第七，加大扶贫资产管理力度。严格落实扶贫资产管理主体，明晰各渠道扶贫资金资产产权，由政府密切监控经营风险，确保财政资金和扶贫资产的安全。明确扶贫资产管理范围，扶贫资金投入形成的资产、资源及妇联、工商协会等社会团体和个人捐建项目均要列入扶贫资产管理范围。扶贫资产的名称、类别、购建时间、预计使用年限、数量、单位、原始价值、资金来源构成、折旧、净值、所有权人、使用权人和收益权人等相关内容的登记造册要精准，及时对其使用变动情况、收益分配情况等进行补充登记。此外，扶贫资产的评估量化要规范、运营管理要科学、处置程序要严谨。

2.坚持“志”“智”双扶，激活贫困群体内生动力

第一，扶贫先扶“志”，通过多种手段激发贫困人口的进取心。“授人以鱼不如授人以渔”“授人以渔不如授人以欲”。针对部分贫困人口还有“等、靠、要”的思想，培育和激发贫困人口自身致富的决心，使其形成脱贫致富的内生动力，这就需要创新帮扶方式和强化思想教育。在帮扶方式上，改变简单的无偿发放扶贫物资的形式，逐步缩小应用范围，只限于部分无劳动能力的贫困户、“五保户”，对其他贫困户要采取有条件有前提的帮助，正如杜尔伯特蒙古族自治县一心乡前进村驻村工作队大力倡导的那样，彻底戒除“懒汉思想”；在思想教育方面，通过丰富多彩的农村文化活动和乡村德治建设，积极宣传“努力才能脱贫、劳动才能致富”的思想，培养农户重合同、讲信誉、遵章守纪的契约精神，教育农户主动寻求脱贫机会，变“要我脱贫”为“我要脱贫”；逐步提高贫困人口的思想观念、道德规范、知识水平、素质修养、行为操守，营造积极、健康、向上的农村社会风气和精神风貌。

第二，扶贫要扶“智”，通过多种手段增强贫困人口的核心技能。针对贫困人群普遍存在的受教育时间短、科学文化素质低且有代内、代际流动的态势，下一阶段的扶贫工作中，要重视对贫困人群文化素质与劳动技能的提升。一方面由扶贫部门牵头，与教育部门如农广校等合作，利用农闲时间开办各种文化学习班，鼓励文化水平低的贫困人群参与，逐步提升文化素质；另一方面扶贫部门可投入部分扶贫资金对参与农户进行适当补贴。在此基础上，对文化素质高、进步快的贫困人口进行技术与技能培训，驻村工作队中增加选派懂技术的驻村干部，教授农户先进的生产技术，使农户逐步形成“技术是生产力”的意识，通过掌握核心生产技能，提高有劳动力建档立卡户的工资性收入和经营性收入，提高农户自身的“造血”机能，完成自我救赎，彻底脱贫，稳步致富。

3.强化基础设施建设，补齐公共服务短板

脱贫攻坚工作开展以来，各县以加强贫困村基础设施建设和公共服务项目建设为抓手，将各类资源、资金不断向贫困村倾斜，贫困村基础设施有了明显改善，但贫困村与非贫困村之间出现了较为严重的不平衡，且公共服务设施仍存在短板。在今后脱贫攻坚、乡村振兴战略实施过程中，要继续加强农村基础设施建设，特别注重非贫困村的基础设施建设，统筹规划、合理布局，结合农村屯组的实际构成情况，平衡贫困村与非贫困村之间的基础设施建设，建设美丽乡村；补齐公共服务短板，着力提高贫困地区整体公共基础设施服务标准。

第一，继续加强农村基础设施建设力度，加大基础设施建设项目投入。针对经营性项目和非经营性项目，确定不同的融资模式；对于财政资金供给不足的，加大政府资金投入的同时，引入市场调节机制，充分调动市场经济各方的力量来参与基础设施建设的积极性，逐步引导政府从基础设施建设的主导者向监督者、引导者转变，通过市场经济无形的手去引导社会资金向基础设施领域倾斜。在基础设施建设、基本公共服务供给中，不断吸引社会资金投入，扩大农村居民使用公共设施的范围和途径。推动和改善农村交通、水利、电力、信息、防灾等基础设施建设，努力提升农业农村现代化水平；大力构建农村基础教育、医疗卫生、社会保障、文化信息、体育等公共服务设施和服务体系，提升城乡服务等值化水平。

第二，规范水质监测与自来水使用管理。切实按照国家和黑龙江省农村饮用水水质监测技术规范开展广大农村地区特别是贫困地区的水质监测化验，对局地具有氟元素等超标的敏感区域开展针对性监测，由权威性监测单位每年检测2次，并出具准确的安全饮水水质检测报告，实现各村饮水水质全部符合《生活饮用水卫生标准》，确保水质达标率。加快实施贫困地区农村饮水安全巩固提升工程，落实工程建设和管护责任，强化水源保护和水质保障，因地制宜加强供水工程建设与改造，进一步提高农村集中供水率、自来水普及率和供水保证率，全面解决贫困人口饮水安全问题。对于水质季节性不合格的村域或农户，采取建设自来水、打深水井等措施，确保每个农户都能常年喝上安全水，确保100%建档立卡贫困人口的饮水安全。确保贫困村饮水水量、用水方便程度达到水利部门要求的安全标准，每人每天获水量不低于40升，非自来水人力单次取水往返时间不超过20分钟。对自来水管道冬季冻住、出水管在旧房子中等现象，及时予以维修和调整，确保农户能常年方便饮水。

第三，继续加大农村人居环境整治力度。开展农村人居环境整治三年行动，重点推进农村垃圾、污水治理和卫生厕所改造。集中整治农村生活垃圾，建立完善村庄保洁制度，因地制宜实施卫生厕所改造，有条件的地方逐步开展生活污水治理。到2020年，实现农村生活垃圾治理村庄达到90%，农村卫生厕所普及率力争达到85%。

第四，明确权责，完善管理机制。建立公共管理与专人管理相结合制度，对已建成的村级文化活动广场、活动室、农家书屋以及自来水工程等，探索有效的组织和管理机制，确保管起来、用起来，发挥公共服务设施最大效能，并将基础设施使用与维护与产业发展有效结合，更好地解决农民对于基础设施与公共服务设施的需求。

4.加强和改进健康扶贫，降低因病致贫返贫风险

第一，着力降低因病返贫风险。加强建档立卡人口身体健康检查与疾病预防，切实降低因病返贫风险，减少因病返贫人口。开展专项行动，加强对农村慢性病、常见病的防治，降低因病致贫返贫风险，重点做好包虫病、艾滋病、大骨节病、结核病、布鲁菌病等疾病综合防治。切实降低贫困人口就医负担，在严格费用管控、确定诊疗方案、确定单病种收费标准、规范转诊和集中定点救治的基础上，对城乡居民基本医疗保险和大病保险支付后自负费用仍有困难的患者，加大医疗救助和其他保障政策的帮扶力度。

第二，改进慢性病救助方式。进一步提高慢性病鉴定比例，改进慢性病救助方式，增加慢性病救治药品类型，避免药物过期，根据贫困人口患病情况及时调整所发放的药物类型。规范家庭医生（乡村医生）签约服务，可直接面向人才市场选拔录用医技人员，适当增加家庭医生数量，全面落实签约服务政策，优先为妇幼、老人、残疾人等重点人群开展健康服务和慢性病综合防控，做好高血压、糖尿病、结核病、严重精神障碍等慢性病规范管理。

第三，加强乡村卫生室管理。加强乡镇卫生院、村卫生室能力建设和管理，选派增派村医，提高村卫生室诊疗范围和能力，提高患者及时问诊就医的保障水平。每个乡镇卫生院至少设立1个全科医生特岗，支持地方免费培养农村高职（专科）医学生，经助理全科医生培训合格后，补充到贫困地区村卫生室和乡镇卫生院。全面实施贫困地区县乡村医疗卫生机构一体化管理，构建三级联动的医疗服务和健康管理平台，为贫困群众提供基本健康服务。

5.规范危房改造和易地搬迁工作，确保住房安全

第一，规范危房改造政策。进一步规范各地不同类型农户房屋改造政策的适用范围、执行程序、补贴标准和房屋改造标准，避免政出多门、混合施策，建立危房台账并实施精准管理，改造一户、销档一户，全面完成贫困户危房改造任务。因地制宜地制订危房改造和新建房屋标准，着力提高房屋保温性能、建筑质量和耐用年限，切实达到可入住标准。规范旧房危房拆除时间和措施，避免农户有新房却住危房的现象，非原址拆除重建的，其危房可根据农户实际需求用于堆放杂物、饲养牲畜等。

第二，规范易地扶贫搬迁工作。规范易地扶贫搬迁的迁出和迁入居民点选址，科学选定搬迁安置点，解决好搬迁户原有宅基地、房屋与承包地的产权回收或调整工作，为符合条件的新迁入宅基地或房屋业主及时颁发不动产登记证书。加强集中安置点的思想文化建设、公共服务设施建设、后续产业发展、转移就业工作，确保贫困搬迁家庭至少1个劳动力实现稳定就业，确保搬得出、稳得住、可发展、能致富。加强安置区社区管理和服务，切实做好搬迁群众户口迁移、上学就医、社会保障、心理疏导等接续服务工作，引导搬迁群众培养良好生活习惯，尽快融入新环境新社区。

六、推进脱贫攻坚与乡村振兴有效衔接①

2020年是我国全面建成小康社会目标实现之年，也是全面打赢脱贫攻坚战收官之年。实现农村贫困人口全部脱贫是全面建成小康社会的最大短板和最艰巨的任务。截至2月底，全国有780个贫困县宣布摘帽或正在进行退出检查，占全部贫困县的93.8%；有9348万贫困人口实现了脱贫，占全部贫困人口的94.4%，贫困发生率由2012年的10.2%降至0.6%，标志着我国脱贫攻坚取得了决定性成就。

（一）高质量完成脱贫攻坚目标面临挑战

在全面打赢脱贫攻坚战的收官之年，要高质量地完成全部目标任务还面临不少具体的困难和挑战。

一是93.8%的贫困县摘帽，标志着我国区域性整体贫困问题基本解决了，但人口贫困问题还没有完全解决。截至2019年底，全国还有551万贫困人口没有脱贫。剩余的这些贫困人口大多是年龄偏高、缺乏劳动能力等

① 本部分内容发表于《中国社会科学报》2020年6月17日，原文题目为“巩固脱贫攻坚成果 衔接乡村振兴战略”，作者：郭翔宇、杜国明。

特殊贫困群体，基本上需要依靠社会保障兜底来脱贫。

二是94.4%以上的贫困人口脱贫，意味着我国的绝对贫困问题基本解决了，但相对贫困将长期存在。我国现行贫困标准是以2010年农村居民人均纯收入2300元不变价为基准，这只相当于我国贫困地区农民人均纯收入的30%。应该说，刚刚超过贫困线的脱贫人口的收入水平还很低，还有部分收入略高于现行贫困线的非贫困人口，属于低收入群体，还处于相对贫困状态，都需要相应的政策扶持。

三是脱贫攻坚战使建档立卡贫困户人均纯收入大幅度提高，但存在收入不稳定的风险。在建档立卡脱贫人口收入构成中，政策性收入占比偏高，许多地区甚至一半左右是转移性收入，包括小额信贷政策支持的扶贫产业分红收入等。为期三年的小额信贷政策即将结束，而较多的扶贫产业由于前期分红比例过高、经营不善等原因难以可持续发展，转移性收入面临锐减的风险。在有些已脱贫的地区，产业基础比较薄弱，就业不够稳定，存在一定程度的脱贫人口返贫和边缘人口致贫风险。

四是建档立卡贫困人口中慢性病人转为大病病人的概率较高，很多家庭存在劳动能力完全丧失和看病支出进一步提升的风险。有些省区市贫困人口最初建档立卡时因病致贫的比例在50%以上，家中有慢性病病人的比例在70%以上。这些慢性病病人随着患病时间延长存在较高转为大病的风险，从而完全丧失劳动能力，进一步增加治病支出。近年来，各地在实施健康扶贫的过程中，大力建设三级医疗体系、开展家庭签约服务和慢性病救助等一系列措施，但部分村屯缺医少药、重签约轻服务、慢性病救治不规范不及时的问题没有完全避免。

五是一些农村危房改造质量不高，部分现有安全住房的脱贫户存在住房再次变为危房的风险。建档立卡贫困户享受房屋改造的比例较高，其中早期改造的房屋大多采取“穿衣戴帽”、简单维修等方式，有些房屋已有不同程度破损，可能再次成为危房；后期改造的房屋特别是重建的房屋主要是简易房。

不仅如此，按照全面建成小康社会的标准和实施乡村振兴战略的富裕生活总要求，上述收入偏低人群还有较大差距。从进一步缩小城乡居民收入差距、实现共同富裕的目标来看，仍然需要大幅度地提高低收入人群的收入水平。因此，探索提高低收入者收入水平的有效路径，促进全国农村居民人均收入水平的大幅提高才更有实质意义。这也是今后促农增收的难点。

（二）巩固来之不易的脱贫攻坚成果

在我国脱贫攻坚取得了决定性成就的基础上，特别是在多数省区市提前一年实现了贫困县全部摘帽之后，今年的工作重点是要全面巩固来之不易的脱贫攻坚成果，提升脱贫的质量，增强脱贫的稳定性和可持续性。

一是认真总结脱贫攻坚所取得的成就，提炼各地好的做法和成功经验，把行之有效的扶贫制度安排和政策措施全面推广并进行延伸，特别是将一些业已成型的做法制度化、规范化。二是认真做好就业扶贫、产业扶贫的后续帮扶工作，稳定脱贫攻坚政策，特别是乡、村两级一定要稳定低保政策，不能脱贫后就撤销某些低保户补助。按国家要求认真落实对不稳定脱贫户、接近贫困户水平等边缘户的动态监测和帮扶机制，对容易返贫和存在致贫风险的人群提前实施有针对性的帮扶措施，及时将返贫人口和新发生贫困人口纳入帮扶。三是继续强化健康和教育扶贫政策。规范和加强对慢性病病人的签约服务，定期对慢性病病人开展身体健康检查，加强村级卫生室和村医队伍建设，继续实施建档立卡人口的城乡基本医疗保险缴费补助措施。帮助建档立卡农户及其子女养成健康的饮食、卫生和起居习惯，增加对贫困子女上学的教育补助，保障贫困家庭子女享受教育的基本权益。四是对建档立卡贫困户的住房质量进行动态监测，及时发现新出现的住房安全隐患，通过维修、重建、租赁等方式解决这些农户的住房安全保障问题。

（三）推进脱贫攻坚与乡村振兴有效衔接

打赢脱贫攻坚战和实施乡村振兴战略，作为党的十九大作出的重大决策部署，是补齐全面建成小康社会短板、解决发展不平衡不充分矛盾的重要途径。在当前决战决胜脱贫攻坚、加快实施乡村振兴战略的关键时期，要积极推进脱贫攻坚与乡村振兴在目标任务、体制机制、政策措施等方面的有效衔接，使两者相互促进、共同发展。

一是通过脱贫攻坚努力为贫困地区奠定乡村振兴基础。四年多的脱贫攻坚战大幅度提高了贫困县农民人均可支配收入和建档立卡贫困户人均纯收入水平，改善了贫困地区基本生产生活条件和生态环境，增强了贫困地区经济社会发展活力和贫困治理能力，这些变化和成就奠定了贫困地区乡村振兴的起步条件，今后应结合乡村振兴“二十字”总要求全面完成我国脱贫攻坚任务。

二是通过乡村振兴进一步提升贫困地区的脱贫质量。三年来的乡村振兴实践，各级政府落实农业农村优先发展方针，制定出台一系列推进乡村振兴的规划、指导意见、行动实施方案等制度和政策，加大资金投入力度，全面推进农村的经济、政治、文化、社会、生态文明建设和党的建设，现已取得初步成效，特别是农村贫困地区在解决了贫困人口“两不愁、三保障”的基础上进一步增强了经济社会全面发展的后劲，今后贫困地区实施乡村振兴要在巩固脱贫攻坚成果的基础上全面提升脱贫质量。

三是以产业发展为重点推进脱贫攻坚与乡村振兴多元化有机衔接。脱贫攻坚，产业扶贫是重点；乡村振兴，产业兴旺是重点。因此，推进脱贫攻坚与乡村振兴有效衔接，要在生态环境、体制机制、乡村治理、公共服务等全面衔接的基础上，重点做好产业衔接，努力把帮助贫困人口稳定就业、增加收入的扶贫产业做强做大，促进扶贫产业升级和乡村产业兴旺。

随着90%以上的贫困县退出摘帽和贫困人口脱贫，我国区域性整体贫困问题和农村人口的绝对贫困问题已经基本解决，但这并不意味着农村贫困问题就完全、彻底消除了。当前和今后还将长期存在农村贫困问题，但贫困内涵将由绝对贫困向相对贫困转变，贫困表现将由经济贫困向多维度贫困转变，反贫困工作仍然是今后“三农”工作和乡村振兴的重要任务。

下篇

专题研究

第九章
县域乡村振兴规划与空间区划体系研究

乡村振兴，规划先行。县域乡村振兴规划是根据国家、省、市乡村振兴发展的要求和当地自然、经济、社会、文化、政治条件，对全县乡村政治、经济、文化、社会和生态文明在空间上和时间上所做的战略性布局和统筹性安排。构建面向乡村振兴的县域空间区划体系，配之适宜的空间管制措施是实现空间治理体系现代化、促进城乡融合和实现乡村振兴的有效途径。

一、科学编制县域乡村振兴规划①

（一）引言

党的十九大报告明确提出实施乡村振兴战略，2017年12月28日至29日在北京举行中央农村工作会议以及2018年中共中央一号文件《中共中央国务院关于实施乡村振兴战略的意见》对乡村振兴战略进行了详细部署，明确了乡村振兴战略的总要求、指导思想、目标任务、基本原则、实现途径和保障措施，并明确指出"乡村振兴、规划先行"。如何开展并实施乡村振兴战略成为摆在各级政府及专业学者面前十分迫切的任务。

乡村振兴及规划问题历来为学者所关注，近期更成为管理部门和学术界关注的热点，其分别就乡村振兴战略的历史背景、理论基础、基本原则、实现途径、规划编制等问题进行了探讨。例如，张军（2018）认为，随着中国经济社会发展进入新时代，特别是社会主要矛盾变化，乡村发展

① 本部分内容发表于《农业经济与管理》2018年第5期，原文题目为"县域乡村振兴规划编制的理论基础与实践概要"，作者：杜国明等。

的宏观与微观环境发生了变化，乡村发展的重要性和价值得到提升，这为乡村振兴创造了条件[①]。刘彦随等（2017，2018）认为，城乡融合与乡村振兴的对象是一个乡村地域多体系统，包括城乡融合体、乡村综合体、村镇有机体、居业协同体，乡村振兴重在推进城乡融合系统优化重构，加快建设城乡基础网、乡村发展区、村镇空间场、乡村振兴极等所构成的多级目标体系，在乡村振兴过程中政府必须同步倡导城市化和村镇化[②③]。熊小林（2018）认为，必须坚守巩固和完善农村基本经营制度以及保障粮食安全的重大基本原则[④]。四川乡村振兴战略研究智库认为，乡村振兴应以村庄整治、建设生态宜居村庄为突破口，以推进城乡融合为发展根本途径，以激活要素作为乡村振兴的关键，以壮大乡村集体经济作为重要抓手[⑤]。华中师范大学在编制辽宁省新民市《乡村振兴规划纲要》时，采取了“以村屯发展为落脚点，以共建共享为突破口，以新型农业经营主体、新型农民社会组织、新型农村社会治理体系为抓手，旨在通过分类指导、分级负责，实现人力资源、社会资源在乡村有效聚合，形成多元化、制度化、可持续的乡村振兴有效实现路径”的思路[⑥]。但是，以往研究对于如何开展乡村振兴规划却缺失系统的思考。

“县”作为行政区划单元，始于春秋时期，秦始皇统一中国后，开始推行郡县制。县域是我国两千余年来最基本的地方政府行政管理单元。当前，县级行政区无论是由地级行政区代为管辖，或由省、直辖市、自治区直辖，都是我国行政权力相对完整、社会经济体系相对完善的地域单元，是各种规划、计划编制与实施的重要主体，也必然是乡村振兴规划编制与

---

① 张军．乡村价值定位与乡村振兴［J］．中国农村经济，2018（1）：2–10.

② Liu Yansui, Li Yuheng. Revitalize the world's countryside［J］. Nature, 2017, 548（7667）: 275–277.

③ 刘彦随．中国新时代城乡融合与乡村振兴［J］．地理学报，2018，73（4）：637–650.

④ 熊小林．聚焦乡村振兴战略 探究农业农村现代化方略——“乡村振兴战略研讨会”会议综述［J］．中国农村经济，2018（1）：138–143.

⑤ 郭晓鸣，张克俊，虞洪，等．实施乡村振兴战略的系统认识与道路选择［J］．农村经济，2018（1）：11–20.

⑥ 余孝东．“乡村振兴”如何在基层落地［N］．社会科学报，2018–01–04.

实施不可或缺的重要行政单元。因此，本研究以县域为单元，探讨乡村振兴规划的理论基础、定位及规划编制的要点等，旨在为县域乡村振兴规划的编制提供参考。

（二）县域乡村振兴规划编制的理论基础

科学的乡村振兴规划必须有科学理论的支撑。基于学术界关于乡村振兴的理论研究，提出如图9-1所示的理论框架。城乡结构及城乡关系是当前乡村振兴战略实施中的首要问题，需要关注的核心理论问题是新型城镇化与乡村振兴过程中，县域城镇子系统与乡村子系统的相互影响、相互作用的机制，即城乡关系理论。就乡村子系统而言，依然是由自然子系统与人文子系统共同构成的人地关系地域系统。该系统中，自然子系统不断发生着以全球气候变化、生物多样性变化等为核心的演化与变化，并由此对以社会经济发展为核心目标的人文子系统产生深刻影响。而人文子系统在按照特定的社会经济规律发展演化过程中，不断地开发、利用并保护自然资源和生态环境，产生一定的资源与环境效应。这些问题可以集中于人地

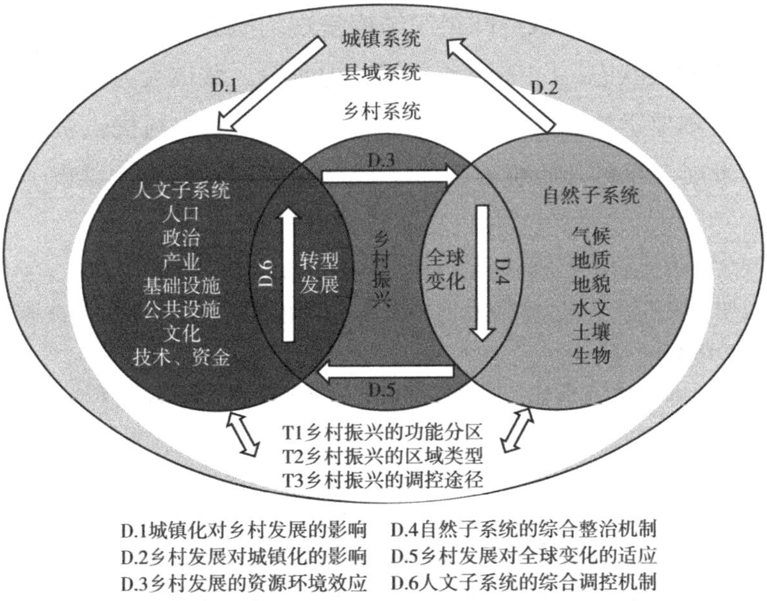

图 9-1　乡村振兴的理论框架

关系地域系统理论的范畴。当前的乡村振兴不但要寄希望于广大乡村地域发展的内生动力，更是要充分发挥以城带乡、以工促农的外力帮扶和带动作用，针对乡村发展中的薄弱环节采取强有力的措施，对乡村地域系统内部结构进行优化，使乡村社会经济发展功能显著提升。无论是县域乡村振兴功能分区、区域分类还是调控措施，都需要转型发展与乡村重构的理论指导。乡村振兴具有经济、生态、文化、政治、民生等多目标性，必须对乡村振兴发展过程中的各项内容进行全面、系统的管理与控制，需要系统控制理论的指导。

1.城乡关系理论

城乡关系是城市与农村之间相互影响、相互制约、相互作用的互动关系，反映了城市与农村经济状况、文化状况、生态状况、基础设施状况、阶级状况在一定社会条件下的关联与差异。城乡关系是最基本的经济社会关系①，是影响国家社会能否健康发展的重要因素。城乡关系的演化是伴随着社会发展进程而不断进行的。一般而言，城乡关系演变包括以下四个阶段②③：（1）相互独立、城乡分离阶段。城市和乡村都以传统朴素的农业以及手工业为主导产业，城乡发展水平都处于低水平阶段，经济文化发展水平无明显差别，区域空间组织结构呈现均质分布，城乡都处于相对独立的封闭式发展状态。（2）城乡二元结构阶段。城市大力发展工业，农村中生产、资本要素快速向城市中转移，城市经济在农村提供资源要素的基础上快速发展，乡村开始衰落，形成二元结构④⑤⑥。（3）“城市—城镇—

① 刘彦随.中国新时代城乡融合与乡村振兴［J］.地理学报，2018，73（4）：637-650.

② 谢彦明，张倩倩.区域空间结构演变视角下乡村振兴的逻辑、障碍与破解［J］.新疆农垦经济，2018（3）：13-18.

③ 刘维奇，韩媛媛.工业化、城市化进程中城乡关系的演变逻辑［J］.未来与发展，2013，36（3）：2-7.

④ 谢志强，姜典航.城乡关系演变：历史轨迹及其基本特点［J］.中共中央党校学报，2011，15（4）：68-73.

⑤ 刘新.中国城乡二元经济社会结构形成原因探析［J］.农业经济，2009（5）：3-5.

⑥ 吴丰华.中国近代以来城乡关系变迁轨迹与变迁机理（1840~2012年）［D］.西安：西北大学，2013.

乡村”二元结构阶段。中心城市生产、资本要素逐渐向城市边缘的郊区、城镇扩散，带动城镇内部的基础设施以及经济增长。要素在空间上的回流与转移，给了周边农村发展动力。区域空间结构由“城市—乡村”“中心—边缘”格局逐渐演变为“城市—城镇—农村”“中心—边缘—外围”。（4）城乡融合阶段。进入后工业化时期，各类生产要素从城市中心逐渐转移到周边城镇，再由城镇发展到边缘地区的农村中，区域要素在空间上均衡分布、自由流动，城乡在文化、产业、交通、人口福利等建设上均达到全面融合。

2. 人地关系地域系统理论

人地关系地域系统是指人与地在特定的地域中所形成的相互制约、相互依存的关系系统①。人地关系地域系统是由自然子系统和人文子系统两大部分组成。自然子系统各组成要素或各子系统遵循自然规律发展变化。人文子系统及内部各子系统主要遵循人文规律发展变化，但也受到自然规律的制约。在这个巨系统中，自然地理环境是基础，人类社会是中枢，人类社会和地理环境两个子系统之间的物质循环和能量转化相结合，就形成了人地系统发展变化的机制。由于人类的某些不合理活动，使人类社会和地理环境之间、地理环境各构成要素之间、人类活动各组成部分之间，出现了不平衡发展和不调和趋势。要协调人地关系，首先要谋求人和地两个系统各组成要素之间在结构和功能联系上保持相对平衡，这是维持整个世界相对平衡的基础；其次要保证地理环境对人类活动的可容忍度，使人与地能够持续共存。协调的目的不仅在于使人地关系的各个组成要素形成有比例的组合，而且关键还在于达到一种理想的组合，即优化状态。为了实现系统优化，需要制订弹性优化目标和多种优化方案，采用组合优化模型从众多的可供选择的方案中选出最优调控方案。县域人地关系地域系统的优化调控过程是一个长期的战略过程，需要从时间过程、空间结构、组织管理、整体协同和系统控制等各个方面进行优化和有效调控。

① 吴传钧. 人地关系地域系统的理论研究及调控［J］. 云南师范大学学报（社会科学版），2008，40（2）：1-3.

3.转型发展与乡村重构理论

转型是指事物的结构形态、运转模型和人们观念的根本性转变过程。发展是事物由小到大、由简单到复杂、由低级到高级的变化，是指一种连续不断的变化过程。中国的转型发展是以经济体制改革为先导展开的，与社会结构转型同步并行，经济体制改革推动着社会结构转型，社会结构转型又深刻影响着经济体制改革①。乡村的转型发展依托于中国的转型发展，是农村传统产业、就业方式、消费结构以及社会结构的综合变化的结果②。乡村重构与乡村转型发展内涵相似又有区别，乡村重构是乡村转型发展的过程，乡村转型发展是乡村重构的结果③。乡村重构是面向城乡融合体、乡村综合体、村镇有机体、居业协同体的构建④，为适应快速发展的工业化、城镇化下乡村内部要素和外部调控的变化，各行为主体通过优化配置和有效管理乡村的各类要素，在诱发机制、支撑机制、约束/促进机制、引导机制、引擎机制的共同作用下，对乡村空间—经济—社会进行“三生”空间重构，以实现乡村地域多体系统内部层次分明、结构优化、功能提升以及内外联动、结构协调、功能互补，共同促进社会经济发展，实现资源可持续利用的过程。

4.系统控制理论

系统控制理论是在接受系统论和控制论思想与工作方法的基础之上发展起来的预防和控制问题的理论⑤⑥。系统论认为现实世界实际上是由各种

---

① 王永平.转型发展论[M].广州：广东经济出版社，2014.1-3.

② 杨忍，刘彦随，龙花楼，等.中国乡村转型重构研究进展与展望——逻辑主线与内容框架[J].地理科学进展，2015，34（8）：1019-1030.

③ 龙花楼，屠爽爽.乡村重构的理论认知[J].地理科学进展，2018，37（5）：581-590.

④ 刘彦随.中国新时代城乡融合与乡村振兴[J].地理学报，2018，73（4）：637-650.

⑤ 陈一飞，杜尚丰.对农业大系统控制若干问题的思考[J].农业工程，2011，1（1）：8-13.

⑥ 郑业鲁，何绮云，钱平，李泽.基于本体的农业知识管理系统构建方法[J].中国科学：信息科学，2010，40（S1）：196-204.

系统组成的，一个问题的产生不是一个孤立的现象，而是系统内某部分出现问题、相互作用的结果。控制论认为，在输出某个信号时，为了得到积极的、正面的回应，应该时刻检查自己输出的正确性和有益性，排除不利的输出，选取有利的输出，使系统始终能够保持安全稳定的状态。系统控制理论的形成激励了科学界从不同的学科和观点出发，对各种自然系统、社会系统和工程系统进行理论和应用方面的研究，促进了社会、经济、人口、生态等原属于社会科学的发展，促成了经济控制论、人口控制论等新学科的诞生[①②]。系统控制的重要形式是分级控制，又称等级控制或分层控制，是指将系统的控制中心分解成多层次、分等级的控制体系，一般呈“宝塔”形，同系统的管理层次相呼应。分级控制的特点是综合了集中控制和分散控制的优点，其控制指令由上往下越来越详细，反馈信息由下往上传越来越精练，各层次的监控机构有隶属关系，它们职责分明，分工明确。

县域乡村振兴多目标的顺利实现有赖于系统调控。乡村振兴控制体系的构建是根据系统控制和分层控制的原理由多个系统组成的。同级系统之间相互关联、相互作用，不同系统之间严格监管、层次分明。做到各部门职责明晰、廉洁自律，共同推进乡村振兴的顺利实现（见图9–2）。

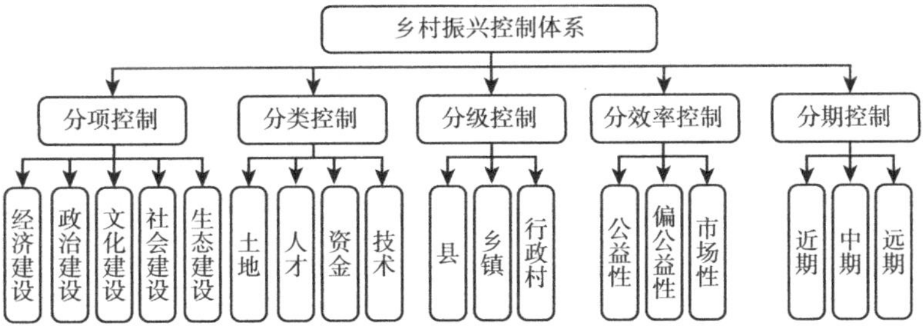

图9–2　乡村振兴控制体系的框架

① 倪杰.区域土地循环利用的过程控制：博弈分析的视角［J］.经济问题,2010(3):42–46.

② 侯凤莲，魏一凡，魏俊生.农业系统控制理论与控制方法的研究［J］.农业系统科学与综合研究，1999（1）：8–14.

（三）县域乡村振兴规划编制的要点

1. 县域乡村振兴规划的定位

编制乡村振兴规划是县级行政单元落实乡村振兴战略的重要手段，是推动农业农村优先发展、实现农业农村现代化的重要举措。县域乡村振兴规划是以县域为控制范围，根据国家、省、市乡村振兴发展的要求和当地自然、经济、社会、文化、政治条件，从县域发展的全局性、长远性利益以及促进城乡融合出发，对全县乡村政治建设、经济建设、文化建设、社会建设和生态文明建设在空间上和时间上所做的战略性布局和统筹性安排。乡村振兴规划是新时代统领县域“三农”工作的宏伟蓝图，是县域特别是农业县域规划期内战略性、宏观性、总体性的规划，对全县其他各项规划均具有一定的约束和指导作用。

2. 开展县域乡村振兴背景分析

深刻认识县域乡村振兴的背景条件是制订乡村振兴的方针、目标、途径和调控措施的基础。县域乡村振兴背景分析就是通过专项调查或专题研究的形式，对县域自然与社会经济背景条件进行综合性诊断，明确县域乡村发展中面临的问题、优势、劣势，并就县域乡村振兴的重大问题进行分析，从而明确乡村振兴工作重点与方向（见图9–3）。专题研究主要内容包括以下几方面分析。

（1）自然与人文背景条件分析。通过对全县地质、地貌、矿藏、气候、水文、土壤、植被、灾害等自然条件和行政区划、人口、产业、城镇化、村镇建设、基础设施等人文条件进行分析，明确乡村振兴的有利条件与制约因素。

（2）乡村发展水平分析。构建涵盖社会、政治、经济、生态、文化等多因素的乡村发展或乡村振兴评价指标体系，在全面调查和数据收集的基础上，以行政村为单元开展乡村振兴水平评价，从而明晰全部乡村发展的整体水平和各因素、各指标差异，明确各乡村振兴的短板、潜力与优势。

（3）政策背景与体制机制分析。从宏观政策、城乡关系、乡村发展领导机制、要素投入机制、组织管理机制、生态环境保育机制等方面全面系统地梳理县域乡村发展中的宏观政策背景以及不同要素、不同层级、不同领域体制机制与乡村振兴发展间的适应度、保障度、协调度，探索体制机制优化的方向。

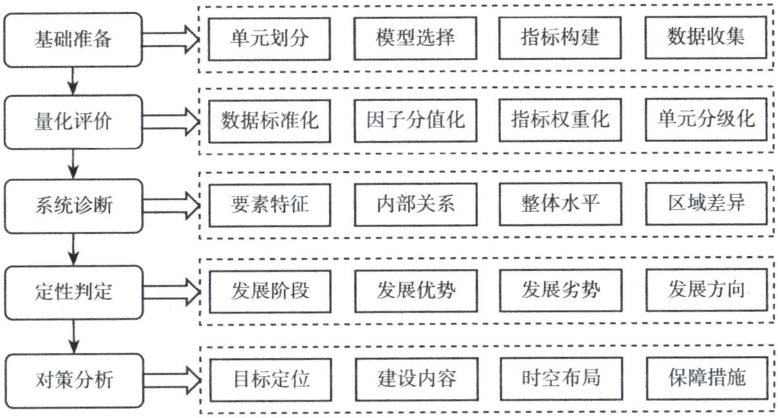

图 9-3　乡村振兴规划专题的研究框架

3. 确定县域乡村振兴目标与指标

乡村振兴规划编制，应紧密结合党和国家发展的指导思想，围绕国家及省、市乡村振兴战略重大部署，着眼解决县域乡村发展中面临的重大问题，提出规划期间乡村振兴调控目标。目标确定的依据主要包括上级乡村振兴规划的要求、县域国民经济与社会发展规划、县域资源环境状况、经济社会文化发展水平等。基于国家乡村振兴的总体要求，县域乡村振兴规划的目标必须包括经济、生态、文化、政治、民生等多方面的指标。

4. 划分乡村振兴区域体系

（1）县域乡村振兴功能分区。县域之内，土地利用类型多样，既有城市化区域，也有乡村区域，既有各种类型的自然保护区，也有历史文化富集的名胜古迹。这些区域在乡村振兴发展的过程中，互相联系、互相影响，发挥着互不相同的主导功能。为更好地发挥不同类型区域在乡村振兴中的作用，实现区域协调、可持续发展，有必要对县域内的全部空间地域划分乡村振兴功能区，从而统筹国土空间开发格局，优化乡村生产生活生态空间，构建城乡协调联动、人地和谐发展的格局。一般而言，整个县域空间可以划分为牵引区、本体区、保障区、协同区等。牵引区功能定位是发挥以城带乡、以工促农的牵引功能，作为乡村区域发展的金融、物流、文化、农业技术、教育、农产品销售与加工的中心。本体区当前是农村，可预见的未来也依然是农村的广大地域，作为乡村振兴的主阵地，不断提高乡村性和乡村发展可持续性。保障区发挥乡村区域发展的生态环境保障和文化保障功能。协同区是位于县域内，但不归县里管辖的特殊区域，如大型农场、林场、监狱等。协同区要与县域乡村协同发展、相互促进。

（2）乡村振兴村域分类。行政村是县域社会经济发展过程中具有组织性、独立性、特殊性的基层地域单元。不同的行政村，由于其资源禀赋、社会条件、发展历史、区位状况等的差异，往往具有不同的发展基础、水平和趋势，必然要走出不同的乡村振兴道路。因此，可以综合上述要素，采用聚类分析的方法，以村域为单元划分村域类型。对于经济发展相对落后、第一产业产值占比较高的县，村域类型一般可以划分为：山地林业经济文化区、平原农业经济文化区、丘陵多元经济文化区、沿岸渔业经济文化区、草原牧业经济文化区等。划分村域类型的核心目的是构建县域范围内乡村振兴的典型区域模式，从而增强乡村振兴政策的差异性和适用性。

（3）乡村振兴村庄分型。村庄是乡村社会经济发展的组织核心，是人们从事政治、经济、文化、生活活动最经常的场所。村庄的建设与发展不但影响到居住于其内的村民对幸福生活的满足程度，也影响到周边一定区域内的开发与保护，影响到政府财政投资与社会资本投入的可行程度与强度。在当前农业生产要素高度非农化、农业生产主体快速老弱化、村庄建设用地大量空废化的背景下，村庄面临转型建城、特色发展、撤销归并等不同的发展路径。只有在对村庄进行深入调查，了解村庄发展现状、判断村庄发展趋势的基础上，对县域的城乡体系、村屯体系进行把控和优化，厘定村庄发展类型，才能够确保县域内的乡村振兴充分、协调、高效、可持续。一般而言，村庄发展可以划分为集聚提升型、城郊融合型、特色保护型、搬迁撤并型等。

5. 拟订乡村振兴建设方案

（1）城乡体系与基础设施建设。

城乡居民点是乡村振兴的组织核心，基础设施是城乡发展过程中实现人流、物流、能量流、信息流的通道。城乡体系与基础设施网络是县域发展的骨架，直接影响着县域社会经济发展空间结构，并在一定程度上影响着社会经济发展方式及各种资源的配置效率。针对各县域实际，城乡体系与基础设施建设方案应在现有城乡体系结构、村庄“空心化”程度、基础设施配套水平以及社会经济演化趋势分析的基础上，整治“空心村”、推进村庄社区化或村镇化建设，打造与社会经济发展相适应的城乡体系；对交通、水利、信息、能源等基础设施进行科学布局，构建联通有序、保障有力的乡村基础设施网络体系。

（2）乡村经济建设。

全面推动乡村地区经济发展，既是乡村振兴的内在要求，也是乡村振兴的物质基础。县域乡村经济建设的关键是构建现代农业产业体系、生产体系、经营体系。乡村经济建设方案应着力部署：土地综合整治，加强农田水利、交通、防护林、电力等农业基础设施和农机站、晾晒场、冷库等农业附属建设，夯实生态农业、绿色农业、有机农业、现代农业发展的基础；农业机械化、智能化、信息化建设，提升农业综合生产能力；优化种植业、养殖业、林业、渔业布局，推进农产品品牌建设和质量提升；农产品加工业提升，依托物流和电商，发展共享经济产业、创意农业产业、特色文化产业等特色产业，促进农村三次产业融合发展；统筹小农户和新型经营主体发展，改造传统农业生产方式，推进生产专业化、社会化服务，建设好现代农业、现代加工业和现代服务业；拓展农民就业创业增收空间，促进农民更高质量和更充分就业，确保农民收入持续增长。

（3）乡村生态建设。

加强乡村生态文明建设，既是改善环境、实现绿色发展的内在要求，也是实现人与自然和谐共处、区域可持续发展的必然选择。各县应在充分评价当前县域生态质量、环境质量状况及存在问题的基础上，着力部署：涵盖耕地、林地、草原、水域、湿地等的生态治理，开展生物多样性保护工程；开展农业面源污染防治、水环境治理、重金属污染治理；人居环境改善，提升村容村貌，加强农村环境监管能力建设；发展生态产业、生态服务，进行村镇、精品线路等示范建设；生态产品购买、以工代赈等生态保护补偿机制。

（4）乡村治理体系建设。

乡村治理能力和治理体系现代化是实现乡村振兴的重要保障，也是体现乡村振兴水平的重要标志。乡村治理体系建设方案应着力部署：农村基层党组织建设，强化党组织领导核心地位；深化自治组织建设、农民社会组织培育等村民自治实践，推动资源、服务、管理等治理重心下移；提升村民德治水平，建立自我管理、自我教育、自我服务、自我提高的道德约束机制；加强法治乡村建设。

（5）乡村文化建设。

文化凝聚着县域历史传承，展现着现代发展水平。县域乡村文化建设方案应着力部署：推进包括诚信建设、公民道德建设在内的思想道德建设，有效弘扬民族精神和时代精神；传承发展优秀传统文化，保护农耕文化遗产，保护传统村落、农业遗迹等物质文化，发扬戏曲曲艺、民间文化等精神文化；遏制陈规陋习、抵制封建迷信活动，积极开展精神文明创建活动；加强公共文化建设，健全文化服务体系，活跃农村文化市场。

（6）民生保障体系建设。

保障民生并实现生活富裕是以人民为核心发展理念的具体体现，是实现乡村振兴最根本的要求。因此，坚持在县域特别是乡村发展中保障和改善农村民生，围绕农民群众最关心、最直接、最现实的利益问题，加快补齐农村民生短板，不断增强农民群众的获得感和幸福感。县域民生保障体系建设方案应着力部署：优化发展农村教育事业，统筹义务教育、学前教育、高中阶段教育、职业教育和特殊教育发展；推进健康乡村建设，健全农村三级医疗卫生服务体系；健全医疗、基本养老保险等农村社会保障制度，完善住房保障、城乡社会救助、农村特殊人员关爱服务等社会保障体系；扩大城镇公共服务覆盖面，解决农业转移人口社会保障、医疗、住房以及随迁子女入学等问题；打好打赢脱贫攻坚战，实现贫困人口顺利实现多维度、可持续脱贫，贫困村基础设施与公共服务设施显著改善，县域经济结构不断优化，经济增长高于全国平均水平，实现精准脱贫同乡村振兴的过渡。

6. 制订规划实施保障措施

乡村振兴工作千头万绪，贯穿县域、乡镇、村屯、农户多个层面，涉及经济、政治、文化、教育、城建、卫生、资源、生态等多个领域。要紧密围绕县域乡村振兴规划目标和方案，制订符合国家法律法规和政策要求规划实施保障措施。规划实施保障措施重点是重塑城乡关系，强化制度性供给，构建城乡融合发展和农业农村优先发展的体制机制。

（1）健全乡村振兴工作机制。健全农村工作领导体制，确保干部优先配备，实现县、乡、村三级书记共抓乡村振兴。完善工作运行机制，把握乡村振兴战略实施要点，确保各项工作有序推进。加强“三农”工作队伍建设，健全人才管理机制。

（2）构建城乡融合发展体制机制。推动城乡资本、技术、人才等要素双向流动是促进要素配置合理化、实现产业发展融合化的必要举措。因此，要构建一体化要素市场机制，构建城乡统一的就业与劳动力市场；建立城乡统一、主体平等、产权明晰、合理有序的建设用地市场；完善农产品收储制度和价格形成机制，优化农产品市场；完善户籍管理与土地管理机制，放开城镇落户限制，放开农民进城购买住房的房地产市场。

（3）完善农村产权制度改革措施。农村产权制度是确保农村各类土地资源优化利用的基石。要制定县域耕地、林地、草地等承包经营制度、农村土地征收制度、集体经营性建设用地入市制度、宅基地制度改革和集体产权制度改革措施，完善产权体系、拓展产权权能，以实现各类资源的资产化、市场化、流动化。

（4）强化乡村发展的要素投入。强化人才、资金、技术、土地等要素的投入，是实现乡村振兴的先决条件。健全投入保障制度，完善投融资制度、金融服务、保险体系，确保形成财政、金融、社会参与的多元化投入格局；拟订人才配备和培养措施；拟订技术引进、革新的机制与能力建设措施；完善农村新增建设用地、设施用地的保障机制，开展农村居民点用地复垦潜力和土地整治新增耕地潜力评估，用好城乡建设用地增减挂钩节余指标易地调剂政策和耕地易地占补平衡政策。

（5）制订考核评估与动态调整措施。建立乡村振兴战略实施监测评价指标体系，分级评价县、乡、村实施情况。把乡村振兴战略规划实施成效纳入乡镇党委政府及有关部门的绩效考评内容，定期开展考核、检查。根据规划实施情况，及时推进或调整，形成规划编制、实施、监督、调整的反馈机制。

7.编制县域乡村振兴规划成果

县域乡村振兴规划成果应该包括规划文本、规划图件、规划说明、规划数据库及其他材料。除纸质形式成果外，规划成果应按照基础地理数据库、地图编绘与制作的有关要求，形成相关电子数据。应对规划成果进行交互校验和检查，确保文字、图件、数据、表格的一致性。

（四）结束语

根据相关法律法规及政策，业已存在县域及其下级规划包括土地利用总体规划、土地整治规划、村镇体系规划、旅游产业发展规划、粮食生产功能区和重要农产品保护区规划、田园综合体规划等多种类型，这些规划无不与乡村发展具有千丝万缕的联系。编制乡村振兴规划，既要充分借鉴和利用已有的规划成果，避免与现有特别是法定规划之间发生不必要的矛盾和冲突，导致后续执行难；又要充分体现乡村振兴规划的作用和定位，划定乡村振兴功能分区，划分乡村振兴地域类型，部署乡村振兴重点项目，制订乡村振兴保障措施，统领乡村工作。对于推进乡村振兴确实有必要调整原有规划、计划的，要充分说明依据，并向有关部门提出调整响应规划的方案。

二、优化县域乡村振兴战略的空间区划体系[①]

党的十九大报告首次提出实施乡村振兴战略，这是党中央基于我国城乡发展不平衡、农村发展不充分的现状下提出的国家战略。2018年9月，《乡

① 本部分内容发表于《农业现代化研究》2022年第1期，原文题目为“面向县域乡村振兴战略的空间区划体系研究——以黑龙江省依兰县为例”，作者：杜国明等。

村振兴战略规划（2018-2022年）》发布，提出推进乡村振兴的具体行动方案，全国进入不同尺度的乡村振兴规划编制与政策实施新阶段[①]。乡村是空间地域，乡村振兴是面向乡村空间地域单元的国家发展目标及国家治理的有机组成部分，须借助有效的空间治理手段来实现[②]。针对发展过程中出现的空间问题，空间治理通过设置空间发展权、调整空间结构和优化资源配置，促进空间上的公平、有效和可持续利用，以实现各地区间协调发展[③]。随着空间治理在国家治理体系中的作用不断增强，服务于国家治理体系、治理能力现代化的国土空间规划体系正在构建。有效的乡村治理需要科学完整的区划体系作为支撑，空间区划是实现乡村振兴、推动城乡融合和促进生态文明的有效手段。当前，我国空间治理取得了一些成效，但乡村治理仍旧是乡村发展中的短板。发展过程中开发强度失度，生产生活生态空间失调和空间发展失序失衡等有关结构性问题依然存在。究其原因，这主要与空间治理体系特别是空间区划体系和空间管制规则等不完善有关。在构建新型城乡关系、统筹城乡发展的关键时期，科学编制县域乡村振兴规划，合理划分区划体系，对构建有效的乡村治理体系、促进城乡统一发展、落实乡村振兴具有重要意义。

国外关于空间区划的应用可追溯到公元前二世纪，古希腊的Eratosthenes将全球划分为5个气候带。近现代区划始于19世纪初，无论近代地理学家Humboldt首创的世界等温线图，还是农业经济学家杜能的农业圈，空间区划研究均以单要素为主。20世纪40年代后，俄罗斯学者率先开展综合自然区划研究，区划工作进入全面发展时期。同时，进入20世纪，城市发展迅速，区划在城市发展中发挥了不可替代的作用，对于高效管制城市用地空间，提高资源配置功不可没[④]。随着城市的发展，乡村地区逐渐落后，尤其第

① 乔陆印.乡村振兴村庄类型识别与振兴策略研究——以山西省长子县为例［J］.地理科学进展，2019，38（9）：1340-1348.

② 龙花楼，屠爽爽.土地利用转型与乡村振兴［J］.中国土地科学，2018，32（7）：1-6.

③ 许景权.基于空间规划体系构建对我国空间治理变革的认识与思考［J］.城乡规划，2018（5）：14-20.

④ 韩文静，邱泽元，王梅，等.国土空间规划体系下美国区划管制实践对我国控制性详细规划改革的启示［J］.国际城市规划，2020，35（4）：89-95.

二次世界大战后，各国农业和农村出现衰退危机[①②]。20世纪30~70年代，欧洲、日韩等国家和地区为解决乡村发展问题，积极采取了针对各自国情的空间管理措施[③④]。20世纪70年代后，空间区划逐渐受到各国重视，在城乡发展中的地位不断提升，学者们进行了丰富的研究，对城市和乡村的发展意义重大。在我国作为空间治理重要手段的空间区划古已有之，最早可追溯到大禹划九州。现代关于空间区划体系的研究早期侧重于农业地域分区，1936年著名地理学家胡焕庸（1936）将全国划分为9个农业区[⑤]，开创了中国农业区划先河。区划研究在我国发展至今，从单一要素区划转变为多要素兼顾的综合区划，从服务于工农业生产到多元经济建设，再到如今服务于实现社会主义现代化与可持续发展[⑥]。近年来，学者们从诸多方面开展空间区划研究。谢高地等（2012）采用三级分区，建立了中国可持续发展功能分区系统[⑦]；杨忍等（2012）综合评价了中国县域尺度的农村空心化程度，并进行了地域分区[⑧]；特别是刘彦随（2020）[⑨]提出了“三主三分”的乡村振兴规划方法，并依据该方法确立了乡村振兴规划空间体系及其优化调整方案。这些区划研究有效地

① Cherry G E.The town planning movement and the late Victorian city [J]. Transactions of the Institute of British Geographers，1979，4（2）：306–319.

② Lapping M B.When city and country collide：Managing growth in the metropolitan fringe [J]. Journal of Rural Studies，2000，16（3）：397–398.

③ 吕晓荷.英国新空间规划体系对乡村发展的意义 [J]. 国际城市规划，2014，29（4）：77–83.

④ 雒海潮，刘荣增.国外城乡空间统筹规划的经验与启示 [J]. 世界地理研究，2014，23（2）：69–75.

⑤ 胡焕庸.中国之农业区域 [J]. 地理学报，1936（1）：1–17，244–245.

⑥ 张海燕，樊江文，黄麟，等.中国自然资源综合区划理论研究与技术方案 [J]. 资源科学，2020，42（10）：1870–1882.

⑦ 谢高地，曹淑艳，冷允法，等.中国可持续发展功能分区 [J]. 资源科学，2012，34（9）：1600–1609.

⑧ 杨忍，刘彦随，陈秧分.中国农村空心化综合测度与分区 [J]. 地理研究，2012，31（9）：1697–1706.

⑨ 刘彦随.中国乡村振兴规划的基础理论与方法论 [J]. 地理学报，2020，75（6）：1120–1133.

促进了相关空间治理目标的顺利实现。

秦始皇统一六国后分36个郡，郡县便是我国两千余年来最基本的地方政府行政管理单元，几乎包括乡村治理的全部对象和内容。县域是乡村振兴规划编制和实施不可或缺的重要行政单元，乡村振兴战略的落地生根有赖于县域的科学规划与稳步实施①。如何科学、合理编制县域乡村振兴规划，使之成为连接现实乡村与乡村振兴之间的可靠桥梁是一项重要课题。因此，本研究从地域空间视角出发，在探讨乡村振兴空间治理及其必要性的基础上，借鉴以往区划研究思想，构建县域空间区划体系，并以依兰县为例，开展案例分析，为县域发展提供空间区划方案和参考。

（一）空间区划体系的内涵与逻辑

1. 乡村振兴战略的目标与要求

乡村振兴战略是党中央、国务院为系统解决我国乡村发展存在的问题以及面临的困境所作出的战略选择②，总要求是“产业兴旺、生态宜居、乡风文明、治理有效、生活富裕”。这20字总要求给县域乡村振兴规划提出了明确目标，即五大发展目标的统筹共建③。乡村振兴各项目标任务协调有序推进，需要依托有效的乡村治理，依靠合理的空间区划。同时，五大发展目标又与“五位一体”总布局相呼应，实现乡村振兴要以“五位一体”总布局为统领，全面推动乡村振兴，实现农业强、农村美和农民富。

乡村振兴既要寄希望于广大乡村地域发展的内生动力，更要充分发挥以城带乡、以工促农的外力帮扶和带动作用，促进城乡资源要素良性互动，实现乡村有效治理④。当前，城乡发展不平衡、乡村基础设施建设滞后

---

① 杨华. 论以县域为基本单元的乡村振兴［J］. 重庆社会科学，2019（6）：18-32.

② 陈龙. 新时代中国特色乡村振兴战略探究［J］. 西北农林科技大学学报（社会科学版），2018，18（3）：55-62.

③ 胡守庚，吴思，刘彦随. 乡村振兴规划体系与关键技术初探［J］. 地理研究，2019，38（3）：550-562.

④ 张爽. 基于土地利用的依兰县乡村振兴空间区划与管制研究［D］. 哈尔滨：东北农业大学，2020.

和建设用地“空废化”等乡村发展问题仍然突出[①]。针对乡村发展中的薄弱环节采取强有力的措施，尊重乡村地域分异规律，开展具有针对性的乡村空间区划工作，提升乡村治理水平并提高在乡村振兴中的地位[②]。以破解乡村发展面临问题为导向，补齐乡村发展短板，分区分类分级推进乡村发展，规范县域空间秩序，实现乡村可持续发展[③]。

2. 县域乡村振兴规划的关系与逻辑

县域乡村振兴规划内容繁杂、千头万绪，需要兼具层级性、系统性、地域性和多功能性，将乡村振兴的总要求寓于各层级目标之中，在此过程中理顺并处理好人地关系、城乡关系、村际关系和居业关系，构建多尺度并进、多角度融合的县域空间区划体系（见图9–4）。遵循乡村地域空间差异，形成以县城为牵引、以村域为载体、以村庄为重点的“功能分区—村域分类—村庄分型”的县域空间发展格局（见图9–5）。确立空间分区管制规则与发展路径，构建区域发展模式，实现空间协调治理，促进城乡融合发展。

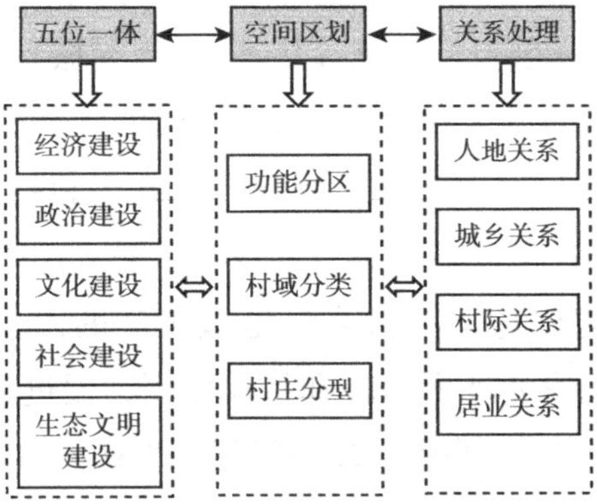

图 9–4　县域空间区划的关系

① 刘彦随. 中国新时代城乡融合与乡村振兴［J］. 地理学报，2018，73（4）：637–650.

② 耿永志，张秋喜. 实施乡村振兴战略，需整体性提高乡村治理水平［J］. 农业现代化研究，2018，39（5）：717–724.

③ 周扬，郭远智，刘彦随. 中国乡村地域类型及分区发展途径［J］. 地理研究，2019，38（3）：467–481.

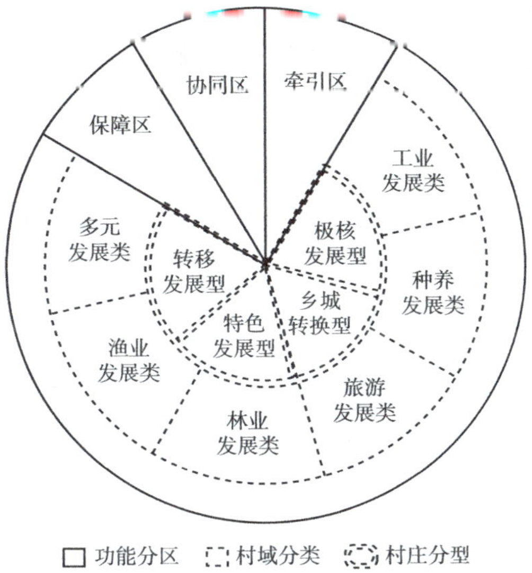

图 9–5 县域空间区划内在逻辑

（1）县域功能分区是县域乡村振兴空间区划的起步点。县域是落实乡村振兴战略的主体，县域乡村振兴战略的有效实施必须举全县之力、尽全县之能。县域是以乡村为基质、城镇和生态空间散布其中的空间地域有机体，具有生产、生活和生态空间的内在分工和紧密联系，支撑着县域社会、经济和生态环境的发展①。在县域之内，土地利用类型多样、区域差异显著，各自主导发挥着不同功能，同时又相互影响和相互作用，构成县域城乡有机体、居业协同体和生命共同体。为更好发挥各类型区的作用与功能，找到在乡村振兴中的发力点，有效管控与指导土地利用，实现协调可持续发展，对县域内全部地域空间进行分区，形成分工明确、优势互补和互相协调的空间格局。

（2）村域分类发展是县域乡村振兴空间区划的着重点。行政村是最基本的行政单元，也是乡村振兴战略的主阵地。差别化的区域资源禀赋、文化特色和区位条件等因素决定了乡村地域模式呈现多元化发展态势，乡村

① Fan J，Li P X.The scientific foundation of major function oriented zoning in China［J］. Journal of Geographical Sciences，2009，19（5）：515–531.

振兴的阶段性目标与路径也不尽相同①。在地域空间视角下，划分村域发展类型，针对不同类型的行政村，判别发展优势与不足，提出差异化、多元化的发展目标与振兴之路，是实现乡村振兴的必然选择。

（3）村庄分型优化是县域乡村振兴空间区划的发力点。村庄是乡村社会经济活动的基本单元与组织核心②，是村域范围内人们生活空间的集聚场所，即居民点。随着社会发展、人口变迁和产业结构调整，村庄作为乡村社会经济文化物质实体也不断发展演变③。目前，中国乡村地域内部村庄"散、乱、空"的问题较为普遍，不是所有村庄都具备实现振兴和现代化的条件。只有了解村庄发展现状，弄清村庄发展趋势，把控和完善县域城乡体系、村屯体系，厘定村庄发展类型，才能确保县域乡村振兴充分、协调、高效和可持续发展④。

（二）空间区划体系的构成

基于上述县域功能分区、村域分类和村庄分型的内在要求，分级开展空间区划，形成县域乡村振兴空间区划体系框架（见图9-6）。

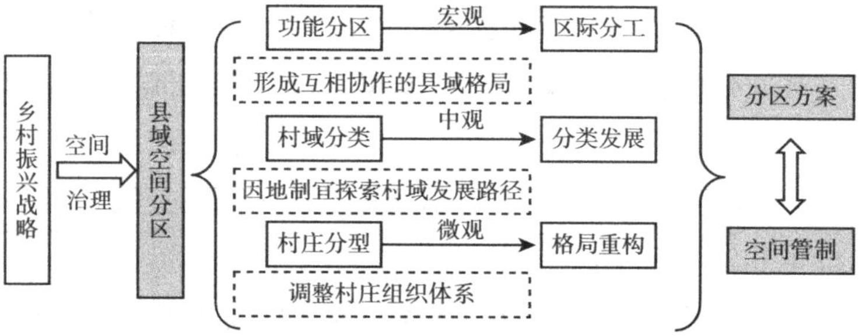

图9-6　县域空间区划体系框架

---

① 胡守庚，吴思，刘彦随.乡村振兴规划体系与关键技术初探［J］.地理研究，2019，38（3）：550-562.

② Li Y R，Fan P C，Liu Y S.What makes better village development in traditional agricultural areas of China? Evidence from long-term observation of typical villages［J］. Habitat International，2018，83：111-124.

③ 刘守英，王一鸽.从乡土中国到城乡中国——中国转型的乡村变迁视角［J］. 管理世界，2018，34（10）：128-146，232.

④ 杜国明，于佳兴，刘美.县域乡村振兴规划编制的理论基础与实践［J］. 农业经济与管理，2018（5）：11-19.

1. 乡村振兴功能分区

县域功能分区以促进城乡融合、协调“三生”空间和明确地域功能为目的，考虑县域区际联系，划定功能区。一方面从城镇地区、乡村地区和区域生态环境之间的联系，组成城乡—生态有机体；另一方面，由于特殊的行政体制，部分县域内会存在行政上非隶属于本区，但位于行政区范围内，并且在经济、文化和生态等方面存在联系的地域。结合区域资源特点与社会经济发展需要，以县域内土地利用类型和乡村振兴发展中发挥的主导功能为依据①，将县域空间划分为牵引区、本体区、保障区和协同区4类功能区。其中，牵引区划入的范围包括现有以及规划预留的城市、镇政府驻地和具有重要区位的乡政府驻地建设用地区，开发区（工业园区）用地区及当前纳入规划的建设用地区和大型旅游区。牵引区是县域内的城镇地域，是全县政治、经济、文化、交通、教育和医疗等中心，与广大县域有着天然的、密切的和不可分割的社会经济联系，在乡村振兴过程中扮演着以城带乡、以工促农的重要角色，是连接城镇和乡村间的重要枢纽。本体区范围是除县城和建制镇以外广大的乡村地域，是乡村振兴的主阵地，发挥着生产、生活和生态等各种功能。保障区既是生态环境保护的核心区，也是生态环境脆弱区，以维护区域内并保障周边区域生态环境质量为主要功能的区域。保障区具有生态、文化、历史和景观等多重价值，发挥着水土保持、生态涵养、气候调节和生物多样性等多种功能。将位于县域内但不归县直接管辖的特殊区域，如大型农场、林场和监狱等划分为协同区，在基础设施、公共服务等方面要与县域有效衔接，发挥与县域协同发展的功能。

2. 乡村振兴村域分类

综合考虑村域内资源禀赋、社会经济和区位条件等因素，结合乡村发展过程中的优势产业，通常可以将行政村划分为工业发展类、种养发展类、旅游发展类、林业发展类、渔业发展类和多元发展类等。其中，工业

---

① 马利邦，牛叔文，石培基，等.天水市国土空间功能区划与未来空间发展格局——基于主体功能区划框架［J］.经济地理，2015，35（6）：68-77.

发展类行政村工业产业基础好、发展快、产值高和从业人员多，有一定的经济实力。工业作为村内主导产业之一，能够有效带动村域社会经济发展和生态环境建设。种养发展类行政村耕地面积大，粮食产量高或养殖业规模较大，产业发展主要依赖种养殖业，承载着县域粮食生产和畜禽养殖功能。旅游发展类行政村资源禀赋优势明显，得天独厚的自然风光或悠久的历史底蕴、浓郁的民族文化使其在发展中占据有利地位，能够为人们提供风景观赏、娱乐、休闲和文化等服务，且服务业收入较高。林业发展类行政村拥有丰富的林业资源，生态环境良好，可利用森林资源发展林业经济。渔业发展类行政村多是位于沿海、河流地区或包含池塘湖泊的村域，有丰富的渔业资源，渔业是村民的主要收入来源。多元发展类行政村发展条件较好，三次产业融合发展水平高，是典型的田园综合体村域。

3. 乡村振兴村庄分型

依据《国家乡村振兴战略规划（2018~2022年）》中村庄类型划分要求，综合考虑村庄的自然状况、社会经济、生产生活和景观特征等条件，在命名上着重突出居民点的处置方式，将村庄划分为极核发展型、乡城转换型、特色发展型和转移发展型。其中，极核发展型村庄一般是乡政府驻地村、规模较大且具有重要区位条件的中心村、产业发展有良好基础的自然村，此类村庄规模较大、人口较多，村庄内部基础设施与公共服务设施较为完善，是县域范围内的次增长极，不仅自身发展能动力较强，并且可以带动周边村庄发展；乡城转换型村庄一般位于城镇边缘地带，受城镇影响和辐射带动作用较大，且已纳入城镇建设区范围内，未来将转换为城镇；特色发展型村庄一般是具有特色产业、自然资源、文化资源的自然村，或具备可挖掘优势的一般性中心村，此类村庄是彰显自然风光与传承历史文化的重要载体，是发展特色产业或乡村旅游的优势村；转移发展型村庄一般区位条件相对较差，生态环境脆弱、生活空间恶劣和“乡村病”表现明显，人口老龄化、村庄“空心化”和环境污损化等问题突出，需要撤并拆迁。

县域空间区划作为乡村振兴规划的内容与手段，在国土空间上落实乡村振兴战略，应与县级国土空间规划做好衔接。县域功能分区考虑各区域在乡村振兴中发挥的主导功能，在空间上或与“三区”有交叉，但“三线”作为不可逾越的刚性指标，在分区分类分型的发展过程中应严格遵守，在空间分区管制规则中也应做好说明。

（三）空间分区管制规则与发展路径

1.功能分区管制规则与发展路径

产业是乡村发展的关键动力，牵引区作为县域经济发展的增长极，必须促进三次产业融合发展，为乡村种养殖业延长产业链条，建设加工、包装和销售基地，打造符合县域定位的产业体系。大力发展二三产业，提升县城对乡村的支撑力，提供更多职位岗位，留住人才，保住人口，壮大县域发展的社会力量。增强县城中心服务功能与辐射能力，促进城乡全面融合，带动乡村共同富裕。在发展过程中，注重提高建设用地利用效率，走特色化、集约化和可持续的振兴之路。

本体区要协调好国土空间规划、基础设施建设规划和生态环境保护规划等各项规划间的关系，开展有效的乡村治理工作。判别村庄发展的优势与劣势，整合村域资源要素，提高土地利用效率。完善基础设施与公共服务设施建设，进行生态环境整治，改善生产、生活条件。部分优势村域也可成为次增长极，辐射带动周边村域发展。依托村域有利资源优势，发展新型产业，加强相邻村域间的联系，形成优势互补的发展格局。“粮食安全大过天”，广大的农村地域始终是粮食生产的主体区，不论何种村域类型，都要严守永久基本农田红线和村庄建设红线。

保障区要严格落实划定生态保护红线，明确各类用地规模与管控要求。严禁各类开发与破坏生态环境活动，从源头根治，逐步退出原有开发和生产活动。将生态修复和文化保护作为重点，推进生态环境整治工程，建立起责任明确的生态与文化保护机制。

协同区应注重与县域发展的协调性，加强经济联系、密切文化交流、互通区域资源、衔接基础设施和共享公共服务，构建与县域协作互补、互通有无的空间发展格局。

2. 村域分类管制规则与发展路径

工业发展类行政村在发展过程中应坚持布局集中、产业集聚和用地集约的原则，形成集约有序的空间发展格局。严禁产业发展占用永久基本农田。加强资金与政策的扶持力度，密切与牵引区的联系，不断吸收新技术和新理念。优化产业结构，完善相应配套设施。此类行政村面临较大的生态环境压力，应践行新发展理念，走绿色发展之路。

种养殖发展类行政村在发展过程中应发挥区域自身资源优势，发展特色种植、特色养殖乃至以种带养、种养循环模式。支持发展新型农业经营主体，发展规模化、产业化种养殖业，走现代化发展道路。鼓励延长农业产业链，打造绿色乡村品牌，促进产品增值和农民增收。分散养殖是破坏乡村生态环境的一大污染源，要推动集中养殖，完善养殖设施，配套相应排污设施，鼓励村域间设施共建共享，实现合作共赢，打造美丽宜居的乡村生产生活空间。

旅游发展类行政村要依据村域自身资源特点与环境承载能力，打造特色突出的旅游发展方向与定位，如生态类、文化类、休闲类和疗养类等。完善提升基础设施和旅游服务设施建设，遵循适度开发的原则，尊重并保护好乡村原始风貌，新增设施要与村域内自然景观、历史环境相得益彰。开发精品旅游路线，优化景点布局，促进乡村旅游全产业链发展。开发和销售富有当地特色的旅游商品和纪念品，提升旅游文化感受。

林业具有产业链条长、生产周期长和收获效益慢的特点①，林业发展类行政村可发展林下种养殖复合式的生产经营模式，延长林业产业链条。积极发展木材加工、林下产品加工等相关林业第二产业。利用森林景观发展林业旅游、林业生态服务等第三产业，形成完整的林业产业链条，充分发挥林业资源价值。提升对林业资源的监督管理能力，严禁破坏森林资源的开发行为。

渔业发展类行政村在发展中应引导渔民保护江河湖海等生态环境，养

① 廖冰，张智光，刘春香，等.引入森林资源中介变量的林业产业与生态作用机理研究［J］.中国人口·资源与环境，2017，27（11）：159-168.

护渔业资源，促进渔业可持续发展。提升改造渔业装备和基础设施建设，推动渔业高质量发展。调整渔业产业结构，依靠资源优势、区位优势发展休闲渔业，因地制宜制定特色休闲主题，创新服务模式，加强政策资金支持。

多元发展类行政村一般具有较好的资源条件，较其他类型村域发展的明显优势是可整合各项优势资源，在发展过程中应有序推进各项产业发展，使多项优势产业间相互协调，带动发展。

3.村庄分型管制规则与发展路径

极核发展型村庄应在村域类型定位的基础上，合理制订发展目标与策略。进一步提升基础设施与公共服务设施建设，增加对养老、医疗、教育和体育等公共服务的投资建设，提高农民生活质量。整治村庄人居环境，鼓励建设新型农村社区，构建居业协同体，改善农民生活条件。充分发挥区域内优势产业与资源的作用，增强村庄对人才和资本的吸引力。加快产业结构调整，推动传统产业优化升级。调整产业用地布局结构，优化产业空间，提升村庄用地效率。

乡城转换型村庄在发展过程中应坚持城乡统筹发展，对接城镇发展标准，推动基础设施与公共服务设施互通共享。改善村域内部粗放低效的用地模式，在城镇建设用地紧缺的情况下，平衡城乡用地需求。推动要素流动互通，参与产业发展，依靠有利的区位条件发展多功能农业，满足城镇需求。

特色发展型村庄应在发展过程中发掘村庄优势资源，探寻村庄发展价值，因地制宜地制定发展方向，促进村庄可持续发展。完善基础设施建设，改善对外交通，美化村容村貌。重点整治“空心村”与“一户多宅”问题，提高村庄用地效率。发展特色工业、种养殖业等类型的村庄应根据地方特色资源，找准发展定位，完善产业配套设施，延长产业链，走特色化、专业化发展道路。发展乡村旅游类的村庄在发展中要处理好开发与保护的关系，把保护传统村落风貌、文物古迹和生态环境放在首要位置，保持村庄特色历史风貌的完整性和原始性，强化管理机制。

转移发展型村庄不具备发展的条件，不宜进行各类生产建设活动，应列入撤并搬迁计划。充分考虑农民意愿以及区域整体状况，进行集中或分散安置。撤并后的村庄建设用地实施土地复垦，生态环境脆弱不适宜耕作的地区优先进行生态修复。

（四）县域空间区划体系案例分析——以依兰县为例

通过县域空间的分区、分类和分型，对乡村地域空间进行整合、划分和定位，进而分区管制、分类施策和精准推动。本研究构建了“自上而下”的三级县域空间区划体系，通过定性定量相结合的方法，形成了“整体定位—多元发展—核心提升”的乡村振兴空间发展格局，并应用于乡村振兴重要阵地之一的东北地区的典型县域——黑龙江省依兰县，构建了符合依兰县县域实际情况的空间区划体系。

1.研究区概况

依兰县位于黑龙江省哈尔滨市东部（129°11′50″~130°11′40″ E、45°51′40″~46°39′20″ N），地势西南高东北低，地处松嫩平原东侧、三江平原西侧，小兴安岭余脉、张广才岭余脉延伸地带，地貌形态多样。依兰县属温带大陆性季风气候，年平均气温3.1~3.6℃，水资源较为丰富，多年地表径流量343亿m^3，地下水储量5.8亿m^3。全县土地总面积为4607km^2，下辖6镇3乡，132个行政村，812个村庄。截至2020年底，全县总人口为25.83万人，地区生产总值为174亿元，城镇、农村居民人均可支配收入分别为21857元和14443元。依兰县有丰富的自然资源、鲜明的地域特色，不仅是东北大粮仓中的一员，同时也拥有丰富的旅游资源，是省级历史文化名城。但县域内发展水平参差不齐，面临城乡发展失衡的严峻问题。

2.数据来源

本研究所涉及的数据主要来自国家统计数据共享平台中2018年《中国县（市）社会经济统计年鉴》和《哈尔滨统计年鉴》；由依兰县统计局提供的2018年《依兰县统计年鉴》；自然资源局提供的2018年1：10000的土地利用变更调查数据、土地利用总体规划数据库（2006~2020年）；城建部门提供的《城乡规划图（2010~2030年）》；以及相关部门所提供的2018年《交通体系分布现状图》《交通道路规划图（2010~2030年）》《环境保护规划文本（2015~2020年）》等相关文件。

3. 依兰县乡村振兴区划体系

（1）功能分区。

以县域内全部地域空间为对象，以土地利用情况为主要依据，充分结合国土空间规划、生态环境保护规划、粮食生产功能区和重要农产品生产保护区划定等已有规划，明确各区域用途属性与主导功能，遵循功能相似性和差异性原则，对区域所属功能进行整合，划定依兰县乡村振兴功能分区[①]。

从空间来看，牵引区整体呈现“小聚集，大分散”的格局特征，“小聚集”主要包括依兰镇、江湾镇的镇政府驻地、迎兰乡乡政府驻地建设用地区和工矿用地区；“大分散”为其他镇政府驻地、乡政府驻地建设用地区和工矿用地区分散分布。从规模来看，依兰县各功能区面积：本体区>牵引区>协同区>保障区。其中，牵引区总面积为205km²，占全县总面积的4.5%，作为县域的核心区域，引领乡村发展，为乡村发展搭建平台、提供服务，发挥着不可替代的重要作用，是县域经济发展的火车头。本体区总面积为4050.1km²，占全县总面积的87.9%，作为乡村振兴的主阵地，规模大、范围广和任务重，包含各乡镇主体区域，是农民生产生活的主要空间，是实现农业强、农村美和农民富的居业协同区。保障区总面积159.7km²，占总面积的3.5%，主要沿县域内松花江、牡丹江、倭肯河和巴兰河沿岸呈带状分布，湖泊和大中型水库呈点状分散分布。保障区是可持续发展的生态屏障，发展原则以保护为主，逐步减少在保障区内的生产活动，实行严格的防污染管控，留住绿水青山。协同区总面积为190.9km²，占全县总面积的4.1%，主要分布在依兰县西部地区，迎兰乡和达连河镇境内，包括管辖权隶属黑龙江省森林工业总局和垦区的国营林场和农场。作为县域发展的特殊单元，不受依兰县政府管辖，在发展过程中，要尤其注重基础设施、公共服务与其他区域间的协调性，互通有无、协调发展。

---

① 张爽. 基于土地利用的依兰县乡村振兴空间区划与管制研究［D］. 哈尔滨：东北农业大学，2020.

（2）村域分类。

以依兰县功能分区结果为依据，以行政村为单元，尊重地域分异规律，综合考虑村域内资源禀赋、社会经济和区位条件等方面的因素以及依兰县作为典型农业县的实际发展状况，构建指标体系（见表9–1），运用SPSS软件，通过聚类分析法，将不同村域发展方向进行相似性聚类，综合考虑地理要素，对聚类结果进行适当调整，得到依兰县村域发展类型（见图9–7）。

表 9–1　　依兰县村域类型划分指标体系

指标类型	指标特征	具体指标	指标计算方法
环境条件	草地资源	草地覆盖率（%）	草地总面积/土地总面积
	耕地资源	人均耕地面积（hm^2/人）	耕地总面积/总人口
	水资源	人均水资源占有量（m^3/人）	水资源总量/总人口
	生活环境	生活垃圾处理率（%）	生活垃圾处理量/生活垃圾总量
		卫生厕所普及率（%）	卫生厕所数/总户数
发展方向	工业	工业从业人员占比（%）	工业从业人口数/总人口
		人均工业产值（万元/人）	工业生产总值/总人口
	种养	农业从业人员占比（%）	农业从业人口数/总人口
		粮食作物面积占比（%）	粮食作物播种面积/耕地总面积
		人均农业纯收入（万元/人）	农业纯收入总值/农业总人口
		垦殖率（%）	耕地面积/土地总面积
	旅游	人均旅游收入（万元/人）	旅游业收入总值/总人口
		文艺演出频率	1~2次/年=0.33；3~5次/年=0.67；5次以上/年=1
	林业	林业产值占比（%）	林业产值/总产值
		林地覆盖率（%）	林地总面积/土地总面积

注：农业纯收入指狭义上的农业，主要包含种植业和养殖业纯收入。

工业发展类总面积为1191.9km²，占区域总面积的25.9%，主要分布在县域中部及部分乡镇政府驻地附近。该区域工业从业人员多，村集体经济水平较高，工业产值较大，基础设施较为完善，建有工业园区，是依兰县经济发展的中坚力量。规划引导分类组团模式，同类产业集聚组团，不同集聚圈发展具有区域优势或特色的产业，与保障区相邻区域尤其要注意生态保护与污染防治。种养发展类总面积为1996.1km²，占比为43.3%，主要分布在县域东部，耕地集中连片区域。该区域居民点广布、地势平坦、水源丰富和土质肥沃，是宜居宜种养的优势区域，承担着依兰县粮食生产的主要功能，是综合农业发展的主要区域。旅游发展类总面积为546.2km²，占比为11.9%，主要分布在依兰县的中西部和南部。该区域地势崎岖，景色齐聚，古迹闻名，包含金代五国城遗址、土城子石城遗址、慈云寺和东山怪坡等景点，依兰县还曾荣获中国十佳休闲旅游城市称号，旅游业发展迅速，并带动服务业整体发展，获得了良好的效益，未来发展前景广阔。林业发展类总面积为520.9km²，占比为11.3%，主要分布在县域西北部和南部地区。该区域海拔较高，林业资源丰富，凭借其资源优势，通过发展林下经济，木产品加工、林下产品加工等相关林业产业，获得较好收益，带动村域整体发展。同时，林地作为人类经济活动与生物圈协调的重要根基，还起到区域生态保护和环境复育的作用。

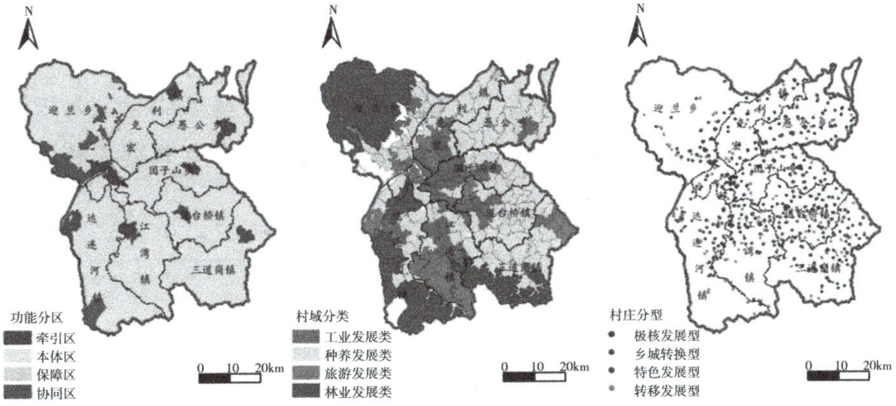

图 9-7　依兰县空间区划

（3）村庄分型。

在村域分类的基础上，以村庄为基本单元，综合考虑村庄的自然状况、社会经济、生产生活和景观特征等条件，运用最小累计阻力模型对村庄进行适宜性分区，结合依兰县村庄分布特征，划分依兰县村庄类型，完善村庄体系，确定发展方向。

从现状来看，依兰县不同乡镇之间村庄规模存在差异，整体呈现“多、小、散”的状态，即村庄整体数量多，村庄规模小、人口少，整体分布分散。村庄与城镇间缺乏密切联系，内部没有明确分工，需要科学的类型划分指导村庄发展。极核发展型村庄主要为各乡镇中心村或区位重要的大型村庄，共28个，总面积5.68km²，占村庄总面积的5.87%，此类村庄自身发展能动力强，对其他类型村庄有参考示范和带动作用。乡城转换型村庄共49个，总面积8.45km²，占村庄总面积的8.73%，此类村庄是城镇发展的储备地，随着依兰县城镇化进程的进一步提升，城镇空间有序扩张，这些村庄将逐渐纳入城镇范围内，将有效地缓解城镇化过程中“人”与“地”的压力，促进“人、地、业”和谐发展。特色发展型村庄共410个，总面积76.52km²，占比为79.05%，此类型村庄自然地理条件较好，镶嵌于农地质量较高，区位与资源优势较好的地区。该区域内种养业、林业和旅游业各有千秋，特色发展，振兴潜力大。转移发展型村庄共325个，总面积6.15km²，占村庄总面积的6.35%，此类村庄往往分布在规模较大、发展较快的村庄周围。村庄内部“空心化”严重、人口大量流失、基础设施不完善、利用效率低和产业发展滞后，难以维持村庄的基本功能，无法满足农民生产生活需求，应实现有序搬迁和土地复垦，促进土地集约利用，减少土地浪费，优化城乡体系，实现人口与产业集聚。

（五）结论

研究表明，由于空间定位不明、功能分区不清所导致的乡村空间治理面临的困境是当前乡村振兴规划要解决的重要问题。为解决乡村发展中出现的治理短板，推动乡村空间治理体系和治理能力现代化，有必要构建适宜的县域空间区划体系，并制订相应的空间管制措施与发展策略，使县域空间治理更具有针对性和高效性，推动乡村发展，助力乡村振兴。

从县域功能分区、村域发展分类和村庄发展分型构建多层次、多尺度的县域乡村振兴空间区划体系，明确各类型功能定位与发展方向。针对县域内土地利用类型与发挥的主要功能，将县域划分为牵引区、本体区、保障区和协同区，基于资源禀赋、社会经济和区位条件等，将行政村划分为工业发展类、种养发展类、旅游发展类、林业发展类、渔业发展类和多元发展类；基于各村庄的自然状况、社会经济、生产生活和景观特征等，将村庄划分为极核发展型、乡城转换型、特色发展型和转移发展型四种发展型态。

结合分区类型的发展目标与功能，提出县域空间分区的管制规则与发展路径，以便实现差别化管理，统筹推进乡村建设，提升乡村治理能力，强化规划的现实落地性。当前阶段，国土空间规划等各项规划正谋划布局中，合理衔接各项规划，完善乡村振兴的制度保障，建立健全城乡融合发展机制体制和政策体系，是保证乡村振兴空间区划体系科学性和可操作性的前提。

本研究以依兰县为例，构建县域乡村振兴区划体系框架，将依兰县划分为“四区四类四型”。本研究提出的空间区划体系在依兰县基本适用，分区分类结果基本符合依兰县实际，对乡村振兴规划编制有实践指导价值。谋划布局对乡村发展至关重要，但需要说明的是案例区为东北典型县域，有必要对其他地区继续进行实证研究。应用于实际分区时，针对不同的县域，因地制宜地构建适合的指标体系是合理划分村域类型与村庄类型的关键。同时，分区结果要适当参考已有相关规划图件与其他分区成果，避免造成不必要的混乱。

三、乡村振兴建设方案与实施保障措施

（一）乡村振兴建设方案

1.城乡体系与基础设施

建设城乡居民点是乡村振兴组织核心，基础设施是城乡发展过程中实现人流、物流、能量流、信息流的通道。城乡体系与基础设施网络是县域发展骨架，直接影响县域社会经济发展空间结构，并在一定程度上影响社会经济发展方式及资源配置效率。针对各县域实际，城乡体系与基础设施建设方案应在现有城乡体系结构、村庄“空心化”程度、基础设施配套

水平以及社会经济演化趋势分析的基础上，整治“空心村”、推进村庄社区化或村镇化建设，打造与社会经济发展相适应的城乡体系；科学布局交通、水利、信息、能源等基础设施，构建联通有序、保障有力的乡村基础设施网络体系。

2. 乡村经济建设

全面推动乡村地区经济发展，既是乡村振兴内在要求，也是乡村振兴物质基础。县域乡村经济建设的关键是构建现代农业产业体系、生产体系、经营体系。乡村经济建设方案应着力部署：土地综合整治，加强农田水利、交通、防护林、电力等农业基础设施和农机站、晾晒场、冷库等农业附属建设，夯实生态农业、绿色农业、有机农业、现代农业发展的基础；农业机械化、智能化、信息化建设，提升农业综合生产能力；优化种植业、养殖业、林业、渔业布局，推进农产品品牌建设和质量提升；农产品加工业提升，依托物流和电商，发展共享经济产业、创意农业产业、特色文化产业等特色产业，促进农村三次产业融合发展；统筹小农户和新型经营主体发展，改造传统农业生产方式，推进生产专业化、社会化服务，建设现代农业、现代加工业和现代服务业；拓展农民就业创业增收空间，促进农民更高质量充分就业，确保农民收入持续增长。

3. 乡村生态建设

加强乡村生态文明建设，是改善环境、实现绿色发展的内在要求，也是实现人与自然和谐共处、区域可持续发展的必然选择。各县应在充分评价当前县域生态质量、环境质量状况及存在问题的基础上着力部署：涵盖耕地、林地、草原、水域、湿地等的生态治理，开展生物多样性保护工程；开展农业面源污染防治、水环境治理、重金属污染治理；人居环境改善，提升村容村貌，加强农村环境监管能力建设；发展生态产业、生态服务，开展村镇、精品线路等示范建设；生态产品购买、以工代赈等生态保护补偿机制。

4. 乡村治理体系建设

乡村治理能力和治理体系现代化是实现乡村振兴的重要保障，也是体现乡村振兴水平的重要标志。乡村治理体系建设方案应着力部署：农村基层党组织建设，强化党组织领导核心地位；深化自治组织建设、农民社会组织培育等村民自治实践，推动资源、服务、管理等治理重心下移；提升村民德治水平，建立自我管理、自我教育、自我服务、自我提高的道德约束机制；加强法治乡村建设。

5. 乡村文化建设

县域乡村文化凝聚历史传承，展现现代发展水平。县域乡村文化建设方案应着力部署：推进包括诚信建设、公民道德建设在内的思想道德建设，有效弘扬民族精神和时代精神；传承发展优秀传统文化，保护农耕文化遗产，保护传统村落、农业遗迹等物质文化，以及戏曲曲艺、民间艺术等非物质文化；遏制陈规陋习、抵制封建迷信活动，积极开展精神文明创建活动；加强公共文化建设，健全文化服务体系，活跃农村文化市场。

6. 民生保障体系建设

保障民生并实现生活富裕是以人民为核心发展理念的具体体现，是实现乡村振兴的最根本要求。因此，坚持在县域特别是乡村发展中保障和改善农村民生，围绕农民群众最关心、最直接、最现实的利益问题，加快补齐农村民生短板，不断增强农民群众的获得感和幸福感。县域民生保障体系建设方案应着力部署：优化发展农村教育事业，统筹义务教育、学前教育、高中阶段教育、职业教育和特殊教育发展；推进健康乡村建设，健全农村三级医疗卫生服务体系；健全医疗、基本养老保险等农村社会保障制度，完善住房保障、城乡社会救助、农村特殊人口关爱服务等社会保障体系；扩大城镇公共服务覆盖面，解决农业转移人口社会保障、医疗、住房以及随迁子女入学等问题；打好打赢脱贫攻坚战，实现贫困人口顺利实现多维度、可持续脱贫，贫困村基础设施与公共服务设施显著改善，县域经济结构不断优化，经济增长高于全国平均水平，实现精准脱贫向乡村振兴的过渡。

（二）制定规划实施保障措施

乡村振兴工作贯穿县域、乡镇、村屯、农户多个层面，涉及经济、政治、文化、教育、城建、卫生、资源、生态等多个领域。要紧密围绕县域乡村振兴规划目标和方案，制订符合国家法律法规和政策要求规划实施保障措施。规划实施保障措施的重点是重塑城乡关系，强化制度性供给，构建城乡融合发展和农业农村优先发展的体质机制。

构建城乡融合发展体制机制。推动城乡资本、技术、人才等要素双向流动是促进要素配置合理化、实现产业发展融合化的必要举措。彼此以破除城乡要素流动体制机制障碍为重点，加快推动城乡生产要素的自由流动，促进城乡要素市场一体化。特别是要畅通人口双向流动通道，构建城乡统一就业与劳动力市场；建立城乡统一、主体平等、产权明晰、合理有序的建设用地市场；完善农产品收储制度和价格形成机制，优化农产品市场。要解除农业转移人口市民化的后顾之忧，全面放开城镇落户限制，放开农民进城购买住房的房地产市场，维护进城落户农民土地承包经营权、宅基地使用权及集体收益分配权。

完善农村产权制度改革。要以完善产权制度和要素市场化配置为重点，激活主体、激活要素、激活市场。特别是在国家各项制度改革的背景下，着力推进县域耕地、林地、草地等承包经营制度、农村土地征收制度、集体经营性建设用地入市制度、宅基地制度改革和集体产权制度改革，完善产权体系、拓展产权权能，实现各类资源的资产化、市场化、流动化。

强化乡村发展的要素投入。不断强化人才、资金、技术、土地等要素的投入，是实现乡村振兴的先决条件。必须健全投入保障制度，创新投融资机制，完善金融服务，健全保险体系，加快形成财政优先保障、金融重点倾斜、社会积极参与的多元投入格局，以便确保投入力度不断增强、总量持续增加。必须破解人才瓶颈制约，畅通人才下乡通道，造就更多乡土人才。必须打破技术壁垒、实施创新驱动，大力引进外部技术、革新本地技术，提升技术更新、技术创新能力。必须完善农村新增建设用地、设施用地的保障机制，优化城乡建设用地布局，对农村产业融合发展项目建设用地和各类设施用地优先提供保障，充分用好城乡建设用地增减挂钩节余指标易地调剂政策和耕地易地占补平衡政策。

健全乡村振兴工作机制。坚持党管农村工作基本原则，发挥党总揽全局、协调各方的领导核心作用，明确各级党委、政府主体责任，健全乡村振兴工作机制，确保在干部配备上优先考虑，在要素配置上优先满足，在公共财政投入上优先保障，在公共服务上优先安排。必须健全党委统一领导、政府负责、党委农村工作综合部门统筹协调的农村工作领导体制，县、乡、村三级书记共抓乡村振兴。必须树立“一张图”的理念，聚焦乡村振兴战略实施的路线图、时间表、任务书，在各项工作推进上相互衔接、上下联动、整合力量、集中突破。必须把懂农业、爱农村、爱农民作为基本要求，健全人才培养、配备、管理、使用机制，建设政治强、本领硬、作风实的“三农”工作队伍。

强化考核评估与动态调整。建立乡村振兴战略实施监测评价指标体系，分级评价县、乡、村实施情况。把乡村振兴战略规划实施成效纳入乡镇党委政府及有关部门的绩效考评内容，定期开展考核、检查。根据规划实施情况，对不符合实际的目标、项目、保障措施及时进行调整，形成规划编制、实施、监督、调整的反馈机制。

| 第十章 |

精准扶贫与贫困县脱贫质量评价研究

中国精准扶贫精准脱贫方略的伟大实践促进了区域贫困治理思想的不断完善。系统梳理贫困区域治理思想，旨在丰富精准扶贫理论体系，为中国的乡村振兴战略实施及全球2030年减贫目标的国际行动提供参考。实现高质量脱贫是全面打赢脱贫攻坚战的关键，是实现第一个百年奋斗目标和全面建成小康社会的重要前提，是顺利实施乡村振兴战略的基础。

一、精准扶贫的区域治理思想与成效分析①

（一）中国精准扶贫的区域治理思想解析

贫困是一个世界性难题，是任何国家或地区在谋求发展的过程中无法规避的社会经济问题。联合国2015年发布的《变革我们的世界：2030年可持续发展历程》中，明确提出要“消灭一切形式和表现的贫困”。消灭贫困、改善民生是中国政府和人民矢志不渝的奋斗目标。中国人口众多、地域辽阔，是全球自然地理状况和社会经济条件区域差异最大的国家之一，各地区资源禀赋差异大，开发方式和利用效益也千差万别。新中国成立之后特别是改革开放以来，中国经历了普遍贫困、区域贫困、陷阱贫困等多个贫困空间形态②。从提出“精准扶贫精准脱贫”方略以来，中国脱贫攻坚工作稳步推进。截至2019年末，全国农村贫困人口从2012年末的9899万

① 本部分内容发表于《资源科学》2020年第4期，原文题目为“中国精准扶贫的区域治理思想解析”，作者：杜国明等。

② 黄承伟，覃志敏.论精准扶贫与国家扶贫治理体系建构［J］.中国延安干部学院学报，2015，8（1）：131-136.

人减少至551万人，832个贫困县未摘帽数量仅剩余52个，精准扶贫工作取得决定性进展，减贫成效卓著，中国的扶贫模式对全球实现大规模减贫具有重要参考意义。系统梳理精准扶贫区域治理思想，是贫困空间治理的需要，对推进国家治理体系和治理能力现代化具有积极作用。同时，有利于完善中国的贫困区域发展理论体系，为脱贫攻坚纵深推进和乡村振兴战略实施提供经验借鉴，也可以为世界减贫工作特别是《2030年可持续发展议程》各项目标的实现提供中国智慧、中国方案。

中国脱贫攻坚的伟大实践促进了扶贫理论的研究与发展，特别近几年来，对精准扶贫的科学认知与学术研究空前高涨。改革开放以来，学者们牢牢把握住了中国农村贫困的发展脉搏和阶段变化特征，进一步发展和丰富了贫困理论。“精准扶贫”的出现，贫困的理论研究拥有了新理念，进入了新时代。当前，贫困的理论研究重点关注4个方面：①贫困的发生及瞄准机制研究，如贫困的形成机理①、内在机理②、贫困识别标准和工作机制③；②贫困的时空格局及演变机理研究，如贫困的区域空间分布特征④、分异机制⑤、时空演变⑥；③贫困的治理体系研究，如治理体系构建与框架延伸⑦、减贫的可持续理论⑧；④贫困的内涵拓展与扶贫经验总结，如内涵与理

---

① Cao M，Xu D，Xie F，et al.The influence factors analysis of households’ poverty vulnerability in southwest ethnic areas of China based on the hierarchical linear model：A case study of Liangshan Yi autonomous prefecture [J]. Applied Geography，2016，66：144-152.

② 丁翔，丁荣余，金帅.大数据驱动精准扶贫：内在机理与实现路径 [J]. 现代经济探讨，2017（12）：119-125.

③ 汪三贵，郭子豪.论中国的精准扶贫 [J]. 贵州社会科学，2015（5）：147-150.

④ 杜国明，关桐桐，李冬梅，等.黑龙江省贫困村空间分布特征 [J]. 经济地理，2018，38（3）：149-156.

⑤ 刘彦随，周扬，刘继来.中国农村贫困化地域分异特征及其精准扶贫策略 [J]. 中国科学院院刊，2016，31（3）：269-278.

⑥ 范轶芳，侯景新，赵弘.环京津贫困带经济发展格局时空演变研究 [J]. 现代财经（天津财经大学学报），2016，36（7）：18-27.

⑦ 姜婧.社会治理框架下的精准扶贫事业发展探析 [J]. 管理世界，2018，34（4）：178-179.

⑧ 刘彦随，曹智.精准扶贫供给侧结构及其改革策略 [J]. 中国科学院院刊，2017，32（10）：1066-1073.

论价值阐释[①]、机制创新与扶贫区域系统构建[②]、不同视角的内涵总结[③]等。贫困的对象表现为个体贫困和区域贫困，区域贫困集中体现为区域的不平衡、不公平发展，是个体贫困在地理空间上的集合和投影。从现有成果来看，精准扶贫相关研究大多集中在个体贫困上，对精准扶贫实施过程中区域贫困治理思想缺乏系统梳理。

1. 区域贫困治理的理论框架

（1）个体扶贫与区域扶贫的辩证关系。

2013年11月，习近平总书记在湘西考察时第一次提出“精准扶贫”理念，意味着中国减贫事业进入了新时期[④]。精准扶贫是指针对不同贫困区域特征、不同贫困农户状况，运用科学有效程序对扶贫对象实施精准识别、精准帮扶、精准管理的贫困治理方式。从精准扶贫的科学内涵来看，精准扶贫的对象包括贫困区域和贫困个体，因此精准扶贫的任务既包括区域脱贫又包括个体脱贫。2015年出台的《关于打赢脱贫攻坚战的决定》明确指出“坚持精准帮扶与集中连片特殊困难地区开发紧密结合”，强调了区域扶贫与个体扶贫皆为精准扶贫题中应有之义，个体扶贫与区域扶贫应协同推进。

精准扶贫精准脱贫方略的实施，一方面，扶贫瞄准的对象从区域转向农户，在以人为本、以人民为中心的发展理念下，更加注重农户自身发展条件的改善和发展能力的提升；另一方面，脱贫的目标是实现所有贫困个体的“脱贫”和贫困区域的“摘帽”。实施精准扶贫并不是弱化或舍弃区域扶贫，个体（农户）扶贫与区域扶贫存在相互促进的辩证关系。个体扶

① 葛志军，邢成举.精准扶贫：内涵、实践困境及其原因阐释：基于宁夏银川两个村庄的调查［J］.贵州社会学，2015，（5）：157-163.

② 赵武，王姣玥.新常态下“精准扶贫”的包容性创新机制研究［J］.中国人口·资源与环境，2015，25（S2）：170-173.

③ 吴国宝.改革开放40年中国农村扶贫开发的成就及经验［J］.南京农业大学学报（社会科学版），2018，18（6）：17-30，157-158.

④ 夏海军，范明英.精准扶贫战略思想是中国特色反贫困理论最新成果［J］.江淮论坛，2018，（5）：49-56.

贫与区域扶贫是中国精准扶贫方略中的两个重要组成部分，个体扶贫是从“一达标、两不愁、三保障”的微观层次解决农户的生存发展问题，是由点到面地解决区域贫困和推动区域发展；而区域扶贫是个体扶贫的前提与基础，通过基础设施建设、公共服务配套、扶贫产业发展等为个体脱贫提供更加优越的外在条件。可见，在脱贫攻坚的新阶段，中国精准扶贫精准脱贫方略追求的是个体精准和区域精准的有机统一①。

（2）贫困区域与区域贫困治理。

已有的研究充分说明贫困具有多维属性和空间属性，这也意味着贫困具有综合性和区域性区域是一个由诸多地理空间要素组成的综合体，区域要素禀赋及其内部各要素组合状态决定着区域发展水平和协调状态。贫困的形成与区域要素状态密切相关，如要素匮乏、流动性差、配置不合理都会制约区域发展。由于区域发展过程中长期的自然资源匮乏、优质人口外流和技术落后，区域内部要素的集聚性降低，与其他区域间的竞争力减退，形成贫困区域。实施区域贫困治理，必须深刻认识贫困区域特征，掌握贫困区域的内部差异以及致贫机理；必须制定科学的区域开发策略，不仅要科学利用本区域的自然资源，还要将区内外的物力、财力、人力、信息等要素进行合理整合、配置和优化利用，推动区域脱贫与可持续发展；区域贫困治理是一项系统性工程，既包括扶贫项目建设、资金配套、对象管理与动态监测，又包括产业、医疗、教育、金融、交通、住房、社会保障等部门与领域的管理，科学规范的区域管理是实施区域扶贫、实现区域脱贫的必要条件。

（3）区域贫困治理的思想框架。

以区域科学、资源科学、管理科学等为主要支撑，可以构建起贫困空间分异、贫困区域开发策略、贫困区域等级管理的贫困区域治理理论框架（见图10–1）。精准扶贫的区域治理框架是在中国精准扶贫实践中不断丰富的区域贫困治理思想框架，为区域扶贫的精准识别、精准帮扶、

---

① 何仁伟，李光勤，刘邵权，等.可持续生计视角下中国农村贫困治理研究综述［J］.中国人口·资源与环境，2017，27（11）：69 85.

精准管理提供了思路。其中，贫困空间分异理论主要包含贫困区域差异和贫困区域格局两个方面，阐释了区域间的贫困差异和空间格局，为贫困区域的精准识别提供了理论依据；贫困区域开发策略包括东西协助对口帮扶、农业农村优先发展和因地制宜分类施策三个方面，阐释了贫困区域开发的途径和原则，为贫困区域的精准帮扶提供了理论依据；贫困区域管理包括贫困区域等级体系和区域层级责任机制两个方面，阐释了贫困区域的等级体系构成和脱贫攻坚的区域组织分工，为贫困区域精准管理提供了理论依据。

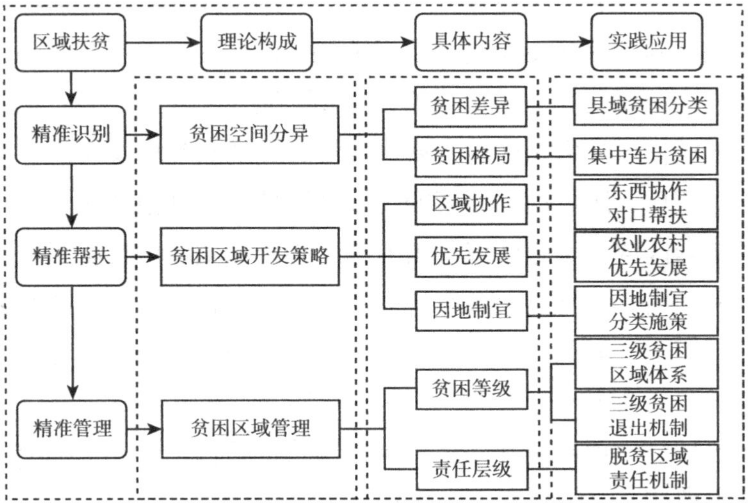

图 10-1　精准扶贫的贫困区域治理思想框架

2. 贫困空间分异

社会经济发展水平相对落后、贫困发生率相对较高的地区往往成为贫困区域。就广大贫困区域内部而言，由于区位条件、自然状况、资源特征、民族构成、历史文化等诸多因素，从而具有显著的内部差异，呈现出贫困发生率、人均经济产值、公共服务水平等方面的贫困区域差异。贫困区域分布于一定的地理空间之内，或集中连片，或零星分布，呈现出一定的贫困区域格局，并随着社会经济发展和扶贫工作推进而不断演化，呈现出一定的贫困时空演化规律。

（1）贫困区域差异。

社会经济差异是区域发展中不可避免的现象，改革开放后中国各区域间、城乡间社会经济发展差异进一步扩大。贫困状况城乡地区之间和城乡之间有着不同的表现①，东西部地区间社会经济发展水平差异尤为明显，且经济落后各地区内的贫困程度差异同样较大，并主要体现在贫困发生率、人均收入水平、基础设施配套程度、公共服务水平等贫困程度上②。从1984年以来，经过三次调整，中国取消了东部沿海发达地区国家级贫困县，并将余下的592个县作为国家级扶贫开发工作的重点县，各省区市分别确定了省级扶贫开发重点县。

2011年12月6日，《中国农村扶贫开发纲要（2011~2020年）》发布，中国反贫困斗争进入了新的历史阶段。依据贫困程度差异和扶贫需要，划分了国家级贫困县、省级贫困县、非贫困县组成的县域体系；依据贫困发生率等指标将国家级贫困县进一步划分为深度贫困县和贫困县。深度贫困县是除"三区三州"外，中央统筹重点支持的贫困地区。而作为具有扶贫开发任务的县，将县域内的村域划分为非贫困村、贫困村和深度贫困村，是对区域贫困程度划分的延伸，有助于更精准地实施扶贫开发。依据贫困程度差异而进行贫困县域分类、行政村分类是实现精准扶贫精准脱贫的内在要求。因此，立足于区域空间差异理论，依据区域贫困程度划定贫困县域和村域类型，为精准管理、精准帮扶、精准退出提供了依据。

（2）贫困区域格局。

近年来，贫困区域在地理空间上的呈现状态差异较大，区域贫困的空间格局不断变化③。随着扶贫开发的稳步推进，贫困呈现空间分异特征，区域发展差距不断扩大④，贫困的空间集聚特征更加明显。

---

① 王美昌，高云虹.中国城乡贫困变动：2004—2012［J］.中国人口·资源与环境，2017，27（4）：49-57.

② 杜国明，姜莹莹，孙晓兵，等.黑龙江省县域贫困空间格局及其影响因素分析［J］.农业现代化研究，2018，39（3）：460-467.

③ 莫光辉.精准扶贫：中国扶贫开发模式的内生变革与治理突破［J］.中国特色社会主义研究，2016，（2）：73-77，94.

④ 陆大道.关于我国区域发展战略与方针的若干问题［J］.经济地理，2009，29（1）：2-7.

进入21世纪，中国贫困格局发生新变化，扶贫重点区域从地理劣势区域逐步集中到民族地区、革命老区、边疆地区，呈现出特困区集中连片化的态势。虽然多年来的减贫成效显著，但在集中连片特困地区基础设施和基础条件薄弱，存在更深层的矛盾制约着经济社会的发展，影响着公共服务水平的提高，成为脱贫攻坚的难点地区①。对于集中连片特困地区，只有全面把握致贫原因、集中优势力量、增加区域投入和支持力度才能解决区域贫困问题。

中国主要有六盘山区、秦巴山区、武陵山区、乌蒙山区、滇桂黔石漠化区、滇西边境山区、大兴安岭南麓山区、燕山—太行山区、吕梁山区、大别山区、罗霄山区等14个集中连片特困地区。截至2012年底，全国贫困人口9899万，其中集中连片特困地区农村贫困人口5067万，全国综合排名最低的600个县中，有521个在片区内，占86.8%。因此，脱贫难度最大的依然是连片特困地区，是脱贫攻坚的“硬骨头”。划分集中连片特困地区，这不仅是把贫困区域特点与区域贫困格局充分结合，更是突出了脱贫攻坚重点区域，以有序实现贫困人口脱贫、贫困县摘帽，最终实现解决区域整体性贫困问题。

3.贫困区域开发策略

当前，中国社会的主要矛盾是人民日益增长的美好生活需要和不平衡不充分的发展之间的矛盾。不平衡不充分的矛盾也呈现在空间上②，地理学贫困理论研究贫困要素、格局、过程③就是最直接的体现。具体而言，城乡之间发展的不平衡是最大的不平衡，贫困落后地区发展的不充分是最大的不充分，而农村地区、贫困落后地区人民对美好生活的向往更为强烈。在改革开放之初，中国就构建起东中西梯度发展格局，并在2000年开始实施东中西部区域产业转移政策。2015年10月，党的十八届五中全会正式

① 习近平：在深度贫困地区脱贫攻坚座谈会上的讲话，http://www.gov.cn/xinwen/2017-09/02/content_5222125.htm.

② 刘贯春，张晓云，邓光耀.要素重置、经济增长与区域非平衡发展［J］.数量经济技术经济研究，2017，34（7）：35-56.

③ 丁建军，冷志明.区域贫困的地理学分析［J］.地理学报，2018，73（2）：232-247.

提出了涵盖“协调”的新发展理念，对区域协调发展、城乡协调发展做出了详细部署。对于贫困地区的开发，如何利用好区域内、外部资源，使资源利用与区域发展紧密联合起来，是高效开展扶贫工作的前提。从区域发展角度来看，区域开发是人类进行社会活动的“人为”生产力在地域空间的拓展作用过程。关于区域开发理论研究历来被地理学、经济学、管理学等学科研究高度重视，形成了诸多流派和理论体系。从协调发展的关系来看，高增长区域对低增长区域、未开发区域具有经济增长的带动作用；从区域开发的策略来看，突出区域的优先发展地位是全域发展支撑力度的重要手段；从区域开发的具体实施来看，构建因地制宜的发展思路是科学发展的明智选择。在这些理论、理念、战略的指引下，形成东西协作对口帮扶、农业农村优先发展和因地制宜分类施策等的以经济发展为核心的贫困区域开发策略，并通过经济发展带动社会进步、基础设施与公务服务设施配套、公共服务水平提升。

（1）东西协作对口支援。

改革开放以后，具有区位优势和政策扶持的东部地区率先发展，而西部地区在产业结构调整与自然资源优势利用方面进展相对缓慢，催生新兴产业和新兴经济体系更是缓慢[①]，产业结构层次和发展程度与东部地区差距不断拉大，东西部地区发展失衡严重。如何妥善处理区域发展不均衡、实现区域协调发展成为必须破解之难题。

沿海地区与中西部地区的差距一步扩大，发展不平衡的根本原因是中西部地区在自然资源、地理区位、历史因素、政策制度以及经济因素等方面存在差异[②]。为了有效利用和配置资源，使发达地区有更好的发展后劲，保障国民经济、政治和社会的稳定发展以及西部地区贫困人口收入的提高，必须实现区域经济协调和联动发展，合理制定政策调控各类要素的区域间流动[③]。区域经济内部性与外部性的相互转化会形成区域经济的发展

① 陆大道.中国区域发展的理论与实践［M］.北京：科学出版社，2003.

② 陆大道.区域发展及其空间结构［M］.北京：科学出版社，1995：111-114.

③ 张可云.区域经济政策［M］.北京：中国轻工业出版社，2001：170-172.

差距，而经济活动的外部性会导致经济活动缺乏效率或资源配置远离最优状态[①]，使区域经济发展水平降低。由于区域梯度黏性，区域经济发展“三种效应”会同时起作用，“回程效应”会制约低梯度区的发展。对于经济发展方针，中国实施了“让一部分地区先富起来”的策略，实现东南沿海地区率先发展，再通过“先富带动后富”，最终实现共同富裕。因此，习近平总书记多次提到针对西部地区等深度贫困区的脱贫攻坚要实行东西协作、梯度开发的策略，做到“谁的孩子谁抱”。在人才支持、市场对接、劳务协作、资金支持等作为协作重点来推进东西协作，特别是对新疆、西藏和青海、四川、云南、甘肃等进行对口支援，以此对焦脱贫攻坚的重点及难点。结合精准扶贫工作提出的东西协作、梯度开发策略，是针对中国特殊国情所制定的，也是区域协同发展的必由之路。

东西协作、对口支援要以东部地区的资金、技术、人才等优势盘活西部地区的土地与矿产资源、劳动力等优势，实现优势互补、协同发展。东西协作，在政府层面建立了省域之间、地市之间甚至区县之间的对口支援关系，东部地区拿出大量的财政资金、派出多名先进干部支持西部地区发展；在企业层面，东部地区企业与具有自然资源和劳动力资源比较优势的西部贫困地区合作共建产业扶贫项目，能达到“授之以渔”、持续脱贫的目的[②]；在社会层面，一些企业家、当年上山下乡的知识青年、文体明星等也纷纷以个人、基金会等名义对西部地区进行多种形式的援助。目前东部共有260个县市与西部287县（市）结成帮扶对子，仅在2016年，东部省市向西部10个省区市共提供财政援助132.7亿元，帮助修建农村公路2.15万公里，东西协作成效显著[③]。

（2）农业农村优先发展。

新中国成立后，传统农业与小农经济在区域发展中长期占据重要地

① 杜肯堂，龚勤林.区域经济活动外部性分析［J］.求索，2006，（12）：1-3.

② 王士心，刘梦月.东西部协作扶贫须做好资源跨区域分配［J］.人民论坛，2019（3）：62-63.

③ 全国东西扶贫协作工作开展20年，http：//www.cpad.gov.cn/art/2016/10/14/art_42_54323.html.

位，农村贫困较新中国成立前大幅减轻但仍很普遍[①]。改革开放以来，中国大力推进城镇化、工业化，城市快速发展而农村发展较为缓慢，城乡差距不断拉大，城乡二元结构日益突出，农业和农村的经济发展面临不确定因素和挑战明显增多，农村贫困、农业从业人员贫困问题日益突出[②]。要解决农村贫困问题，就要解决经济增长问题。经济增长，可以通过提供就业机会、增加财政税收、提高政府帮扶能力，形成直接或间接的减贫效应。但不同生产部门经济增长的减贫效果差异巨大，已有的研究表明农业生产部门的减贫效应最为明显，第三产业次之，第二产业的减贫效应微乎其微[③]。这说明农业农村经济增长对实现区域减贫具有重要作用。因此，打破农业和农村发展从“量”转向“质”的发展困境，实现精准扶贫与乡村振兴战略的政策衔接和工作统筹，将农业农村发展放在优先位置是当前解决农业农村问题的必然选择。

中国历来重视农业农村农民发展问题，基于精准扶贫精准脱贫方略的乡村振兴战略进一步明确了农业农村优先发展的总方针。农村发展重在产业发展，农村的主导产业仍然是农业，农业农村优先发展是农村的产业优先发展，是农村的农业优先发展。农业农村优先发展不断在政策文件中得到明确：干部配备优先考虑、要素配置优先满足、资金投入优先保障、公共服务优先安排；中国要强，农业必须强；中国要美，农村必须美；中国要富，农民必须富。2018年中央一号文件中明确乡村振兴要把农业农村放在优先发展的位置，把解决贫困地区的农业农村优先发展问题作为农业农村发展的首要问题，均是立足于当前城乡差异与城乡关系特点做出的决策。

贫困地区是中国农村的贫中之贫、困中之困，生产力发展更为滞后、交通等基础设施条件更为不便、优质劳动力流失更为严重，社会经济发展

① 潘丹，应瑞瑶．资源环境约束下的中国农业全要素生产率增长研究［J］．资源科学，2013，35（7）：1329-1338.

② 张红宇，杨春华，张海阳，等．当前农业和农村经济形势分析与农业政策的创新［J］．管理世界，2009（11）：74-83，102.

③ 张萃．中国经济增长与贫困减少：基于产业构成视角的分析［J］．数量经济技术经济研究，2011（5）：51-63.

与先进地区、与城市的差距更大。坚持“农业农村优先发展”是贫困区域开发与乡村重构的必然选择，更是中国在新的发展阶段应对城乡关系、工农关系变化做出的重大战略调整[①]。突出优先发展位置，加大基础设施配套建设和特色产业发展的政策倾斜，着力推进惠民举措、改善农村民生，必将成为解决城乡发展不平衡特别是贫困县、贫困村发展滞后的灵丹妙药。

（3）因地制宜分类施策。

实施精准扶贫精准脱贫方略，扶贫方式完成了从“大扶贫、大格局”到精准瞄准和精准施策的转变[②]。贫困具有区域性，且不同地区的贫困成因具有多样性。从大量的扶贫实践经验来看，实现区域减贫的关键是在区域内组织有针对性的帮扶。针对不同类型的贫困地区自身资源状况、致贫原因和贫困程度，科学制定与之对应的帮扶措施是精准帮扶的关键。

从《摆脱贫困》一书中探讨一条因地制宜发展经济的路子到首次提出“精准扶贫”时都明确提出扶贫要“因地制宜”，注重因地施策。在《关于打赢脱贫攻坚战的决定》和《关于进一步加强东西部扶贫协作工作的指导意见》中，因地制宜的要求和策略更得以充分体现。因地制宜既是人类改造自然得出的哲学辩证思维，也是改善落后地区发展经济活动的首要原则。从经济地理学视角来看，因地制宜可以使区域经济活动与地理环境相适应，达到和谐而可持续发展的状态，提高区域内部的经济效益、社会效益和生态效益[③]。因地制宜需要依据不同区域内部要素市场的竞争差异性，控制生产要素区域间流动的运输成本和摩擦成本，实现资源效率的最大化，促进生产要素最大限度地发挥效率，充分运用生产要素区域间流动的绝对规律[④]。因地制宜，要充分利用区域内部有利的区位条件、自然资源、

① 熊小林.聚焦乡村振兴战略 探究农业农村现代化方略：“乡村振兴战略研讨会”会议综述［J］.中国农村经济，2018，(1)：138-143.

② 贾林瑞，刘彦随，刘继来，等.中国集中连片特困地区贫困户致贫原因诊断及其帮扶需求分析［J］.人文地理，2018，33（1）：85-93，151.

③ 刘艳芳.经济地理学：原理、方法与应用［M］.北京：科学出版社，2006：58-59.

④ 张治栋，吴迪，周姝豆.生产要素流动、区域协调一体化与经济增长［J］.工业技术经济，2018，37（11）：58-66.

劳动力以及知识技术等因素形成的优势条件和区域内部经济主体与商品市场的综合竞争能力开展经济活动，将比较优势同竞争优势不断转化①。

在扶贫实践中，结合各地实际情况开展“发展生产脱贫一批”“易地扶贫搬迁脱贫一批”“生态补偿脱贫一批”等工程就是基于当地区位条件、资源禀赋、生态特征、文化背景等制定的扶贫策略、实施扶贫工程②。特色扶贫产业选择是因地制宜、分类施策的集中表现。“一方水土养育一方人，一方水土也养育一方产业”，确定扶贫产业应立足本地特色资源，将资源优势转变为经济优势，以宜粮则粮、宜经则经、宜牧则牧、宜旅游则旅游③。

4. 贫困区域管理

区域可以划分为一个有层级的体系，划分区域等级是实施区域管理的重要条件。在贫困区域实施帮扶措施，必须采用与区域等级特征相匹配的管理措施，才能保证扶贫工作有序高效推进。而在贫困区域内部，省域、县域、村域、农户是不同层级的构成单元，将区域贫困的管理与层级逐一对应、逐一落实是区域贫困治理的重要环节。

（1）贫困区域等级体系。

从1986年起，中国开始实施有计划、有组织、大规模的扶贫开发，设立了扶贫开发专门机构，评定国家级和省级扶贫开发重点县。进入21世纪后，中国贫困人口规模发生变化，农村贫困人口分布呈现出“大分散、小集中”的新特点，扶贫开发重点区域由县级向更低层次的村级社区瞄准④。根据减贫形势变化及时优化贫困治理体系，是实现高效利用扶贫资源和增强持续减贫能力的重要前提⑤。在此过程中，如何建立与精准扶贫相适应的

---

① 陈国生，张亨溢，赵立平，等.比较优势和竞争优势对地区制造业转移的影响［J］.经济地理，2018，38（9）：168-175.

② 陆大道.区位论及区域研究方法［M］.北京：科学出版社，1988：138.

③ 查建平，王挺之，冯宇.低碳经济背景下中国旅游产业发展模式研究［J］.资源科学，2015，37（3）：565-572.

④ 李小云，张雪梅，唐丽霞.我国中央财政扶贫资金的瞄准分析［J］.中国农业大学学报（社会科学版），2005（3）：1-6.

⑤ 黄承伟，覃志敏.我国农村贫困治理体系演进与精准扶贫［J］.开发研究，2015（2）：56-59.

区域管理体系是开展新时期农村扶贫工作的重要课题。

区域是由若干个内部具有相对均质性和彼此之间存在异质性的次一级区域单元所构成，而次一级区域单元又可以划分为更次一级的区域单元，从而构成区域等级体系。在每一个区域单元内，都有其特定的区域要素构成，呈现出特定的要素层级特征。区域系统具有相对独立性和层次性，在各个不同类型地理要素地域分异规律作用下，形成了与各自性质有空间规模相应的地域单元①，并自下而上形成了区域等级体系。要使区域系统进入良性循环、充分发挥区域功能，必须构建合理有序的等级结构②，使每个等级单元发挥出应有的作用。

党中央、国务院出台的《关于建立贫困退出机制的意见》，明确了贫困县、贫困村、贫困人口的贫困退出机制。贫困退出机制的确立，确保了县域、村域、个体不同层面的上下联动，对区域扶贫开发的成效监督有了更加清晰、明确、立体的依据。精准扶贫实行“片为重点、工作到村、扶贫到户的工作机制”③，在突出集中连片特困地区的前提下，实现了脱贫攻坚在贫困区域内的贫困县、贫困村、贫困人口的层层瞄准与治理。依据精准扶贫精准脱贫方略，建立“贫困县—贫困村—贫困户”三级区域贫困体系和三级退出机制，实现了精准扶贫与精准脱贫的相互对应，形成了贫困区域等级体系，是区域系统理论在区域贫困治理实践中的具体应用。

（2）区域层级责任机制。

中国致力于减贫事业以来，不断对扶贫工作机制进行探索和创新。长期以来，扶贫管理普遍采取省级或市级管理的形式，以资金管理为核心的、自上而下的扶贫项目管理一直是扶贫管理的核心④。实施精准扶贫以

---

① 刘胤汉，岳大鹏.综合自然地理学纲要［M］.北京：科学出版社，2010.

② 丁志伟，王发曾.城市—区域系统内涵与机理研究：从城市、城市体系、城市群到城市—区域系统［J］.人文地理，2012，27（2）：92-96.

③ 习近平召开部分省区市党委主要负责同志座谈会，http：//news.cntv.cn/2015/06/19/VIDE1434712857321948.shtml.

④ 殷浩栋，汪三贵，郭子豪.精准扶贫与基层治理理性：对于A省D县扶贫项目库建设的解构［J］.社会学研究，2017，32（6）：70-93，243-244.

来，扶贫内容大大拓展、扶贫强度大大提升、扶贫项目大大增多，只有明确扶贫责任才更有利于扶贫政策的有效执行，构建完整、清晰的责任体系成为工作落实、责任落实、政策落实的关键。

2014年5月，《建立精准扶贫工作机制实施方案》出台，对全国精准扶贫工作进行顶层设计，建立了“中央统筹、省负总责、市（地）县抓落实的管理体制”①。此后出台的《脱贫攻坚责任制实施办法》又详细阐述了中央统筹、省负总责、市（地）县抓落实的工作机制，构建了责任清晰、各司其责、合力攻坚的责任体系。脱贫攻坚责任机制的确立是区域发展与区域治理在区域扶贫层面的有机结合和创新发展。从地理学理论来看，行政区划的规模和等级、管辖幅度等要素都与地理区域息息相关，不同层级的行政区域必然赋予不同的职责。行政区划作为一种空间治理的基础手段，是影响区域发展格局的重要因素②。因此，行政区划本身也是一种重要的资源③，是国家治理体系的基本形式。就扶贫而言，扶贫任务需要与区域行政体系相对应才能层层落实，贫困区域层级责任机制就是行政区划体系与扶贫治理体系的高度衔接。

建立“中央统筹、省负总责、市（地）县抓落实”的贫困区域层级责任机制，是将区域等级体系中的规模、等级与其功能的合理对应，以达到有效实现区域协调发展、精准脱贫的目的。贫困区域层级责任机制的建立，是区域发展政策和治理体系的完善，也是实现精准脱贫的重要保障。

5.结论

（1）个体扶贫与区域扶贫相互关联、互促共进，区域贫困治理目标实现的是个体脱贫与区域脱贫的有机统一。精准扶贫精准脱贫方略下的区域贫困治理框架成型于中国脱贫攻坚的丰富实践中，主要由贫困空间分

① 习近平召开部分省区市党委主要负责同志座谈会，http://news.cntv.cn/2015/06/19/VIDE1434712857321948.shtml.

② 王开泳，陈田.行政区划研究的地理学支撑与展望［J］.地理学报，2018，73（4）：688-700.

③ 习近平：用顶层设计指导引领推动京津冀发展合作，http://cpc.people.com.cn/xuexi/n1/2017/0703/c385474-29378048.html.

异、贫困区域开发策略、贫困区域管理三部分组成，与精准扶贫方略的精准识别、精准帮扶和精准管理相对应，实现了区域治理理论与实践的有机融合。

（2）贫困在空间上呈现显著的区域差异和一定的区域格局，具有鲜明的区域分异特征。基于贫困区域分异思想的贫困区域识别与区划体系是实施精准扶贫区域瞄准的前提。实践中，依据贫困程度差异和扶贫的需要，将县域划分为国家级贫困县、省级贫困县、非贫困县组成的县域体系；根据贫困发生率高低将国家级贫困县分为深度贫困县和贫困县，将县域内行政村分为非贫困村、贫困村和深度贫困村；将脱贫难度较大、贫困县集中分布的地区划分为集中连片特困地区，并作为脱贫攻坚的重点区域。

（3）将资源学、地理学等学科的区域开发与发展理论推绎到贫困区域，可以形成贫困区域开发策略：基于中国东部与中西部地区间的显著差异，建立省级、市级甚至县区级的对口支援关系，形成东西协作、对口帮扶的协调发展；把解决贫困地区的农业农村优先发展问题作为农业农村发展的首要问题，将农业农村放在优先发展的位置是促进贫困落后地区快速发展的重要手段；充分利用区域内部有利的区位条件、自然资源、劳动力以及知识技术等因素实施“五个一批”扶贫工程，因地制宜、分类施策。

（4）贫困区域是一个自上而下、层级分明的等级体系，明确贫困区域体系和层级责任机制是区域贫困治理的重要手段。在精准扶贫精准脱贫实践中，划分了“贫困县—贫困村—贫困户”三级区域扶贫对象体系，拟定了“贫困人口、贫困村、贫困县”的三级退出及考核评估机制，构建了中央统筹、省负总责、市县抓落实的工作机制，从而形成了责任清晰、各负其责、合力攻坚的贫困区域管理体系。

本研究总结的区域治理思想对于成功实施精准扶贫精准脱贫方略发挥了重要作用。随着脱贫攻坚的结束，扶贫重点由绝对贫困转向相对贫困，广大农村的工作重点由精准扶贫转向乡村振兴，这些区域贫困治理思想仍具有一定的指导意义，基于这些思想形成的东西协作、农业农村优先发展、对口帮扶等政策还会在一定时期内延续。另外，对于联合国可持续发展目标中2030年全球实现消灭绝对贫困目标的顺利实现，中国精准扶贫伟大实践中不断形成和完善的区域贫困治理思想，对于全球特别是广大发展中国家具有一定的参考价值。

（二）精准扶贫成效及进展分析

自2013年全面打响脱贫攻坚战以来，全国上下大力推进精准扶贫、精准脱贫工作。截至2019年末，全国832个贫困县中780个摘帽，累计9500多万人口脱贫，农村贫困发生率由2012年底的10.2%降低到2019年底的0.6%，区域性整体贫困基本得到解决。2018年6月国务院下发的《关于打赢脱贫攻坚战三年行动的指导意见》（以下简称《意见》）强调，要坚持把提高脱贫质量放在首位，从注重减贫进度转变为更加注重脱贫质量。2021年底，国家全面开展巩固脱贫成果后评估工作，旨在大力提升脱贫质量、防止返贫，巩固拓展脱贫攻坚成果与乡村振兴战略有效衔接。客观准确地掌握县域脱贫质量状况，有针对性地提出成效巩固与质量提升对策，可为巩固脱贫成果后评估工作提供坚实依据。

从黑龙江省情况来看，2016年，全省建档立卡人口脱贫46万人，贫困发生率降低到3.2%。产业扶贫带动18.3万贫困人口；就业扶贫转移贫困劳动力7.5万人；教育方面全面落实贫困家庭学生就读普通高中免学杂费政策；金融方面为扶贫企业、合作社、贫困户发放各类低息扶贫贷款20.9亿元，受益贫困户36244户；社保方面黑龙江省贫困县共有326.71万人参加养老保险，参保率为93.19%。2017年全省完成脱贫建档立卡人口16.2万人，超额完成国家下达的14万人脱贫任务，贫困发生率降至1.64%。贫困地区农民人均可支配收入增长9.5%，高于全省平均增速2.5个百分点。到2017年底，全省1778个贫困村共出列805个，13个贫困县顺利摘帽，贫困县数量实现首次减少。2018年全省完成脱贫建档立卡人口17.22万人，超额完成国家下达的15万人脱贫任务。贫困村出列873个，截至2018年12月31日，1778个贫困村累计出列1678个，剩余未出列100个，10个贫困县成功摘帽。全省落实中央财政专项扶贫资金23.2亿元，同比增长2.5%，落实省级扶贫专项资金11.3亿元，同比增长20%，落实市县财政扶贫资金8.6亿元，同比增长86.1%。

2019年，黑龙江省共实现了10.15万贫困人口脱贫，贫困人口由2013年的319.50万人下降到2019年末的1.25万人，贫困发生率下降到0.07%。至2020年，全省全部完成了脱贫摘帽任务，实现了脱贫攻坚战的全面胜利，工作重心开始向巩固脱贫成果、提高脱贫质量和乡村振兴战略转移。

二、县域脱贫质量的内涵与评价指标框架

针对贫困问题，国内外学者主要从贫困格局、影响因素、贫困测度及减贫效果评价等方面展开研究，且在贫困测度方面形成了较为成熟的评价指标体系和评价方法。在脱贫减贫方面，早在20世纪80年代Roling就提出要提升脱贫质量，近些年国外学者多探究产业、就业、金融、教育等对减贫的影响与作用机理。国内当前有关脱贫质量的研究，主要包括脱贫质量的重要性、着力点、实现路径和对策建议等方面。学者们认为，脱贫质量主要体现在结果真实、脱贫稳定、效益良好等方面。而关于脱贫评价研究，只有个别学者以多维贫困子群转移到极端非多维贫困比例/多维贫困子群转移到边缘非多维贫困比例作为评价指标，进行了初步探索。个别学者对脱贫的稳定性、可持续性、潜力及脆弱性进行评价，可以在一定程度上从侧面反映脱贫质量。相关研究主要以农户调研数据和社会经济数据为数据源，基于多维贫困框架和可持续生计框架，从自然区位、经济状况、生活条件、社会保障等方面建立评价指标体系，并采用层次分析法、熵权法等确定指标权重，对不同区域和贫困群体的脱贫情况进行评价。这些研究虽然对脱贫质量及其评价的理论分析有所欠缺，但其对脱贫质量评价的方法探索仍具有借鉴意义。

本研究以黑龙江省为例，在明晰精准扶贫成效及进展的基础上，进一步明确县域脱贫质量内涵，以8个省级贫困县为对象，根据农户和村干部调查数据，开展县域脱贫质量评价分析，从区域脱贫和人口脱贫2个维度，构建多维脱贫质量测度框架，建立脱贫质量评价指标体系和评价方法，提出提升脱贫质量和巩固脱贫成果的对策建议，旨在为脱贫质量评价提供参考，进而推进脱贫攻坚成果与乡村振兴战略有效衔接。

（一）脱贫质量的内涵

贫困呈现为区域贫困和人口贫困2个维度。其中，区域贫困是贫困人口集中、区域经济发展水平差、基础公共服务设施等较为落后的一种状态；人口贫困是人口个体、家庭和群体缺乏或没有基本的物质和精神生活保障，且在一定程度上缺乏创造收入的能力和机会。与贫困相对应，脱贫即摆脱绝对贫困状态，也包括区域脱贫和人口脱贫2个维度，是指各项脱贫指标稳定且持续超过一定的标准线。国际脱贫标准是每人每日收入超过1美元，生活达到基本标准，没有饥饿和一切形式的营养不良，粮食安全。中国对于区域脱贫的衡量标准是贫困地区（贫困县）贫困发生率降至2%（西部地区3%）以下，贫困村有一定的基础设施、公共服务和集体经济收入等，不同省区市一般有明确且稍有差异的规定。中国人口脱贫的衡量标准是以户为单元的人均年纯收入稳定超过2011年可比价的2300元，且吃穿不愁，义务教育、基本医疗和住房安全有保障。脱贫质量也必然包括区域脱贫质量和人口脱贫质量，两者相互影响、相互制约。区域发展水平与脱贫质量的提升，可为人口提供就业增收、基础公共服务设施、社会保障等更加优越的环境；人口脱贫质量的提高，有利于提升区域治理水平、思想文化素质，促进区域经济发展。质量的核心是满足要求的水平或等级，脱贫质量即满足脱贫要求并实现更好发展状态的水平。

（二）脱贫质量评价指标框架

有关贫困、脱贫的评价多基于多维贫困框架和可持续生计框架开展研究，其中多维贫困框架主要基于Alkire和Foster提出的多维贫困识别、加总和分解方法进行构建，包括教育、健康和生活条件等多个方面，可对多维贫困程度和等级进行测度。可持续生计框架是联合国开发计划署（UNDP）以消除贫困为主要目标而提出的最为典型的生计资本分析框架，核心内容包括人力资本、社会资本、自然资本和物质资本等，可对不同区域和贫困群体的脱贫稳定性、可持续性及脱贫潜力等进行极具规范和系统性的研究。

县域脱贫质量评价是对脱贫摘帽县地区和人口脱贫质量的高低进行判定，脱贫质量评价体系的构建具有客观性、系统性、全面性、数据可获得性和目标导向性等特点。立足中国精准扶贫和精准脱贫方略实际，在深入分析脱贫质量内涵的基础上，借鉴多维贫困框架和可持续生计框架，从区域脱贫质量和人口脱贫质量2个维度出发，综合考虑减贫程度、经济发展状况、基础设施和公共服务设施建设、“两不愁、三保障”、收入水平及政策入户等多个方面的因素，构建脱贫质量测度框架（见图10–2）。其中，减贫程度是指剩余贫困人口占区域农业人口的比例状况；经济状况是区域性高质量稳定脱贫的重要内容，可为基础公共服务设施建设及社会保障提供源源不断的物质基础，县和行政村是中国精准扶贫、精准脱贫管理的重要单元，因此可用包括县和村2个尺度的相关指标来反映经济状况；配套

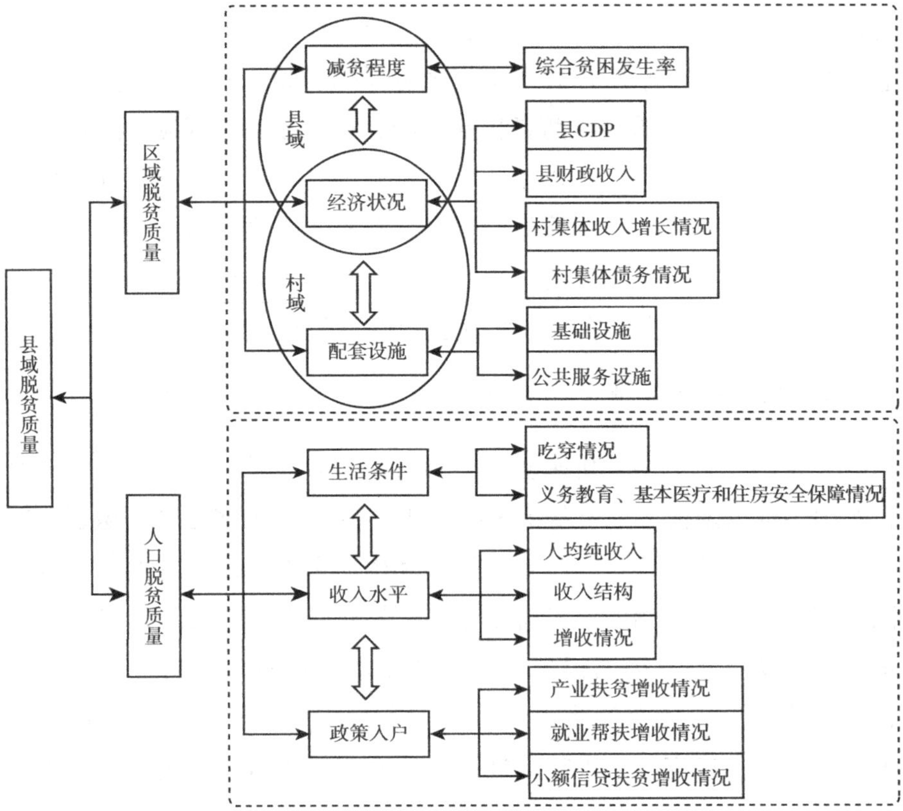

图10–2　多维脱贫质量测度框架

设施是经济发展和广大农村人口生产生活的基本条件。生活条件是人口得以基本生存的需要，也是能够长远发展的根本，生活条件达到基本要求是脱贫的前提和保障，脱贫必须实现“两不愁、三保障”；收入水平是决定人口脱贫质量的关键性因素，提高收入水平是提高农村人口生活水平、搞活农村经济、发展农业生产的必要条件和必然结果，重点是人均纯收入高、收入结构合理且增收稳定可持续；各项扶贫政策入户对农户的增收效果是影响人口脱贫质量及脱贫可持续的重要因素，强化政策入户增收效果是实现农户稳定脱贫重要的内生动力。需要说明的是，这里指的扶贫政策主要是有关建档立卡户增收的政策，其他保障性政策已经通过前面的各项指标得以体现。

三、典型脱贫县概况与数据处理

（一）典型脱贫县概况

黑龙江省作为中西部22个具有扶贫任务的省份之一，全省20个国家级贫困县（国贫县）、8个省级贫困县（省贫县）全部先后实现脱贫摘帽，贫困人口由2013年的319.50万人下降到2019年末的1.25万人，贫困发生率下降到0.07%，脱贫攻坚工作取得重大进展。8个省贫县分别是巴彦、木兰、依安、克山、杜尔伯特蒙古族自治县（杜蒙县）、勃利、孙吴和绥棱县（见图10-3）。其中，勃利和孙吴分别位于三江平原与丘陵过渡区和中俄边境贫困高发区，地理位置偏远、交通发展落后、地形起伏、耕地资源不足且工业服务业发展较为滞后。巴彦、木兰、依安等6个县主要分布于大兴安岭南麓贫困片区，主要致贫原因是其种养殖结构较为单一、基础设施落后且农户思想意识局限性较大等。杜蒙是全省唯一的少数民族自治县，于2002年被列为国贫县，2012年被列为省贫县，孙吴于2007年被列为省贫县，其他6个县均于2012年被列为省贫县。基于实地调查，8个省贫县2014年农业户籍人口总数为219.74万人，截至2017年底，剩余未脱贫人口总数27097人，贫困发生率均下降至2%以下，2018年9月省人民政府公布其全部符合贫困县退出条件并全部脱贫摘帽。

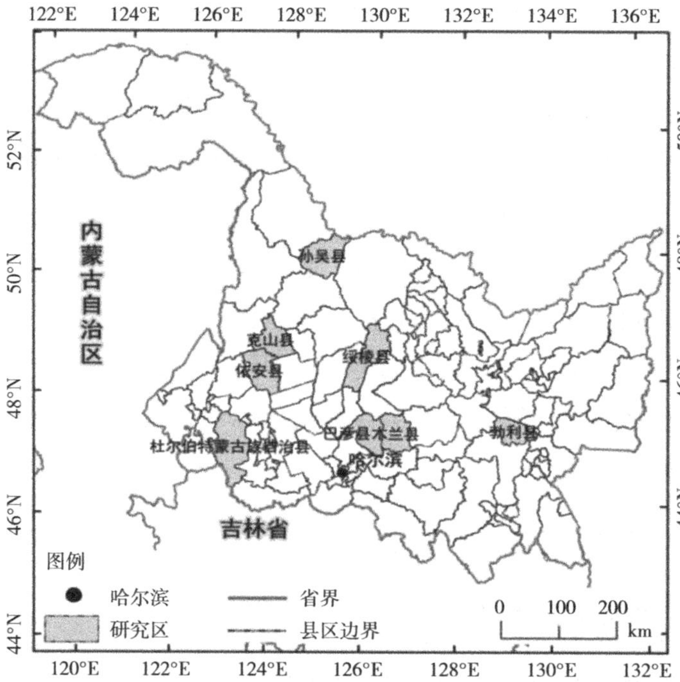

图 10-3　黑龙江省级贫困县空间分布

（二）数据来源

评价样本数据主要来源于实地调研。研究报告采取分层抽样、重点抽查、村组普查、座谈访谈相结合的方式对8个省贫县进行问卷调研。通过综合分析地理区位、贫困发生率及村属性等，共抽调97个乡镇的220个村，其中贫困村113个、非贫困村107个。得到有效农户调研问卷8248份，其中贫困户、脱贫户和非建档立卡户数量分别为6户、4648户和3594户。此外，通过对县、乡、村干部进行访谈，全面了解县域和村域发展状况，并填写村干部问卷220份。各县样本量均衡，问卷数据具有较好的代表性和科学性。

（三）评价模型

根据多维脱贫质量测度框架（见图10-2），借鉴多维贫困测度、脱贫稳定性评价方法以及指标赋权法，确定县域脱贫质量的目标层、维度层、因素层和指标层，建立县域脱贫质量评价指标体系（见表10–1），对8个省贫县2017年末的脱贫质量进行评价（故选用2017年的相关数据），计算得到综合得分。

1. 评价指标体系构建

表 10–1　　　　脱贫质量评价指标体系

目标层	维度层	因素层	一级指标层	二级指标层	指标性质	权重
脱贫质量	区域脱贫质量	减贫程度	综合贫困发生率	（建档立卡未脱贫人口+错退人口+漏评人口）：申请退出贫困县的农业户籍人口×100%	–	0.0703
		经济状况	县GDP	2017年县GDP/万元	+	0.0612
			县财政收入	2017年县财政收入/万元	+	0.0533
			村集体收入年均增长率	2014~2017年村集体收入年平均增长率	+	0.0324
			村集体债务情况	2017年县域村集体平均负债率	–	0.0193
		配套设施	基础设施情况	中心村通自来水的村域占比	+	0.0651
				通动力电（380V）的村域占比	+	0.0349
				有通村硬化路的村域占比	+	0.0293
				覆盖有线电视的村域占比	+	0.0110
				覆盖宽带网络的村域占比	+	0.0088
			公共服务设施情况	有卫生室的村域占比	+	0.0138
				有政务中心的村域占比	+	0.0110
				有电子商务中心的村域占比	+	0.0076
				有文化广场（活动广场）的村域占比	+	0.0069
				有幼儿园的村域占比	+	0.0036
				村内小学正常使用的村域占比	+	0.0030
				有图书室（文化书屋）的村域占比	+	0.0020
				有法律服务中心的村域占比	+	0.0016

续表

目标层	维度层	因素层	一级指标层	二级指标层	指标性质	权重
脱贫质量	人口脱贫质量	收入水平	人均纯收入	脱贫人口家庭人均纯收入水平/元	+	0.1671
			收入结构	脱贫人口非转移性收入比例（家庭经营性收入+工资性收入+财产性收入）：脱贫户家庭纯收入	+	0.1068
			脱贫户增收情况	建档立卡以来家庭收入有明显增加的脱贫户占比	+	0.0482
				增加后的收入稳定可持续的脱贫户占比	+	0.0755
		政策入户	产业扶贫情况	得到产业扶贫后增收效果明显（非常明显1.0、较明显0.8）的脱贫户占比	+	0.0825
			就业帮扶情况	就业帮扶措施对家里增收帮助效果明显（非常明显1.0、较明显0.8）的脱贫户占比	+	0.0521
			小额信贷扶贫情况	借过扶贫小额信贷，对家庭增收有明显（非常明显1.0、较明显0.8）帮助的脱贫户占比	+	0.0327

注：+为正相关；-为负相关。

本研究构建的评价指标体系包括区域脱贫质量和人口脱贫质量2个维度、减贫程度等5方面因素，共13个一级指标和25个二级指标。调研发现，经过精准扶贫工作的大力推进，现阶段脱贫人口均已稳定实现“两不愁、三保障”，因此指标体系中没有设定相关指标。各指标均选取具体可获取的调查数据进行计算，其中综合贫困发生率和村集体债务情况的指标性质为负相关，其他指标为正相关。

2.数据归一化处理

由于各指标所表示的含义不同，具有不同的量纲单位，会对数据分析结果产生一定影响。为消除量纲的影响，对数据进行标准化处理，便于数据间进行比较。本研究根据问卷统计数据和现有脱贫标准，将各个指标值归一化至0~100（P_{ij}）（见表10-2）。

表 10-2　　各指标归一化标准

指标	归一化标准	归一化标准值
综合贫困发生率	=2%（中部地区贫困县脱贫标准）	60
	=0	100
	其他值	线性分布
县 GDP	达到黑龙江省所有国家贫困县县 GDP 均值（767406.39 万元）	60
	大于或等于黑龙江省全省各县 GDP 均值（1190065 万元）	100
	其他值	线性分布
县财政收入	达到黑龙江省所有国家贫困县县财政收入均值（23481.92 万元）	60
	大于或等于黑龙江省全省各县财政收入均值（36722.91 万元）	100
	其他值	线性分布
村集体收入年均增长率	年平均增长率 =0	0
	年平均增长率 =50%	100
	其他值	线性分布
村集体债务情况	平均负债率 =100%	0
	平均负债率 =0	100
	其他值	线性分布
基础设施情况	有 / 覆盖的村域占比 =0	0
	有 / 覆盖的村域占比 =100%	100
	其他值	线性分布
公共服务设施情况	有 / 覆盖的村域占比 =0	0
	有 / 覆盖的村域占比 =100%	100
	其他值	线性分布
人均纯收入	脱贫人口家庭人均纯收入 =3500 元（黑龙江省贫困人口退出标准 3335 元 / 人）	60
	脱贫人口家庭人均纯收入 ≥ 13000 元（黑龙江省常住居民人均可支配收入）	100
	其他值	线性分布
收入结构	非转移性收入比例 =50%	60
	非转移性收入比例 =80%	100
	其他值	线性分布
脱贫户增收情况	建档立卡以来家庭收入有明显增加的脱贫户占比 =0；增加后的收入稳定可持续的脱贫户占比 =0	0
	建档立卡以来家庭收入有明显增加的脱贫户占比 =100%；增加后的收入稳定可持续的脱贫户占比 =100%	100
	其他值	线性分布

续表

指标	归一化标准	归一化标准值
产业扶贫情况	帮扶效果明显的农户占比=0	0
	帮扶效果明显的农户占比=100%	100
	其他值	线性分布
就业帮扶情况	帮扶效果明显的农户占比=0	0
	帮扶效果明显的农户占比=100%	100
	其他值	线性分布
小额信贷扶贫情况	帮扶效果明显的农户占比=0	0
	帮扶效果明显的农户占比=100%	100
	其他值	线性分布

3. 权重确定

运用层次分析法综合确定各指标的权重。首先，根据脱贫质量评价指标体系在Yaahp5.3中构建递阶层次结构模型。其次，邀请本领域的30名专家对不同维度每层中各指标的相对重要性用1~9比例标度进行判断评分，构成两两判断矩阵。具体比例标度是：前者比后者绝对重要、十分重要、比较重要、稍微重要、同样重要（9、7、5、3、1），后者比前者稍微重要、比较重要、十分重要、绝对重要，则为倒数（1/3、1/5、1/7、1/9），重要性介于上述两相邻判断的中间，分别为微小重要、明显比较重要、更为重要、强烈重要（2、4、6、8、1/2、1/4、1/6、1/8）。并对判断矩阵进行一致性检验，对未通过一致性检验的指标进行适当调整，最终使各矩阵均通过一致性检验，最后得出各指标的权重W_j。

4. 脱贫质量综合得分计算

确定各指标权重后，运用多目标线性加权函数法得到各县脱贫质量的综合得分。构造函数如下：

$$V=\sum_{j=1}^{m}\sum_{i=1}^{n}W_jP_{ij} \tag{10-1}$$

其中，V为各县脱贫质量的综合得分，W_j为第j个指标的权重值，P_{ij}为指标标准化值，m为评价指标的个数，n为评价县域的个数，i为被评价县。

四、省级贫困县脱贫质量特征分析

（一）县域整体脱贫质量特征分析

县域脱贫质量存在一定的区域差异，为充分呈现其差异水平，基于综合得分将脱贫质量划分为5个等级。其中，综合得分大于等于85为高，75~84分为较高，65~74分为中等，55~64分为较低，小于55分为低。哈尔滨市巴彦县脱贫质量综合得分最高，为87.12分，脱贫质量等级为高，其位于省会周边具有较明显的区位优势，县GDP、基础设施等情况相对较好，有利于县域及村域经济发展。杜蒙、绥棱、依安和克山的脱贫质量较高，得分由高到低依次为84.24分、83.73分、81.22分、77.13分，勃利、木兰和孙吴的脱贫质量中等，得分分别为74.83分、74.02分和73.38分，这3个县位置相对偏远，交通不便，县域经济相对滞后，脱贫质量不高。整体而言，8个已脱贫省贫县的脱贫质量均达到了中等及以上水平，均高于脱贫的基本要求（见图10-4）。

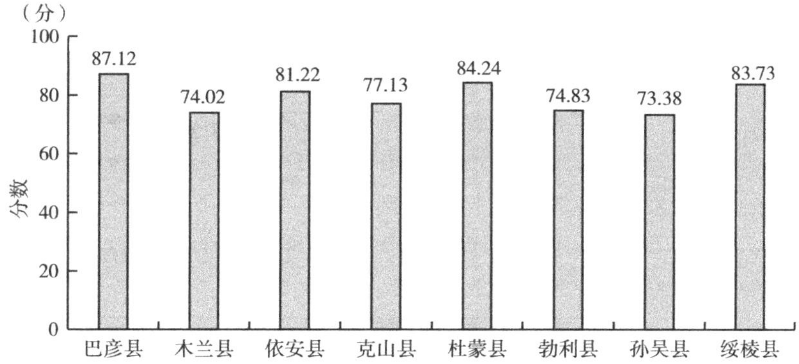

图10-4 县域整体脱贫质量综合得分

（二）不同维度脱贫质量特征分析

从区域脱贫质量来看，杜蒙、巴彦、绥棱和依安的区域脱贫质量较高，得分分别为84.11分、83.46分、76.47分、75.85分；勃利、克山、木兰和孙吴为中等，得分分别为72.42分、68.49分、66.21分、63.40分。从人口脱贫质量来看，巴彦的人口脱贫质量最高，得分为89.95分；其次为绥棱和依安，得分为89.31分和85.36分，脱贫质量等级也为高；杜蒙、克山、孙吴、木兰和勃利较高，得分依次为84.34分、83.78分、81.06分、80.03分、76.68分（见图10–5）。需要特别注意的是，这8个县的人口脱贫质量均高于区域脱贫质量，且人口脱贫质量较低的县区域脱贫质量也相对较低，主要由于收入水平和政策入户方面发展较好。杜蒙作为少数民族自治县，其经济状况较好，区域脱贫质量与人口脱贫质量差距最小，仅为0.23；勃利两者差距也较小，为4.25，但2个维度的脱贫质量均较低；巴彦和依安两者差距则相对较大，差值分别为6.49和9.51；绥棱、木兰、克山、孙吴两者的差值甚至大于10，其中地处偏远山地丘陵区的孙吴差值为17.66。一方面体现了中国以人民为中心发展理念的具体实践，建档立卡人口在精准扶贫精准脱贫过程中受益良多；另一方面也说明过去精准扶贫过程中的工作重点针对人口脱贫，虽然各县域内特别是贫困村的扶贫产业、基础设施与公共服务设施建设有了长足发展，但对整个县域经济发展的促动作用还没有充分发挥，县域与村域发展水平仍较为滞后、亟待提升。

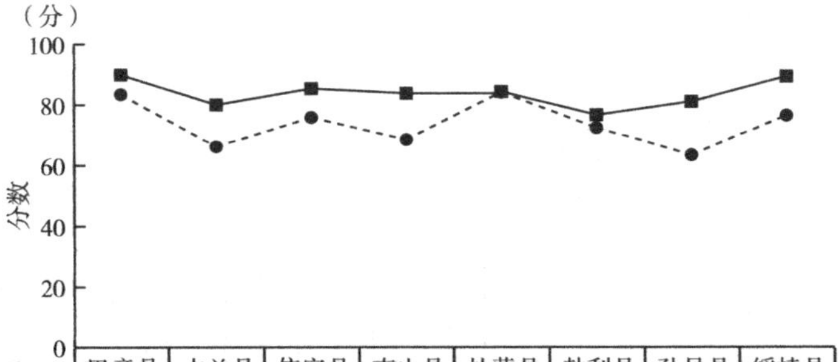

	巴彦县	木兰县	依安县	克山县	杜蒙县	勃利县	孙吴县	绥棱县
—■— 人口脱贫质量	89.95	80.03	85.36	83.78	84.34	76.68	81.06	89.31
-●- 区域脱贫质量	83.46	66.21	75.85	68.49	84.11	72.42	63.40	76.47

图 10–5　不同维度脱贫质量得分

（三）不同因素层脱贫质量特征分析

（1）减贫程度方面取得了很大进展，孙吴减贫程度最高，巴彦和绥棱也较高，这3个县的综合贫困发生率较低，分别为0.59%、0.86%和1.21%，其他县减贫程度较低或中等，但综合贫困发生率也均低于2%。经济状况方面发展则不够理想，主要受村集体经济发展滞后的限制，且各县差距最大，与县GDP、县财政收入以及广大村域经济发展水平息息相关。相对而言，杜蒙和巴彦经济状况较好，其次为绥棱，经济状况中等，其他几个县则相对较差。县域整体经济状况区域间差异较大，杜蒙和巴彦的地区GDP均超过100亿元，县财政收入也均超过3.2亿元，勃利、克山等则相对较低。村域经济发展整体较差，6个县2014~2017年村集体收入年均增长率均低于20%，村集体债务普遍较高，尤其克山、木兰和巴彦的村集体平均负债率高达70%以上，部分村集体的债务高达500万元以上。这主要是由于村集体历史债务较多、集体经济发展形式单一、村干部及农户集体意识较弱、缺少外部资金和技术支持等原因，导致农村集体经济发展缓慢。

（2）配套设施方面，均已达到较高及以上水平，由高到低依次为依安、勃利、绥棱、克山、巴彦、木兰、杜蒙和孙吴。国家实施精准扶贫战略以来，在基础公共服务设施建设方面做了大量工作，所有贫困村基本均实现“三通三有”，即通水、通路、通电、有学校、有卫生室和有广播电视。各县通自来水、硬化路等基础设施的村域占比大多已达到95%以上，基本实现100%覆盖。公共服务设施与基础设施相比还有待完善，其中有文化广场、图书室、卫生室的村域占比较大，均达到70%以上，且大多高于80%。有幼儿园、小学正常使用的村域占比相对较少，由于人口老龄化严重、乡村青少年数量较少，村内小学大多已合并到乡镇政府驻地或县城。扶贫政策和资金主要倾向于贫困村，非贫困村支持力度相对薄弱，部分非贫困村的配套设施建设与贫困村相比发展较差。

（3）收入水平方面，绥棱、巴彦和依安的收入水平等级为高，其他县也相对较高，得分从高到低依次为孙吴、克山、杜蒙、木兰和勃利。从人均纯收入来看，绥棱最高，为11144.39元，依安、孙吴和巴彦也超过8000元，木兰相对较低，但也超过2017年省贫困人口退出标准的两倍。从收入结构来看，绥棱、巴彦和木兰脱贫户非转移性收入比例均超过了70%，其中绥棱最高，达到79.49%，孙吴相对较少，为58.12%，其他县其比例均超过了60%。从农户增收及其增收稳定性来看，孙吴、克山等6个县的脱贫户建档立卡以来收入有明显增加的农户占比超过90%，木兰和勃利相对较低，其比例为76.85%和66.94%。各县增收后稳定可持续的农户占比均达85%以上，其中7个县该比例超过90%，增收项目及方式方法已取得明显成效。整体来看，脱贫户人均收入较高，非转移性收入占比较大，大多数脱贫户均能够实现增收且增收稳定可持续，是实现稳定脱贫的坚实基础。但小额贷款分红、产业项目分红及光伏分红等在合约到期后，农户收入的稳定性可能会受到影响，是需要重点关注的方面。

（4）政策入户方面，巴彦和杜蒙政策入户增收效果较好，脱贫户中享受了帮扶政策的农户家庭增收效果明显的比例均达80%以上，最高达到90.00%，其他县也达到了较高或中等水平。从调研结果来看，扶贫小额信贷增收效果最为明显，各县借过扶贫小额信贷后增收明显的农户占比均超过70%，其中6个县超过80%，孙吴高达95.91%。其次为产业扶贫，勃利得到产业帮扶措施后增收效果明显的农户占比相对较少，为68.77%，其他县该比例均超过70%，其中克山最高，达到89.68%。就业帮扶增收效果则相对较差。这主要是由于贫困人口多为因病、因残致贫，家中无劳动力或劳动力较少，通过就业增收的效果较差；而产业扶贫多为传统农业合作社，规模较小且以分红为主，农户参与生产经营的很少，增收效果受限；小额贷款扶贫相对来讲增收效果最好。习总书记在2020年决战决胜脱贫攻坚座谈会讲话中也指出近些年扶贫小额信贷对贫困群众发展生产起到重要的支持作用，农户可以利用资金发展适合自己的项目（见表10–3）。

表 10–3　　不同因素层脱贫质量得分

因素层	巴彦县	木兰县	依安县	克山县	杜蒙县	勃利县	孙吴县	绥棱县
减贫程度	82.80	62.40	71.00	70.60	73.20	72.60	88.20	75.80
经济状况	75.52	39.68	53.94	39.69	82.81	45.64	27.46	57.33
配套设施	90.33	89.76	95.89	91.84	89.07	94.78	84.70	92.73
收入水平	90.50	82.10	86.91	83.96	83.26	79.64	84.76	95.06
政策入户	88.64	75.10	81.68	83.36	86.89	69.63	72.27	75.67

第十一章

农业强省建设程度评价及其驱动乡村振兴的机制研究

实施乡村振兴战略，一个总要求是要实现产业兴旺。乡村产业兴旺，首先是农业必须兴旺。2019年9月，习近平总书记在河南省考察时发表重要讲话强调，要在乡村振兴中实现农业强省目标。因此，加快农业强省建设，是实现农业产业兴旺的重要标志，是全面推进乡村振兴的重要途径。

一、农业强省的内涵及其在乡村振兴中的地位

（一）农业强省的内涵与特征

中国是农业大国，但还不是农业强国。实施乡村振兴战略的总目标，是实现农业农村现代化，其标志是到2050年全面实现农业强、农村美、农民富。中国多数省份都是农业大省，其中，黑龙江和山东、河南、江苏、湖北等许多省份提出建设农业强省的目标。那么，如何判断一个省份是不是农业大省、是不是农业强省，如何评价农业强省的建设程度，需要首先从理论上进行探讨。

农业大省，是指农业生产规模较大的省份，即农业资源、生产投入与产出在数量上达到较大规模的省份。农业资源数量和生产投入规模大，是指农用地、耕地面积大和农村人口、农业劳动力数量多；农业产出数量和规模大，是指农业综合生产能力大和农产品产量、农业产值高。农业大省是一个可以通过省际比较进行判断的相对概念，强调的是农业生产的“量”，是一种追求数量增长和规模扩大的“数量型、外延式”发展状态。

农业强省，是指在生产经营规模较大和综合产能较高的基础上，农业发展水平达到更高程度的省份，包括农业现代化、农业生产效率、农业产业化程度、农业市场竞争力以及农民收入等方面达到更高水平。农业强省既是一个可以通过省际比较进行判断的相对概念，又是一个应该通过自身动态比较进行衡量的“绝对”概念，强调的是农业发展的“质”，是一种更注重质量效益和竞争力的“质量型、内涵式”建设过程。

具体分析，农业强省应具备以下三个条件和基本特征：

（1）农业生产规模较大。农业强省首先应该是农业大省，必须具有较大的农业生产投入规模和产出数量。农业大省是农业强省的前提和基础，不是农业大省不可能建设成农业强省。

（2）农业发展水平更高。农业强省必须是农业大省，但农业大省不一定是农业强省。在一定时期内，农业大省要建设成农业强省，必须同时具备更高的农业发展水平。农业发展水平高，首先表现为农业现代化水平高，包括农业机械化、科技化、组织化、信息化、水利化等；其次表现为农业生产效率高，主要包括农业劳动生产率、土地产出率等；再次表现为农业产业化程度高，重点是农产品加工业、休闲旅游农业的发展水平；最后表现为农业质量效益和市场竞争力高，包括农业品牌竞争力、农产品出口创汇水平等。

（3）农民收入水平更高。农民是农业生产经营主体和乡村振兴主要建设者，实现乡村振兴和农业农村现代化的主要标志就是在农业强的基础上实现农民富，特别是对于农业大省来说，农业生产经营更是农民收入的主要来源渠道。因此，建设农业强省，必须使农民收入达到更高水平，实现城乡居民收入均衡化。

（二）农业强省建设在全面推进乡村振兴中的地位与作用

1. 实现农业强是实施乡村振兴战略的重要目标任务

2018年，中共中央、国务院在发布的《关于实施乡村振兴战略的意见》（中央一号文件）和印发的《乡村振兴战略规划（2018~2022年）》中确定了实施乡村振兴战略“三步走”的目标任务，提出到2050年，乡村全面振兴，农业强、农村美、农民富全面实现。这意味着，实现农业强，既是推进乡村全面振兴的重要途径，也是评价乡村全面振兴的重要标志，这是从国家层面确立了实现农业强的目标在实施乡村振兴战略中的重要地位。

2019年9月，习近平总书记在河南省考察时发表重要讲话强调，要在乡村振兴中实现农业强省目标。总书记明确地把实现农业强省作为乡村振兴的重要目标，这不仅给河南省乡村振兴和农业发展指明了方向，更是对所有农业大省提出来的任务要求。只有更多的省份建成农业强省，整个国家农业才能强。

2.实现农业强是建成社会主义现代化强国的必然要求

党的十九大提出，到2035年，在全面建成小康社会的基础上，基本实现社会主义现代化；到21世纪中叶，在基本实现现代化的基础上，把我国建成富强民主文明和谐美丽的社会主义现代化强国。这是以习近平同志为核心的党中央对新时代中国特色社会主义发展、实现第二个百年奋斗目标作出的战略安排。

在第一个阶段，基本实现社会主义现代化，内在地要求基本实现农业现代化；在第二个阶段，建成社会主义现代化强国，内在地要求在全面实现农业现代化的基础上建成农业强国。建成农业强国，必须依靠更多的农业强省来支撑。因此，加快农业强省建设，是建成社会主义现代化强国的重要组成部分和必然要求，是实现第二个百年奋斗目标的题中应有之义。

3.农业大省应率先在乡村振兴中实现农业强省目标

黑龙江省是典型的农业大省。2017年4月，黑龙江省第十二次党代会提出了实现农业大省向农业强省转变的奋斗目标。2020年11月，省委十二届八次全会提出，“十四五”时期，农业现代化建设要取得新突破，建成农业强省。2020年12月，为加快推动由农业大省向农业强省跨越，黑龙江省人民政府印发《黑龙江省农业强省建设规划（2020~2025）》。2021年7月，省委十二届九次全会在《中共黑龙江省委关于深入贯彻新发展理念、加快融入新发展格局、推进农业农村现代化实现新突破的决定》中明确提出，到2025年底建成农业强省，农业农村现代化要实现新突破。

（1）争当农业现代化建设排头兵，内在地要求黑龙江省加快建成农业强省。

争当农业现代化建设排头兵，是习近平总书记寄予黑龙江省的重要嘱托和殷切期望，是党中央赋予黑龙江省的重大任务和历史使命。农业现代化建设排头兵，是指在农业现代化建设过程中走在最前列，农业现代化程度和水平最高、对全国各地现代农业发展能起到示范和引领作用。成为农业现代化建设排头兵，一方面，要求黑龙江省农业现代化水平要走在全国最前列；另一方面，要求黑龙江省在推进农业现代化建设、深化现代农业改革和制度创新上走在全国最前列。从实际情况来看，黑龙江省的农业地位、历史贡献、现实基础和资源环境优势，决定了黑龙江省最有条件成为农业现代化建设的排头兵，既可能更应该起到排头兵的作用。加快建成农业强省，是黑龙江省争当农业现代化建设排头兵的内在要求。

（2）实现龙江全面振兴全方位振兴，内在地要求黑龙江省加快建成农业强省。

2018年9月，习近平总书记在东北三省考察，主持召开深入推进东北振兴座谈会并发表重要讲话指出，新时代东北振兴，是全面振兴、全方位振兴。2020年11月，省委十二届八次全会在《中共黑龙江省委关于制定黑龙江省国民经济和社会发展第十四个五年规划和二〇三五年远景目标的建议》中提出，到2035年，实现黑龙江全面振兴全方位振兴，基本实现社会主义现代化，到21世纪中叶把黑龙江省建成富强民主文明和谐美丽的社会主义现代化新黑龙江。实现黑龙江全面振兴全方位振兴，在区域上，既要振兴城市，又要振兴乡村；在经济振兴上，既要振兴工业，又要振兴农业。基本实现社会主义现代化，建设现代化新黑龙江，既要建设现代化新城市，又要建设现代化新农村；既要实现黑龙江工业现代化，又要实现黑龙江农业现代化。不管是振兴乡村、建设现代化黑龙江新农村，还是振兴农业、实现黑龙江农业现代化，都内在地要求黑龙江省加快建成农业强省。

二、农业强省建设评价指标体系构建与测评

中国地域辽阔，不同省份农业生产规模有大有小，农业发展水平有高有低，综合实力有强有弱。到底哪些省份是农业大省，哪些省份能够建成农业强省，需要建立一个科学合理的评价指标体系进行定量测评。

根据农业大省与农业强省的内涵与特征，首先，构建省域农业生产规模评价指标体系，用以评价不同省份农业生产规模的大小；其次，构建省域农业发展水平评价指标体系，用以评价不同省份农业发展水平的高低；最后，将省域农业生产规模指数和农业发展水平指数加权汇总，得到省域农业强省建设程度指数。

（一）省域农业生产规模评价指标体系构建与测评

1. 评价指标体系构建原则

评价指标体系，是指由表征评价对象各方面特性及其相互联系的多个指标所构成的具有内在结构性的有机整体，是进行正确实际定量评价的前提和基础。构建一个科学合理的评价指标体系，应遵循以下原则。

（1）科学性原则。

科学性是评价指标体系构建的基础，是指在科学理论的指导下，遵循科学的程序，运用科学的思维方法来进行指标选取的行为准则。在评价指标体系构建过程中，应尽量选择科学、清晰、准确且符合事实规律的指标，确保其与所研究的科学问题具有高度的一致性与相关性，能够反映科学问题的内涵要求和研究意义。农业强省建设是一项长期的历史任务，在设立指标时要根据农业发展的实际情况与存在的问题，构建能够反映建设农业强省的长期性、稳定性、连续性和动态性的综合性指标体系，以便于长期观察、动态评估农业强省建设情况。

（2）可比性原则。

可比性原则是指在数据搜集和处理的过程中，应当保障数据口径一致、相互可比及来源权威。在指标数据多来源、多渠道搜集的过程中，由于进行数据统计的部门不同，不可避免地会出现统计口径不一致等诸多问

题。因此，在构建农业强省建设程度评价指标体系的过程中要满足可比性原则，对于一组指标数据尽可能地选取一个指标数据源，对同一组数据的统计口径也要做到严格统一，尽可能地消除指标间的差异性，确保实际测评具有可比性。

（3）系统性原则。

农业强省首先是农业大省，对于农业强省建设程度的测度包含农业规模水平、农业现代化水平、农业生产效率、农产品加工业发展水平、农民收入水平等诸多方面，是一个开放的多维系统，内部系统和外部环境均较为烦琐，并且在指标间会出现不确定变量之间相互影响及重叠等情况。因此，需要以系统优化为原则，采用系统分解和层次结构分析等方法，建立结构严谨、层次清晰的指标体系。

（4）数据可获得性原则。

数据可获得性是评价指标体系构建的前提，是指在数据搜集时要保障指标数据可获取。在进行农业强省评价指标体系的指标选取时，需要尽可能在全面、系统的基础上考虑到选取的指标是否可以获取基础数据，对于一些来源模糊，或者不能获取数据的指标需要依据指标数据的可获得性原则寻找替代，或者将其舍去。

2. 评价指标体系的构建与权重确定

省域农业生产规模，体现的是不同省份在农业生产过程中所投入的农业资源数量和产生的农业产值和农产品数量。因此，本研究设置农业投入规模和农业产出规模两个一级指标。

（1）农业投入规模。

农业投入规模，是指在农业生产过程中所投入的资源和要素的数量。本研究采用农用地规模、耕地规模、乡村人口规模以及第一产业就业人员规模4个二级指标来反映农业投入规模。

农用地规模，用农用地面积和人均农用地面积2个三级指标综合计算，反映农林牧渔业生产的土地投入规模。

耕地规模，用耕地面积和人均耕地面积2个三级指标综合计算，反映种植业生产的土地投入规模。

乡村人口规模，用乡村人口数量和乡村人口占本省总人口数量的比重2个三级指标综合计算，计算采用省域排名方法，其公式分别为：

乡村人口数量=（32-乡村人口数排名）×100/31　　（11-1）

乡村人口占总人口数量比重=［32-（乡村人口数/总人口）排名］×100/31　　（11-2）

第一产业就业人员规模，用第一产业就业人员数量和第一产业就业人员占全省就业人员总数比重2个三级指标综合计算，计算采用省域排名方法，其公式分别为：

第一产业就业人员数量=（32-第一产业就业人员数量排名）×100/31　　（11-3）

第一产业就业人员占全省就业人员总数比重=［32-（第一产业就业人员数量/全省就业人员总数）排名］×100/31　　（11-4）

（2）农业产出规模。

农业产出规模，是指农业生产活动所产出的农产品数量或农业产值。因此，本研究采用第一产业增加值、粮食产量、畜产品产量以及水产品产量4个二级指标来体现农业产出规模。

第一产业增加值，用第一产业增加值和第一产业增加值占本省地区生产总值的比重2个三级指标综合计算，从价值上反映农业总体产出规模。

粮食产量，用粮食总产量和人均粮食产量2个三级指标综合计算，主要反映种植业的产出规模。

畜产品产量，用肉类产量、蛋产量和奶类产量3个三级指标综合计算，反映畜牧业的产出规模。

水产品产量，包括海水产品和内陆水产品，用水产品总产量表示，反映渔业的产出规模。

评价指标体系构建之后，课题组成员深入研究各级指标对上一级指标的作用影响，并邀请高等院校、科研院所的农业经济领域专家学者和政府农业管理部门的实际工作者进行打分，综合考虑、反复权衡后确定指标权重（见表11-1）。

表 11-1　　省域农业生产规模评价指标体系及指标权重

目标层	一级指标	权重	二级指标	权重	三级指标	权重
省域农业生产规模指数	A 农业投入规模	0.45	A1 农用地规模	0.25	A11 农用地面积（千公顷）	0.5
					A12 人均农用地面积（公顷/人）	0.5
			A2 耕地规模	0.25	A21 耕地面积（千公顷）	0.5
					A22 人均耕地面积（亩/人）	0.5
			A3 乡村人口规模	0.2	A31 乡村人口数量（排名）	0.5
					A32 乡村人口占总人口数量比重（%）	0.5
			A4 第一产业就业人员规模	0.3	A41 第一产业就业人员数量（排名）	0.5
					A42 第一产业就业人员占全省就业人员总数比重（%）	0.5
	B 农业产出规模	0.55	B1 第一产业增加值	0.4	B11 第一产业增加值（亿元）	0.5
					B12 第一产业增加值占地区生产总值的比重（%）	0.5
			B2 粮食产量	0.3	B21 粮食产量（万吨）	0.5
					B22 人均粮食产量（公斤/人）	0.5
			B3 畜产品产量	0.2	B31 肉类产量（万吨）	0.5
					B32 禽蛋产量（万吨）	0.3
					B33 奶类产量（万吨）	0.2
			B4 水产品产量	0.1	B41 水产品产量（万吨）	1.0

3. 数据来源与数据处理

本研究使用的原始数据主要来源于2011~2020年的《中国农村统计年鉴》《中国统计年鉴》《全国农业机械化统计年报》《中国农产品出口月度统计报告》《中国农村经营管理统计年报》《全国农业现代化发展水平评价报告》《中国农产品加工业年鉴》和各省相关统计年鉴、各省《乡村振兴战略规划》，以及农业农村部和商务部等政府部门公开数据。所使用的具体指标数据均在原始数据的基础上，剔除统计口径改变、通货膨胀等要素的影响，依据指标的含义和对应的计算公式整理获得。

采集原始数据后，首先采用省域极值法对三级指标数据进行标准化处理，以解决不同指标计量单位不同而不能进行直接比较与计算的问题，计算公式为 X/X_{max}（%）。其中，X代表各省份的指标值；X_{max} 为排名前三的省份指标值的平均值。

同时，对于个别年份或个别省份某项指标的连续缺失值，为尽量减小对原指标数据分布的影响，采用指标数据内的最小值替代。对于不连续的个别缺失值，利用WPS表格的Forecast函数进行预测补充。

另外，在省域农业生产规模评价中，测算农用地规模时发现，西藏自治区、新疆维吾尔自治区和内蒙古自治区的农用地规模很高，采用省域极值法测算时导致这三个自治区的分值与全国其他大部分省份之间存在10倍左右的差距。因此，为保证该指标的合理性，将西藏自治区、新疆维吾尔自治区以及内蒙古自治区的农用地规模设定为100，表示其农用地规模已经达到了全国的最高水平。

4.省域农业生产规模指数的测评结果

首先，对三级指标原始数据进行标准化处理，得到三级指标评价值；其次，用三级指标评价值乘以各自权重得到二级指标评价值，再用二级指标评价值乘以各自权重得到一级指标评价值；最后，用一级指标评价值乘以各自权重得到省域农业生产规模指数，其计算公式如下：

$$F_1 = \sum\left[\sum\sum_{i=1}^{9}(x_{ij} \times \varpi_{ij}) \times \varpi_i\right] \times \varpi_k \tag{11-5}$$

其中，F_1 为各省份农业生产规模指数；x_{ij} 为第 i 个二级指标下设的第 j 个三级指标的评价值；ϖ_{ij} 为第 i 个二级指标下设的第 j 个三级指标的权重；k 的值为1和2，ϖ_k 分别代表一级指标 A 与 B 的权重值。

根据公式计算，2010~2020年各省域农业生产规模指数得分和省域排名如表11-2所示。

表 11-2　　2010~2019 年农业生产规模指数及排名情况

年份		2010	2011	2012	2013	2014	2015	2016	2017	2018	2019	2020
北京	得分	5.4	5.2	5.1	4.8	4.7	4.3	4.1	3.9	3.9	3.7	3.5
	排名	30	30	30	30	30	30	30	30	30	30	30
天津	得分	7.9	7.6	7.4	7.1	7.1	6.8	6.7	6.3	6.3	6.4	6.6
	排名	29	29	29	29	29	29	29	29	29	29	29
河北	得分	56.4	54.4	54.7	54.9	55.3	53.1	52.8	51.5	51.5	51.8	50.3
	排名	5	5	5	5	5	5	6	7	7	7	7
山西	得分	27.6	27.6	27.8	27.8	27.7	27.4	27.0	26.1	26.5	27.6	25.6
	排名	25	24	24	24	24	24	24	25	25	25	25
内蒙古	得分	52.4	51.9	52.6	53.2	53.3	53.0	53.4	55.9	56.5	57.0	56.4
	排名	8	7	7	6	7	6	5	5	5	5	5
辽宁	得分	41.2	41.1	41.3	41.1	40.5	40.2	41.3	39.8	39.6	41.3	41.6
	排名	15	15	15	15	17	17	16	16	16	15	14
吉林	得分	46.7	46.9	46.8	46.8	46.8	45.6	45.1	42.2	41.7	43.6	48.4
	排名	13	12	12	12	13	13	13	14	14	13	9
黑龙江	得分	60.1	62.0	64.2	65.8	67.1	66.3	66.5	69.4	69.6	69.6	70.3
	排名	4	3	3	2	2	2	1	1	1	1	1
上海	得分	4.1	3.9	3.8	3.3	3.2	3.5	3.2	3.4	3.2	3.0	2.9
	排名	31	31	31	31	31	31	31	31	31	31	31
江苏	得分	46.3	45.1	45.4	44.3	44.0	43.0	41.5	41.3	40.6	40.1	39.8
	排名	14	13	14	14	14	14	15	15	15	16	15
浙江	得分	25.9	25.3	25.1	24.8	24.5	23.3	23.0	22.9	22.5	22.2	21.2
	排名	28	27	28	27	27	27	27	27	28	28	27
安徽	得分	52.1	50.0	50.1	48.7	48.9	47.6	47.4	46.9	46.6	46.5	46.6
	排名	9	11	11	11	11	11	11	11	11	10	12
福建	得分	29.8	29.2	29.5	29.3	29.7	29.1	28.9	28.6	28.9	28.8	28.0
	排名	22	23	23	23	22	23	22	23	22	22	23
江西	得分	40.1	38.6	38.3	38.2	38.9	37.6	37.0	36.3	35.5	35.1	33.1
	排名	18	19	19	18	18	18	19	19	20	19	20
山东	得分	66.8	63.9	64.2	63.5	63.5	61.9	61.3	62.0	60.9	60.9	61.3
	排名	2	2	2	3	3	3	3	3	3	3	2
河南	得分	72.8	68.3	68.1	67.3	67.4	66.5	65.8	63.5	63.5	62.8	61.2
	排名	1	1	1	1	1	1	2	2	2	2	3

续表

年份		2010	2011	2012	2013	2014	2015	2016	2017	2018	2019	2020
湖北	得分	52.9	51.2	51.8	51.4	51.9	50.0	48.9	48.3	47.6	46.3	47.3
	排名	7	9	9	9	9	9	10	10	10	11	11
湖南	得分	54.4	53.3	53.8	52.5	53.8	52.1	51.7	48.6	49.1	50.0	48.0
	排名	6	6	6	7	6	7	7	9	9	9	10
广东	得分	39.1	38.6	38.4	37.6	38.5	37.3	37.6	37.5	37.9	38.7	37.8
	排名	19	18	18	19	19	19	18	18	18	18	18
广西	得分	51.2	50.9	50.5	50.2	50.8	49.9	49.7	50.2	50.6	50.9	48.7
	排名	10	10	10	10	10	10	9	8	8	8	8
海南	得分	29.5	29.7	29.5	31.2	29.1	29.1	28.6	30.0	28.0	28.6	27.5
	排名	23	22	22	22	23	22	23	22	23	23	24
重庆	得分	27.5	25.7	25.2	23.9	24.0	23.2	22.8	22.1	22.6	22.2	23.0
	排名	26	26	27	28	28	28	28	28	27	27	26
四川	得分	63.7	61.8	61.9	60.8	62.2	60.3	59.5	59.9	60.4	60.0	61.0
	排名	3	4	4	4	4	4	4	4	4	4	4
贵州	得分	40.7	39.0	40.3	39.7	41.5	42.9	43.1	43.2	43.2	41.6	39.6
	排名	17	17	17	17	15	15	14	13	13	14	16
云南	得分	50.9	51.9	52.1	52.4	53.0	51.9	51.4	52.2	52.2	52.2	53.9
	排名	11	8	8	8	8	8	8	6	6	6	6
西藏	得分	34.5	33.8	32.7	32.4	32.2	31.6	30.7	30.8	30.4	29.2	30.4
	排名	21	21	21	21	21	21	21	21	21	21	21
陕西	得分	34.8	34.6	34.9	34.6	34.4	34.2	34.6	34.4	37.8	34.6	33.8
	排名	20	20	20	20	20	20	20	20	19	20	19
甘肃	得分	41.2	40.1	41.0	40.9	40.8	41.2	40.3	39.0	39.1	39.4	39.1
	排名	16	16	16	16	16	16	17	17	17	17	17
青海	得分	28.0	27.3	27.3	27.3	27.2	27.4	26.9	27.8	27.8	28.0	28.1
	排名	24	25	25	25	25	25	25	24	24	24	22
宁夏	得分	26.1	25.2	25.5	25.2	24.8	24.7	23.7	23.4	24.0	23.3	19.6
	排名	27	28	26	26	26	26	26	26	26	26	28
新疆	得分	46.9	44.7	46.0	46.6	47.3	47.2	47.3	45.6	45.8	43.9	44.8
	排名	12	14	13	13	12	12	12	12	12	12	13

从现状来看，2020年各省区市的农业生产规模指数如图11-1所示，其中，黑龙江省的农业生产规模指数最高，得分超过70；山东省、河南省和

四川省次之，得分均在60以上，表示这四个省份的农业生产规模最大，是最典型的农业大省。

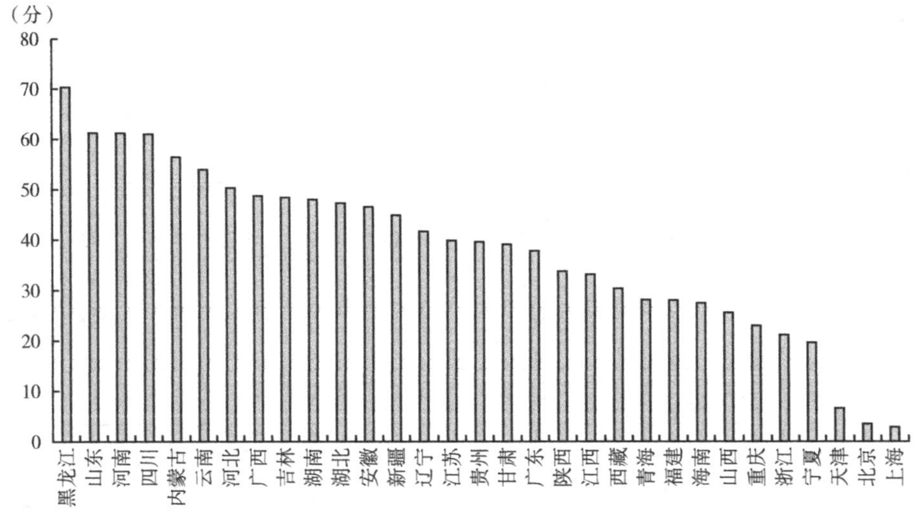

图 11-1　2020 年各省区市农业生产规模指数

（二）省域农业发展水平评价指标体系构建与测评

1. 评价指标体系构建与权重确定

一个省份农业综合实力的强弱，既要看农业生产规模的大小，同时还要看农业发展水平的高低。前面对省域农业生产规模大小的评价，是从数量和外延上反映农业强省建设的基础条件情况；本部分对省域农业发展水平高低的评价，则是从质量和内涵上反映农业强省建设的结果程度状况。

省域农业发展水平，体现的是不同省份在农业生产过程中所投入生产要素和产出结果的质量、效益和竞争力。因此，本研究设置农业现代化水平、农业生产效率、农产品加工业发展水平、农产品国际市场竞争力和农民收入水平等5个一级指标。

（1）农业现代化水平。

实现农业现代化，是农业强省建设的重要目标；农业现代化程度与水平，既是从过程上影响农业发展水平的重要因素，也是体现农业发展水平的重要标志。本研究选取了农业机械化水平、农业科技化水平、农田水利化水平和农业规模化水平4个二级指标来反映农业现代化水平。

1）农业机械化水平。农业现代化是以现代农机装备为主要生产工具、不断提高农业综合生产能力的过程。农业机械化水平可用主要农作物耕种收综合机械化率来表示。

2）农业科技化水平。农业现代化是以现代科学技术为农业生产手段、不断提高农业技术密集度的过程。农业科技化水平可用农业科技进步贡献率表示。

3）农田水利化水平。农业现代化是以完备的农田水利工程等基础设施为保障、不断提高农业抗御旱涝等自然灾害能力的过程。农田水利化水平可用农田有效灌溉面积比例来表示，其计算公式为：耕地灌溉面积/耕地总面积×100%。

4）农业规模化水平。农业现代化是主要依靠规模化生产经营主体、不断实现农业适度规模经营的过程。农业规模化水平可主要采用土地经营规模化程度来测算，本研究用各省区市经营耕地10亩以上农户占比和各省区市土地流转面积占家庭承包经营耕地面积比例2个三级指标综合计算。

（2）农业生产效率。

农业生产效率，主要是指农业劳动力、土地、资金等生产要素在农业生产过程中的投入与产出关系，是从结果上反映农业发展水平的重要标志。本研究主要选取了农业劳动生产率和农业土地产出率2个二级指标来反映农业生产效率。

农业劳动生产率，反映农业生产中劳动者的生产能力和生产效率，用第一产业增加值除以第一产业就业人员数计算。

土地产出率，反映农业生产中土地要素的生产能力和利用效率，用单位耕地面积种植业产值表示。

（3）农产品加工业发展水平。

农业强省，不仅是农产品生产大省，更应是农产品加工业强省。农产品加工业发展水平是反映全产业链农业发展水平的重要方面，可用农产品加工业主营业务收入和农产品加工业主营业务收入与农业总产值之比2个二级指标综合计算。

（4）农产品国际市场竞争力。

在开放的市场经济体制下，农业强省既要在国内具有较强的农业综合实力，还要在国际市场上具有较强的产品竞争力。本研究选择农产品出口创汇水平指标来反映农产品国际市场竞争力，可用农产品出口额和农产品出口额占农业总产值的比重2个三级指标综合计算。

（5）农民收入水平。

农民是农业生产经营的主体，在不断提高农民收入的基础上实现农民生活富裕是发展农业生产的基本目标，更是建设农业强省的内在要求。

按照与前面相同的原则和方法，构建的省域农业发展水平评价指标体系及各级指标权重如表11–3所示。

表11–3　　省域农业发展水平评价指标体系及各级指标权重

目标层	一级指标	权重	二级指标	权重	三级指标	权重
省域农业发展水平指数	C农业现代化水平	0.40	C1农业机械化水平	0.25	C11主要农作物耕种收综合机械化率（%）	1.00
			C2农业科技化水平	0.30	C21农业科技进步贡献率（%）	1.00
			C3农田水利化水平	0.20	C31耕地灌溉面积占耕地面积比重（%）	1.00
			C4农业规模化水平	0.25	C41各省经营耕地10亩以上农户占比（%）	0.60
					C42各省流转面积占家庭承包经营耕地面积比例（%）	0.40
	D农业生产效率	0.30	D1农业劳动生产率	0.50	D11第一产业增加值/第一产业就业人员数量（万元/人）	1.00
			D2土地产出率	0.50	D21单位耕地面积种植业产值（元/亩）	1.00
	E农产品加工业发展水平	0.075	E1农产品加工业发展水平	1.00	E11农产品加工业主营业务收入（亿元）	0.40
					E12农产品加工业产值与农业产值之比（%）	0.60
省域农业发展水平指数	F农产品国际市场竞争力	0.075	F1农产品出口创汇水平	1.00	F11农产品出口额（万美元）	0.60
					F12农产品出口额与农业总产值之比（%）	0.40
	G农民收入水平	0.15	G1农民人均可支配收入	1.00	G11农民人均可支配收入（元）	1.00

2.数据来源与指标处理

省域农业发展水平评价指标的数据来源与前面省域农业生产规模评价指标数据来源相同。

采集三级指标原始数据后，针对不同指标的含义和特点，采用以下方法进行数据标准化处理：

对于C41、C42、D21、E11、F11和F12等6个三级指标，采用省域极值法进行数据标准化处理，将该指标数值排名前三位省份的平均值作为最大值。需要说明的是，对于F11农产品出口额指标，因北京市、天津市和上海市与其他省份之间差距过大，为保证该指标数据比较的合理性，将北京市、天津市和上海市的数值按最大值100计算，表示其农产品出口额已经达到了全国的最高水平。

对于C11农业机械化率和C31耕地灌溉面积占耕地面积比重2个指标，其自身最大值为100%，直接按照指标原值计算。

对于C21农业科技进步贡献率指标，参照目前发达国家水平、国家及各省区市相关规划的预期目标值及国务院发展研究中心农村经济研究部课题组《新发展阶段农业农村现代化的内涵特征和评价体系》一文中给出的到2050年科技进步贡献率目标值，采用80%作为最大值进行标准化处理。

对于E12农产品加工业产值与农业产值之比指标，采用目前发达国家4∶1的水平作为最大值进行标准化处理。需要指出的是，北京、上海等个别省份因农业产值低造成该指标数值远高于4∶1的最大值，故将其标准化后的数值设定为100。

对于D11第一产业就业人员人均GDP增加值和G11农民人均可支配收入两个指标，分别采用当年全社会劳动生产率和当年城镇居民人均可支配收入作为最大值进行标准化处理。

3.省域农业发展水平指数的测评结果

将原始指标标准化处理后的数据与指标权重逐级相乘汇总，具体计算公式如下：

$$F_2=\sum\left[\sum\sum_{i=1}^{11}(x_{ij}\times\varpi_{ij})\times\varpi_i\right]\times\varpi_k \qquad (11\text{–}6)$$

其中，F_2为各省份农业发展水平指数；x_{ij}为第i个二级指标下设的第j个三级指标的评价值；ϖ_{ij}为第i个二级指标下设的第j个三级指标的权重；k的值为1、2、3、4、5，ϖ_k分别代表一级指标C、D、E、F、G的权重值。

按此格式测算，得到2010~2020年各省域农业发展水平指数得分及其排名情况，如表11–4所示。

表11–4　　2010~2020年农业发展水平指数及排名情况

年份		2010	2011	2012	2013	2014	2015	2016	2017	2018	2019	2020
北京	得分	64.9	64.0	63.5	61.7	59.1	60.0	58.7	58.7	60.0	58.4	56.4
	排名	2	2	2	2	3	3	6	6	6	6	7
天津	得分	53.3	55.1	55.5	56.2	56.5	57.0	57.3	55.5	53.7	55.5	55.1
	排名	7	6	6	7	7	7	7	8	8	8	8
河北	得分	43.7	44.1	44.2	45.1	44.9	45.2	44.9	45.1	45.1	45.4	46.5
	排名	12	12	14	15	13	15	16	17	16	16	17
山西	得分	30.3	31.2	31.4	32.1	32.5	32.5	32.3	32.6	32.9	33.0	34.0
	排名	26	26	27	26	26	26	27	28	28	28	29
内蒙古	得分	42.1	42.7	42.9	43.2	42.1	42.5	42.6	43.5	43.2	43.4	44.5
	排名	15	14	16	18	18	18	18	20	20	20	22
辽宁	得分	45.7	46.7	48.3	49.0	46.5	47.9	46.2	46.4	45.8	46.0	48.5
	排名	10	10	10	11	11	9	12	14	14	15	15
吉林	得分	41.6	42.5	44.3	44.3	43.4	43.9	44.0	44.4	44.2	44.6	46.0
	排名	16	15	13	16	17	17	17	19	18	18	18
黑龙江	得分	44.2	45.8	47.5	49.7	47.5	47.3	47.2	50.7	48.2	50.0	49.2
	排名	11	11	11	9	9	11	9	9	10	9	14
上海	得分	68.6	67.9	66.4	65.0	69.2	68.0	66.2	67.4	68.9	68.3	66.9
	排名	1	1	1	1	1	1	1	1	1	1	1
江苏	得分	54.3	56.2	59.4	60.7	61.1	63.2	62.6	64.6	63.0	64.2	66.9
	排名	5	5	3	3	2	2	2	2	2	2	2
浙江	得分	57.6	57.5	57.8	58.7	58.2	58.8	58.9	60.8	60.1	61.3	61.3
	排名	3	4	5	5	5	5	5	4	5	4	5
安徽	得分	38.7	39.6	41.0	43.2	44.0	45.1	45.1	46.3	46.7	46.8	50.2
	排名	18	18	18	17	16	16	15	15	13	14	11

续表

年份		2010	2011	2012	2013	2014	2015	2016	2017	2018	2019	2020
福建	得分	53.9	54.1	54.9	57.4	57.8	58.1	59.1	60.9	61.2	62.0	64.2
	排名	6	7	7	6	6	6	4	3	3	3	4
江西	得分	34.3	35.7	37.6	39.9	39.7	40.9	41.9	44.6	44.5	44.8	47.6
	排名	20	20	21	20	20	20	20	18	17	17	16
山东	得分	57.0	57.8	58.5	59.2	58.9	59.6	59.2	59.9	60.2	60.9	64.8
	排名	4	3	4	4	4	4	3	5	4	5	3
河南	得分	42.6	42.3	44.0	46.6	46.3	47.4	47.2	48.8	49.2	48.8	52.0
	排名	13	16	15	12	12	10	10	10	9	10	9
湖北	得分	38.7	41.1	42.1	45.7	44.8	45.6	45.6	48.2	47.5	47.5	51.0
	排名	17	17	17	13	14	14	14	11	11	12	10
湖南	得分	42.6	43.5	44.5	45.6	44.1	45.6	45.9	46.4	45.6	47.4	49.3
	排名	14	13	12	14	15	13	13	13	15	13	13
广东	得分	51.1	52.3	54.0	54.7	55.4	56.6	57.1	58.7	58.1	58.1	60.9
	排名	8	8	8	8	8	8	8	7	7	7	6
广西	得分	29.6	30.8	32.0	32.9	33.6	34.5	35.1	37.4	37.3	37.5	40.5
	排名	27	27	26	25	25	25	25	25	25	25	25
海南	得分	36.3	38.0	39.7	40.2	40.7	41.4	42.5	45.5	44.1	44.2	45.1
	排名	19	19	19	19	19	19	19	16	19	19	19
重庆	得分	32.9	34.6	35.6	36.6	35.9	37.1	38.4	40.2	40.0	39.8	44.6
	排名	24	23	22	23	24	23	22	22	22	22	21
四川	得分	33.1	35.5	37.7	38.3	37.4	38.4	39.3	41.8	41.4	40.9	44.7
	排名	22	21	20	21	21	21	21	21	21	21	20
贵州	得分	18.5	20.0	22.1	22.8	25.3	27.8	29.5	31.3	31.8	32.6	37.1
	排名	31	31	31	31	31	30	30	29	29	29	27
云南	得分	22.9	25.3	28.0	29.5	30.4	31.9	32.5	33.8	33.3	33.3	37.7
	排名	30	30	29	28	28	27	26	27	26	27	26
西藏	得分	27.0	26.7	27.0	27.2	25.9	25.8	26.0	27.6	28.0	28.2	29.9
	排名	28	29	30	30	30	31	31	31	31	31	31
陕西	得分	33.1	34.4	35.2	36.0	36.1	36.3	36.8	38.9	39.4	39.4	41.0
	排名	23	24	24	24	23	24	24	23	23	23	24
甘肃	得分	26.7	27.3	28.4	29.1	28.9	29.7	29.8	30.1	29.9	30.2	31.7
	排名	29	28	28	29	29	29	29	30	30	30	30

续表

年份		2010	2011	2012	2013	2014	2015	2016	2017	2018	2019	2020
青海	得分	30.4	31.3	32.2	31.9	31.2	31.4	31.9	33.9	33.1	33.6	34.6
	排名	25	25	25	27	27	28	28	26	27	26	28
宁夏	得分	34.3	35.2	35.5	36.7	36.3	37.2	37.2	38.0	38.0	37.8	41.3
	排名	21	22	23	22	22	22	23	24	24	24	23
新疆	得分	49.6	48.4	49.1	49.1	47.4	47.1	46.6	48.1	47.3	48.1	49.4
	排名	9	9	9	10	10	12	11	12	12	11	12

从现状来看，2020年各省区市的农业发展水平指数如图11-2所示，其中，上海市、江苏省、山东省、福建省、浙江省和广东省的农业发展水平指数最高，得分均在60以上。

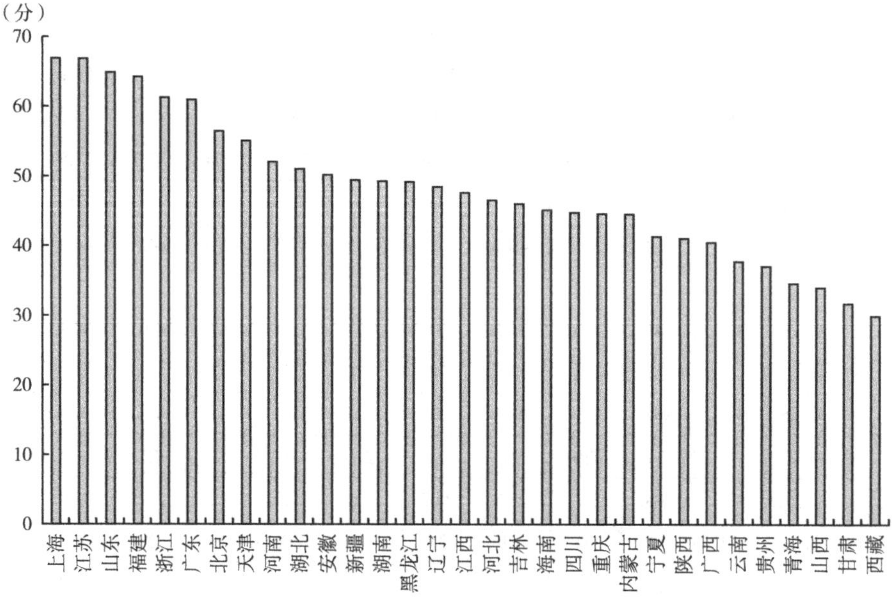

图 11-2　2020 年各省区市农业发展水平指数

（三）农业强省建设程度评价

农业强省是许多农业大省的发展目标，但从现实情况来看，更是一个建设过程。因此，本研究要构建一个农业强省建设程度的评价体系和方法。根据评价结果，可以判断一个省份是不是农业强省；如果不是农业强省，其距离农业强省目标还有多大差距。

在前面测评了省域农业生产规模指数和省域农业发展水平指数的基础上，综合多方面专家意见对两者分别赋权0.35和0.65，将两个指数乘以各自权重后相加即为农业强省建设程度，见表11–5。

表11–5 农业强省建设程度评价指标体系

目标层	一级指标	权重
农业强省建设程度	省域农业生产规模指数	0.35
	省域农业发展水平指数	0.65

2010~2020年各省区市的农业强省建设程度评价结果及省份排名情况如表11–6所示。

表11–6 2010~2020年农业强省建设程度指数及排名情况

年份		2010	2011	2012	2013	2014	2015	2016	2017	2018	2019	2020
北京	得分	44.1	43.4	43.0	41.8	40.1	40.5	39.6	39.5	40.4	39.2	37.9
	排名	14	17	18	18	18	18	20	22	20	21	25
天津	得分	37.4	38.5	38.7	39.0	39.2	39.4	39.6	38.3	37.1	38.3	38.1
	排名	19	19	19	20	21	21	21	23	24	23	23
河北	得分	48.2	47.7	47.9	48.5	48.6	48.0	47.7	47.3	47.3	47.7	47.8
	排名	6	5	7	6	6	6	8	11	10	9	12
山西	得分	29.4	29.9	30.1	30.6	30.8	30.7	30.5	30.3	30.7	31.1	31.1
	排名	30	28	29	28	29	29	29	30	30	30	30
内蒙古	得分	45.7	45.9	46.3	46.7	46.0	46.2	46.4	47.8	47.8	48.2	48.7
	排名	11	10	10	12	14	12	11	9	8	8	11
辽宁	得分	44.1	44.8	45.8	46.3	44.4	45.2	44.5	44.0	43.6	44.4	46.1
	排名	13	13	13	13	17	16	15	16	16	16	16
吉林	得分	43.4	44.1	45.2	45.2	44.6	44.5	44.4	43.6	43.3	44.2	46.8
	排名	18	16	15	15	16	17	16	17	17	17	15
黑龙江	得分	49.8	51.4	53.3	55.3	54.4	53.9	54.0	57.2	55.7	56.9	56.6
	排名	4	3	3	2	3	4	3	2	2	2	3

续表

年份		2010	2011	2012	2013	2014	2015	2016	2017	2018	2019	2020
上海	得分	46.0	45.5	44.5	43.4	46.1	45.4	44.2	45.0	45.9	45.5	44.5
	排名	10	11	16	17	13	15	17	15	15	15	17
江苏	得分	51.5	52.3	54.5	54.9	55.1	56.1	55.2	56.4	55.2	55.8	57.4
	排名	3	2	2	3	2	2	2	3	3	3	2
浙江	得分	46.5	46.2	46.3	46.9	46.4	46.4	46.4	47.5	46.9	47.6	47.2
	排名	9	9	9	11	11	11	13	10	11	10	14
安徽	得分	43.4	43.3	44.2	45.2	45.8	45.9	45.9	46.5	46.6	46.7	48.9
	排名	17	18	17	16	15	14	14	14	14	13	9
福建	得分	45.5	45.4	46.0	47.5	47.9	47.9	48.6	49.6	49.9	50.4	51.5
	排名	12	12	12	10	7	7	6	6	6	6	6
江西	得分	36.4	36.7	37.8	39.3	39.4	39.8	40.2	41.7	41.3	41.4	42.6
	排名	21	21	21	19	20	20	19	19	19	19	20
山东	得分	60.4	59.9	60.5	60.7	60.6	60.4	59.9	60.7	60.5	60.9	63.6
	排名	1	1	1	1	1	1	1	1	1	1	1
河南	得分	53.2	51.4	52.4	53.8	53.7	54.1	53.7	53.9	54.2	53.7	55.3
	排名	2	4	4	4	4	3	4	4	4	4	4
湖北	得分	43.7	44.6	45.5	47.7	47.3	47.1	46.8	48.3	47.5	47.1	49.7
	排名	16	15	14	9	10	9	10	7	9	12	8
湖南	得分	46.7	46.9	47.7	48.0	47.5	47.9	47.9	47.2	46.8	48.3	48.8
	排名	8	8	8	8	8	8	7	13	12	7	10
广东	得分	46.9	47.5	48.5	48.7	49.5	49.9	50.3	51.3	51.1	51.3	52.8
	排名	7	6	5	5	5	5	5	5	5	5	5
广西	得分	37.2	37.8	38.5	39.0	39.6	39.9	40.2	41.9	42.0	42.2	43.4
	排名	20	20	20	21	19	19	18	18	18	18	19
海南	得分	33.9	35.1	36.1	37.0	36.6	37.1	37.6	40.1	38.5	38.7	38.9
	排名	22	22	23	23	23	23	23	21	23	22	21
重庆	得分	31.0	31.5	31.9	32.2	31.8	32.2	33.0	33.9	33.9	33.6	37.0
	排名	27	27	27	27	27	28	27	26	26	26	26
四川	得分	43.8	44.7	46.2	46.2	46.1	46.1	46.4	48.2	48.1	47.6	50.4
	排名	15	14	11	14	12	13	12	8	7	11	7

续表

年份		2010	2011	2012	2013	2014	2015	2016	2017	2018	2019	2020
贵州	得分	26.3	26.7	28.5	28.7	31.0	33.1	34.3	35.4	35.8	35.7	37.9
	排名	31	31	31	31	28	26	25	25	25	25	24
云南	得分	32.7	34.6	36.5	37.5	38.3	38.9	39.1	40.2	39.9	39.9	43.4
	排名	24	23	22	22	22	22	22	20	21	20	18
西藏	得分	29.7	29.2	29.0	29.0	28.1	27.8	27.7	28.7	28.8	28.6	30.1
	排名	28	30	30	30	31	31	31	31	31	31	31
陕西	得分	33.7	34.5	35.1	35.5	35.5	35.6	36.0	37.3	38.8	37.7	38.5
	排名	23	24	24	24	24	24	24	24	22	24	22
甘肃	得分	31.8	31.8	32.8	33.2	33.1	33.8	33.5	33.2	33.1	33.4	34.3
	排名	25	25	25	25	25	25	26	27	27	27	27
青海	得分	29.6	29.9	30.5	30.3	29.8	30.0	30.2	31.8	31.3	31.7	32.3
	排名	29	29	28	29	30	30	30	29	29	29	29
宁夏	得分	31.4	31.7	32.0	32.7	32.3	32.8	32.5	32.9	33.1	32.7	33.7
	排名	26	26	26	26	26	27	28	28	28	28	28
新疆	得分	48.6	47.1	48.0	48.2	47.4	47.1	46.8	47.2	46.8	46.6	47.8
	排名	5	7	6	7	9	10	9	12	13	14	13

通过图11-3可以更直观地看出2020年各省区市的农业强省建设程度及其差异。

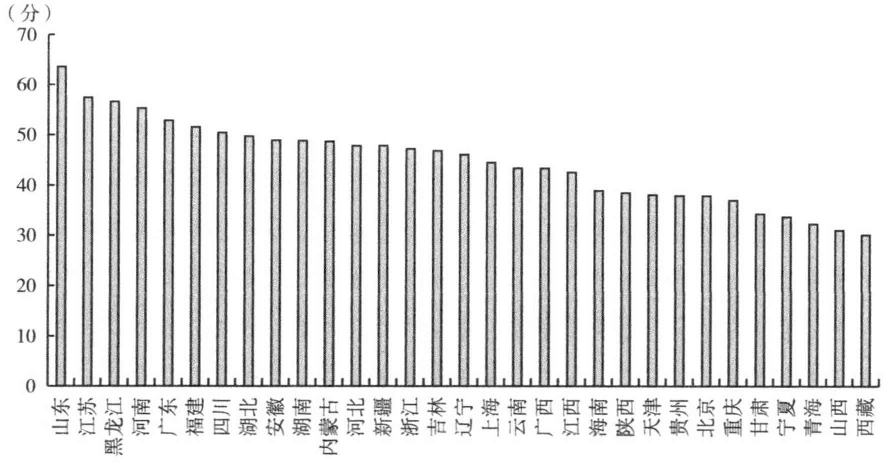

图 11-3　2020 年农业强省建设程度指数

根据农业强省的内涵与特征，按照推进乡村振兴、实现农业农村现代化的目标任务，并参考农业强国的发展过程与趋势，本研究将农业强省建设程度达到60%确定为建成了农业强省目标。此时的农业强省属于初级阶段，在国内处于领先水平；当农业强省建设程度达到70%以上时，则进入农业强省的中高级阶段，农业发展水平接近或达到国际先进水平。

从表11-6和图11-3的评价结果来看，目前，山东省农业强省建设程度指数超过60%，居全国首位，已经初步建成农业强省；黑龙江省2020年农业强省建设程度为56.6%，还没有达到农业强省的标准。

三、以农业强省建设有效驱动乡村振兴的机制与对策

全面推进乡村振兴，涉及“三农”工作的方方面面。“十四”时期，要构建以农业强省建设驱动乡村振兴的有效机制，把握好重点任务和关键举措，找准切入点，努力实现农业农村现代化新突破。

（一）建立以农业强省建设有效驱动乡村振兴的评价与激励机制

在全面推进乡村振兴过程中，一项重要的基础性工作是建立客观反映农业强省建设程度和乡村振兴进展的评价指标和统计体系，对农业强省建设程度和全省及市、县、乡、村各级乡村振兴进展程度与水平进行定量评价和动态监测，并基于评价结果建立有效驱动乡村振兴的激励机制。

进行农业强省建设程度和各级乡村振兴水平评价，首先要科学建立一套系统全面的评价指标体系和评价方法。评价指标体系的构建，应坚持结果评价与过程评价相结合、客观评价与主观评价相结合等原则，并考虑指标数值的可获得性和各地用以考核的可操作性。评价指标体系建立之后，要合理确定各级指标权重，并对三级指标初始数据进行标准化处理。其次，可以采用综合指数测度模型，通过加权求和，测算出各年度农业强省建设程度指数和全省及各地区不同年度的乡村振兴水平值。

运用评价结果，各级政府可以对所辖区域建立“以奖代投”的激励机制，激发所有地区和农民积极推进农业强省建设和乡村振兴的内生动力。

对乡村振兴水平最高的一定比例地区或乡村，可设立“先进奖”；对乡村振兴进展最快的一定比例地区或乡村，可设立“进步奖”。

（二）加快乡村产业振兴，推进农村三次产业实质性深度融合

振兴乡村产业，实现产业兴旺，是乡村振兴的重点，是解决农村一切问题的前提。振兴乡村产业，首先必须振兴农业，实现农业现代化。可以说，没有现代农业的振兴，就不可能实现乡村振兴。同时，要振兴农村非农产业。如果只有农业的振兴，而没有发达的农村非农产业，乡村振兴也不可能实现。发展村非农产业，重点要以“粮头食尾”“农头工尾”为抓手，努力把食品和农副产品精深加工业打造成为重要的支柱产业。在此基础上，必须深度推进农村三次产业实质性融合发展，重点要促进农村三次产业在同一农业经营主体下进行融合发展，或者在具有紧密、稳定利益连接机制的不同经营主体之间进行融合发展，从而让农民能够更多地分享二三产业创造的增值收益。

（三）自上而下落实农业农村发展“四优先”，逐步实现城乡融合“五化”

乡村振兴进展的快慢、农业农村现代化目标实现的快慢，关键在于“四优先”的落实程度，在于城乡“五化”的推进程度。如果“四优先”不能有效落实，城乡“五化”推进较慢，那么农业农村短板弱项将无法快速补齐，会制约乡村振兴和农业农村现代化的进程。

在整个国民经济和社会发展全局当中，能否真正做到和在多大程度上做到农业农村发展“四优先”，能否真正实现和在多大程度上实现城乡“五化”，主要得依靠各级党委和政府在政策和制度上进行有力保障，在工作中自上而下地加以有效贯彻落实。

一是在干部配备上要对农业农村进行优先考虑，建设一支“一懂两爱”的高素质农业农村工作干部队伍。这里的关键是要建立健全农业农村工作干部队伍的培养、配备、使用、管理机制。第一，要选拔优秀干部充实到农业农村干部队伍，高标准配备分管农业农村工作领导干部；第二，

要采取有效措施加大干部培养力度，提高农业农村工作干部队伍的能力和水平；第三，要建立充分的激励机制，对于乡村振兴实绩突出的各级领导干部应优先提拔使用，提高农村基层干部相关待遇保障。

二是在资金投入上对农业农村进行优先保障，加快形成财政优先保障、金融重点倾斜、社会积极参与的多元投入格局。这里的关键是各级政府的财政支出，必须克服“非农化”倾向，真正把农业农村作为一般公共预算优先保障领域，确保投入力度不断增强、总量持续增加、增速明显加快、占比逐年提高；预算内投资要进一步向农业农村倾斜，特别是土地出让收入用于农业农村的比例应大幅度提高。

三是在公共服务上对农业农村进行优先安排，逐步实现城乡公共服务均等化。这里的关键是如何促进公共教育、医疗卫生、社会保障等资源向农村倾斜，提升乡村基本公共服务水平。其重点是要健全全民覆盖、普惠共享、城乡一体的基本公共服务体系，在制度上推进城乡并轨，在标准上实现城乡统一。

四是切实维护农民和进城农民工根本利益，逐步解决城乡居民在财产权、户籍、义务教育、就医就业以及享受公共服务、公共产品、社会福利等诸多权益方面的不平等问题，实现城乡居民基本权益平等化。

五是大幅度加快农民收入增长，逐步实现城乡居民收入均衡化。一方面，要进一步缩小城乡居民人均可支配收入的相对数差距；另一方面，还要缩小城乡居民人均可支配收入的绝对数差距。

六是在要素配置上对农业农村进行优先满足，实现城乡要素配置合理化。其重点是加强政策扶持和工作保障，建立有效的激励机制，加速城市人才、资金、科技等要素向农业农村流动。

七是在产业政策上要加大对农业农村的扶持力度，逐步实现城乡产业发展融合化。其重点是各级政府要把乡村振兴和新型城镇化两大战略协同推进，优化城乡产业发展布局，采取有效措施促进城乡产业融合发展，关键是要建立健全联农带农的激励机制，实现乡村经济多元化和农业全产业链发展。

（四）全面深化农村改革，加大制度创新力度

改革是乡村振兴的重要法宝。黑龙江省在今后的农村深化改革过程中，应该进一步解放思想，加大制度创新力度。农村改革的本质就是要通过制度创新，来优化农村生产关系，不断解放和发展乡村社会生产力。因此，实现制度的不断创新，既是农村改革的本质要求，又是农村改革要实现的过程性目标和阶段性结果，也是判断、评价农村改革深化程度与成效的重要标准。

在全面推进乡村振兴过程中，黑龙江省应坚持以改革创新为根本动力的基本原则，贯彻创新发展理念，增强创新意识，加大创新力度。

深化农村改革与制度创新，涉及的领域和内容很多，包括改革创新相关管理和经营体制，完善健全相关机制，健全创新相关体系，完善相关制度政策等。在“十四五”时期，黑龙江省农村改革应突出农村土地制度改革和农村产权制度改革两个关键领域。

深化农村土地制度改革，重点是要做好“三块地”改革。一是在坚持农村土地农民集体所有制和坚持家庭承包经营基础性地位不动摇的前提下，有序开展第二轮土地承包到期后再延长30年试点，保持农村土地承包关系稳定并长久不变，用好农村承包地“三权分置”成果，进一步放活土地经营权，健全经营权流转服务体系，进一步促进土地向新型农业经营主体适度集中；二是稳慎推进农村宅基地制度改革试点，探索农村宅基地所有权、资格权、使用权“三权分置”有效实现形式，规范开展房地一体宅基地登记颁证工作，积极稳妥盘活利用农村闲置宅基地和闲置住宅；三是积极推进农村集体经营性建设用地入市改革，完善盘活农村存量建设用地政策，优先保障乡村产业发展和乡村建设用地，允许并支持村集体在农民自愿前提下，依法把有偿收回的闲置宅基地、废弃的集体公益性建设用地转变为集体经营性建设用地入市。

深化农村产权制度改革，重点是要做好农村集体产权制度改革“后半篇”文章，完善要素市场化配置机制，充分激发农村发展内生动力。一是加快建设统一规范的农村产权交易体系，加强农村产权流转管理信息网络

平台建设，提供综合性交易服务；二是加强和规范集体经营性资产运营管理，通过资产租赁、资源开发、投资入股、兴办产业等形式，促进集体资产运营效益最大化；三是巩固“清化收”成果，加强农村集体“三资”管理，发展壮大新型农村集体经济。

（五）充分发挥农业强省建设的带动作用，大力实施乡村建设行动

乡村振兴的最终目标是全面实现农业农村现代化，实现农业强、农村美、农民富。建设农业强省，就是提升农业生产能力和发展水平、实现农业强的过程，是促进农村产业兴旺的必由之路，同时又是增加农民收入、实现农民富的重要途径，是促进城乡共同富裕的必然要求。加快农业强省建设，促进农业及农村相关产业兴旺，促进农民增收和生活富裕，为全面推进乡村振兴创造更好的经济基础和物质条件，以此带动乡村建设、促进乡风文明、完善乡村治理。

推进乡村建设的重点，一是加快补齐农村基础设施建设短板，高质量推进农村安全饮水、道路畅通、电力保障、清洁能源、信息通讯、快递物流、公交客运等设施建设与管护；二是努力改善农村办学条件，加强农村医疗机构建设，完善农村居民基本医疗保险和养老保险制度，从根本上提升农村基本公共服务水平；三是加大农村人居环境整治提升力度，统筹推动农村厕所革命、污水革命、垃圾革命，加强龙江民居建设和村容村貌整治，深入推进村庄清洁和绿化行动，加快建设开展美丽宜居乡村。

促进乡风文明的重点，一是积极探索在农村地区开展习近平新时代中国特色社会主义思想教育的有效实现形式，努力提高农村思想道德建设水平，提升农民思想道德素质；二是以农村教育为基础，以农村公共文化服务体系建设为载体，增加农村公共文化产品和服务供给，提升农村公共文化建设水平；三是积极探索推进移风易俗、破除陈规陋习和弘扬文明新风的长效机制，通过制定村规民约、开展文明家庭评选等措施，让尊重科学、孝老爱亲、重义守信等成为乡村文明主旋律；四是进一步加强农村文化体育基础设施建设，丰富农民文化体育生活，倡导和传播健康文明生活方式。

改进和完善乡村治理，目标是建设充满活力、安定有序的善治乡村。一是加强农村基层党组织建设，整治软弱涣散村级党组织，突出其政治功能，提升其组织力；二是推进多元主体协同共治，提高乡村综合治理能力；三是健全农村基层服务体系，提高农村基层服务水平。

第十二章
新型城镇化与乡村振兴协同发展研究

协同推进新型城镇化与乡村振兴战略对促进城乡融合发展具有重要意义。本章以黑龙江省为对象，利用耦合协调度模型测度新型城镇化与乡村振兴协同发展水平，并运用主成分回归模型分析两系统协同发展的影响因素。

一、引言

为解决我国发展不平衡、不充分的问题，有效推动城乡融合发展，国家先后提出新型城镇化战略与乡村振兴战略。两大战略的协同发展是破解我国城乡发展不平衡难题的关键。第七次全国人口普查数据显示，我国常住人口城镇化率已达到63.89%，但城镇化高速发展的背后是农村资源要素单向流入城镇，乡村“空心化”现象严重，发展内生动力不足，城乡不平衡加剧。新型城镇化与乡村振兴战略如同“车之双轮”，两者协同发展对重塑城乡关系、促进城乡融合发展有着重要作用。

新型城镇化战略与乡村振兴战略既各自独立，又相互影响，两者的关系不是彼此对立、相互排斥的，而是相辅相成、互促共进的。一方面，乡村振兴是新型城镇化的重要基础：产业振兴有利于促进农村富余劳动力转移就业，推动异地或就地就近城镇化；生态振兴有利于休闲农业与乡村旅游业发展，增强小城镇可持续发展能力；文化振兴有利于乡村文明与城市文明互融共生，促进城乡文化融合；组织振兴有利于保障乡村社会和谐稳定，推进城乡治理一体化；人才振兴有利于提升农民素质，为城镇化提供高质量劳动力供给。另一方面，新型城镇化是乡村振兴的坚实依托：城镇化可以为农业发展提供资金、人才和技术支持，是实现农业农村现代化的动力支撑；城镇化可以吸纳更多农村富余劳动力转移就业，促进农业生产效率和农民自身素质和技术水平的提高，有利于保障农业稳定发展；绿色集约的新型城镇化发展理念可以为乡村可持续发展提供借鉴，以人为核心的新型城镇化发展道路可以加快农民工市民化进程，进一步提升农民主体地位且增强其幸福感。

当前，关于新型城镇化与乡村振兴的研究可归为定性研究与定量研究两方面。在定性研究中，包括两者逻辑关系、协同发展困境以及实现路径研究。在两者逻辑关系研究方面，早期研究注重城乡单向联系，如Lewis的二元经济理论认为，传统农业部门的剩余劳动力向工业部门转移，使工业部门进行资本积累和扩大再生产①。Friedmann强调，以城市为中心进行资源配置，以城市发展带动农村发展②。Todaro认为，只有大力发展农村经济，改善农民生活，才能实现城乡一体化目标③。当前，国外学者提出最多的是从“城乡联系”这一角度探寻城乡均衡发展的规律及其影响因素，与之前城乡分割研究形成鲜明对比。国内部分学者认为两大战略本质上相融相通，新型城镇化是乡村振兴的助推器，乡村振兴为解决新型城镇化面临的一系列问题提供重要途径；也有部分学者认为，两大战略存在时空上的内在张力，两者在发展目标、优先次序和资源要素方面存在冲突，加剧城乡分离，阻碍城乡之间各种要素的自由流动以及公共资源的合理配置④⑤。在两者协同发展困境研究方面，刘爱梅、文丰安认为，两大战略在协同推

---

① Lewis W A.Economic Development with Unlimited Supply of Labor [J]. Manchester School，1954，22 (2)：139–191.

② Friedmann J.Regional Development Policy：A Case of Venezuela [M]. Cambridge：MIT Press，1966.

③ Todaro M P.A model for labor migration and urban unemployment in less developed countries [J]. American Economic Review，1969，59 (1)：138–148.

④ 杨嵘均.论新型城镇化与乡村振兴战略的内在张力、政策梗阻及其规避 [J]. 南京农业大学学报（社会科学版），2019 (5)：24–32，155.

⑤ 丁静.新时代乡村振兴与新型城镇化的战略融合及协调推进 [J]. 社会主义研究，2019 (5)：74–81.

进过程中受到城乡二元体制的约束、农民主体地位发展不充分和农村要素市场发育滞后等阻碍[①②]。在两者协同发展实现路径方面，蔡继明提出，要发挥市场的决定性作用，深化一系列制度改革[③]。苏小庆等从产业、生态、文化、社会和公共服务五方面提出实现路径[④]。张琛等认为，要以小城镇作为新型工农关系的着力点[⑤]。在定量研究中，蕾娜等运用面板格兰杰因果检验和耦合协调模型研究两大战略的因果关系，研究结果表明在短期内两者是单向因果关系，在长期两者则是双向因果关系[⑥]。俞云峰等[⑦]、马广兴[⑧]分别以浙江省和河南省为例，运用耦合协调模型对省域新型城镇化与乡村振兴的协同关系进行研究，研究结果表明二者耦合协调度呈递增趋势，协同发展水平不断提高。马长发等测算了我国西部地区新型城镇化与乡村振兴水平及二者的耦合协调度，研究结果表明两大战略的协同发展水平存在空间差异[⑨]。

国内外学者的相关研究对现阶段促进我国新型城镇化与乡村振兴协同

① 刘爱梅，陈宝生.协调推进新型城镇化与乡村振兴战略的体制对策——基于城乡共享体制建设的视角［J］.学习与探索，2019（11）：66–72.

② 文丰安.乡村振兴战略与新型城镇化建设融合发展：经验、梗阻及新时代方案［J］.东岳论丛，2020（5）：70–77.

③ 蔡继明.乡村振兴战略应与新型城镇化同步推进［J］.人民论坛·学术前沿，2018（10）：76–79.

④ 苏小庆，王颂吉，白永秀.新型城镇化与乡村振兴联动：现实背景、理论逻辑与实现路径［J］.天津社会科学，2020（3）：96–102.

⑤ 张琛，孔祥智.乡村振兴与新型城镇化的深度融合思考［J］.理论探索，2021（1）：92–100，120.

⑥ 雷娜，郑传芳.乡村振兴与新型城镇化关系的实证分析［J］.统计与决策，2020（11）：67–72.

⑦ 俞云峰，张鹰.浙江新型城镇化与乡村振兴的协同发展——基于耦合理论的实证分析［J］.治理研究，2020（4）：43–49.

⑧ 马广兴.河南新型城镇化与乡村振兴耦合性分析［J］.中国农业资源与区划，2020（3）：103–112.

⑨ 马长发，朱晓旭.西部地区新型城镇化和乡村振兴互动关系研究［J］.生态经济，2021（5）：99–105.

发展具有指导作用。但是，当前对于两大战略协同发展的定量分析较少，聚焦到省域的研究仍然不足。黑龙江省作为我国老工业基地和粮食主产区，研究该省新型城镇化与乡村振兴协同发展对推动形成工农互促、城乡互补的新型工农城乡关系具有重要的现实意义。本研究采用耦合协调度模型对黑龙江省新型城镇化与乡村振兴协同发展水平进行测度，并通过主成分回归分析影响两者协同发展的主要因素。

二、指标体系与模型构建

要测度黑龙江省新型城镇化与乡村振兴协同发展水平，首先需要构建新型城镇化水平评价指标体系与乡村振兴水平评价指标体系，并分别测算两者水平值。近年来，本团队已对乡村振兴进行了一系列研究，构建了乡村振兴水平评价指标体系①。在此基础上，本研究运用该指标体系对黑龙江省乡村振兴水平进行测算，并针对黑龙江省实际，进一步构建新型城镇化水平评价指标体系，然后利用耦合协调度模型对两系统协同发展水平进行测算。

（一）指标体系的构建与数据处理

1.新型城镇化水平评价指标体系构建

新型城镇化是以可持续发展为引领，秉承生态化、集约化理念，坚持以人为本、城乡一体化的城镇化。新型城镇化水平是一个涵盖经济、社会、环境的综合概念，既包含城镇人口数量变化，又体现城镇发展质量的变化，是"量"和"质"的结合。现有研究多以经济、社会、环境三个方面为基础，扩充构建新型城镇化水平评价指标体系。本研究在借鉴相关成果的基础上，以新型城镇化程度和新型城镇化质量为一级指标建立新型城镇化水平评价指标体系。新型城镇化程度体现城镇化进程，表明农村人口向城镇转移的过程，体现城乡人口数量变化，是新型城镇化发展水平的外在表现；新型城镇化质量是反映新型城镇化优劣度的范畴，体现新型城镇

① 郭翔宇，胡月．乡村振兴水平评价指标体系构建［J］．农业经济与管理，2020（5）：5-15.

化的内涵，涵盖新型城镇化各构成要素的发展状况、协调水准和作用功效等综合因素。在二级指标中，用城镇化率表示新型城镇化程度，以经济城镇化、社会城镇化、生态城镇化、文化城镇化、城乡融合五个方面来衡量新型城镇化质量，如表12-1所示。

表12-1　黑龙江省新型城镇化水平评价指标体系

一级指标	二级指标	三级指标	指标权重
A新型城镇化程度0.470	A1城镇化率1.000	A11常住人口城镇化率（%）	0.460
		A12户籍人口城镇化率（%）	0.540
B新型城镇化质量0.530	B1经济城镇化0.269	B11城镇居民人均GDP增长率（%）	0.420
		B12第二、三产业增加值占GDP比重（%）	0.255
		B13城镇居民人均可支配收入（元/人）	0.325
	B2社会城镇化0.219	B21城乡常住人口基本养老保险覆盖率（%）	0.290
		B22城乡常住人口基本医疗保险覆盖率（%）	0.290
		B23城镇失业保险参保率（%）	0.145
		B24医疗卫生支出占财政支出比例（%）	0.275
	B3生态城镇化0.134	B31城市建成区绿化覆盖率（%）	0.320
		B32城市污水处理厂集中处理率（%）	0.335
		B33城市生活垃圾无害化处理率（%）	0.345
	B4文化城镇化0.159	B41城镇高中及以上学历人口占比（%）	0.420
		B42教育科技支出占GDP比重（%）	0.195
		B43城镇居民教育文化娱乐支出（元/人）	0.385
	B5城乡融合0.219	B51城乡居民人均可支配收入之比（%）	0.290
		B52农林水支出占财政支出比例增长率（%）	0.210
		B53城乡医疗卫生技术人员比值（%）	0.165
		B54城乡义务教育阶段专任教师本科及以上学历比例比值（%）	0.170
		B55城乡居民最低生活保障标准之比（%）	0.165

2.数据处理和权重确定

本研究数据主要来源于《黑龙江统计年鉴》《中国统计年鉴》《中国城乡建设统计年鉴》《中国人口、就业统计年鉴》《中国民政统计年鉴》等统计年鉴和黑龙江省12个地级市历年国民经济和社会发展统计公报，少量缺失数据通过插值法进行补充。

本研究采用目标值法对三级指标数据进行标准化处理。由于A11常住人口城镇化率（%）和A12户籍人口城镇化率（%）分别从常住和户籍两个方面表示城镇化程度，直观体现了人口转移进程，指标具有特殊属性，故以上两个指标用其原值，不需要标准化。对于剩下的指标，通过选定目标值，以指标实际值与目标值的比值作为标准化值。目标值的确立采取以下方式：

（1）对于理想状况为100%或表示增长程度的指标，无须进行标准化，即以原值为目标值。如B11城镇居民人均GDP增长率（%）、B21城乡常住人口基本养老保险覆盖率（%）、B22城乡常住人口基本医疗保险覆盖率（%）、B23城镇失业保险参保率（%）、B32城市污水处理厂集中处理率（%）、B33城市生活垃圾无害化处理率（%）、B51城乡居民人均可支配收入之比（%）等指标。

（2）对于难以确定理想状况的指标，选取全国当年平均水平为目标值，如B12第二、第三产业增加值占GDP比重（%），B13城镇居民人均可支配收入（元/人），B43城镇居民教育文化娱乐支出（元/人）。

（3）对于数值高于全国当年平均水平的指标，选取发达国家的现状值为目标值，如B24医疗卫生支出占财政支出比例（%）、B42教育科技支出占GDP比重（%）。数据标准化公式如下：

$$x_{ij}=\begin{cases}X_{ij}/M_j，X_{ij}\text{为正向指标}\\M_j/X_{ij}，X_{ij}\text{为负向指标}\end{cases}\quad(i=1,2,\cdots,m;\ j=1,2,\cdots,n)\qquad(12\text{-}1)$$

其中，X_{ij}为第j个指标第i个样本的实际值，M_j为第j个指标的目标值，x_{ij}为第j个指标第i个样本标准化后的值。

本研究采用专家打分法，邀请各级科研院所、涉农高校、党校等单位共20位相关领域的学者组成专家小组，对各指标权重w_j进行打分，各级指标权重确定后，可计算得到新型城镇化水平U_x和乡村振兴水平U_y，公式如下：

$$U_{x,y}=\sum_{i=1}^{n}x_{ij}w_j \tag{12-2}$$

（二）耦合模型与耦合协调度模型构建

本研究利用耦合模型和耦合协调度模型对新型城镇化与乡村振兴协同发展水平进行测度。耦合是指两个或两个以上的系统或运动形式通过各种相互作用而彼此影响的现象，耦合模型主要用来对多个子系统内部协调问题进行研究。新型城镇化和乡村振兴是彼此独立但相互作用的两个系统，通过构建耦合模型与耦合协调度模型，分别反映两系统的相关性与协同程度。参考已有成果，两系统耦合模型公式为：

$$C=2[U_x\times U_y/(U_x+U_y)^2]^{\frac{1}{2}} \tag{12-3}$$

其中，C表示耦合度，$C\in[0,1]$，C值越大表明两者的耦合度越高。但是，耦合度仅能说明两系统相互作用程度的强弱，不能反映两者的协同发展程度，因此，还需要建立耦合协调度模型，测度两者协同发展水平，其公式为：

$$T=\alpha U_x+\beta U_y \tag{12-4}$$

$$D=\sqrt{C\times T} \tag{12-5}$$

其中，D表示耦合协调度，$D\in[0,1]$，D值越大表明两系统协调度越高，T是两系统的综合发展水平，α和β为待定系数，$\alpha+\beta=1$，由于新型城镇化与乡村振兴同样重要，因而$\alpha=\beta=0.5$。本研究将耦合协调度分为10个等级，如表12-2所示。

表 12-2 耦合协调度及等级划分

分类	耦合协调度	耦合协调等级
失调衰退类型（不可接受区间）	$0\leq D\leq 0.1$	极度失调
	$0.1<D\leq 0.2$	严重失调
	$0.2<D\leq 0.3$	中度失调
	$0.3<D\leq 0.4$	轻度失调
过渡发展类型（颉颃区间）	$0.4<D\leq 0.5$	濒临失调
	$0.5<D\leq 0.6$	勉强协调

续表

分类	耦合协调度	耦合协调等级
协调发展类型（可接受区间）	0.6<D ≤ 0.7	初级协调
	0.7<D ≤ 0.8	中级协调
	0.8<D ≤ 0.9	良好协调
	0.9<D ≤ 1	优质协调

三、新型城镇化与乡村振兴耦合协调水平测算

（一）新型城镇化水平与乡村振兴水平

通过测算，得到2010~2019年黑龙江省新型城镇化与乡村振兴水平得分，如表12-3所示。2010年黑龙江省新型城镇化水平为49.37%，2019年为57.88%，10年内增加了8.51个百分点，年均增加0.95个百分点，其中，2012年增长最快，增加1.66个百分点，2017年增长最慢，仅增加0.16个百分点。2010年黑龙江省乡村振兴水平为34.89%，2019年为46.64%，10年内增加了11.75个百分点，年均增加1.31个百分点，其中，2013年增长最快，增加2.09个百分点，2017年出现负增长，同比下降0.59个百分点。2010年乡村振兴水平与新型城镇化水平相差14.48个百分点，2019年两者差距为11.25个百分点。总体上看，黑龙江省新型城镇化水平高于乡村振兴水平，乡村振兴水平的增长速度快于新型城镇化水平增长速度。

表 12-3　2010~2019 年黑龙江省新型城镇化水平与乡村振兴水平

年份	2010	2011	2012	2013	2014	2015	2016	2017	2018	2019
新型城镇化水平（%）	49.37	50.51	52.17	53.10	54.18	55.22	56.15	56.32	56.95	57.88
乡村振兴水平（%）	34.89	35.65	36.69	38.78	40.37	42.29	44.14	43.55	45.12	46.64
乡村振兴与新型城镇化水平差距（%）	14.48	14.86	15.49	14.33	13.81	12.93	12.01	12.76	11.82	11.25

（二）新型城镇化与乡村振兴耦合协调水平

根据测算得到，2010~2019年黑龙江省新型城镇化与乡村振兴的耦合

度均大于0.9，表明两系统在近10年一直高度相关，耦合度呈先下降后上升趋势，但变化幅度较小。2010~2019年两系统耦合协调度呈上升趋势，除2017年耦合协调度同比下降外，其余每年均同比上升，这与乡村振兴水平的变化趋势同步（见表12-4和图12-1）。10年间两系统协调等级由初级协调发展为中级协调，2010~2015年两者是初级协调关系，2016~2019年发展为中级协调，但距离良好协调和优质协调还有一定差距。

表 12-4　2010~2019 年黑龙江省新型城镇化与乡村振兴耦合度和耦合协调度

年份	耦合度 C	耦合协调度 D	协调等级
2010	0.9851	0.6442	初级协调
2011	0.9850	0.6514	初级协调
2012	0.9847	0.6614	初级协调
2013	0.9878	0.6736	初级协调
2014	0.9893	0.6839	初级协调
2015	0.9912	0.6952	初级协调
2016	0.9928	0.7056	中级协调
2017	0.9918	0.7037	中级协调
2018	0.9933	0.7120	中级协调
2019	0.9942	0.7208	中级协调

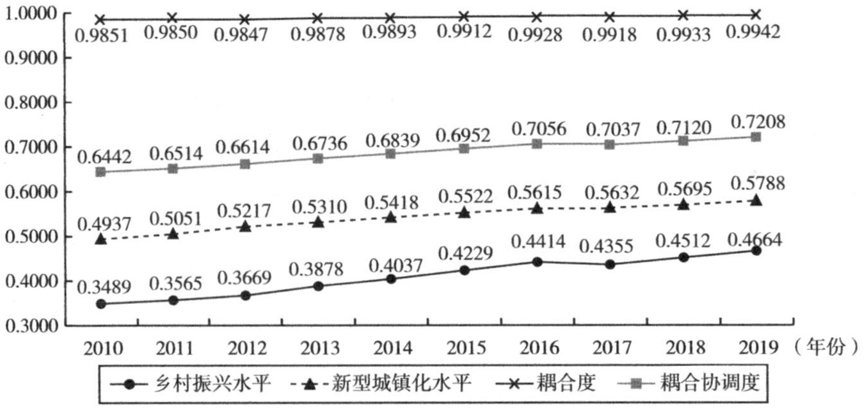

图 12-1　两系统水平值、耦合度和耦合协调度

四、新型城镇化与乡村振兴协同发展影响因素分析

黑龙江省新型城镇化与乡村振兴协同发展是各方面因素共同作用的结果，因此，需要从多方面分析影响两系统协同发展的因素，并结合定量研究明确不同因素对两系统协同发展的影响程度，从而为黑龙江省新型城镇化与乡村振兴协同发展提出有针对性的对策建议。

（一）影响因素分析与变量筛选

根据新型城镇化与乡村振兴的内涵、特征及其关系，借鉴已有相关研究成果[①②③④]，并结合黑龙江省实际，本研究从人口流动、资金支持、收入差距缩小程度、居民基本权益平等化、公共服务均等化、产业协调、财政保障能力、信息化8个方面筛选影响因素，分析这些因素对黑龙江省新型城镇化与乡村振兴协同发展的影响。

“人”是城乡发展最重要的因素，人口流动对新型城镇化与乡村振兴协同发展具有重要影响。当前，农村人口单向流入城镇是城乡人口流动的主要趋势。一方面，农村转移人口为城镇产业发展提供劳动力资源；另一方面，农村青壮年劳动力流失，乡村振兴缺乏人才支撑，影响新型城镇化与乡村振兴协同发展。本研究用常住人口城镇化率（%）来表示X1人口流动。

新型城镇化与乡村振兴都需要大量的资金投入。相对而言，城镇良好的投资环境有利于吸引各方资金的投入，而农村劳动力流失和资金的缺乏使农村产业“空心化”严重，阻碍乡村振兴发展，影响城乡融合进程。因

---

① 吴旭晓.乡村振兴与新型城镇化耦合协调发展及其驱动机制研究——以中部地区为例［J］.前沿，2019（6）：32-40.

② 徐维祥，李露，周建平，等.乡村振兴与新型城镇化耦合协调的动态演进及其驱动机制［J］.自然资源学报，2020（9）：2044-2062.

③ 刘明辉，卢飞.城乡要素错配与城乡融合发展——基于中国省级面板数据的实证研究［J］.农业技术经济，2019（2）：33-46.

④ 叶超，于洁.迈向城乡融合：新型城镇化与乡村振兴结合研究的关键与趋势［J］.地理科学，2020（4）：528-534.

此，与城镇相比，农村更需要资金支持，尤其需要财政资金的优先保障。本研究用农林水支出占财政支出比重（%）表示X2资金支持。

城乡居民收入是新型城镇化与乡村振兴水平的直观体现，也是影响两者协同发展的重要因素。居民收入决定消费水平，更影响生活质量，城乡居民收入差距越小，表明城乡融合程度越高，新型城镇化与乡村振兴的协同效应越大。本研究用城乡居民人均可支配收入之比（%）来表示X3收入差距缩小程度。

协同推进新型城镇化和乡村振兴，必须充分保障农民的基本权益。农村劳动力转移至城镇后并未实现全体落户，农民工流动性强，工作稳定性弱，他们在住房、就业培训、子女入学等问题上和城镇居民存在差距，享受到的基本权益和公共服务水平有限，难以真正融入城镇，呈现“半市民化”状态。本研究用户籍人口城镇化率与常住人口城镇化率的比值（%）表示X4居民基本权益平等化。

公共服务均等化是新型城镇化与乡村振兴协同发展的保障。不论是新型城镇化还是乡村振兴，两大战略的落脚点都在于“人”，都必须关注民生和保障民生。由于城乡二元结构长期存在，农村不仅在经济上落后于城镇，在医疗、教育、社会保障等公共服务方面也与城镇有一定差距。本研究采用城乡医疗卫生技术人员比值（%）、城乡义务教育阶段专任教师本科及以上学历比例比值（%）和城乡居民最低生活保障标准之比（%）三个指标平均加权汇总的结果表示X5公共服务均等化。

产业协调是新型城镇化与乡村振兴协同发展的经济基础。农村以发展第一产业为主，第二、第三产业较少且发展缓慢，产业间劳动生产率存在较大差异，从而影响城乡产业的协调程度。本研究用二元对比系数（%）即第一产业比较劳动生产率与第二、第三产业比较劳动生产率的比值来表示X6产业协调，二元对比系数越大，城乡产业协调度越高。

政府是推进新型城镇化与乡村振兴的主导力量，其财政投入水平是影响两者协同发展的重要因素。当市场经济出现“失灵”时，政府的宏观调控至关重要。在推进城乡产业协调以及公共服务均等化过程中，政府的财政支持不可或缺，这就需要政府有足够的财政能力保障。本研究用财政支出占GDP比重（%）表示X7财政保障能力。

信息化对新型城镇化与乡村振兴协同发展起着催化作用。不论是城乡产业还是居民生活，信息化都发挥着重要影响，对于产业来说，利用互联网可以发展电子商务，拓宽销售渠道；对于居民生活来说，互联网不仅为居民生活提供便利，还加强了城乡联系，促进城乡消息互通、资源共享。本研究用互联网普及率（%）表示X8信息化。

（二）模型建立与结果分析

1.主成分回归模型的建立

将上述8个因素作为解释变量，以黑龙江省新型城镇化与乡村振兴耦合协调度作为被解释变量，经过标准化处理后进行回归分析。为解决自变量多重共线性问题，采用主成分分析法构建回归模型。首先，运用SPSS软件进行KMO和Bartlett's检验，结果表明KMO值为0.803，大于0.6，且Sig值为0.000，表明选取的变量适合做主成分分析；其次，以各解释变量的特征值大于1为标准，提取了2个主成分，累计方差贡献率为94.133%，表明提取的2个主成分对原始变量的信息解释达到94.133%，如表12-5所示。

表12-5　　总方差解释

成分	初始特征值			提取载荷平方和		
	总计	方差百分比	累计%	总计	方差百分比	累计%
1	6.156	76.954	76.954	6.156	76.954	76.954
2	1.374	17.178	94.133	1.374	17.178	94.133
3	0.273	3.409	97.542			
4	0.090	1.121	98.663			
5	0.060	0.755	99.418			
6	0.036	0.444	99.861			
7	0.007	0.094	99.955			
8	0.004	0.045	100.000			

初始因子载荷矩阵如表12-6所示。

表 12-6 初始因子载荷矩阵

影响因素	成分	
	1	2
X1人口流动	0.994	0.085
X2资金支持	0.852	-0.469
X3收入差距缩小程度	-0.018	0.961
X4居民基本权益平等化	-0.886	-0.336
X5公共服务均等化	0.986	-0.129
X6产业协调	0.946	0.186
X7财政保障能力	0.940	-0.179
X8信息化	0.952	0.162

用各初始因子载荷矩阵值除以主成分特征值的平方根，可计算得到两个主成分表达式，其中ZX1~ZX8为标准化后的变量。

$$F1=0.401ZX1+0.343ZX2-0.007ZX3-0.357ZX4+0.397ZX5+0.381ZX6+0.379ZX7+0.384ZX8 \quad (12-6)$$

$$F2=0.073ZX1-0.400ZX2+0.820ZX3-0.287ZX4-0.110ZX5+0.159ZX6-0.153ZX7+0.138ZX8 \quad (12-7)$$

分别以第一主成分和第二主成分为解释变量，以标准化后的黑龙江省新型城镇化与乡村振兴耦合协调度ZD为被解释变量进行回归分析，结果显示模型的拟合优度R=0.983，R^2=0.967，调整后的R^2=0.957，且显著性为0.000，表明模型拟合度较好，具有统计学意义。两系统耦合协调度与主成分的表达式为：

$$ZD=0.396F1-0.011F2 \quad (12-8)$$

将式（12-8）代入式（12-6）和式（12-7）中，可以得到：

$$ZD=0.158ZX1+0.140ZX2-0.012ZX3-0.138ZX4+0.159ZX5+0.149ZX6+0.152ZX7+0.150ZX8 \quad (12-9)$$

将标准化后的变量还原为原始变量，可以得到耦合协调度与8个影响因素的回归模型：

$$D=0.695+0.245X1+0.165X2-0.021X3-0.351X4+0.121X5+0.033X6+0.091X7+0.026X8 \qquad (12-10)$$

2. 结果分析

如表12-7所示，从回归结果可以看出，X1人口流动（0.245）、X2资金支持（0.165）、X5公共服务均等化（0.121）、X7财政保障能力（0.091）、X6产业协调（0.033）、X8信息化（0.026）这6个因素与两系统耦合协调度呈正相关关系，表明城镇化率的提升、政府对农林水支出的增长、城乡公共服务均等化程度的提高、政府财政能力提升、产业协调、信息化水平提升均对黑龙江省新型城镇化与乡村振兴协同发展起促进作用。X3收入差距缩小程度（–0.021）和X4居民基本权益平等化（–0.351）与两系统耦合协调度呈负相关关系，导致此现象的原因是2010~2019年黑龙江省城乡居民收入差距并未持续缩小，而是呈先缩小后扩大再缩小的波动趋势，与两系统耦合协调度的变化趋势不一致，负向影响两者协同发展，但从系数上看，其影响程度较小。2010年黑龙江省户籍人口城镇化率与常住人口城镇化率的比值为85.95%，2019年该比值下降为82.20%，10年间户籍人口与常住人口数量差距扩大，进城落户的农民工减少，流动的农民工难以享受到与户籍居民同等的基本权益和公共服务，居民基本权益平等化程度降低，影响城乡融合进程，阻碍新型城镇化与乡村振兴协同发展。因此，X4居民基本权益平等化与两系统耦合协调度呈负相关关系。

表12-7　　　影响因素及其系数

指标名称	影响系数
X1人口流动	0.245
X2资金支持	0.165
X5公共服务均等化	0.121
X7财政保障能力	0.091
X6产业协调	0.033
X8信息化	0.026
X3收入差距缩小程度	–0.021
X4居民基本权益平等化	–0.351

五、结论及政策建议

（一）结论

本研究通过构建新型城镇化水平评价指标体系，利用耦合协调度模型测度了2010~2019年黑龙江省新型城镇化与乡村振兴协同发展水平，分析两系统发展变化关系，并运用主成分回归模型分析两系统协同发展的影响因素，得到如下结论：

（1）2010~2019年黑龙江省新型城镇化水平与乡村振兴水平均呈上升趋势，新型城镇化水平由49.37%增长到57.88%，乡村振兴水平由34.89%增长到46.64%。新型城镇化水平高于乡村振兴水平，但乡村振兴水平发展速度快于新型城镇化水平，两者差距呈先扩大后缩小的趋势。

（2）2010~2019年黑龙江省新型城镇化与乡村振兴的耦合度均在0.9以上，两系统高度耦合。在耦合协调度上，2010~2015年两系统为初级协调，2016~2019年两系统达到中级协调。

（3）在黑龙江省新型城镇化与乡村振兴协同发展的主要影响因素中，人口流动、资金支持、公共服务均等化、财政保障能力、产业协调、信息化与两系统协同发展水平正向相关，收入差距缩小程度和居民基本权益平等化与两系统协同发展水平负向相关。

（二）政策建议

1.始终坚持农业农村优先发展

由研究结果可知，黑龙江省乡村振兴水平落后于新型城镇化水平，要实现两者协同发展，必须坚持农业农村优先发展总方针，按照“二十字”总要求，加快推进乡村振兴。坚持农业农村优先发展，要着力构建干部配备优先考虑、要素配置优先满足、资金投入优先保障、公共服务优先安排的长效机制，持续加大乡村振兴支持力度；要坚持农民主体地位，加强新型职业农民培育，充分保障农民权益，提升农民福祉，让农民成为乡村振兴的建设者和受益者；要推动城市科技、资金、人才要素向乡村流动，积极拓宽城市要素下乡通道，加快补齐乡村振兴资源要素短板。

2. 全力推动县域经济高质量发展

县域城乡融合是新型城镇化的重要发展方向，是辐射和带动乡村振兴的重要着力点，推动县域经济高质量发展，对促进黑龙江省新型城镇化与乡村振兴由中级协调向优质协调发展具有重要意义。要坚持以产业为核心，加大立县主导产业的培育力度，分层分类加强市场主体培育，推动县域三次产业融合发展；要加强县域基础设施建设，保证县域基础设施建设与产业发展需求相匹配；要进一步加大县域经济高质量发展政策供给力度，积极营造县域经济高质量发展政策环境；要持续开展县域经济考评力度，创新激励措施，激发县域经济高质量发展的内生动力。

3. 发挥正向因素的推动作用与补齐短板相结合

坚持扬长补短思想，在分析影响新型城镇化与乡村振兴协同发展的各因素优劣程度的基础上，重点提升正向因素的发展水平，充分发挥其对两系统协同发展的推动作用。要继续提升政府财政能力，加大对农林水事务的资金投入力度，发挥财政资金的优先保障作用；提高城乡产业协调发展水平，为两系统协同发展奠定经济基础；提升信息化水平，以信息化助推两系统协同发展。对于负向影响两者协同发展的因素，要弥补其短板，促进城乡居民收入均衡化和居民基本权益平等化。

第十三章

农民数字素养赋能乡村振兴研究①

信息技术的飞速发展使数字资源快速融入社会的各个方面，数字化成为国家现代化进程中的重要驱动力，在极大程度上促进了数字乡村的发展。数字乡村建设的最终目的是解决“三农”问题，其关键在于是否能激发农民的内生动力，塑造农民数字素养的价值。农民数字素养的提升是数字乡村建设发展的重要动能，也是乡村振兴战略目标实现的重要前提。

一、引言

党的二十大报告指出，要“加快发展数字经济，促进数字经济和实体经济深度融合”。乡村振兴是一项集乡村经济、产业、环境、文化等多种元素为一体的系统性工程，数字经济的融入必将加速实现乡村的振兴和国家的长治久安。在2018~2022年的中央一号文件及政府工作报告中都明确提出持续推进乡村振兴，以数字技术赋能乡村振兴的发展。其中，2022年的中央一号文件首次对数字乡村的建设提出了部署，提出要加强农民数字素养与技能培训，以数字技术赋能乡村公共服务。农业农村部、中央网络安全和信息化委员会办公室于2019年联合印发了《数字农业农村发展规划（2019~2025年）》，指出我国应加快数字技术在农村的推广应用，推动农业高质量发展，为实现乡村全面振兴提供有力支撑。近年来，我国乡村信息基础设施建设不断完善，通过对2017~2022年城乡地区互联网普及率进行调查显示，我国“村村通4G”实现率高

① 本章内容刊发于《农业经济与管理》2022年第6期，原文标题为“农民数字素养赋能乡村振兴的理论机制与路径研究”，作者：马丽等。

达98%，城乡之间的"数字鸿沟"正在逐步缩小（参见图13-1）。截至2022年6月，我国已实现"县县通5G、村村通宽带"，互联网普及率达74.4%，我国农村网民规模已达2.93亿，人工智能、5G、大数据等新一代互联网数字技术与农业加快实现深度融合，现代信息技术的应用为乡村振兴提供了新的动力。在这种背景下，如何提高农民的数字素养水平，从而适应数字乡村建设，成为重要的能动性因素，在一定程度上影响着乡村振兴的速度和质量。

关于数字素养的概念，国内外学者进行了丰富的研究。国外方面，Gilster（1997）将数字素养界定为获取、理解、整理和批判数字信息的综合能力①；Martin等（2006）将数字素养定义为个人正确使用数字工具和设备、合理利用数字资源、构建新知识、创新媒体表达以及与他人沟通等的意识、态度和能力②。之后，数字素养的概念逐步从单方面强调知识和技能提升至涵盖价值观和态度的重要性中③。国内方面，学者们对农民数字素养内涵的认识也在不断深化；常凌翀（2021）将农民数字素养界定为农民对数字媒介的使用能力和对媒介信息的基本看法，主要从媒介认知和媒介行为两个方面进行刻画④；苏岚岚等（2022）从数字化通用素养、数字化社交素养、数字化创意素养和数字化安全素养四个维度来表征农民的数字素养水平⑤。2022年3月2日，中央网信办、教育部、工业和信息化部、人力资源社会保障部联合印发的《2022年提升全民数字素养与技能工作要点》中

---

① Gilster P.Digital literacy［M］. New York：Wiley Publishing，1997.

② Martin A，Grudziecki J.Digeulit：Concepts and tools for digital literacy development［J］. Innovation in Teaching and Learning in Information and Computer Sciences，2006，5（4）：249-267.

③ Havrilova L H，Topolnik Y V.Digital culture，digital literacy，digital competence as the modern educational phenomena［J］. Information Technologies and Learning Tools，2017，61（5）：1-14.

④ 常凌翀.数字乡村战略下农民数字化素养的价值内涵与提升路径［J］. 湖南社会科学，2021（6）：114-119.

⑤ 苏岚岚，彭艳玲.农民数字素养、乡村精英身份与乡村数字治理参与［J］. 农业技术经济，2022（1）：34-50.

将数字素养定义为：数字社会公民学习工作生活应具备的数字获取、制作、使用、评价、交互、分享、创新、安全保障、伦理道德等一系列素质与能力的集合。基于中央网信办发布的数字素养相关概念，本章认为农民数字素养就是在基于网络平台的数字时代，农民拥有使用数字产品的意识和能力，能够通过使用数字技术获取、甄别、理解并分享数字信息，随之将信息与能力应用到日常生活与农业生产中的能力。通过厘清农民数字素养赋能乡村振兴的理论机制，探讨农民数字素养赋能乡村振兴的制约因素与提升路径，以期为提升农民数字素养、推进农业农村数字化发展提供有益借鉴，为数字乡村的建设和乡村振兴的实现打下坚实基础。

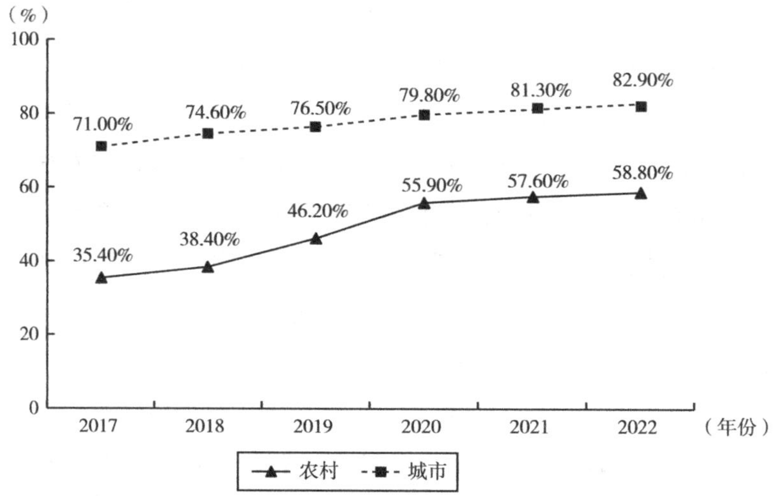

图 13-1　2017~2022 年我国城乡地区互联网普及率

二、农民数字素养赋能乡村振兴的理论机制

数字时代下，伴随着乡村振兴战略的实施，越来越多的数字资源涌入农村，为数字乡村建设提供源源不断的动能[①]。数字乡村要求数字技术与乡村生产、生活、生态等多领域全方位共同发展，这就依赖于农民对乡村各

① 陆益龙．“数字下乡”：数字乡村建设的经验、困境及方向［J］．社会科学研究，2022（3）：126-134.

领域进行广泛的数字化参与，对农民数字素养提出了越来越高的要求。本章将主要从农民数字社交素养、农民数字娱乐素养、农民数字学习素养、农民数字商业素养四个方面研究其赋能乡村振兴的理论机制。

（一）农民数字社交素养提升有利于农村政务服务能力的提高

农民数字社交素养是指农民能够利用多样化的互联网工具，从网络中获取信息和资源并且能与他人进行资源和信息的分享，从而形成良好的互动。农民数字社交素养的发展不仅提高了农村地区对数字基础设施需求的增加，同时依靠大数据平台提高了农民自治的参与度，为政府更好地为农民提供政务服务奠定了基础。

第一，通过农民数字社交素养的发展为农村政务服务提供数据支撑。数字技术的发展为农民构建了全新的社交互动渠道，通过数字技术实现跨时空、跨地域的新型会话模式，在推动乡村数字化发展的过程中为农村创造新活力。利用农民社交数字素养将数字化思维引入政务服务，依靠大数据简化农村政务服务流程、加大农民的参与度。各级政府使用网络技术直接获取真实的乡村发展的数据，促使农民以需求者的身份充分利用社会网络资源积极参与线上交流讨论，以较强的主人翁意识参与乡村数字化治理，使政府的资源供给与农民的需求进行匹配，以乡村组织振兴助推乡村全面振兴[①]。

第二，农民数字社交素养的发展有利于建立有效的农村政务工作机制。我国由于长期存在城乡发展不平衡的现象，政府在推进农村数字化工作时存在效率低下、时效性不强的问题。农民作为数字乡村建设的主体，农民的广泛参与有利于对政府实施农村政务工作起到监督的作用。数字化信息更新速度快速发展的时代下，网上政务服务平台为政策进村、基层政府处理村内矛盾、开展人口普查等提供了便利。而农民社交数字素养的发展有利于调动农民的积极性，有选择性地表达出自身需求，扩

① 赵晓峰，刘海颖.数字乡村治理：理论溯源、发展机遇及其意外后果［J］.学术界，2022（7）：125-133.

大农民参与农村共同治理的深度与广度，对政府的工作程序进行民主监督，逐步实现政务的公开化和规范化，使农村政务工作机制变得透明化、有效化。

（二）农民数字娱乐素养提高有利于推动农民数字生活水平的发展

农民数字娱乐素养是指农民能够利用自身的数字技术能力与传播能力，通过各种网络平台或网站进行相互交流与互动，在进行创作与互动的过程中把握数字生活的基本内涵，在贡献数字资源的过程中丰富农民的精神生活。农民娱乐数字素养的发展能够增加农村数字文化娱乐活动的多样性，弘扬优秀传统文化，增强农民的文化自信。

第一，农民数字娱乐素养赋能乡村文化，充实农民精神需求。数字技术的发展为农民增长文化知识与获得专业技能提供了相对便捷的途径。通过网络丰富的教育课程以及相关的数字平台能够使农民获得广泛的娱乐文化资源，提高农民的思想文化水平，丰富广大农民的精神生活以及文化内涵。Wifi技术、人工智能等数字技术的运用以及农民娱乐数字素养的发展能够以多手段、低成本的方式发掘和传播一些优秀的传统文化，在发挥农民主动性中增强农民文化认同感；在农民积极主动参与中使优秀的传统文化得到有效的传承和保护；在时代发展中取其精华去其糟粕，使乡村文化与时代发展相联结，树立文明新风尚，提升农民的幸福感，为乡村文化产业的发展奠定基础①。

第二，农民数字娱乐素养不断推动数字化生活服务向农村发展。数字技术正与农民生活的各领域进行深度融合，农民在动态地使用线上平台拓展社会关系时，通过对数字资源的使用创新生活服务的内容和形式。农民在进行数字资源的使用时，能够掌握淘宝等相关网络购物、打车出行、线上医疗、学习教育等相关公共服务App或者平台的使用，使农村与城市的公共服务均等化。衣食住行等数字化生活服务为农民提供基础性产品，能

---

① 沈费伟.数字乡村的内生发展模式：实践逻辑、运作机理与优化策略［J］.电子政务，2021（10）：57-67.

够打开农村消费市场，赋能农民消费结构升级。并且借助多样化的网络平台在做到农民数字化信息与时俱进的同时使政府了解农民对数字生活方面的相关诉求，精准对农民提供综合性服务。

（三）农民数字学习素养提升有利于数字化专业和治理人才的培育

数字化时代下，以互联网为代表的现代化数字技术在农业中得到了广泛的应用，为农村数字化发展提供了契机。随着现代数字技术的发展，培养了农民获取、使用数据的能力，让优秀的数字化人才助力乡村全面振兴。农民数字学习素养就是农民由传统思维转变为现代化数字思维，积极主动地去探索数字技术的知识与应用。

第一，农民数字技术的应用有利于培养数字化专业人才。数字技术的发展有助于培育农民数字学习素养，通过组织农民学习使用现代智能技术，将数字化技术与农业生产、农村治理等进行结合应用。数字乡村的建设需要农业知识和数字技术都了解的复合型人才，农民数字素养的发展有助于为数字乡村的建设培养新型技术人才，加速乡村数字化。数字乡村的发展出现了多样的新型职业，农民拥有相关知识储备是农民驾驭应用新技术的关键因素，对农民进行数字知识的培育有助于为新型职业发展提供创新型劳动人才。在发展农民数字学习素养中引导农民提高数字认知水平，培育现代化数字农民，从而促进乡村人才振兴。

第二，农民数字学习素养的发展有利于培养乡村治理人才。大数据平台的发展使农民在生活中能够积极利用丰富的数字化资源和数字化工具开展乡村事务的探索和参与，为多元主体共同进行乡村治理提供可能。使用数字化的资源和工具进一步转变农民数字化意识，激发农村创新型人才提升自身数字学习素养，从而更快融入乡村治理并推动数字乡村的转型发展。基层政府将培养新型数字农村人才作为工作重点，既要培养农村人才的数字思维又要培养农村人才的数字技术，不断健全符合现实实际的乡村治理体系，为农民的有效表达提供数字平台，提升农民生活的幸福感，使数字技术赋能乡村治理。

（四）农民数字商业素养提升有利于推动农村产业与生态发展

农民数字商业素养是指农民在农村数字经济发展中具备一定的数字创新能力，能够促进农业生产与数字技术的使用相融合，使农村产业具备独特的商业竞争力。农民数字商业素养赋能乡村产业发展，能够提高乡村产业基础设施水平，调整农业产业结构要素，智能化使用清洁能源，提升农村产业的生产效率，减少生态破坏，进而推动乡村产业振兴和生态振兴。

第一，农民数字商业素养赋能农业结构调整，赋能乡村产业振兴。数据信息的发展与农村产业进行融合，将数字化渗入农村产业运行的过程中，数字信息使大数据、人工智能等数字技术与乡村的传统农业进行深度融合催生了电商产业的发展，为农村特色产品拓宽了销售渠道与销售形式，使农村产品的流通更具系统性。电商的发展向农村各个产业进行渗透，为农村就业提供广泛的空间，促进农民增收。农民的数字商业素养在农村产业的发展中创新了数字化商业思维，开发了产业新兴模式，将实体经济与数字化服务进行充分融合，出现产业生产与当地环境保护共同发展的运营模式，使产业生产更具智能化、便捷化，推动实现乡村产业高质量发展。

第二，农民数字商业素养推动乡村发展绿色化，赋能乡村生态振兴。数字化已融入乡村产业的方方面面，农民利用数字技术将具有时效性和准确性的信息与传统农业相结合，使数字化农业生产具有高效率低污染的特点，从而生产出污染少、耗能少、品质优的特色产品。农民的数字商业素养越高，在乡村产业发展中就拥有越大使用大数据进行计算的能力，全局性地为推进乡村环境的污染防治提供基础性设施，在提高乡村产业竞争力的同时大幅度减少乡村资源的浪费。此外，乡村产业数字化转型的过程中各产业的相关数据通过互联网上传至大数据平台，农民可以随时对农业生产导致的环境污染进行监督，从而进行乡村产业的精细化管理和绿色化发展，为促进乡村产业振兴和生态振兴打下坚实的基础。

农民数字素养赋能乡村振兴的理论框架如图13–2所示。

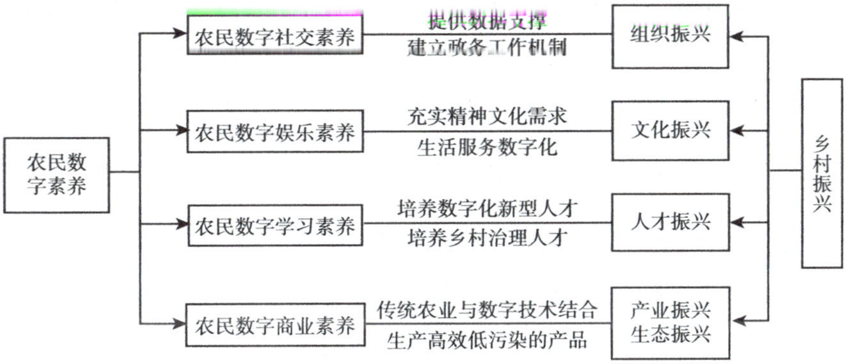

图 13-2　农民数字素养赋能乡村振兴的理论框架

三、农民数字素养赋能乡村振兴的制约因素

（一）农民数字技术掌握能力不够

人才是乡村振兴的第一基础，但从现实来看，农民的数字思维、数字技术运用能力、数字治理参与度不够。一方面，农民缺乏数字化思维。2021年中国社会科学院信息化研究中心发布的《乡村振兴战略背景下中国乡村数字素养调查分析报告》显示，我国城乡居民数字素养差距达37.5%，农民群体在工作职业方面的数字素养得分仅为18.6分，大幅度低于其他群体的职业数字素养。这是由于农民文化水平不高，其无法完全掌握先进的现代信息技术和网络的知识，缺乏将数字知识创新应用到生活和生产中的信息化思维[①]。另一方面，农民缺乏专业的数字技术能力。随着农民数字意识的不断提升，数字化政务平台的使用也越来越频繁，但缺乏具有信息化意识的专业技能型数字人才，这就导致落后地区数字乡村的建设工作滞后。此外，农民数字素养缺乏参与乡村治理的参与度。以生态治理为例，由于农民数字素养发展的进程缓慢导致在乡村发展数字产业的过程中对乡村生态的保护力度不够，没有在产业生产过程中创新探索形成将大数据融

① 李燕凌，温馨，高维新.数字乡村与乡村振兴耦合协调发展的时序适配性分析［J］.农业经济与管理，2022（4）：1-12.

入生态环境检测的生产模式。在工业污染较严重以及污染治理基础设施不完善的地区，农民不能有效地利用大数据对农业产业的运行应用最有效的发展模式，导致乡村生态发展出现诸多不合理的问题。

（二）农村数字基础设施建设不完善

农村软硬件数字基础设施建设还不够完善，制约了农民数字素养的提高，进一步制约了乡村振兴的发展。首先，农民硬件基础设施未能全面普及。我国数字经济正在崛起，互联网技术的发展也处于快速发展时期，在发展城市网络技术的同时，还需要进行同步的乡村数字基础设施建设。近年来我国政府在数字乡村发展投入了大量的财政、物质与人力资源，以数字乡村的建设推动乡村振兴的发展。我国乡村的网络普及率持续上升，5G技术、工业互联网、物联网、数据中心、云计算等数字基础设施在乡村未能得到全覆盖，并且与乡村的医疗、教育、治理等具体领域融合程度不高，农村信息基础设施不健全，就无法为农民数字素养的发展提供技术支撑。其次，数字软件技术对农民数字素养赋能乡村振兴的支撑力不足。数字乡村的建设为乡村振兴的发展进行赋能，进一步提高农民的数字素养，最终目的是缩小我国城乡数字鸿沟，补足数字乡村发展的短板，为数字乡村的发展提供源源不断的动能。数字基础软件平台的开发助力乡村公共服务更加便捷、普惠、智能，但在建设乡村基本数字设施的过程中对网络社交媒体和数字公共服务平台的应用不足，无法满足农民差异化的公共需求，从而降低了农民使用数字技术的积极性，不利于农民数字素养的提高。

（三）农民数字素养与产业发展的连接程度不够

此因素主要体现在农民数字素养与产业发展间的融合度不够以及各主体部门和产业部门之间的协作程度不够。首先，农民数字素养与农业产业的融合度不够。数字技术的发展为我国乡村产业的发展提供了动力，农民数字商业素养的发展也成为我国乡村传统农业与数字技术进行融合发展的必要基础，但要真正实现数字技术赋能乡村产业振兴还存在相应的短板。

一方面，当前的数字技术应用场景在乡村发展仍呈现相对单一的趋势，数字技术的应用场景与种植业、畜牧业、渔业、加工业等传统乡村产业的融合度不够，遥感、人工智能等数字技术并没有完全将农田、种植环境等信息进行全面数字化。另一方面，数字新型产业创新发展动力不足。乡村产业数字化发展受到多种因素的影响，由于我国农民数字商业素养的发展缓慢导致部分地区无法推动传统农业结构转型升级，新兴的产业在农村得不到广泛发展，农业产业经营效率低下。其次，乡村产业发展过程中各主体之间以及各部门之间协作难度还很大。一方面，通过多主体协同合作能够在提升农民数字素养方面发挥巨大潜能，政府间横向和纵向部门的协同联动是凝聚成数字乡村建设的重要合力，但各地政府在探索农业产业链数字化的产业治理机制时存在脱离农村实际的情况。另一方面，各主体之间的协作需要建立在数据共享之上，由于不同主体内部之间存在“数字壁垒”，导致乡村产业发展过程中农民应用数字化场景进行系统管理的技术不足，无法完全运用数字技术对产前、产中、产后等各个环节进行实时操作，生产系统步骤的运行缺乏协调配合，数字产业链运行效率低。

（四）农民数字素养的培育体系不健全

此因素主要体现在政策法规不健全、培育体系不完善、培育内容和形式太单一三个方面。第一，农民数字素养的政策体系不完善。由于农民数字素养的实践还处于探索中，对于农村网络安全、提升农民数字素养主体的权责划分以及与农民数字素养配套的政策法规的建设等方面还需要继续完善，为农民数字素养的发展进行有效监督和及时调整的制度还不健全。第二，培育体系与农民需求脱节，缺乏精准度。数字乡村需要基层政府按照严格的标准进行建设，但现实情况是，大多数建设实践仅仅是为了完成任务，未对当地农民的数字需求进行精准调查。乡村的数字化发展并不等同于农民数字素养的提高，脱离于农民的实际需求，建立农民数字素养的培育体系就容易产生形式主义，难以为乡村振兴提供内生动力。第三，农民数字素养的培育渠道单一。农民数字素养的培育内容缺乏时效性，数字时代下技术总是处于持续更新的状态，政府建立农民数字素养的培育体系并不是随着数字技术而与时俱进的，常常处于滞后状态。课程内容缺乏合理性，对农民数字素养的培育大多以理论知识为主，而对于农民如何有效地使用数字技术和数字产品以及提高数字安全意识等方面的培训却十分缺乏。培育形式往往以线下集中讲座为主，对视频、多媒体等教学形式应用较少，且没有与农民数字生活、工作、学习等相关需求进行融合设置培育课程，没有提高农民对数字资源、数字工具的使用意愿。

四、农民数字素养赋能乡村振兴的提升路径

（一）加强顶层设计，搭建推进农民数字素养提升赋能乡村振兴的实施框架

通过中央规划、立法规范、方案设计、政策执行、区域联动等手段，搭建提升农民数字素养并赋能乡村振兴的框架方案。一是进行农民数字素养提升的综合规划，中央政府出台一系列农民数字素养提升的综合性规划设计，统筹农村区域经济社会的整体资源，从整体框架上对提升数字素养的制度和机制进行完善创新。二是加强农民数字素养的立法，对农民数字素养提升过程中的数字技术以及数据安全问题进行立法保障。三是要发挥乡村振兴部门、农业农村部等部门的作用，对提升农民数字素养的行动进行统筹制订计划，明确农民数字素养培育的相关政府部门的职权，通过行政手段降低农民接触数字技术的难度，从而提高农民对数字技术使用的意愿。四是各级基层政府对区域内农民数字素养的发展进行调查研究，构建农民获取数字信息的软件和平台，拓宽农民在学习生活中使用数字技术的渠道，完善乡村一体化政务服务平台。另外，还要完善数据资源获取、数字培训等相关配套政策，成立相应的监管部门并对基层政府在农民数字素养培育工作进行考核。五是要整合资源，打破数字壁垒。要发挥好党组织的领导核心地位，通过成立专门的部门进行统筹协调，提高区域间各主体实时信息连接、数据处理及跨域协同管理的能力，丰富优质数字资源供给、激发农民学习数字技能的兴趣、提升农民使用数字技术的能力。

（二）夯实硬件基础，加强农村网络数字化基础设施建设

通过加强农村数字化建设的软硬件设施的建设夯实农民数字素养提升的基础。一是要持续建设数字乡村发展的新基建，为农民提供便捷性服务。一方面，我国各级政府部门要积极推进以人工智能、大数据中心等为代表的新型基础设施的建设，合理配置数字资源，加快水利、电力、交通和物流等公共基础设施的数字化建设，使农民能够广泛拥有数字发展的空间，进一步促进数字乡村的发展；另一方面，乡村数字化基础设施的建设要因地制宜，综合考虑乡村发展差异，通过各地的条件确定数字基础设施建设的主要模式和技术体系，后续的基础建设还要政府切实把握乡村发展状况与农民需求，补足农民数字素养发展的基础设施短板。二是要进一步推进信息技术与乡村各领域进行融合创新。一方面，我国数字基础设施仍处于不断地建设当中，数字技术持续升级换代，乡村要不断发展就要通过拓宽资金投入使用核心技术创新支撑平台，要加快乡村信息服务基础设施与乡村农业生产、乡村电商、乡村生活融合发展，结合农民的生产生活特点和物质文化需要建设智慧交通、智慧校园、智慧医院，智能化地为数字乡村发展的需求提供基础数据与平台；另一方面，利用数字技术实现历史文物、礼仪风俗、传统技艺等乡村优秀文化遗产的数字化转型，通过丰富的文化娱乐作品使乡村的优秀文化遗产得到保护的同时进行传承和发展。通过完善数字技术设施创造各种应用的场景，让文化进入农民的精神世界，从而以数字文化赋能乡村振兴。

（三）完善连接机制，促进农民数字素养提升与乡村产业的协调发展

加强农民数字素养提升与乡村产业间的连接，实现两者之间的互相促进。一是加快农民数字素养与农业产业融合发展。一方面，打造乡村数字技术应用场景在乡村产业中的多元化。提升农民在乡村产业中的数字素养，把人工智能、大数据、物联网等技术综合应用于农林牧渔等乡村传统产业，建立不同的农业生态模拟模型，利用数字技术帮助农民对农业

进行科学精准把控；利用现代化无人机、农业机器人等数字技术打造机械化农业工具，智能化地提高农业生产效率。另一方面，创新发展农村新型产业。直播带货、特色农家乐，绿色种植业、养殖业及乡村旅游业等产业联动发展的休闲农业都是农民利用数字技术与地区特色进行结合新出现的产业，既有利于农民增加收入又提升了农村产业的竞争力。政府通过调动农民使用数字技术的积极性来创新农业产业发展模式，为乡村就业创业提供新的机遇，促进数字技术赋能乡村产业。二是积极探索建立与当地政府、农民、企业的利益相连接的产业链体系，将农业产业的生产、加工、储存、运输、销售、服务等各个环节、各个主体紧密衔接，耦合配套成一个协同发展的有机整体。通过建设乡村农业产业场景全覆盖的云平台对乡村产业、电商以及农业数据采集、监控分析，推动农业各个环节数据间的互联互通，定制化进行产品生产和销售，实现产业价值链的融合，提高农产品收入，创造新价值。三是推动农民数字素养与乡村生态治理高质量发展。通过使用数字化工具或建立相关安全平台将农民数字素养与乡村生态治理进行结合，使农民能够在有效保护个人信息的基础上对乡村产业各个环节进行生态环境监督，同时使用数字媒体平台对乡村生态治理进行宣传、交流和相互监督，推动建设宜居的乡村生态环境，使农民实实在在地享受数字发展成果。

（四）调动多元力量，建立农民数字素养的培育和交流体系

加强政策体系建设，搭建起真正能够提高农民数字素养的培育和交流体系。一是设置具有针对性且与时俱进的培训课程体系。政府与各级农业农村部门、科协组织把科学设置相关培育课程作为提升农民数字素养的重点，推动课程融入农民切实的需求，综合培育与数字时代相适应的农民课程体系，随后应用符合乡村生活实际的培育手段进行培训，使数字理论知识融入农村生产实践，让农民在数字乡村建设的过程中有更多的参与感和获得感。二是拓宽农民数字素养的培育渠道。农民数字素养的培育要整合农业、销售、数字安全等相关资源，通过对当地农民数字素养水平进行测试，依据农民职业特点智能化设置与农民相适应的学习内容和路径。在培

育方式上，合理运用视频、动画、直播等形式强化数字素养与技能培训资源，采取开办直播电商应用技能培训班、现场观摩学习、聘请专业人员培训授课等一系列优质培训方式，实现线下线上一体化教学，多渠道提升农民的数字素养。三是积极鼓励党政机关、企事业单位、学校、培训机构、互联网平台等培训主体共同参与高素质农民培育。政府要与相关组织进行协调，做好农民培训需求调研，针对不同群体设计具有差异化的数字化培训方案，不定时地在乡村围绕农民数字素养为主题开展培训活动和数字技能大赛，提升农民对数字技术的认知和学习意愿。四是加强城乡人才培养的交流。通过人才交流互动、高校智力帮扶等方式加强城乡人才的沟通和联系。一方面，通过协同当地高校与企业开展数字技术型人才培养工作，将当地传统产业与数字发展结合，创新新型产业，设置更多就业职位，进一步提升当地农民数字素养；另一方面，通过派遣数字人才进行城乡之间的交流互动，引进先进地区的数字理念和专业技能，激发农民进行数字尝试的兴趣，使其具备创新农业发展的能力。加强各高校、科研院所等机构对农民的专业技能培训力度，鼓励高校学生返乡工作，为乡村数字化发展提供优秀储备人才，以人才资源赋能乡村振兴。

第十四章
全方位夯实国家粮食安全根基研究

习近平总书记指出，确保重要农产品特别是粮食供给，是实施乡村振兴战略的首要任务，要全方位夯实粮食安全根基。保障粮食和重要农产品稳定安全供给，要害是抓住耕地和种子两大要素，深入实施藏粮于地、藏粮于技战略，关键是保护好政府重农抓粮积极性和农民种粮积极性，重点是保护好粮食主产区的这两个积极性。

一、拓展东北黑土地保护的有效途径①

自2018年9月以来，习近平总书记三次视察东北地区，对黑土地保护做出了系列重要指示、批示和讲话。党和国家其他领导人也多次视察东北地区，组织召开现场会、座谈会，对黑土地保护进行调研，谋划黑土地保护战略与行动。2021年，中央一号文件提出“实施国家黑土地保护工程”，农业农村部等7个部委联合印发了《国家黑土地保护工程实施方案（2021~2025年）》，将黑土地保护上升为国家战略。

工程建设是在黑土地上实施土地平整或顺改横坡垄，建设交通道路、农田水利、农田防护、农田电力等农业基础设施、防护设施和附属设施，建设高标准农田的工程措施。黑土地建设可以修复一些黑土地本身存在的质量与生态问题，可以提高黑土地抵御土壤侵蚀和自然灾害的能力，可以提升黑土地综合生产能力。黑土地保护不同于自然保护区的保护，围起来不让使用，减轻甚至避免人类活动的干扰，而是针对黑土地数量减少、质

① 本部分内容发表于《中国自然资源报》2021年10月22日，“学习强国”i自然转发，作者：杜国明等。

量降低、生态恶化等采取的工程、农艺、生物等综合性措施，是一个范畴较大的概念。目前政府和学术界探讨的黑土地保护，主要是针对黑土地“变薄、变瘦、变硬”的耕地质量和生态问题所采取的各种措施，重点是保护性耕作、轮作、秸秆还田、减肥减药减除草剂等农学与农艺措施。利用则是各类农业生产经营主体以黑土地为生产资料和生产场所，进行农业生产活动，以获取农产品及经济效益的行为，其本质是经济活动。所以，多年以来，人们采用掠夺式的耕地利用方式，以获取更高的经济回报，但产生了黑土地诸多生态环境问题。而科学合理的黑土地利用既要追求经济效益，也要兼顾生态效益、社会效益，会起到保护黑土地、实现黑土地可持续利用的目的。但这种利用方式往往需要更多的投入，影响黑土地利用的短期效益，需要农业补贴等一些引导性措施。可见，建设和保护都是为了黑土地高效、可持续利用，建设和利用是黑土地保护的两种不同方式，保护和利用可以更好发挥黑土地建设的作用。因此，当前的黑土地保护就是要建设与利用并行，重点是在利用中进行保护，构建起黑土地“建设—利用—保护”三位一体的大保护格局，拓展黑土地保护的有效途径，实现黑土区耕地数量不减少、质量有提高、生态有改善。

（一）建设高标准农田，提升综合生产能力

针对东北黑土区黑土地资源丰富、农地利用相对粗放、农田基础设施条件不完善、抵御自然灾害能力不强以及黑土地变薄、变硬、变瘦，土壤动物微生物减少等生态问题，推进权属调整和土地流转，解决耕地破碎化问题；实施土地平整、土壤改良、灌溉与排水、田间道路、农田防护与生态环境保持、农田输配电以及其他工程建设，全面提升农田质量，达到“田成方、土成型、渠成网、路相通、沟相连、土壤肥、旱能灌、涝能排、无污染、产量高”的要求，使农田生产条件得到明显改善。各地因地制宜，将高标准农田建设与乡村产业发展、农村环境整治等工作相结合，探索兴产业、固品牌、促融合、兴农村、兴科技、投融资、可持续发展等“高标准农田建设+”新模式。在粮食生产功能区和重要农产品保护区加大项目投资，开展耕地保护工程建设，通过建设高标准农田，提高综合生

产能力。在有条件的地区，扩大绿色及有机耕地认证面积，为绿色农业、有机农业等高端农业发展创造物质基础。

（二）推广保护性耕作，扩大绿色生产范围

针对东北黑土区农业生产的自然地理条件、历史习惯和未来市场需求，构建科学合理的耕地轮作与休耕制度，促进黑土地休养生息，提升可持续利用水平；在水土流失较为明显的地区，采取工程、农艺和生物相结合措施，推广缓坡耕地实施横坡垄作及免耕覆盖等保护性耕作技术，构建符合各地实际的保护性耕作模式，最大限度地减轻土壤侵蚀程度，改善黑土地土壤生态环境；全面实施测土配方施肥，有机肥、化肥与生物肥相结合，推广使用缓释肥料及科学施肥技术，减少化肥施用量；推广绿色防控、精准施药技术，采取新型植物保护措施，按照防治指标，科学、规范施用农药，减少盲目打药和农药浪费，提高农药利用率，实现农药减量、提高利用率、控制病虫害发生。

（三）治理漫岗区侵蚀，防控黑土流失退化

针对东北黑土区的漫川漫岗区水土流失问题，通过“面”“线”综合治理方式，防控土壤侵蚀。坡面治理主要以坡耕地治理为核心，采取以顺坡改横坡垅、种植植物带和开挖截流沟等坡面蓄排工程。顺坡垄改成横坡垄，实现等高垄作，防止土壤沿着垄沟冲走。在改垄技术方面，要根据实际地形、垄向灵活多变，同时要建设必要的排水设施，防止冲沟的形成与发育。对于坡面上的水线，要栽植灌木林以防止冲成深沟、吞食耕地、影响耕作。植物带是在15°以下的坡耕地采用植物带和地埂植物带，营造农田防护林，建立农田绿色屏障，防止风蚀水蚀。15°以上坡地实施退耕还林、还草。沟壑（线）治理主要采取地面生物加工程技术措施。科学规划，积极建设拦蓄工程，有效地调节和拦蓄沟道洪水，减轻和减缓沟蚀强度。为防止沟头前进，在沟头距分水岭较近处修筑沟头埂。在小型发展沟或半稳定沟较活跃的沟底兴修编柳谷坊或在沟道内横向栽植水柳，以构成屏障，稳定沟道。在流域面积较小、缓坡、

沟底淤泥沙多的侵蚀沟中修建压柳谷坊，以达到减缓冲刷，稳定沟道的目的。

（四）深化废弃物利用，延展循环经济链条

针对东北黑土区作物秸秆、畜禽粪便等农业废弃物随意堆放、胡乱处置、污染环境等问题，充分利用各类农业废弃物资源补饲料、补地力、补效益，降低负面生态环境效应。推进秸秆肥料化利用，把秸秆还田作为主要利用途径，重点推广秸秆翻埋还田、碎混还田和覆盖还田技术模式。同时，对秸秆燃烧后的灰烬进行还田，增加土壤钾含量。引导扶持合作社等新型经营主体利用秸秆堆造有机肥。引导各类农业生产经营主体把畜禽粪便、生活中没有污染的有机垃圾收集起来，也可以把附近养殖场废弃的粪便回收，统一堆放，经过高温多雨季节充分腐熟，最大限度地发挥农家肥应有作用，避免施用未腐熟农肥造成的病虫草害。扩大有机肥施用，通过有效利用有机肥资源，鼓励各类农业生产经营主体增施有机肥，增加土壤有机质含量，改善土壤理化性状，增加土壤养分及有益菌群数量，形成有利于作物根系生长发育的土体结构，促进土壤养分释放利用，提高肥料利用率，减少化肥使用量。将农业废弃物资源利用作为发展循环经济、增加各位农业经营主体经济收入、活跃地方经济的重要途径。探索各类农业生产经营主体内部及相互之间发展循环经济，提升经济、社会和生态效益。

（五）修复污损废弃地，夯实土地供给保障

针对东北黑土区自然灾害、工业“三废”、工矿开采、工程建设、宅基地及居民点废弃、农药及化肥超量施用导致的黑土地损毁、污染、闲置、功能下降等问题，采取工程、生物等综合性措施，加快土地修复与整治，夯实土地供给保障，优化区域生态环境。对黑土区污损废弃土地，通过综合的土地复垦技术对受污染土地、退化土地采取物理、化学、生物等综合措施，使土壤污染物浓度降低，实现污染物无害化和稳定化，改变土地不良性状、恢复和提高土地生产能力。对东北黑土区农用地转为非农建设用地的项目区，进行耕地耕作层土壤剥离，剥离表土优先用于新垦造耕地、土地复垦、耕地提质改造等项目，提升新增耕地、复垦耕地、中低产田质量。对东北黑土区矿山开采造成的沉陷较浅、可以复垦的土地，采取“分层剥离、交错回填、土壤重构”等技术手段进行土地复垦和土壤改良，按照高标准农田进行集中成片治理。对于迁村并点、易地搬迁的农村居民点，及时进行土地复垦，并优先复垦为耕地或设施农用地。

二、资源禀赋、主体认知与农户种粮积极性[①]

（一）引言

粮食安全事关国计民生和国家安全。保障粮食安全始终是各个国家乃至整个人类社会共同追求的核心目标。2004~2020年，中国粮食产量已经实现“十七连丰”，连续6年稳定在6.5亿吨以上，有效保障了中国粮食供给。但在国际国内形势的新变化下，中国粮食安全内外环境也发生了变化。从国际形势来看，新冠肺炎疫情、中美贸易摩擦等事件带来的国际粮食市场的严重不确定性，对国内粮食生产带来不小的负面影响。从国内形势来看，一方面随着中国全面建成小康社会，即将到来的“后小康”时代对粮食生产提出了更高要求，2020年的中央农村工作会议也强调“要牢牢把握粮食安全主动权，粮食生产年年要抓紧”，并提出了多项具体的配套措施，因此，保障粮食安全仍是当前及今后国家发展的重中之重；另一方面，当前中国粮食生产仍面临不少困境，生产成本上升、耕地和水资源短缺、粮食种植结构与消费结构不适应、种粮劳动力老龄化严重[②]、生态环境污染以及粮食浪费现象严重等问题突出，表明中国粮食安全形势不容乐观，粮食生产的需求压力依然存在。

而农户作为粮食生产的主体，其种粮积极性的高低直接影响着国家粮食的稳定生产。因此，保护和调动农户种粮积极性对保障国家粮食安全

① 本部分内容刊发于《世界农业》2021年第4期，原文标题为“资源禀赋、主体认知与农户种粮积极性——基于政府抓粮行为的调节效应”，作者：崔钊达、余志刚。

② 蒋和平，尧珏，杨敬华.新时期中国粮食安全保障的隐患与解决建议［J］. 中州学刊，2019（12）：35–41.

具有重要意义。学术界针对农户种粮积极性及其影响因素进行了大量的研究，结果表明，粮食生产成本高、种粮比较效益低是中国农民种粮积极性不高的重要原因，尤其是随着人工成本和土地成本的快速攀升，使粮食生产成本增长速度远大于粮食收益增长速度，农民种粮收益不断下降，种粮积极性不断降低，成为制约中国粮食生产安全的瓶颈。为此，中央政府自2004年起陆续实施了一系列多层次的粮食补贴政策，不断加大对种粮农户的保护支持力度，学者们对此也进行了广泛的研究。除此之外，周清明（2009）的研究发现粮食价格、产业化组织服务程度以及农民年龄的个体特征变量对农民种粮积极性具有正向影响，受教育程度、农资价格对农民种粮积极性具有负向影响[①]；刘辉等（2016）基于湖南省594位农户的调查数据分析发现，是否纯农户、补贴占家庭收入比重、是否使用农业机械耕种、是否参加农业保险正向影响农民种粮积极性，单位面积种植成本负向影响农民种粮积极性[②]；方蕊等（2019）基于黑龙江省506份玉米和大豆种植户的问卷调查发现，“保险+期货”试点可以提高农户种粮积极性，能够有效发挥促进粮食生产、保障粮食安全的作用[③]；刘泽莹等（2020）利用全国小麦主产区专项调研数据的实证分析发现，粮食最低收购价下调，会显著降低农户种粮积极性[④]。

农户作为粮食生产的主体，各主体之间存在较大的异质性，主要体现在家庭资源禀赋充裕度不同以及主体自身的认知差异。不同家庭拥有的资源禀赋不一，导致农户粮食生产过程中的要素投入存在较大区别，进而影响到农户从事粮食生产的积极性，而农户从事粮食生产的认知状况则会直

---

① 周清明.农户种粮意愿的影响因素分析［J］.农业技术经济，2009（5）：25-30.

② 刘辉，黄少安.农户分化下农民种粮积极性影响因素的实证分析：基于湖南省594户农户的调查［J］.制度经济学研究，2016（4）：86-102.

③ 方蕊，安毅，刘文超.“保险+期货”试点可以提高农户种粮积极性吗？：基于农户参与意愿中介效应与政府补贴满意度调节效应的分析［J］.中国农村经济，2019（6）：113-126.

④ 刘泽莹，韩一军，孟婷.最低收购价下调对农户种粮积极性的影响研究：基于有调节的中介效应模型的实证分析［J］.当代经济科学，2020，42（5）：122-132.

接影响到农户的种粮积极性。目前，已有文献对农户资源禀赋和认知状况关注较少，且缺乏将两者纳入统一框架中的研究。因此有必要探究资源禀赋和农户认知对其种粮积极性的影响。除此之外，已有研究还存在一定的拓展空间：一是现有研究虽然探讨了政府补贴对农户种粮积极性的影响，但忽视了政府采取的其他抓粮行为，如农业基础设施建设投资情况等，并且缺乏政府抓粮行为对资源禀赋、农户认知与种粮积极性关系的调节机制研究；二是现有研究大多局限于某一个地区、某一类农业经营主体或某一类粮食品种上，导致研究结论可靠性降低，本研究包含对不同地区、不同农业经营主体以及不同粮食品种较为综合全面的研究，结论可靠性更高。基于此，本研究通过借助黑龙江、河南、山东和山西4省917份种粮农户的问卷调查数据，在样本地区范围选择上更大、种粮主体类型选择上更为全面、粮食品种选择上更加丰富，从资源禀赋和主体认知角度分析农户种粮积极性，并进一步探讨政府抓粮行为对两者影响农户种粮积极性的调节效应，进而提出相关的政策建议，以期为提高农户种粮积极性和政府抓粮积极性提供一定的理论支撑和决策参考。

（二）理论基础与研究假说

农户在进行生产决策时，往往并非单纯地依据收益成本权衡的逻辑做出选择，其行为决策还受到家庭因素、认知偏好的影响，即农户在考量自身家庭禀赋约束后，同时依据自身的认知偏好对行为的发生做出预期判断，进而做出决策[①]。农户种粮积极性高低和家庭资源禀赋、农户认知有着一定的关联。首先，农户种粮积极性高低的分析是基于一定的家庭资源禀赋开展的；其次，农户做出相应的决策行为也必然受到其自身信念的影响，而认知是信念的外在表征体现[②]；最后，农户拥有的资源禀赋越多，在一定程度上会提高农户对种粮的认知水平，而认知水平的提高也会促使农

① 廖沛玲，李晓静，毕梦琳，等.家庭禀赋、认知偏好与农户退耕成果管护：基于陕甘宁554户调研数据［J］.干旱区资源与环境，2019，33（5）：47-53.

② 宋连久，刘天平，孙自保.资源禀赋、认知、制度环境与市民化意愿研究？：以西藏为例［J］.农业现代化研究，2019，40（5）：802-810.

户寻求更多的资源支持促进粮食生产。除此之外，农户在进行粮食生产时也会根据政府行为调整自己的生产决策，以充分实现要素的合理配置，最大限度地提高种粮收入。因此，本研究认为农户的家庭资源禀赋、认知和政府行为对农户种粮积极性具有显著影响。

1. 资源禀赋对农户种粮积极性的影响

资源禀赋包括劳动力、土地、资本、技术等。不同农户所拥有的资源禀赋不同，因此，农户在进行农业生产决策时，往往会受到某一种或某几种资源禀赋的约束，从而产生不同的生产决策行为。资源禀赋作为家庭成员及整个家庭共同享有的资源和能力①，对农户生产行为选择和决策具有显著的影响。因此，在分析农户的生产决策行为时，有必要考虑资源禀赋的影响效应。

（1）劳动力禀赋。务农劳动力的数量和质量是影响农户进行生产决策的两个重要因素。劳动力数量方面，根据经济学生产理论，从短期来看，在技术水平和其他生产要素不变的情况下，随着劳动力投入的增加，所获得的产品产量和收益也会增加。虽然，从长期来看，生产者会根据环境变化对所有生产要素数量进行调整，且随着某种生产要素数量的增加，也会带来边际报酬的递减，但鉴于本研究是以具体某一时间段的截面数据从短期探讨农户种粮积极性，所以本研究认为对于家庭务农劳动力数量越多的家庭，越可能转入更多的土地进行粮食生产，从而获得的粮食产量和收益也会越高，因此，其种粮积极性越高。劳动力质量方面，农村劳动力智力素质的提高对中国农业技术效率的增长有显著作用②，可以创造更多的农业经济效益。受教育程度则是衡量农村劳动力质量素质高低的一个重要指标。在已有文献中，多位学者的研究证实了受教育程度（或文化程度）对农户种粮意愿具有显著影响③。一方面，受教育程度越高的农户，掌握的粮

① 石智雷，杨云彦.家庭禀赋、家庭决策与农村迁移劳动力回流［J］. 社会学研究，2012，27（3）：157–181，245.

② 张宁，陆文聪.中国农村劳动力素质对农业效率影响的实证分析［J］. 农业技术经济，2006（2）：74–80.

③ 李明贤，樊英.粮食主产区农民素质及其种粮意愿分析：基于6个粮食主产省457户农户的调查［J］. 中国农村经济，2013（6）：27–37.

食生产知识越丰富，能够进行科学的生产获得更多收益，因此其种粮积极性越高；另一方面，受教育程度越高的农户会具有越高的收益预期，越可能从事收益更高的非农工作，因此其种粮积极性越低。综上所述，提出本研究的研究假说：

H14-1a：务农劳动力数量正向影响农户种粮积极性。

H14-1b：受教育程度对农户种粮积极性的影响方向不确定。

（2）土地禀赋。土地是农业生产过程中重要的资源禀赋，自然属性作为土地本身固有的内在属性，对粮食生产具有重要影响。本研究重点探讨土地自然禀赋对农户种粮积极性的影响，主要从耕地面积和农田地块分散程度进行分析。对于耕地面积越大的农户，种粮带来的规模效益越明显，能够有效降低农户的单位固定投入成本，农户越愿意扩大耕地规模获取更高收益，因此其种粮积极性越高。农田地块分散程度受村庄人口、布局以及发展历史等因素的影响。农田地块分散，不仅增加了农户进行农业生产的难度，而且增加了农户的时间成本和管理成本，也难以产生规模效益。因此，农田地块越分散的农户，其种粮积极性越低。综上所述，提出本研究的研究假说：

H14-2a：耕地面积正向影响农户种粮积极性。

H14-2b：农田地块分散程度负向影响农户种粮积极性。

（3）资本和技术禀赋。本研究以农户种粮年收入来衡量农户的资本禀赋。农户进行粮食生产所获得的收益在其家庭总收入中占有重要比重①，以种粮收入为主的收入结构是农户种粮积极性的内在支撑②。农户在粮食生产中获得的收益越高，越有可能扩大粮食种植规模或通过采用先进生产技术等来提高粮食生产效率，以获取更高收入，因此其种粮积极性越高。技术禀赋主要通过粮食生产技术采用情况进行衡量。粮食生产离不开关键农业技术的支

① 刘海英，王殿武，谢建政.粮食增产与农民增收一致性关系研究［J］.云南社会科学，2018（6）：80-85，188.

② 何蒲明.农民收入结构变化对农民种粮积极性的影响：基于粮食主产区与主销区的对比分析［J］.农业技术经济，2020（1）：130-142.

撑[①]，这些粮食生产技术包括测土配方施肥技术、病虫害绿色防控技术、节水灌溉技术等。通过采用先进的粮食生产技术，不仅可以提高粮食生产效率，而且还能够对传统化肥、农药等农用化学品产生替代作用，达到降低生产成本和保护农业生态环境的双重目标。因此，采用先进粮食生产技术的农户，其种粮积极性越高。综上所述，提出本研究的研究假说：

H14-3：粮食生产年收入正向影响农户种粮积极性。

H14-4：粮食生产技术采用正向影响农户种粮积极性。

2.主体认知对农户种粮积极性的影响

根据计划行为理论，认知会对行为产生影响，即行为取决于行为意图[②]。农户作为粮食生产主体，其对粮食生产及生产过程的认知状况会直接影响到他们的种粮积极性。本研究的农户认知主要包括农户从事粮食生产态度的认知、务农与外出务工对改善生活条件的认知和对土地流转能否带来增产增收的认知。农户从事粮食生产态度的认知主要包括社会地位低，有自卑感、社会地位平等，态度一般和社会地位较高，有自豪感三类。农户从事粮食生产的认知越高，即认为从事粮食生产社会地位越高，自豪感越强，对粮食生产的重视程度就越高，越愿意扩大粮食种植面积，提高粮食产量，所以农户种粮积极性越高。针对在家务农和外出务工哪个更能改善生活条件的认知，外出务工可以获得相对较高的收入，因此农户越认为外出务工能改善生活条件，越愿意缩小粮食种植面积，其种粮积极性越低。对于土地流转能否带来增产增收的认知，一方面农户认为通过转入土地，扩大经营规模，可以实现规模效益，进而达到增产增收的目标，因此其种粮积极性较高；另一方面，农户认为通过转出土地（经营权的转移，承包权不变），不但可以获得较高的土地租金，而且可以从农业生产中“脱离”出来从事收入更高的非农工作，因此其种粮积极性较低。综上所

① 朱萌，齐振宏，邬兰娅，等.新型农业经营主体农业技术需求影响因素的实证分析：以江苏省南部395户种稻大户为例［J］.中国农村观察，2015（1）：30-38，93-94.

② 于超，张园园，孙世民.规模养猪场户清洁生产认知与行为的影响因素及其作用机理：基于山东省509家规模养猪场户的调查数据［J］.中国生态农业学报，2019，27（4）：632-643.

述，提出本研究的研究假说：

H14-5a：农户从事粮食生产态度的认知正向影响农户种粮积极性。

H14-5b：务农与外出务工对改善生活条件的认知负向影响农户种粮积极性。

H14-5c：土地流转就增产增收的认知对农户种粮积极性的影响方向不确定。

3.政府抓粮行为的调节效应

政府抓粮行为反映出政府对粮食生产的重视程度。农户基于自身认知，在充分利用资源禀赋进行粮食生产时，会根据政府抓粮行为的变化动态调整粮食生产决策行为，即政府抓粮行为对农户种粮积极性起着调节作用。本研究的政府抓粮行为主要体现在政府对粮食生产基础设施建设投资情况、组织粮食生产技术培训和讲座情况以及种粮补贴金额发放力度。农业基础设施建设是农业长期持续稳定发展的重要物质基础①，政府支持粮食生产基础设施建设对提高农户种粮积极性具有重要推动作用。加快现代农业发展步伐，增强农村经济内在动力，必须提高农民科技水平和文化素质②，通过组织粮食生产技术培训和讲座可以有效提高农户的粮食生产科技水平和知识水平，进而对农户种粮产生积极影响。另外，政府抓粮行为还体现在对种粮农民直接补贴现金的发放力度。补贴金额越大，对农户种粮起到的激励作用就越强③。综上所述，提出本研究的研究假说：

H14-6：政府抓粮行为在资源禀赋、主体认知与农户种粮积极性之间起着调节作用。

通过以上理论分析，本研究构建了基于政府抓粮行为调节效应的资源禀赋、主体认知对农户种粮积极性影响的理论分析框架，如图14-1所示。

---

① 赵波.中国粮食主产区利益补偿机制的构建与完善［J］.中国人口·资源与环境，2011，21（1）：85-90.

② 魏君英，张银，何蒲明.关于农民种粮意愿影响因素的调查研究［J］.经济纵横，2015（1）：110-113.

③ 谭智心，周振.农业补贴制度的历史轨迹与农民种粮积极性的关联度［J］.改革，2014（1）：94-102.

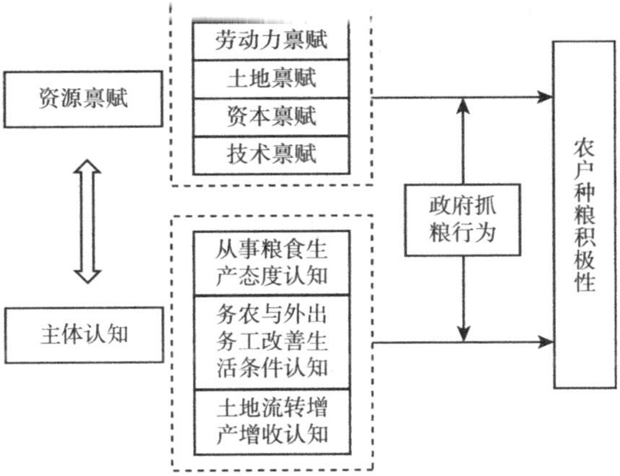

图 14-1　本研究的理论分析框架

（三）研究设计

1. 数据来源及样本基本特征

本研究数据来源于2020年暑假在黑龙江、河南、山东和山西四省开展的农户问卷调查。其中黑龙江、河南和山东是全国有名的粮食生产大省，粮食产量常年位居全国前列，而山西多为山地，玉米种植面积较广且被誉为“小杂粮之乡”，杂粮产量位居全国前列，因此选取四省作为样本区具有一定的典型性。另外，被调查的农户中既有小农户也有专业种植大户、家庭农场等新型农业生产经营主体，样本具有较强的代表性。调研成员主要由东北农业大学的老师和学生组成，在调研之前对调研员进行了必要的培训，以保证调研问卷质量。调研采取与农户一对一访谈的形式进行，问卷由调研人员填写，本次调研共收到问卷958份，通过对收集的问卷进行整理，剔除无效问卷后，得到有效问卷917份，有效率达95.72%。其中，黑龙江160份、河南128份、山东272份、山西357份，具体情况详见表14-1。调查问卷内容主要涉及：（1）农户个体特征，包括农户性别、年龄和受教育程度；（2）农户家庭特征，包括耕地面积、家庭务农劳动力人数；（3）农户生产经营特征，包括粮食生产年收入、农田地块分散程度、是否进行土地流转、是否加入农民专业合作社和是否使用过相应的粮食生产技术（测土配方施肥技术、病虫害综合防治技术等）;（4）农户认知特征，包括农户对粮食生产态度的认知、对务农与外出务工对改善生活条件的认知和对土地流转能否增产增收的认知;（5）政府抓粮行为特征，包括是否对粮食生产进行基础设施建设投资（兴修和完善水利设施、平整机耕道路等）、是否组织粮食生产技术培训和讲座以及种粮补贴金额力度。

表 14–1　　样本分布情况

地区	市	县（市、区）	有效问卷数量	主要粮食品种
黑龙江	齐齐哈尔、绥化、双鸭山、黑河、佳木斯	富裕县、克东县、海伦市、集贤县、五大连池市、富锦市	160	水稻、玉米、大豆
河南	商丘、洛阳、平顶山	睢阳区、偃师市、宝丰县	128	玉米、小麦
山东	聊城、潍坊、东营、济南、淄博、烟台、菏泽	东阿县、潍城区、昌邑市、河口区、利津县、章丘区、临淄区、海阳市、郓城县	272	玉米、小麦
山西	吕梁、大同、忻州、朔州、晋城	离石区、左云县、广灵县、神池县、朔城区、阳城县	357	玉米、小麦、谷子、高粱、荞麦、莜麦、黍子

注：根据调研数据整理得出。

从表14–2中可以看到，所调查的样本中，种粮农户普遍呈现出偏男性化和老龄化特征。种粮农户以男性为主，占比为77.21%；50岁及以上的农户占比为68.59%，农户年龄普遍偏大。农户受教育程度普遍较低，初中及以下农户占比为89.97%，其中小学及以下农户占比为36.64%；有超过一半的农户耕地面积集中在10亩及以下，占比为61.72%，说明样本地区农户仍以小规模种植为主，但也可以看到，耕地面积在55亩以上的农户占比为14.83%，农户占比较高，未来仍有很大的发展空间；大部分农户家庭务农劳动力集中在2~3人，占比为76.99%；粮食生产年收入在10000元以上的家庭占比最高，达到了35.66%，在4000元及以下的家庭占比为34.68%，占比较高；大部分农户没有进行土地流转，占比为69.25%；另外，仅有6.00%的农户加入了合作社，比例较低。

表 14-2　　　　　　样本基本特征

基本特征	选项	频数	比例（%）
性别	男	708	77.21
	女	209	22.79
年龄	30岁以下	7	0.76
	30~39岁	53	5.78
	40~49岁	228	24.86
	50~59岁	396	43.18
	60岁及以上	233	25.41
受教育程度	小学及以下	336	36.64
	初中	489	53.33
	高中	64	6.98
	职校、中专	23	2.51
	本科（大专）及以上	5	0.55
耕地面积	10亩及以下	566	61.72
	10~25（含）亩	181	19.74
	25~40（含）亩	24	2.62
	40~55（含）亩	10	1.09
	55亩以上	136	14.83
务农劳动力人数	1个	103	11.23
	2~3个	706	76.99
	4个及以上	108	11.78
粮食生产年收入	1000元及以下	128	13.96
	1000~4000（含）元	190	20.72
	4000~7000（含）元	156	17.01
	7000~10000（含）元	116	12.65
	10000元以上	327	35.66
是否进行土地流转	是	282	30.75
	否	635	69.25
是否参加合作社	是	55	6.00
	否	862	94.00

注：根据调研数据整理得出。

2. 模型设定

本研究的被解释变量为农民种粮积极性，为0和1的二分类变量，故选择二元Logistic模型进行实证分析。具体模型如下：

$$Y=\ln\left(\frac{P_i}{1-P_i}\right)=\beta_0+\sum_{i=1}^{n}\beta_i x_i+\mu$$

其中，Y为农民的种粮积极性，P_i为事件i发生的概率，x_i为模型的解释变量，即影响农民种粮积极性的因素；β_i为解释变量的回归系数，β_0为截距项，μ为随机扰动项。

3.变量选取

（1）被解释变量。本研究选取农户种粮积极性作为被解释变量。通过问卷实地调查询问农户“您是否愿意进一步扩大粮食种植面积？”这一问题来获取农户的种粮积极性，并将“缩小种植面积”选择项定义并赋值为“种粮积极性低=0”，将“维持不变”和“扩大种植面积”两个选择项定义并赋值为“种粮积极性高=1”。

（2）核心解释变量。本研究主要分析资源禀赋和主体认知对农户种粮积极性的影响。在借鉴张朝华（2018）[①]研究的基础上，将资源禀赋划分为四类，包括劳动力禀赋、土地禀赋、资本禀赋和技术禀赋。劳动力禀赋主要通过询问农户家庭务农劳动力人数和农户受教育程度从劳动力数量和质量两个维度进行定义。土地禀赋主要通过询问农户家庭耕地面积和农田地块分散程度来进行定义。资本禀赋和技术禀赋则主要通过询问农户的粮食生产年收入和粮食生产技术（包括测土配方施肥技术、病虫害综合防治技术等）使用情况来进行定义。主体认知主要是从农户对从事粮食生产态度的认知、务农与外出务工对改善生活条件的认知和对土地流转能否带来增产增收的认知三个维度定义。

（3）控制变量。本研究借鉴已有研究[②③]，选取农户性别、年龄、是否进行土地流转和是否加入合作社等影响农户种粮积极性的因素作为控制变

① 张朝华.资源禀赋、经营类别与家庭农场信贷获得［J］.财贸研究，2018，29（1）：76–85.

② 张宁，陆文聪.中国农村劳动力素质对农业效率影响的实证分析［J］.农业技术经济，2006（2）：74–80.

③ 李丹，薛桂霞，王国刚.规模经营下粮食经营主体持续生产意愿研究：基于调查的实证分析［J］.四川农业大学学报，2019，37（3）：411–417.

量。另外，为控制不同地区在地理位置、气候条件、降水等方面的差异，加入地区虚拟变量，以消除地区对农户种粮积极性的影响。

（4）调节变量。本研究通过政府对当地粮食生产基础设施建设投资情况、组织粮食生产技术培训和讲座情况以及政府种粮补贴金额发放力度3个维度衡量政府抓粮行为。政府支持粮食生产基础设施建设对提高农户种粮积极性具有重要推动作用①。通过在调查问卷中询问农户“当地政府对粮食生产进行了哪些基础设施建设？”这一问题进行测度，并将农户选择划分为两类并赋值为“没有进行粮食生产基础设施建设=0”和“有进行粮食生产基础设施建设=1”。通过在调查问卷中询问农户“当地政府是否有组织粮食生产的技术培训和讲座？”并赋值为“没有=0”和“有=1”进行测度。政府种粮补贴金额发放主体为农户，通过农户对补贴金额满意度的角度来间接反映政府种粮补贴金额发放力度具有较好的可操作性。通过在问卷中询问农户“您对政府种粮补贴金额满意度如何？”这一问题进行测度，并将农户满意度划分为三类并赋值为“补贴金额较弱=1”“补贴金额一般=2”和“补贴金额较强=3”。具体变量赋值及描述性统计如表14-3所示。

表14-3　　变量定义及描述性统计

变量名称		符号	变量定义	平均值	标准差	预期方向
	种粮积极性	Y	积极性低=0，积极性高=1	0.829	0.377	
劳动力禀赋	务农劳动力人数	X_1	家庭实际务农劳动力人数/人	2.276	0.852	+
	受教育程度	X_2	小学及以下=1，初中=2，高中=3，职校、中专=4，本科（大专）及以上=5	1.770	0.730	+/−
土地禀赋	耕地面积	X_3	家庭粮食种植面积/亩，取对数	21.924	58.627	+
	农田地块分散程度	X_4	相隔距离远且分散=1，相隔距离近且分散=2，集中连片=3	1.956	0.704	−

① 赵波.中国粮食主产区利益补偿机制的构建与完善［J］.中国人口·资源与环境，2011，21（1）：85-90.

续表

变量名称		符号	变量定义	平均值	标准差	预期方向
资本禀赋	粮食生产年收入	X_5	1000元及以下=1，1000~4000元（含）=2，4000~7000元（含）=3，7000~10000元（含）=4，10000元以上=5	3.353	1.482	+
技术禀赋	粮食生产技术使用	X_6	未使用=0，使用=1	0.609	0.488	+
主体认知	从事粮食生产态度的认知	X_7	社会地位较低，有自卑感=1，社会地位平等，态度一般=2，社会地位较高，有自豪感=3	1.672	0.567	+
	务农与外出务工对改善生活条件的认知	X_8	在家务农=1，半工半农=2，外出务工=3	2.594	0.670	–
	土地流转对增产增收的认知	X_9	既不增产也不增收=1，增产或增收=2，既增产又增收=3	1.363	0.672	+
控制变量	性别	X_{10}	女=0，男=1	0.772	0.420	+
	年龄	X_{11}	农户实际年龄/岁，取对数	53.983	9.718	–
	土地流转	X_{12}	未进行土地流转=0，进行土地流转=1	0.308	0.462	+/–
	合作社	X_{13}	未参加=0，参加=1	0.060	0.238	+
政府抓粮行为	粮食生产基础设施建设投资	X_{14}	没有=0，有=1	0.217	0.412	+
	组织粮食生产技术培训和讲座	X_{15}	没有=0，有=1	0.303	0.460	+
	种粮补贴金额	X_{16}	较弱=1，一般=2，较强=3	2.173	0.784	+

注：根据调研数据整理得出。

（四）结果分析

1.农户种粮积极性描述性统计

从表14–4中可以看到，调研地区大部分农户种粮积极性高，占比为82.88%，种粮积极性低的农户占比为17.12%。分地区来看，黑龙江种粮积极性高的农户在四省中占比最高，为90.00%，其次是山西（89.36%），河南（76.56%）和山东（73.16%）。整体来看，当前大部分农户种粮积极性高，务农收入作为家庭收入的主要来源，充分保障了家庭成员的各项生活开支，也成为家庭储蓄的重要基础。当前随着国家对种粮农户补贴力度的不断加大，农户从事粮食生产的积极性也处于较高水平。但通过调查也发现，仍有部分农户种粮积极性较低，因此未来应根据各地区实际情况，采取有效措施充分保护和调动农户种粮积极性，从而保障种粮农民收入、稳定国家粮食生产。

表 14-4　　农民种粮积极性情况

种粮积极性	黑龙江		河南		山东		山西		总和	比例（%）
	频数	比例（%）	频数	比例（%）	频数	比例（%）	频数	比例（%）		
低	16	10.00	30	23.44	73	26.84	38	10.64	157	17.12
高	144	90.00	98	76.56	199	73.16	319	89.36	760	82.88
总和	160	100	128	100	272	100	357	100	917	100

注：根据调研数据整理得出。

2. 实证结果分析

在构建模型之前，首先对模型自变量进行多重共线性检验，避免出现回归模型中各解释变量之间由于存在精确相关关系或高度相关关系而使模型估计失真或难以估计准确的情况。通过测算方差膨胀因子（VIF）可以看到，模型整体运行平均VIF为1.78，最大值为4.94，最小值为1.05，远远低于合理值10，因此模型自变量之间不存在多重共线性问题。本研究运用Stata 14.0对917个样本进行Logistic回归，并采用极大似然估计法进行参数估计。具体回归结果如表14-5中模型1所示，从表中可以看到，模型P值为0，模型总体非常显著。

表 14–5　　回归结果分析

变量名称	模型 1：基准回归		模型 2：稳健性检验回归	
	系数	标准误	系数	标准误
务农劳动力人数（X_1）	0.282**	0.116	0.159**	0.064
受教育程度（X_2）	0.194	0.139	0.125	0.077
耕地面积（X_3）	0.153	0.107	0.087	0.059
农田地块分散程度（X_4）	–0.060	0.146	–0.038	0.079
粮食生产年收入（X_5）	–0.118	0.074	–0.060	0.040
粮食生产技术使用（X_6）	–0.990***	0.222	–0.552***	0.117
从事粮食生产态度的认知（X_7）	–0.462**	0.183	–0.258**	0.101
务农与外出务工对改善生活条件的认知（X_8）	0.200	0.136	0.112	0.078
土地流转对增产增收的认知（X_9）	–0.136	0.167	–0.054	0.095
性别（X_{10}）	0.047	0.228	0.023	0.125
年龄（X_{11}）	0.205	0.517	0.146	0.290
土地流转（X_{12}）	–0.215	0.251	–0.133	0.141
合作社（X_{13}）	0.402	0.437	0.238	0.236
黑龙江	–0.844**	0.326	–0.482**	0.179
河南	0.765	0.521	0.349	0.275
山东	–0.891***	0.279	–0.519***	0.152
常数项	1.487	2.349	0.704	1.304
Pseudo R^2	0.102		0.103	
LR值	–376.893		–376.664	
P值	0.000		0.000	

注：*、**、*** 分别表示在10%、5%和1%的显著性水平下显著。

（1）资源禀赋对农户种粮积极性的影响。在表14–5模型1中，从劳动力禀赋来看，务农劳动力人数对农户种粮积极性具有显著的正向影响，且在5%的水平下通过显著性检验，说明务农劳动力人数越多，农户种粮积极性越高，假说H14–1a得到验证。其可能的原因是务农劳动力人数越多，说明家庭劳动力资源越丰富，相应地，越可能扩大粮食种植面积，以获取更多收益，因此农户种粮积极性越高。受教育程度对农户种粮积极性的影响不显著，假说H14–1b没有得到验证，但从其系数值的方向来看，受教育程度对农户种粮积极性表现出一定的正效应。其可能是由于当前从事粮食生产的农户文化程度普遍偏低，拥有较高学历的农户数量非常少，因此受教育程度的影响作用不显著，但随着新型农业经营主体的发展壮大，越来越多的农民开始接受技能培训，逐步成长为职业农民，文化水平得到显著提升，对提高其种粮积极性的正效应也会逐步显现。

从土地禀赋来看，耕地面积和农田地块分散程度均对农户种粮积极性的影响不显著，假说H14–2a、H14–2b没有得到验证，但从两者系数值的方向来看，耕地面积对农户种粮积极性表现出一定的正效应，而农田地块分散程度则表现出一定的负效应。其可能的原因是当前大部分农户仍以小规模经营为主，耕地面积普遍较小且经营地块较为分散，因此耕地面积和农田地块分散程度的影响作用不显著。未来，随着政府不断推进适度规模经营以及二三产业吸纳剩余农村劳动力外流作用的增强，耕地会趋于集中，农户种植面积也会得到一定程度的扩大，进而对提高农户种粮积极性的作用也会越来越显著。

从资本禀赋和技术禀赋来看，粮食生产年收入对农户种粮积极性的影响不显著，假说H14–3没有得到验证，但从其系数值的方向来看，粮食生产年收入对农户种粮积极性表现出一定的负效应。其可能的原因是农户普遍存在风险规避的心理，当前获得的收入越高，农户未来为保障收入越稳定，可能不会进一步扩大种粮面积，进而在一定程度上降低了其种粮积极性。粮食生产技术采用对农户种粮积极性具有显著的负向影响，且在1%的水平下通过显著性检验，假说H14–4没有得到验证。其可能的原因是在当前粮食生产过程中，农户普遍延续已有的传统生产技术，而测土配方施肥技术、病虫害绿色防控技术等由于相较传统技术投资高，效果显现周期较长且不稳定等原因，增加了农户种粮收益的不确定性，因此对农户种粮积极性产生一定的负向影响。

（2）主体认知对农户种粮积极性的影响。在表14-5模型1中，从主体认知来看，农户从事粮食生产态度的认知对农户种粮积极性具有显著的负向影响，且在5%的水平下通过显著性检验，说明农户对从事粮食生产态度的认知越高，其种粮积极性越低，假说H14-5a没有得到验证。其可能的原因是农户认知与行为存在不一致的现象，农户认知中对粮食生产重视程度较高，但由于种粮收益低、成本高，导致其愿意进一步扩大粮食种植面积的意愿较低，使农户通过转出土地等方式缩减粮食种植面积，在一定程度上降低了农户种粮积极性。农户对务农与外出务工对改善生活条件的认知和土地流转对增产增收的认知对农户种粮积极性影响不显著，假说H14-5b、H14-5c没有得到验证，但从两者系数值的方向来看，农户对务农与外出务工对改善生活条件的认知对农户种粮积极性表现出一定的正效应，对土地流转对增产增收的认知则表现出一定的负效应。其可能的原因是调研农户多以务农为主，农业生产经营收入是家庭主要的收入来源，且调研地区进行土地流转的农户较少，农户相关认知水平较低，因此两者对种粮积极性的影响均不显著。种粮农户家庭生活条件的改善主要依靠于家庭经营性收入的增加，种粮作为收入的主要来源，随着效益的增加，对改善生活条件的作用也会进一步增强，而对于转出土地的农户而言，不仅获得了较高的租金收益，而且促进家庭资源的重现配置，实现劳动力向二三产业转移，从而获得更高收入。因此，农户对务农与外出务工对改善生活条件的认知和土地流转对增产增收的认知对农户种粮积极性的作用也会愈加显著。

（3）稳健性检验。为进一步检验表14-5中模型1结果的稳健性，本研究借助Probit模型对统计数据进行再估计，具体回归结果如表14-5中模型2所示。从表中可以看到，模型2的P值为0，模型总体非常显著。与基准回归结果相比，显著变量的系数大小虽发生一定变化，但显著性水平和方向没有实质性改变，具体显著变量为务农劳动力人数、粮食生产技术使用和从事粮食生产态度的认知，说明模型1结果稳健，进一步验证了上述结果分析的可靠性。

（五）政府抓粮行为对农民种粮积极性的调节效应

本研究借鉴张郁等[①]（2016）、李福夺等[②]（2020）的做法，分别以粮食生产基础设施建设投资、组织粮食生产技术培训和讲座以及种粮补贴金额均值作为分组标准将样本各分为两组：高于均值组和低于均值组。并进一步将以上3个反映政府抓粮行为的变量进行加总求和，按照加总求和的均值作为分组标准同样将样本分为两组：政府抓粮行为高于均值组和政府抓粮行为低于均值组，以反映政府抓粮行为总体情况。

从表14–6和表14–7中可以看到，对比高于均值组和低于均值组的结果表明，粮食生产基础设施建设在务农劳动力人数影响农户种粮积极性中通过了5%的正向调节检验，具有显著的正向调节效应，说明务农劳动力人数越多，农户对粮食生产越重视，生产基础设施建设对其影响越大，越能提高其种粮积极性；在农户对土地流转对增产增收的认知影响农户种粮积极性中通过了1%的负向调节检验，具有显著的负向调节效应，农户对土地流转增产增收的认知较低，这时如果没有配套相关的生产基础设施，农户从事粮食生产的积极性会越来越低。组织粮食生产技术培训和讲座在耕地面积、农田地块分散程度、从事粮食生产态度的认知影响农户种粮积极性中分别通过了5%、10%和1%的负向调节检验，具有显著的负向调节效应。对于耕地面积较小、地块较为分散的农户，其对粮食生产态度的认知较低，从事粮食生产的积极性较低，而通过政府组织的培训和讲座，可以有效减轻这种负面影响。种粮补贴金额发放力度在耕地面积和从事粮食生产态度的认知影响农户种粮积极性中分别通过了5%、1%的负向调节检验，具有显著的负向调节效应。种粮补贴作为一项重要政策手段，有效保障了农户利益，对于耕地面积较小、粮食生产态度认知较低的农户，如果

① 张郁，江易华.环境规制政策情境下环境风险感知对养猪户环境行为影响：基于湖北省280户规模养殖户的调查［J］.农业技术经济，2016（11）：76–86.

② 李福夺，任静，尹昌斌.资本禀赋、价值认知与农户绿肥养地采纳行为：基于南方稻区农户调查数据及生态补偿政策的调节效应［J］.农林经济管理学报，2020，19（4）：464–475.

不及时给予补贴其种粮积极性会越来越低。

从总体来看，通过对比表14–7政府抓粮行为中高于均值组和低于均值组的结果，可以发现政府抓粮行为在受教育程度影响农户种粮积极性中通过了1%的负向调节检验，具有显著的负向调节效应。其当前，农户文化程度普遍偏低，种粮意愿较低，通过政府补贴、投资生产基础设施建设等可以降低农户不愿种粮的意愿，有效提高农户种粮积极性。政府抓粮行为在耕地面积影响农户种粮积极性中通过了10%的负向调节检验，具有显著的负向调节效应。其可能的原因是农户种植规模越小，从粮食生产中获得的经营性收入越低，农户的种粮积极性就越低，而政府抓粮行为可以在一定程度上弥补农户粮食生产中的投入成本，减轻农户种粮的压力，进而提高农户种粮的积极性。政府抓粮行为在粮食生产年收入影响农户种粮积极性中通过了5%的正向调节检验，具有显著的正向调节效应。其可能的原因在于粮食生产年收入越多的农户对政府抓粮力度越为敏感，而政府抓粮行为会激励农户扩大粮食种植面积，进而提高其种粮积极性。政府抓粮行为在农户从事粮食生产态度的认知影响农户种粮积极性中通过了1%的负向调节检验，具有显著的负向调节效应。农户从事粮食生产态度的认知越低，其种粮积极性会越低，通过政府抓粮举措，让农户意识到政府对于粮食生产的重视程度，进而转变自身认知观念，对于稳定和提高农户粮食生产的积极性具有积极作用。综上所述，政府抓粮行为在资源禀赋、主体认知与农户种粮积极性之间存在调节效应，假说H14–6得到验证。

表14–6　　政府抓粮行为调节效应的模型估计结果一

变量名称	粮食生产基础设施建设投资				组织粮食生产技术培训和讲座			
	高于均值组		低于均值组		高于均值组		低于均值组	
	系数	标准误	系数	标准误	系数	标准误	系数	标准误
务农劳动力人数（X_1）	0.879**	0.415	0.086	0.118	–0.261	0.387	0.075	0.134
受教育程度（X_2）	0.439	0.501	0.214	0.140	0.359	0.406	0.203	0.156
耕地面积（X_3）	0.039	0.024	0.007	0.005	0.001	0.005	0.014**	0.007
农田地块分散程度（X_4）	0.102	0.327	–0.128	0.158	0.204	0.319	–0.258*	0.153
粮食生产年收入（X_5）	–0.183	0.165	–0.028	0.072	–0.133	0.173	0.047	0.074

续表

变量名称	粮食生产基础设施建设投资				组织粮食生产技术培训和讲座			
	高于均值组		低于均值组		高于均值组		低于均值组	
	系数	标准误	系数	标准误	系数	标准误	系数	标准误
粮食生产技术使用（X_6）	−0.914*	0.536	−0.816***	0.231	1.664**	0.680	−1.521***	0.223
从事粮食生产态度的认知（X_7）	−0.490	0.581	−0.651***	0.186	−0.903	0.557	−0.679***	0.200
务农与外出务工对改善生活条件的认知（X_8）	0.024	0.292	0.201	0.173	0.378	0.409	0.265	0.167
土地流转对增产增收的认知（X_9）	−0.513	0.393	0.095	0.176	0.134	0.509	−0.029	0.182
控制变量	已控制		已控制		已控制		已控制	
常数项	−0.240	3.070	1.749	1.138	1.332	2.554	1.594	1.250
样本量	199		718		278		639	
Pseudo R^2	0.145		0.064		0.116		0.133	
LR值	−75.681		−309.299		−56.571		−291.297	
P值	0.054		0.000		0.061		0.000	

注：*、**、*** 分别表示在10%、5%和1%的显著性水平下显著。

表 14–7　　　　政府抓粮行为调节效应的模型估计结果二

变量名称	种粮补贴金额发放力度				政府抓粮行为			
	高于均值组		低于均值组		高于均值组		低于均值组	
	系数	标准误	系数	标准误	系数	标准误	系数	标准误
务农劳动力人数（X_1）	0.208	0.182	0.189	0.154	0.227	0.167	0.043	0.163
受教育程度（X_2）	−0.512**	0.244	0.452***	0.173	−0.219	0.200	0.579***	0.189
耕地面积（X_3）	−0.002	0.006	0.013**	0.006	0.006	0.007	0.013*	0.007
农田地块分散程度（X_4）	−0.007	0.232	−0.173	0.167	0.001	0.178	−0.221	0.203
粮食生产年收入（X_5）	−0.170	0.123	0.030	0.080	−0.223**	0.106	0.050	0.092
粮食生产技术使用（X_6）	−1.769***	0.405	−0.441*	0.254	−1.114***	0.342	−0.960***	0.295
从事粮食生产态度的认知（X_7）	−0.409	0.270	−0.965***	0.245	−0.239	0.243	−1.317***	0.293
务农与外出务工对改善生活条件的认知（X_8）	0.167	0.288	0.162	0.174	0.293	0.192	0.157	0.209

续表

变量名称	种粮补贴金额发放力度				政府抓粮行为			
	高于均值组		低于均值组		高于均值组		低于均值组	
	系数	标准误	系数	标准误	系数	标准误	系数	标准误
土地流转对增产增收的认知（X_9）	-0.278	0.281	0.117	0.189	-0.051	0.245	0.144	0.211
控制变量	已控制		已控制		已控制		已控制	
常数项	4.370**	1.962	1.257	1.317	2.206	1.526	2.548*	1.507
样本量	375		542		540		377	
Pseudo R^2	0.110		0.088		0.069		0.138	
LR值	-148.134		-230.769		-200.981		-171.247	
P值	0.000		0.001		0.003		0.000	

注：*、**、***分别表示在10%、5%和1%的显著性水平下显著。

（六）结论与建议

1.研究结论

本研究首先从理论逻辑上分析了资源禀赋、主体认知对农户种粮积极性的影响以及政府抓粮行为在两者影响农户种粮积极性中起到的调节效应，然后基于黑龙江、河南、山东和山西4省917份种粮农户的问卷调查数据，采用二分类Logistic模型实证分析了资源禀赋、主体认知对农户种粮积极性的影响，并进一步检验了政府抓粮行为对两者影响农户种粮积极性的调节效应。具体研究结论包括：（1）调研地区农户种粮积极性较高，占比为82.88%，资源禀赋、主体认知是影响农户种粮积极性的重要因素；（2）资源禀赋方面，劳动力禀赋中的务农劳动力人数对农户种粮积极性具有显著的正向影响，技术禀赋对农户种粮积极性具有显著的负向影响，土地禀赋和资本禀赋对农户种粮积极性的影响不显著；（3）主体认知方面，农户从事粮食生产态度的认知对农户种粮积极性具有显著的负向影响；（4）政府抓粮行为在资源禀赋、主体认知影响农户种粮积极性中存在一定的调节效应，具体表现为政府抓粮行为在粮食生产年收入影响农户种粮积极性中起正向调节效应，在受教育程度、耕地面积和农户从事粮食生产态度的认知影响农户种粮积极性中起负向调节效应。

2.政策建议

基于以上研究结论，本研究为保护和调动农户种粮积极性，提出以下对策建议：

（1）充分发挥农户资源优势，释放资源潜力，提高农户种粮积极性。积极培育种粮大户、家庭农场、农民专业合作社等新型农业生产经营主体，发挥带头引领作用；积极培育农业社会化服务组织，发展土地托管、代耕代种等服务形式，缓解种粮农户的资源约束；加大粮食生产技术培训力度，采取补贴等政策和措施降低农户使用测土配方施肥、病虫害绿色防控、节水灌溉等先进农业生产技术的成本，充分发挥技术的增产增收效益；推行适度规模经营，逐步实现粮食生产的规模化；给予种粮大户、家庭农场等贷款优惠支持，降低农户粮食生产成本，提高农户种粮收入。

（2）不断提高农户认知水平和对粮食生产的重视程度。采取多种举措逐步转变农户种粮观念，提高农户种粮认知水平，促使农户真正投入粮食生产中去。通过设立农民田间学校等相关组织机构，引导农户广泛参与；不断加强对种粮农户的职业教育和培训力度，提高农户的知识水平；积极组织开展相关讲座，宣传国家最新粮食政策，引导农户充分认识到粮食生产的重要性；农技人员具备丰富的专业知识和田间工作经验，要定期组织农技人员下乡指导，调动农户种粮积极性，提高农户对粮食生产的重视程度。

（3）加大政府支持力度，提高政府抓粮积极性。稳定和加强农民种粮补贴，一方面确保补贴资金及时、准确落实到位；另一方面，提高对家庭农场、粮食生产合作社等新型农业经营主体的专项补贴、项目补贴力度，鼓励种粮补贴向上述经营主体倾斜。加大政府对粮食生产基础设施建设力度，兴修和完善农田水利、平整农田机耕道路等，提高农户从事粮食生产的便利程度和满意度。完善粮食生产责任考核办法，将官员责任与绩效挂钩，全面落实各级政府粮食安全责任，建立健全确保粮食安全的长效机制，特别是针对粮食主产区、粮食生产大县，要切实落实“藏粮于地、藏粮于技”战略，制订具体细化的激励措施，提高政府抓粮积极性。

三、保护好粮食主产区的积极性①

在保障国家粮食安全过程中，粮食主产区发挥着关键作用，贡献巨大。但是，较长时期以来，粮食主产区在经济发展、财政收入和居民收入等方面明显落后，存在粮食生产越多越吃亏的矛盾。

为了解决这一较长时期存在的突出问题，2005年中央一号文件提出，建立粮食主产区与主销区之间的利益协调机制。2009年中央一号文件提出，建立健全粮食主产区利益补偿制度。2013年，党的十八届三中全会《决定》提出，完善粮食主产区利益补偿机制。

目前，对于粮食主产区的利益补偿是以产粮大县奖励政策为主。从实践来看，产粮大县奖励政策对缓解县级财政压力、促进地方经济发展和农业生产发挥了积极作用。但是，从产粮大省的角度来看，现行的粮食主产区利益补偿政策还有许多问题和局限性，其中一个重要原因在于对主产区的粮食生产贡献及其因粮食生产而付出的机会成本和面临的困境认识不充分。

在这样的背景之下，我们利用统计年鉴数据，从粮食生产地位、粮食增产贡献率等六个方面，对粮食主产区在保障国家粮食安全中的贡献程度进行多视角的量化对比分析。

（一）粮食主产区粮食产量及其增长速度对比分析

新中国成立以来，特别是改革开放之后，全国粮食生产稳步发展，粮食产量不断增加（见图14–2）。但是，从不同地区来看，粮食产量增长速度不同。新中国成立70年来，全国粮食产量增长了4倍，年均增长2.37%。其中，粮食主产区增长5.6倍，年均增长2.5%；而粮食主销区仅增长54.6%，年均增长0.6%。粮食主产区的总增速是粮食主销区的10.3倍，年

① 本部分内容系2021年7月10日“庆祝中国共产党成立100周年‘维护粮食安全 端好中国饭碗’高端论坛”（中共黑龙江省委宣传部主办，东北农业大学承办）主旨报告，内容摘要刊发于《智库专报》2021年第39期，原文题目为“粮食主产区在保障国家粮食安全中的贡献”，作者：郭翔宇。

均增速是主销区的4.2倍。在粮食主产区中，粮食净调出省粮食产量增长7倍，年均增长3.1%，远高出粮食主产区和全国的总体增长速度。黑龙江省增长10倍，年均增长3.5%。

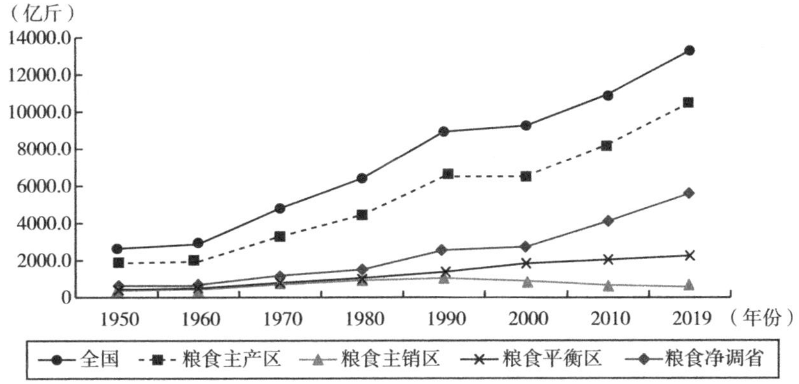

图14-2　全国及不同地区历年粮食产量增长情况

分时期来看，在改革开放之前，全国和不同地区粮食产量大体都以年均3%左右的速度稳步增长，地区间差异不大。但是，改革开放之后，不同地区之间粮食产量增长速度的差异开始加大。1978~2019年，全国粮食产量在41年间增长了1.2倍，年均增长1.9%。其中，粮食主产区增长了1.5倍，年均增长2.2%；而粮食主销区粮食产量则减少了36.4%，年均负增长1.1%。在粮食主产区中，粮食净调出省增长2.7倍，年均增长3.3%；黑龙江省增长4倍，年均增长4%，远高出粮食主产区和全国的总体增速。特别是进入21世纪以来，不同地区之间粮食产量增速差异进一步加大。2001~2019年，全国粮食产量在18年间增长了46.7%，年均增长2.2%。其中，粮食主产区增长61.7%，年均增长2.7%；而粮食主销区粮食产量则减少了31%，年均负增长2%。在粮食主产区中，粮食净调出省粮食产量增长92.4%，年均增长3.7%；黑龙江省更是增长了1.8倍，年均增长5.9%，分别是粮食主产区和全国年均增长速度的2.2倍和2.7倍。

从同一地区在不同时期的粮食产量增长速度变化来看，粮食主产区，特别是粮食净调出省和黑龙江省的粮食产量年均增速呈加快趋势，而粮食主销区和产销平衡区则不断下降。从图14-3来看，作为粮食主产区的6个粮食净调出省，粮食产量年均增长速度在改革开放前的1950~1978年为2.8%，在改革开放之后年均增速达到3.2%，进入21世纪之后进一步加快至年均增长3.7%。黑龙江省在这三个时期的粮食产量年均增速分别为2.8%、4%、5.9%。而粮食主销区的粮食产量年均增速在改革开放之前为3.2%，改革开放之后则转为年均负增长1.1%，2001年之后进一步降为年均负增长2%；粮食产销平衡区粮食产量年均增速在改革开放前为3.1%，改革开放之后和进入21世纪以来分别下降到2%和1.3%。

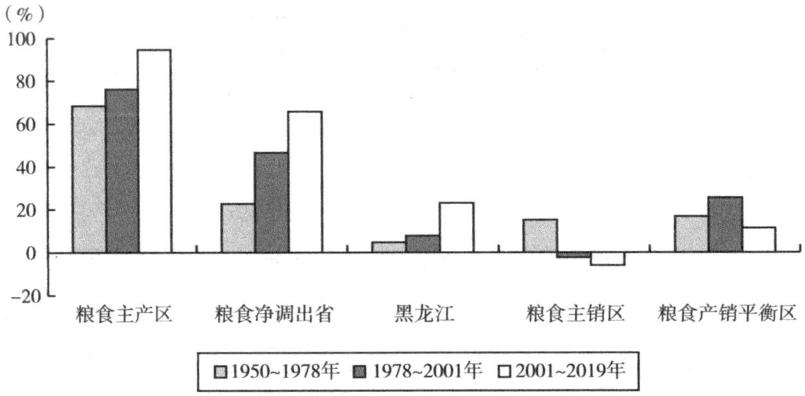

图 14-3　不同地区粮食增产贡献率及其变化

（二）粮食主产区粮食生产地位对比分析

由于不同地区在不同时期粮食产量增长速度不同，使不同地区在全国粮食生产中的地位表现出不同的变化。从表14-8可以看出，新中国成立以来，粮食主产区粮食产量占全国粮食总产量的比重一直在70%左右，特别是2006年以来，这一比重一直稳定在75%~79%的水平。粮食主销区粮食产量占全国的比重在改革开放之前基本保持在15%左右，但改革开放之后则呈不断下降趋势，特别是进入21世纪以来，这一比重下降至10%以下，2019年降至4.2%。产销平衡区粮食产量占全国的比重相对稳定，进入21世纪以来这一比重有所提高，基本保持在18%左右。

表 14-8　　不同地区粮食生产所占比重

年份	粮食主产区粮食产量占全国的比重	粮食净调出省粮食产量		粮食主销区粮食产量占全国的比重	粮食产销平衡区粮食产量占全国的比重
		占全国比重	占粮食主产区比重		
1950	70.49	24.62	34.92	13.81	16.27
1960	67.47	24.45	36.24	15.46	17.80
1970	68.63	24.82	36.17	14.94	16.84
1978	69.31	23.52	33.93	14.55	16.52
1980	69.27	23.59	34.05	14.58	16.51
1990	72.83	28.57	39.23	11.71	15.46
2000	70.55	29.46	41.75	9.68	19.77
2006	75.53	36.62	48.48	6.36	18.10
2010	75.36	37.49	49.74	6.08	18.56
2012	75.66	38.41	50.76	5.81	18.53
2019	78.89	42.09	53.35	4.25	16.86

横向比较，2019年粮食主产区粮食产量占全国粮食总产量的比重为78.9%，省均粮食产量占比为6.1%，粮食主销区省均粮食产量占比为0.6%，粮食产销平衡区省均粮食产量占比为1.5%，主产区分别是主销区和产销平衡区的10.2倍和4.1倍。在主产区中，粮食净调出省粮食产量占全国的比重一直处于上升趋势，2019年达到46.9%，比2000年提高了12.6个百分点，比1978年提高了19.4个百分点，省均粮食产量占比为7.8%，比粮食主产区省均粮食产量占比高1.7个百分点。

上述对比分析结果反映出，粮食主产区在中国粮食生产中占有非常重要的地位，特别是粮食净调出省的地位越来越重要，对保障国家粮食安全的贡献越来越大。而粮食主销区的地位则不断降低。

（三）粮食主产区粮食增产贡献率对比分析

新中国成立以来，全国粮食累计增产10634亿斤，年均增产154亿斤。其中，粮食主产区粮食增产8611亿斤，占全国粮食增量的比重、即对全国粮食增产的贡献率为81%；粮食产销平衡区增产1824亿斤，对全国粮食增产的贡献率为17.2%；粮食主销区增产199亿斤，对全国粮食增产贡献率仅为1.9%。在粮食主产区中，6个粮食净调出省粮食增产5450亿斤，对全国粮食增产的贡献率为51.3%；黑龙江省粮食增产1363.6亿斤，对全国贡献率为12.8%。

粮食主产区对国家粮食增产的重要贡献在改革开放之后，特别是进入21世纪以来体现得更加充分。以1978年和2001年为界，在改革开放以前、改革开放之后至20世纪末、进入21世纪以来三个大的时期，粮食主产区，尤其是粮食净调出省和黑龙江省粮食增产贡献率均呈上升趋势；而粮食主销区则呈下降趋势，且在改革开放之后总体上处于减产状态，贡献率为负；粮食产销平衡区粮食增产贡献率在进入21世纪之后也呈下降趋势。

具体分析，1978~2001年，全国粮食累计增产2957亿斤，年均增产123亿斤，省均年增产4.1亿斤。其中，粮食主产区粮食增产2251亿斤，对全国粮食增产贡献率为76.1%，省均年增产7.2亿斤，是全国省均年增产水平的1.8倍；粮食净调出省增产1563亿斤，对全国粮食增产贡献率为52.9%。粮食产销平衡区在此期间增产粮食776亿斤，年省均年增产2.9亿斤，相当于全国省均年增产水平的72.5%，相当于粮食主产区的40.3%。而粮食主销区却累计减产69.7亿斤，年均减产2.9亿斤。

2001~2019年，全国粮食累计增产4224亿斤，年均增产222亿斤，省均年增产7.6亿斤。其中，粮食主产区粮食增产3999亿斤，对全国粮食增产的贡献率高达94.7%，省均年增产17.1亿斤，是全国省均年增产水平的2.3倍；粮食净调出省增产2991亿斤，对全国粮食增产的贡献率70.8%，省均年增产27.7亿斤，是全国省均年增产水平的3.6倍；黑龙江省增产970亿斤，对全国粮食增产的贡献率23%，均年增产53.9亿斤，是全国省均年增产水平的7倍多。粮食产销平衡区在此期间增产粮食478.8亿斤，对全国粮食增产的贡献率11.3%，年省均年增产2.4亿斤，不到全国省均年增产水平的一半，仅相当于粮食主产区的1/7；而粮食主销区减产253.1亿斤，年均减产2.3亿斤。

上述对比分析结果反映出，中国粮食产量的增加，主要来源于13个粮食主产区，尤其是6个粮食净调出省和黑龙江省的贡献更大。从历史变化和未来趋势来看，今后粮食增产更将主要依赖于粮食主产区。

（四）粮食主产区粮食生产平均水平对比分析

1.省均粮食生产水平对比分析

2019年，从全国来看，省均粮食产量为428亿斤。其中，粮食主产区805.7亿斤，是全国平均水平的1.9倍，是粮食产销平衡区的4倍，是粮食主销区的10倍。在粮食主产区中，粮食净调出省平均粮食产量1038亿斤，是全国平均水平的2.4倍，是粮食主产区省均水平的1.3倍；黑龙江省粮食产量是全国平均水平的3.5倍，是粮食主产区省均水平的1.9倍。

从历史变化趋势来看，新中国成立以来，全国和不同地区省均粮食产量都在不断提高。但是，20世纪90年代之后，粮食主销区省均粮食产量则呈现下降趋势。1950~2019年，全国省均粮食产量增长了3.9倍，年均增长2.3%。其中，粮食主产区省均粮食产量增长了4.6倍，年均增长2.5%；而粮食主销区省均粮食产量仅增长了32.6%，年均增长0.4%，特别是在1990~2019年下降了53.7%，年均递减2.6%。

2.人均粮食生产水平对比分析

2019年，全国人均粮食产量948斤。其中，粮食主产区人均粮食产量是全国平均水平的1.4倍；粮食主销区人均粮食产量只有198斤，是全国人均产量的21%；粮食产销平衡区是全国人均产量的76%。在粮食主产区中，粮食净调出省人均粮食产量是全国人均产量的1.9倍，黑龙江省是全国的4.2倍。如果按照948斤的全国人均粮食产量作为人均消费量计算，2019年，粮食主产区生产的粮食中有26.7%可供应给其他地区消费，而粮食主销区粮食消费量的79.1%则需要从粮食主产区调入，粮食产销平衡区粮食消费量的23.8%需要从粮食主产区调入。

（五）粮食主产区粮食生产比较贡献度对比分析

以上是单纯从粮食生产角度来对比分析粮食主产区对国家粮食安全的绝对贡献，如果考虑不同地区的人口和土地因素，还可以分析粮食主产区对国家粮食安全的比较贡献。

为此，我们构建一个不同地区粮食生产比较贡献度系数指标，用不同地区粮食产量占全国总产量比重除以该地区人口占全国人口总数比重，或者除以该地区土地面积占全国国土面积比重来计算其指标数值，分别表示不同地区用一定比例的人口或土地生产了多大比例的粮食；还可以把人口和土地因素结合起来，用两者占比之和除以2之后再去除粮食产量占比来计算粮食生产比较贡献度系数。当系数大于1时，意味着某地区用一定比例的人口或土地生产了更大比例的粮食，表明该地区粮食生产对全国粮食生产具有正向比较贡献，系数越大，比较贡献度越大；当系数小于1时，表明某地区粮食生产对全国粮食生产具有负向比较贡献。

表14–9是测算的2019年不同地区粮食生产比较贡献度。其中，粮食主产区用全国59.5%的农村人口生产了全国78.9%的粮食，相对于农村人口的粮食生产比较贡献度系数分别为1.33，具有33%的正向比较贡献；而粮食主销区则用全国13.8%的农村人口生产了全国4.35%的粮食，相对于农村人口的粮食生产比较贡献度系数分别为0.32，具有68%的负向比较贡献。相对于耕地的粮食生产比较贡献度系数，粮食主产区为1.2，粮食主销区为0.79。粮食产销平衡区相对于农村人口和耕地的粮食生产比较贡献度系数分别为0.65和0.59，均为负向比较贡献。那么，综合人口和国土因素，粮食主产区粮食生产比较贡献度系数为1.62，具有62%的正向比较贡献；粮食产销平衡区粮食生产比较贡献度系数为0.43，具有57%的负向比较贡献；粮食主销区粮食生产比较贡献度系数为0.34，具有56%的负向比较贡献。

表14–9　　2019年不同地区粮食生产相对贡献度系数

	粮食主产区	粮食净调出省	粮食主销区	粮食产销平衡区
a.总人口占全国比重（%）	56.62	20.30	21.31	15.04
b.农村人口占全国比重（%）	59.38	22.67	14.69	16.88
c.国土面积占全国比重（%）	39.50	24.00	5.00	55.80
d.耕地面积占全国比重（%）	64.10	38.60	5.60	26.40
e.粮食占全国比重（%）	78.89	42.09	4.25	12.04

续表

	粮食主产区	粮食净调出省	粮食主销区	粮食产销平衡区
f. 人口与国土平均占比（(a+c）/2）	48.06	22.15	13.16	35.42
g. 农村人口与耕地平均占比（(b+d）/2）	61.74	30.63	10.14	21.64
相对于人口的粮食生产比较贡献度系数（e/a）	1.39	2.07	0.20	0.80
相对于农村人口的粮食生产比较贡献度系数（e/b）	1.33	1.86	0.29	0.71
相对于国土的粮食生产比较贡献度系数（e/c）	2.00	1.75	0.85	0.22
相对于耕地的粮食生产比较贡献度系数（e/d）	1.23	1.09	0.76	0.46
相对于人口和国土的粮食生产比较贡献度系数（e/f）	1.64	1.90	0.32	0.34
相对于农村人口和耕地的粮食生产比较贡献度系数（e/g）	1.28	1.37	0.42	0.56

（六）粮食主产区耕地和粮食作物种植面积变化比较分析

粮食主产区与非粮食主产区粮食生产及其贡献的变化源于不同地区耕地面积，尤其是粮食作物种植面积的变化。

1. 不同地区耕地面积变化

新中国成立以来，全国耕地面积增加了5.2亿亩，其中，粮食主产区耕地面积增加6.7亿亩，而粮食非主产区耕地面积减少1.5亿亩。从增加程度来看，全国在1950~2017年的67年时间里耕地面积增长了34.4%，其中粮食主产区增长了1倍，粮食净调出省增长了1.6倍，而非主产区耕地面积减少了17.9%。

首先，从总趋势和不同时期的变化分析，粮食主产区耕地面积一直处于增加状态，其中粮食净调出省增加程度高于主产区平均水平。1950~2017年，粮食主产区耕地增加了1倍，粮食净调出省增加1.6倍。粮食主销区的耕地面积在农村改革之前是增加的，但改革之后则没有再增加，基本维持在1.1亿亩左右。粮食产销平衡区除了20世纪90年代后期之外，耕地面积一直处于减少状态，特别是在2000年之后的17年间减少了2.3亿亩，年均减少2.1%。

其次，从不同地区耕地面积占全国耕地总量的比重分析，2017年，粮食主产区占65.9%，粮食产销平衡区占28.5%，粮食主销区仅占5.5%。从历史变化来看，2017年与1950年相比，粮食主产区耕地面积占全国的比重上升了21.7个百分点；产销平衡区耕地面积占全国的比重下降了24.8个百分点。进入21世纪后，这种有升有降的变化趋势更加明显。与2000年相比，2017年粮食主产区耕地占全国比重上升了13.5个百分点；产销平衡区耕地面积占比下降了13.8个百分点。

不同地区耕地面积及其占比的变化，反映出非粮食主产区，特别是粮食产销平衡区存在较为严重的耕地非农化现象和趋势。

2.不同地区粮食作物种植面积变化

从新中国成立之后到21世纪初，全国粮食作物种植面积总体上呈减少趋势，2003年减少至历史最低水平，为14.9亿亩，比1950年减少了2.25亿亩。2004年以后，全国粮食种植面积开始逐年增加，2019年达到17.4亿亩，但仍比历史最高年份的1955年少2亿多亩。

从粮食种植面积占全部农作物总种植面积的比重来看，一直处于不断降低的趋势，由1950年的88.8%降至2019年的70%，降低了18.8个百分点。粮食主产区粮食种植面积及其占本区农作物总种植面积的比重与全国的变化基本一致，但从20世纪90年代起，粮食种植面积占比则略高于全国的平均水平。粮食产销平衡区2019年的粮食种植面积比新中国成立初期的1950年增加了近1亿亩，但2000年之后则基本上没有再增加。粮食种植面积占农作物总种植面积的比重总体上处于不断下降趋势，2019年为57.2%，比1950年降低了19.3个百分点，比1955年降低了30.6个百分点；比全国平均水平低12.8个百分点，比粮食主产区低18.9个百分点。粮食主销区粮食种植面积及其占全国种植面积的比重以及占本区农作物总种植面积的比重均处于不断减少和降低的趋势。2019年，粮食主销区粮食种植面积为7104万亩，比1950年减少了1亿多亩，减少了一半多；粮食种植面积占全国粮食种植面积的比重由11.3%降至4%；粮食种植面积占本区农作物总种植面积的比重由85.6%降至50.4%。

不同地区粮食作物种植面积及其占农作物总种植面积比重的变化，反映出非粮食主产区，特别是粮食主销区存在较为严重的农作物非粮化现象和趋势。

（七）粮食主产区的发展困境与对策建议

对比分析发现，长期以来，粮食主产区粮食生产稳步发展，对保障国家粮食安全做出了重要贡献，特别是粮食净调出省和黑龙江省贡献巨大。在前面比较的各个方面，粮食主产区均明显高于粮食主销区和产销平衡区。但是，形成强烈反差的是，粮食主产区，尤其是粮食调出大省在经济发展、财政收入和居民收入等方面明显落后，存在粮食生产越多越吃亏的矛盾。

2019年，粮食主产区人均GDP为64427元，低于全国平均水平，仅相当于粮食主销区的60%；粮食主产区人均财政收入为5724元，仅相当于粮食主销区的41.8%。粮食主产区相对于人口的GDP和财政收入比较贡献度系数分别为0.91和0.79，具有9%和21%的负向比较贡献；粮食主销区相对于人口的GDP和财政收入比较贡献度系数分别为1.51和1.89，具有51%和89%的正向比较贡献。

从城乡居民收入来看，粮食主产区水平更是远低于粮食主销区。2019年，粮食主产区农民人均可支配收入16151元，比粮食主销区少8178元，低33.6%；粮食主产区城镇居民人均可支配收入38062元，比粮食主销区少16727元，低30.5%。

此外，粮食主产区在农业基础设施建设，特别是大型农田水利工程建设方面，地方政府要进行财政资金配套投入；在农业保险保费缴纳方面，省级政府和县级政府都要进行政策性补贴。这就意味着，粮食主产区为了发展粮食生产和保障国家粮食安全，地方政府要比其他地区进行更多的财政支出。粮食主产区政府在粮食生产和农业发展方面投入了更多的财政资金，必然会减少其对二三产业发展和社会事业的投入，进而影响经济增长和财政收入及居民收入水平的提高；而且随着主产区粮食的增产和调出，粮食调入省不同限度地分享了粮食主产区财政投入的资金收益。不管是粮食主产区的耕地用于发展粮食生产而放弃种植比较效益更高的非粮食作物和发展二三产业，还是粮食主产区政府财政资金更多投入农业基础设施建设，都付出了巨大的机会成本。因此，由于粮食生产显著的正外部性，粮食主产区利益受损严重。

为了保障国家粮食安全，必须保护粮食主产区政府重农抓粮积极性，不能让生产粮食越多者越吃亏。要按照总书记要求，完整、准确、全面贯彻新发展理念，特别是在推动区域协调发展过程中，国家应该加大对粮食主产区，重点是粮食净调出省的利益补偿力度，进一步完善利益补偿机制。

（1）通过财政转移支付方式，建立中央政府对粮食主产区政府的纵向利益补偿机制，协调粮食净输入省与粮食净调出省之间建立横向利益补偿机制。

（2）进一步加大对产粮大县和超级产粮大县的财政奖励力度，在此基础上，实施对粮食净调出省进行财政奖补政策。

（3）加大中央对粮食主产区粮食生产基础设施建设，特别是大型农田水利工程建设的投入，降低地方政府财政配套比例，减轻其过高的财政支出负担。

（4）加大中央财政对粮食主产区的农业保险保费补助比例，降低地方政府补助比例，取消县级政府财政补贴。

（5）支持粮食主产区大力发展畜牧业和粮食精深加工业，促进粮食转化增值，延长粮食产业链条，提升价值链，将粮食生产优势变为产业优势、经济优势。

四、当好维护国家粮食安全的“压舱石”①

2016年5月25日，习近平总书记在黑龙江考察工作结束时讲话强调，黑龙江是农业大省和粮食主产区，长期以来为国家粮食安全作出了重要贡献，成为维护国家粮食安全的一块“压舱石”。这既是对黑龙江省粮食发展成就的肯定，更是对黑龙江省发展粮食生产的殷切期望。黑龙江省作为全国产粮第一大省，维护国家粮食安全责无旁贷。

① 本部分内容发表于《农业经济与管理》2021年第3期，作者：乔延春。

（一）黑龙江省粮食生产快速发展，维护国家粮食安全“压舱石”作用凸显

1. 黑龙江省农业资源适于发展粮食生产

在耕地资源方面，黑龙江省耕地面积2.39亿亩，占全国的11.8%（全国20.24亿亩）。全省人均耕地7.5亩，全国不足1.5亩，是全国平均水平的5倍多，乡村人口人均耕地21.8亩。耕地大多为典型黑土，耕层深厚，土壤肥沃，土壤有机质含量平均为36.2克/千克，是全国平均水平的1.83倍。耕地主要集中在松嫩平原和三江平原，耕地平整，集中连片，适于机械作业和规模生产。

在水资源方面，黑龙江省江河湖泊湿地众多，全省水资源总量810亿立方米，人均水资源量2543立方米，比全国平均水平高23.6%，是我国北方地区水资源最富集的省份。

在气候条件方面，黑龙江省无霜期100~150天，有效积温1600~2800℃，年降水量370~670毫米。除大兴安岭等纬度较高地区外，均适于农业生产。光照充足，雨热同季，夏至前后，每天日照可达15小时，光合作用充分，有利于作物生长（见表14–10）。

表 14–10　全国部分省区耕地、水资源比较

地区	七普人口（万人）	耕地资源（万亩）	人均占有量（亩）	水资源（亿立方米）	人均占有量（立方米）
全国	141177.87	202400	1.4	29041	2057
黑龙江	3185.01	23900	7.5	810	2543
内蒙古	2404.92	13700	5.7	447	1862
吉林	2407.34	10110	4.2	506	2100
湖南	6644.48	6202	0.9	1689	2795
四川	8367.48	10080	1.2	2748	3044

从耕地资源、水资源和气候条件等农业资源集合看，黑龙江省是最优的。例如，南方一些省份，水资源丰富、积温高，但耕地较少；北方一些省份，耕地较多、积温较高，淡水资源缺乏；而黑龙江省耕地多，水资源

丰富，光照充足，积温够用。所以说，黑龙江是全国农业资源最丰富的省份之一。

2.黑龙江省已发展成为全国产粮第一大省

新中国成立以来，经过几代人的不懈奋斗，黑龙江省已由昔日的北大荒变成了北大仓。黑龙江省粮食生产发展呈现三个特点：

一是发展速度快。新中国成立初期，黑龙江省粮食总产量115.5亿斤，在全国排第8位。在“大包干”以前，全省粮食生产虽有发展，但速度不快，由100多亿斤增加到200亿斤，用了17年时间，由200亿斤增加到300亿斤，又用了17年时间。以后逐年加快。增加第3个100亿斤用了7年时间，增加第4个100亿斤用了4年时间，增加第5个100亿斤用了2年时间。进入21世纪以后，粮食生产又有一个快速发展阶段，2005~2015年，10年间粮食产量由700亿斤增加至1500亿斤，增了800亿斤，年均增加80亿斤。在粮食生产上，等于再造了一个黑龙江。粮食生产在全国的位次也不断上升。2003年全国排名第4位，2008年全国排名第3位，2009年全国排名第2位，2011年至今全国排名第1位。与此同时，2005~2015年，全国粮食产量由9680.4亿斤增加至13212.1亿斤，10年间粮食产量增加了3531.7亿斤，年均增加353.2亿斤，黑龙江占全国1/5强的增量。

二是整体实力强。2020年黑龙江的粮食产量放在全球，可排在第8位。全省13个地市和北大荒农垦集团粮食产量在100亿斤以上的有8个，其中超过200亿斤的有5个，分别是农垦集团、哈尔滨、齐齐哈尔、绥化、佳木斯市。北大荒农垦集团粮食产量430亿斤，与江西省持平，可排在全国第14位。在全国前50个产粮大县中，黑龙江有19个，在前10名大县中，黑龙江有5个。

三是优势品种突出。黑龙江省粮食作物主要是水稻、玉米和大豆三大品种，占粮食面积的99.1%。其中，水稻播种面积5808万亩，占全国水稻面积的12.9%，排第1位，占全省粮食作物播种面积的26.8%；产量579.2亿斤，占全国水稻产量的13.7%，占全省粮食总产的38.4%。玉米播种面积8221万亩，占全国玉米面积的13.3%，排第1位，占全省粮食作物播种面积的38%；产量729.3亿斤，占全国玉米产量的14%，占全省粮食总产的

18.4%，亩产量高于全国平均水平。大豆播种面积7248.1万亩，占全国面积的48.9%，排第1位，占全省粮食作物播种面积的33.5%，大豆总产量达到184.1亿斤，占全国的47%，排第1位，占全省粮食总产的12.2%。

3.黑龙江省粮食生产快速发展的五大要素

一是政策激励。1983年实行“大包干”，农民有了生产自主权，当年全省粮食生产就迈上了300亿斤台阶。2004年取消农业税，实行粮食直补，进一步调动了农民种粮积极性，黑龙江省以粮食为主的农业农村经济进入了一个新的黄金发展期。

二是面积扩大。耕地面积由1983年的1.31亿亩增加到2.39亿亩；粮食作物面积21657.6万亩，比1983年增加了10804.5万亩，比2004年增加了9333.1万亩，其中水稻、玉米两大高产粮食作物面积由2830.6万亩增加到1.4亿亩。

三是投入增加。近年来，国家对粮食生产的投入力度不断加大，每年惠农补贴和产粮大县转移支付等就超过400亿元。农机保有量由1983年的62735台增加到2020年的161.8万台，耕种收综合机械化率98%以上，比全国平均水平高27个百分点。亩均化肥施用量由1983年的8.55公斤/亩，增加到2020年的10.1公斤/亩。

四是科技应用。品种创新加快，单产水平提高，主要农作物实现了良种全覆盖。大农机装备广泛应用，主要农作物耕种收综合机械化率达到98%。新技术集成示范，探索形成了一批不同区域、不同作物的高产稳产和防灾减灾技术模式，农业主推技术到位率95%以上。农业科技进步贡献率68.3%，比2003年高19.3个百分点，高于全国8个百分点。

五是气候变暖。这一条也很重要。过去黑龙江有三大自然灾害，即早霜、干旱和洪涝。早霜主要是因为积温不足，现在早霜基本不再发生。近30年，全球气候变暖，黑龙江省又处于变暖中心，有效积温提高了150℃~200℃，相当于北移一个积温带。以前，玉米、水稻只种到第3积温带，现在积温增加，又选育了适宜品种，玉米、水稻种植已扩大到第4、第5积温带。

（二）黑龙江省当好维护国家粮食安全“压舱石”，要由发展粮食生产向发展粮食经济转变

自2015年国家下调玉米临储价格，特别是2016年取消玉米临储政策以后，黑龙江省粮食生产发展步子明显放缓。5年时间，粮食产量一直保持在1500亿斤左右。由此出现两个新情况、新问题，必须引起我们高度重视。

一个是因粮价下跌导致农民增收缓慢。在黑龙江省农民收入构成中，粮食收入占大头，占40%左右，当粮价上涨幅度很小或下跌时，农民收入增速就会明显放缓。玉米临储政策调整直至取消，对黑龙江省农民收入影响很大，这是农民增收放缓的主要原因。2015年国家下调玉米收购价格，每斤下调0.11元，仅此一项，全省农民减收120亿元，人均减收700元左右。2016年国家取消玉米临储政策，玉米市场价格持续下跌，全省减收360亿元，扣除国家补贴仍减收200亿元左右，农民人均减收1000元以上。玉米收储政策调整导致2015年、2016年和2017年这三年，全省农民人均可支配收入增速只有6.1%、6.6%和7.0%，增速在全国分别排在第30位、第31位和第28位。黑龙江省农民收入一直高于全国平均水平，而自2014年后则一直低于全国平均水平。在全国的位次也由2014年的第12位降至2019年的第19位。另一个是地方经济发展不快。全省GDP总量排位和增速双降。2015年全省GDP11690亿元，在全国排22位；增速排29位；2016年GDP11895亿元，在全国排22位，增速排29位；2017年GDP12313亿元，在全国排24位，增速排26位；2018年GDP12846.5亿元，在全国排24位，增速排29位；2019年GDP13544.4亿元，在全国排25位，增速排30位；2020年GDP13698.5亿元，在全国排25位，增速排28位。在全国“综合实力百强县”中，黑龙江还是空白。全省县域GDP排第1位的五常市，283.3亿元，与百强县最后一位的贵州省兴义市493.2亿元相比，差距还相当大。近些年，黑龙江省第一产业发展快于第二、第三产业。2010年第一产业增加值占GDP15.5%，2020年增加到了25.1%，10年间增加了近10个百分点，而同期全国下降了1.4个百分点（见表14-11）。在工业化进程中，

农业增加值的比重都是下降的，而黑龙江则是上升的，出现了逆工业化现象。这从另一个角度也反映出黑龙江经济发展不快的主要原因是，第一产业比重过大，而第二、第三产业发展缓慢的事实。

表 14–11　　2010~2020 年黑龙江省 GDP 增速排位情况

年份	黑龙江省 GDP 全国排名	黑龙江省 GDP 增速全国排名	全国第一产业增加值占 GDP 比重（%）	黑龙江省第一产业增加值占 GDP 比重（%）
2010	19	23	9.3	15.5
2011	20	22	9.2	17.1
2012	21	27	9.1	19.2
2013	21	31	8.9	21.4
2014	20	30	8.6	22.1
2015	22	29	8.4	23.2
2016	22	29	8.1	23.1
2017	24	26	7.5	24.1
2018	24	29	7	23.4
2019	25	30	7.1	23.5
2020	25	28	7.7	25.1

发展粮食生产要靠两个积极性，一是农民种粮积极性，二是地方政府抓粮积极性。2003年秋季，农业部在大连召开一个粮食生产座谈会，笔者给领导写的发言材料中首先提到了两个积极性，原文是这样的：粮食主产区出现的这些问题，其根源是缺少两个积极性。一是农民种粮效益低，缺乏发展粮食生产的积极性；二是财政负担重，地方政府也没有发展粮食生产的积极性，这些状况如果长期得不到改变，势必要严重影响粮食供求平衡，危及国家粮食安全。

黑龙江省具有发展农业特别是粮食生产的有利条件和基础，农业是黑龙江的最大优势，粮食生产是农业的最大优势，无论从保障国家粮食安全还是我们自身发展看，粮食这个优势都不能丢，并且要不断放大。因此，从长远看，黑龙江省当好维护国家粮食安全“压舱石”，必须处理好粮食增产、农民增收和地方经济发展的关系，实现粮食增产、农民增收和地方经济发展同步。只有这样，黑龙江省维护国家粮食安全“压舱石”的地位才会更加稳固。

基于这样的考虑，今后黑龙江省粮食产业的发展思路是否可以这样确定：把粮食生产与农民增收、地方经济发展有机结合起来，充分调动农民种粮和地方政府抓粮两个积极性，由重视粮食生产向发展粮食经济转变，延伸粮食产业链条，做足粮食生产这篇大文章。

这一思路，既符合中央要求，又符合黑龙江实际。习近平总书记强调：“中国人的饭碗要牢牢端在中国人手中，而且要装中国粮食”。“抓住粮食这个核心竞争力，延伸粮食产业链，提升价值链，打造供应链，不断提高农业质量效益和竞争力，实现粮食安全和现代高效农业相统一”。“深度开发‘原字号’，就是要推动传统优势产业链条向下游延伸”“要以‘粮头食尾’‘农头工尾’为抓手，推动粮食精深加工，做强绿色食品加工业。”“黑龙江作为农业大省，保障国家粮食安全功不可没。在此基础上，要注重经济多元化发展，让农民生活水平不断提高。”总书记的这些重要论述，为我们指明了方向。省委、省政府全面深入贯彻习近平总书记重要讲话指示精神，切实扛起维护国家粮食安全的政治责任，全面落靠粮食生产责任，夯实粮食生产基础，发展壮大粮食产业，稳定区域粮食市场，切实保障和维护国家粮食安全。省委第十二届五次全会作出把食品和农副产品精深加工打造成为黑龙江全面振兴发展第一支柱产业的战略部署，八次全会进一步提出，把农业和农产品精深加工打造成万亿级产业集群的发展目标，并强调，要巩固国家粮食生产核心区地位，稳定粮食播种面积，提高生猪生产能力，构建科学合理、安全高效的重要农产品供给保障体系，建设国家重要商品粮基地。

（三）黑龙江省当好维护国家粮食安全“压舱石”，发展粮食经济，重在不断提高粮食综合生产能力和延伸产业链

1.提高粮食综合生产能力

稳步提高粮食综合生产能力，提高农业综合效益和竞争力，要重点在以下四个方面下功夫。

一是抓好农田水利。全省农田基础设施建设还比较薄弱，农田有效灌溉面积只有38.9%，比全国平均水平低12个百分点，水田灌溉保证率低于全国平均水平，机耕路不足，标准低，抗灾减灾能力差，粮食综合产能不够稳固。要确保粮食产能，就是要在保证耕地面积稳定的前提下，建设旱涝保收的高标准农田。特别是要加强耕地质量保护与提升。要深入实施藏粮于地战略，加快高标准农田、大中型灌区续建配套与改造、中小河流治理、三江连通、机耕路畅通等工程建设。到2025年，计划新建高标准农田3001万亩，全省高标准农田面积将达到1.11亿亩，占耕地面积46.4%。

二是提高农机化水平。黑龙江省基本实现了田间作业机械化，下一步的重点是农机更新换代、提档升级、补齐短板、综合配套、农机农艺结合。到2025年，全省农机配套比达到1∶2.5（农机配套比，就是拖拉机总数跟配套农机具的比例，现在大概是1∶1.8），主要农作物耕种收综合机械化水平稳定在98%以上，新增100马力以上拖拉机1.5万台，保有量达到9万台以上（目前是7.7万台），农机总动力达到6800万千瓦以上。

三是推进科技进步。总书记强调“农业要振兴，就要插上科技的翅膀”。在耕地、水等资源约束日益强化的背景下，粮食增产的根本出路在科技。要实施藏粮于技战略，重点是推进种业科技创新，集成推广高效、资源节约、绿色环保技术模式。目前，全省主要农作物自主选育品种种植占比87%，到2025年全省主要粮食作物自育品种占比达到90%以上。在粮食作物栽培、秸秆还田、黑土地保护、农业清洁生产等方面，力争取得新的技术突破，加强农业科技示范园区建设，到2025年，全省农业科技进步贡献率达到71%以上，提升3个百分点。

四是发展农业适度规模经营。前面笔者已经提到，黑龙江省土地条件适于规模经营。国家确定的土地规模经营标准是50亩，黑龙江省的标准相对高一些，是200亩。目前，全省土地规模经营面积是1.3亿亩，占比为53.6%。重点是培育新型经营主体和服务主体“两手发力”，推进土地流转，开展土地托管，发展适度规模经营。通过服务规模化带动生产规模化，让分散农户搭上规模经营的“快车”。加快构建起以农户家庭经营为基础、合作与联合为纽带、社会化服务为支撑的立体式复合型现代农业经营体系。我们的目标是，到2025年全省农业生产全程托管面积6000万亩以上，土地适度规模经营面积达到1.8亿亩，占比为75%。

2.延伸粮食产业链

延伸粮食产业链条，重在抓好两个转化。

一方面，走粮食过腹转化之路。粮食生产区，畜牧业发展潜力很大。黑龙江粮食产量高，人少地多，环境承载能力强，发展畜牧业具有独厚的资源条件和区位优势，畜牧业发展的基础也很好。全省奶牛存栏112万头，居全国第4位；生鲜乳产量500万吨，生鲜乳产量居全国第2位；牛肉产量48.3万吨，居全国第4位；禽肉产量46.4万吨，居全国第16位；禽蛋产量117万吨，居全国第11位；生猪存栏1371万头，居全国第10位。要发挥粮食多的优势，抓住畜牧业北移的机遇，坚持农牧结合，以“两牛一猪”为重点，加快畜牧业发展步伐，实现粮食过腹转化增值。要发展规模养殖，鼓励和支持屠宰加工、大型养殖企业、饲料生产企业和社会资本延伸产业链，建设现代化养殖场，做大增量。要推进农企合作，积极引导企业与散户对接合作，推广“公司+农户”、托管代养等新模式，建立长期合作、订单收购、稳定收益的利益联结机制，带动散户发展规模养殖，培育适度规模养殖主体，提升标准化生产水平。龙江元盛集团，是一个高端肉牛养殖企业，采取资金扶持、养殖保底分红等形式，带动11116农户养殖，实现了企业快速发展和农户增收双赢。要发展畜产品精深加工，引进和培育龙头企业，大力发展全产业链项目。

另一方面，走粮食加工转化之路。目前，黑龙江省以粮食为主的农产品加工企业，产业整体规模偏小，“原字号”“初字号”产品多，精深加工比重低，产业链短、价值链低，规模以上农产品加工企业数量仅占全国1.8%，全省农产品加工业营业收入仅占全国1.3%，农产品加工业与农业总产值比仅为0.48：1，全国平均为2.4：1，粮食加工转化率和主要农产品加工转化率分别达到68.3%和63%。“粮头食尾”“农头工尾”还有较大差距。要加大招商引资力度。2021年，省政府已经把农产品加工业作为招商引资的重点，推行精准招商，力争在畜产品加工和粮食加工方面，新落地一批大型龙头企业。要发展粮食精深加工。玉米重点发展淀粉糖、多元醇、氨基酸等深加工产品。大豆重点扩大全粉类、发酵类和非发酵类大豆食品规模。要按照产业链抓推进，实行链长制，抓招商、上加工、壮龙头、延链条，推进产业集群发展壮大。到2025年，全省农业和农产品精深加工产业集群力争突破万亿元大关，其中农产品加工业力争达到5750亿元，粮食加工转化率超过70%。

第十五章

加快推进农业现代化研究

实施乡村振兴战略，总目标是实现农业现代化；建设农业强国，基本要求是实现农业现代化。加快推进农业现代化，关键在于推进农业科技现代化，要加强农业科技创新，加大保护性耕作技术推广力度；重点是提高农业生产效率，要加快发展农业生产性服务业，提升农业全要素生产率，深度推进农业与村二三产业融合发展。

一、加大力度推进农业科技现代化①

随着中国特色社会主义进入新时代、中国经济发展进入新常态，高质量发展成为各行业、各领域必须遵循的根本要求。农业是国民经济的基础，是建设现代化经济体系的关键，推动农业高质量发展，是未来我国农业发展的方向和主题，是实现国家经济社会高质量发展的必由之路。农业现代化的关键在于农业科技现代化，推动农业高质量发展，必然要求高质量推进农业科技现代化，要深刻认识和准确把握农业科技现代化多主体相互协作、多要素相互作用、多环节相互衔接的动态发展特征，全面提升农业科技现代化质量水平。

（一）加强中国特色农业科技现代化理论研究，以理论创新驱动实践创新

高质量推动农业科技理论创新，一是基于理论研究与实践探索良性互动的视角，进一步树立科学导向，始终坚持理论研究在农业科技现代化

① 本部分内容发表于《中国社会科学报》2022年11月9日，作者：宋志彬、郭翔宇。

过程中不可或缺的地位；二是基于农业现代化与科技现代化交叉融合的视角，深入挖掘农业科技现代化的内涵、外延和本质特征，深刻阐释农业科技现代化的实践方向、推进路径，回答好农业科技现代化“是什么”“怎么做”等问题；三是基于学理性与应用性有效衔接的视角，充分发挥相关智库平台作用，促进理论创新向制度创新、政策创新和举措创新的转化，增强农业科技现代化实践创新的理论驱动。

（二）提升农业基础设施建设水平，为农业科技现代化提供重要支撑

农业基础设施是促进农业科技成果转化和应用的重要支撑，高水平的农业基础设施是高质量推进农业科技现代化的重要保障。当前，基础设施建设仍是农业现代化建设中需要加强的领域，加强农业科技成果的转化与应用，不断构建现代农业产业体系、生产体系和经营体系。推进农业科技现代化，要深入实施强基工程，加大农业基础设施建设力度，坚持不懈做好“打基础、增功能、利长远”工作，提升建设质量水平和覆盖率，为高质量推进农业科技成果的转化与应用提供有力支撑。

（三）深化农业科技基础研究，增强农业科技原始创新能力

科技创新的源头在于基础研究，没有基础研究的高质量发展，农业科技现代化将成为无源之水、无本之木。高质量推进农业科技现代化，要切实尊重科技发展规律，不断提升农业基础研究水平，从源头上奠定农业科技自立自强的基础。要从资金投入、政策支持以及科学的评价与激励机制构建等方面，努力形成系统化、长期稳定的基础研究支持体系，强化基础研究保障力度。要着力构建政产学研协同创新机制，推动各类创新主体联合与合作，充分发挥各自优势与特长，打造集成创新链，增强农业科技创新合力。要推动基础研究与应用研究更加紧密结合，形成以应用研究带动基础研究导向，促进基础研究向应用研究的高效转化。

（四）聚焦关键核心技术，突破农业科技现代化瓶颈制约

从我国农业现代化发展现状和目标看，现代种业的创新发展、先进适用机械装备研发、数字信息技术与农业的进一步融合，以及农业绿色发展模式、技术的推广应用和生产要素支撑，是当前我国农业科技现代化的重点任务。推动农业科技现代化，要着力加强现代种业攻关，统筹种质资源保护和品种创新，全面构建以市场为主导、以企业为重要主体、产学研协同的种业创新体系。要积极推进现代信息技术在农业生产、农产品精深加工和市场营销等环节的广泛应用，提升现代农业“三大体系”数字化、信息化和智能化水平。要深入贯彻落实农业绿色发展理念，不断加强节水灌溉技术、耕地保护、生物有机肥料等农业绿色发展技术和投入品的研发与应用，提高农业可持续发展能力。

（五）促进体制机制创新，强化农业科技现代化的制度驱动

科学高效的体制机制是高质量推进农业科技现代化的关键，要突出有效市场和有为政府相结合，不断加强体制机制创新，激发农业科技创新活力。一是保障更多农业科技创新主体平等进入市场、公平参与竞争并获取合理收益；二是实施更具系统性和导向性的农村产业政策，提升农业科技创新效率、转化效率；三是实施更具稳定性和精准性的调控政策，科学运用财政政策、税收政策、金融政策以及产业政策等手段，全力打造健康、高效的市场运行机制；四是进一步深化“放管服”改革，对简政放权不到位、事中事后监管不尽责、服务功能不充分等问题持续加大治理力度，努力优化市场环境、降低制度性交易成本，激发农业科技创新主体活力。

（六）强化多元主体培育，提高农业科技现代化主体能力

农业科技现代化是集创新、转化、推广、应用等多个环节于一体的全链条式现代化，只有全面提升各环节主体建设质量，才能切实提高农业科技现代化的效率和水平。一是突出企业创新主体地位，加快推动龙头型农业科技企业做大做强，采取综合性、稳定性支持政策，推动形成大中小型农业科技企业协同发展格局；二是加强基层农技推广队伍建设，通过制订

并实施更加明确的建设目标、举措和步骤，建立刚性的资金投入机制、人才队伍建设机制和考核评价机制，努力形成数量充足、结构优化、素质过硬的基层农技推广队伍；三是综合运用资金支持、科技培训等举措，持续加大新型农业经营主体和服务主体建设力度，使新型农业经营主体和服务主体成为农业科技成果应用、推广的重要力量，并辐射带动小农户与现代农业有机衔接。

二、加强农业科技创新①

在推进农业现代化和乡村振兴过程中，坚持创新发展理念，充分发挥创新引领农业发展的第一动力作用。2018年9月，习近平总书记在黑龙江省考察时指出，中国现代化离不开农业现代化，农业现代化关键在科技、在人才，要把发展农业科技放在更加突出的位置，给农业现代化插上科技的翅膀。2020年7月，习近平总书记在吉林考察时强调，农业现代化，关键是农业科技现代化，要加强农业与科技融合，加强农业科技创新。

（一）加大农业科技创新投入，加强农业科技创新支撑作用

科学技术是第一生产力，要坚持走科技化、精准化、信息化、智能化的农业发展道路，一方面要不断提高农业科技创新研发经费投入强度，另一方面要切实优化农业科技财政支出结构。首先，要提高农业科技财政支出规模，加大农业科技创新研发经费投入，重视农业科技的基础性研究，在数字农业、智慧农业、“互联网+”、大数据技术支农等关键领域实现重大突破，形成具有竞争力的强大科技研发能力，突破现有环境资源约束，支撑引领现代农业发展；其次，要创新农业科技财政资金支持模式，转变农业科技财政投入方式，可设立“农业产业技术创新与科技金融”相关专项资金，有重点、有步骤地支持农业科技创新，提升农业科技型企业的成长能力，提高农业科技竞争能力，形成推动农业科技创新的长效机制。

---

① 本部分内容刊发于《黑龙江日报》2021年12月31日，原文题目为“加大科技创新力度引领农业现代化”，作者：杜旭、郭翔宇。

（二）培养农业科技创新人才，壮大科技创新人才队伍

无论是原始创新还是集成创新，创新的主体都是人才，都需要人才的支持和保障。一方面，要创新农业科技创新人才培养方式，既重视人才数量的增加，通过招聘等方式招录高校优秀人才，又注重提升其整体素质，完善培养机制，通过培训学习、实践锻炼等方式，助力人才能力的提升；另一方面，要完善人才激励机制，通过物质奖励、改善职业发展通道等方式，充分调动科技创新人才的工作积极性，激发科技创新的活力。农业科技人才是整个人才队伍中最重要的组成部分，发挥农业科技人才作用，应坚持思想政治教育和管理服务并重，实行更加积极开放有效的人才政策，把肯下基层作为评价农业科技人才重要因素，真正让农业科技创新人才在农业现代化发展建设中想下去、下得去、留得住、用得好；加大对高等院校、科研院所，特别是涉农高校和科研院所的支持力度，为其发挥人才培养、教育培训、科技创新、社会服务优势提供支持；构筑“内外”结合、多层次的人才梯队，激发农业龙头企业、新型农业经营主体科技创新活力，加强基层农业科技人才、职业农民、新型农民的培训，建立政府主导、部门协作、统筹安排、产业带动的培训机制，造就更多乡土科技人才。

（三）健全农业科技创新推广体系，促进产学研深度融合

科技创新推广是实现农业现代化的重要环节，建立健全的农业推广体系可促进科研成果转换。着力支持、引导、实施一批农业科学技术项目、创新团队计划项目，不断增强农业科技创新供给能力；积极对接农民需求，服务农业技术创新，联合企业解决好制约农业发展的关键技术问题；大力加强智能化、环保型、复合型农业机械化的推广应用，提高补贴标准，进而提升耕种收播效率。同时，可与内外部环境、人力资源配置和推广模式相匹配，大力提升农业科技创新供给能力和对接服务的能力。针对推广人才不足、素质水平不高、推广模式不适应等情况，提高推广人员招聘平台，稳步提升推广队伍服务能力，同时创新现代化科技推广模式，加

快建设基于移动互联网共享技术的农业科技资源共享平台，通过应用现代推广工具提升推广能力。产学研深度融合是促进农业科技创新成果转化的关键手段之一，应大力发展面向市场的新型农业技术研发、成果转化和产业孵化机构。建立总体布局合理、功能定位清晰、产学研有机融合的农业科技成果转化体系，形成多元参与、协同高效的创新治理格局，打通技术突破、产品制造加工、市场模式和产业发展“一条龙”转化瓶颈。建立一批公益性、专业化的技术转移机构和面向市场的服务网络，打通创新链和产业链的精准对接，加快科技创新成果落地。

（四）完善提升农业科技创新政策，加强农业科技制度供给

推动农业科技现代化，必须切实完善对农业科技的各项支持政策。一是强化农业科技知识产权保护，完善农业科技知识产权保护政策和法律法规，依法打击侵犯农业科技知识产权等违法行为，建立健全农业科技知识产权保护的监督机制；二是加强规范和引导，有效维护农业科技市场秩序，进一步完善农业科技创新评价机制，采取物质奖励、精神鼓励、职务职称晋升、利润分享、提供学习培训机会等多种形式，激励优秀农业科技创新人才到一线创业；三是制订以科研质量、创新能力和成果应用为导向的评价标准，从农业科技创新成果及其转化率、项目管理水平、服务农业的实际成效、农民满意程度等方面，多角度全方位评价农业科技创新人才，形成完善的创新激励机制。

三、采用保护性耕作技术[①]

（一）采用保护性耕作技术的功效[②]

1.引言与文献综述

粮食安全事关国计民生和国家安全。保护性耕作作为一种兼具生态效

---

① 本部分内容发表于《河南农业大学学报》2021年第3期，原文题目为“保护性耕作技术采纳行为影响因素的荟萃回归分析”，作者：余志刚等。

② 本部分内容发表于《农林经济管理学报》2021年第4期，原文题目为“保护性耕作技术采用有助于提高粮食生产技术效率吗？——以玉米为例”，作者：崔钊达、余志刚等。

益、经济效益和社会效益的土壤耕作模式，不仅可以改善土壤性质，提高土壤有机质含量和蓄水保墒能力①，而且能够显著提高农作物产量②，对保障粮食安全具有重要意义。保护性耕作技术最早在美国兴起，后来被世界各国广泛使用。截至目前，美国、加拿大、澳大利亚等发达国家有超过60%的耕地都采用了保护性耕作技术③。保护性耕作的核心技术包括少耕或免耕播种、秸秆还田、深松和病虫草害综合防治四项④。我国从20世纪60年代开始引进保护性耕作技术，进行试验和示范，截至2017年，我国保护性耕作面积为758.44万公顷，占到当年全国耕地总面积的5.62%，总体上仍处于起步阶段⑤。随着国家不断加大保护性耕作技术示范推广的力度，未来我国保护性耕作面积还有很大的增长空间。

改革开放以来，随着我国经济快速发展，城乡收入差距水平仍在高位徘徊，农村青壮年劳动力持续外流，耕地面积明显减少，但粮食生产与农业发展却出现了变化。2004~2020年，我国粮食产量实现“十七连丰”，年均增长2.24%，自2015年起连续6年保持在6.5亿吨以上，其背后的原因得益于农业生产效率的显著提升。因此，我国要顺利实现从传统农业向现代农业的转型，在人多地少等农业资源禀赋差的条件下实现农业集约化生产以及解决“三农”问题，提高农产品产量，增加农民收入，必须持续提高农业生产效率，而农业技术进步对提高农业生产效率具有显著促进作用。已有学者对此进行了相关研究，例如，Olusegun通过测算西非国家的经济

---

① 刘丽，上官定一，雷传方，等.基于多维异质性的农户保护性耕作技术采用效应研究［J］.干旱区资源与环境，2020，34（10）：119-125.

② 蔡荣，蔡书凯.保护性耕作技术采用及对作物单产影响的实证分析——基于安徽省水稻种植户的调查数据［J］.资源科学，2012，34（9）：1705-1711.

③ 刘丽，苏玥，姜志德.社会资本对农户保护性耕作技术采用的影响及区域差异研究——基于技术认知的中介效应分析［J］.长江流域资源与环境，2020，29（9）：2057-2067.

④ 曹光乔，张宗毅.农户采纳保护性耕作技术影响因素研究［J］.农业经济问题，2008（8）：69-74.

⑤ 仇焕广，苏柳方，张祎彤，等.风险偏好、风险感知与农户保护性耕作技术采纳［J］.中国农村经济，2020（7）：59-79.

区（ECOWAS）数据发现，技术进步对棉花生产率提高贡献较大[①]；肖琴等通过分析全国30个省（区、市）农业绿色生产效率的动态变迁过程发现，技术进步对效率提升产生累计正效应[②]；杨桐彬等基于集聚经济理论视角，利用2001~2017年省级面板数据进行实证分析发现，技术进步对农业生产效率的促进作用较为显著[③]。

根据希克斯技术进步和诱致性技术变迁理论，劳动力的缺少以及劳动成本的持续上升将会诱导农业劳动节约型技术出现。保护性耕作技术作为一种劳动节约型技术，已有文献对其在影响作物产量、农民收入、生态环境效益等方面进行了有益的探索，但较少有学者关注到其对粮食生产技术效率的影响。同时，随着农业比较效益不断下降，农村涌现出大量兼业农户。不同类型农户在资本禀赋、劳动投入等方面差异明显，因此其采用保护性耕作技术的行为也会有所不同，进而影响到粮食生产技术效率，而现有研究对这方面关注较少。那么，当前保护性耕作技术采用对农户粮食生产技术效率影响如何？且在不同类型农户之间是否存在显著差异？本部分旨在解答上述问题。鉴于此，本部分借助黑龙江、河南、山东和山西四省814位玉米种植户的问卷调查数据，采用产出导向的SBM方向性距离函数模型和Tobit模型实证探究保护性耕作技术采用对农户玉米生产技术效率的影响，并进一步分析其在不同类型农户之间的差异性。

可能的创新之处在于：一是研究视角创新。从经济效益来看，相较于研究农作物产量、农民收入，本部分重点探讨了保护性耕作技术对玉米生产技术效率的影响。二是研究内容创新。随着农户分化程度的加深，不同

---

① Olusegun A J.Total factor productivity decomposition for cotton growers in the Economic Community of West African States（ECOWAS）：1961-2005［J］. IUP Journal of Agricultural Economics，2009，6（2）：7-23.

② 肖琴，罗其友，周振亚，等.中国农业绿色生产效率的动态变迁与空间分异——基于DDF-Global Malmquist-Luenberger指数方法的分析［J］.农林经济管理学报，2020，19（5）：537-547.

③ 杨桐彬，朱英明，王毅.土地集约、技术进步与农业生产效率［J］.农业经济与管理，2020（1）：54-65.

类型农户在资源配置、要素投入等方面差异明显，本部分将农户分为纯农户、兼业Ⅰ型和兼业Ⅱ型，以探讨保护性耕作技术对其玉米生产技术效率的影响差异。三是研究方法创新。已有研究多采用DEA模型和SFA函数测算粮食生产技术效率，均存在一定的局限性，本部分则采用产出导向的SBM方向性距离函数模型对玉米生产技术效率进行测算。

2.理论分析与研究假说

生产效率测度的是既定时期各决策单元与生产前沿的相对关系，表明的是投入产出的有效程度①。现代经济增长理论和生产实践表明，生产效率是经济增长的一个重要引擎，是我国农业生产能力提升的主要动力。而实现农业生产效率持续增长的基础条件，则取决于经济上可行的农业技术变革。新经济地理学相关理论也认为，生产效率提升的本质来源于技术进步。农业技术进步使生产要素间不断地替代，通过改变生产要素的组合、配置和边际替代率，从而对农业生产效率增长产生影响②。

在确保粮食安全的前提下，农业技术进步意味着对劳动力等生产要素更少的需求。从投入和产出视角来看，提高效率可以通过减少投入和增加产出的途径实现，而促进要素合理配置则是实现减少投入和增加产出的重要方式。因此，技术进步可以通过实现要素合理配置提高粮食生产技术效率。

在投入方面，劳动节约型技术进步会产生显著的替代效应，促使大量农村劳动力从农村转移出来，为规模化经营奠定了基础，有助于促进粮食生产效率提高③。同时，保护性耕作技术作为一种劳动节约型技术，减少了生产管理过程中的劳动投入，降低了对农业劳动力的需求，使土地、资

① 肖琴，周振亚，罗其友.长江经济带农业绿色生产效率及其时空分异特征研究[J].中国农业资源与区划，2020，41（10）：15-24.

② 王永龙.我国农业技术效率及其对策分析[J].福建师范大学学报（哲学社会科学版），2004（6）：46-50.

③ 肖瑶，张小雪，樊嘉琦，等.石家庄市栾城区农地经营规模与农业生产效率的关系[J].中国农业大学学报，2019，24（2）：172-182.

本、劳动力等生产要素的配置更为合理[1]，且容易实现规模经营。

在产出方面，关于农业技术进步对粮食产出的影响，可以利用生产函数理论进行分析。黄祖辉等[2]根据希克斯中性技术变化的假定，考察只有资本（K）和劳动（L）两种生产要素的生产函数，利用生产函数 $Q=f(K,L,T)$，分析了农业技术进步对粮食产出的影响，其中，T是时间的函数，反映了技术变化。对上述生产函数求导可得：

$$dQ=\frac{\partial Q}{\partial K}\cdot dK+\frac{\partial Q}{\partial L}\cdot dL+\frac{\partial Q}{\partial T}\cdot dT \tag{15-1}$$

方程（15-1）变形得到：

$$\frac{dQ}{Q}=\frac{\partial Q/Q}{\partial K/K}\cdot\frac{dK}{K}+\frac{\partial Q/Q}{\partial L/L}\cdot\frac{dL}{L}+\frac{\partial Q/Q}{\partial T/T}\cdot\frac{dT}{T} \tag{15-2}$$

令 $\alpha=\frac{\partial Q/Q}{\partial K/K}$，$\beta=\frac{\partial Q/Q}{\partial L/L}$，$\gamma=\frac{\partial Q/Q}{\partial T/T}\cdot\frac{dT}{T}$，得到：

$$\frac{dQ}{Q}=\alpha\cdot\frac{dK}{K}+\beta\cdot\frac{dL}{L}+\gamma \tag{15-3}$$

其中，Q为粮食产出，α表示资本产出弹性，β表示劳动产出弹性，γ表示技术进步。通过上述方程可以发现，粮食产出与技术进步有密切联系，产出变化率等于各生产要素弹性与要素投入变化率的乘积与技术进步率之和。当资本和劳动力投入保持不变时，随着时间的推移，技术发生了进步，此时粮食产出会增加。综上所述，保护性耕作技术通过改变投入和产出，实现要素合理配置从而达到提高粮食生产技术效率的目的。据此，提出第一个研究假说：

H15-1：保护性耕作技术采用会显著提高玉米生产技术效率。

伴随城镇化的快速推进，大量农村人口进入城镇工作，农户之间的资源禀赋差异逐渐拉大，农户分化趋势日益明显[3]。农户分化是农户由传统的

---

① 蔡荣，朱西慧，刘婷，等.土地流转对农户技术效率的影响［J］.资源科学，2018，40（4）：707-718.

② 黄祖辉，钱峰燕.技术进步对我国农民收入的影响及对策分析［J］.中国农村经济，2003（12）：11-17.

③ 诸培新，叶琦.农户分化下农民宅基地退出意愿差异性研究——基于江苏省886个样本数据［J］.农林经济管理学报，2015，14（3）：279-288.

同质性农业经营分化为农、工、商等不同经营内容的异质性过程，是农户依据自身资源禀赋对家庭劳动力在农业生产与非农业生产之间重新配置的结果[①]，其突出特征是职业分化，具体表现为农户由单纯的农业经营户逐渐分化出亦工亦农的各种兼业户，从而形成纯农户、兼业户、非农户并存且不断演化的局面[②]。在农业技术采用上，由于农户之间的个体特征、经营方式、资源禀赋、生计方式等方面的差别，导致不同类型农户对保护性耕作技术采用的意愿也会有所差异。其具体表现为：一方面，随着非农收入增加，农业生产会逐渐成为副业，兼业农户对技术的采用意愿会显著降低，导致农业生产经营方式逐步走向粗放，生产效率出现下降[③]；另一方面，兼业农户拥有更强大的农业投资能力和抗风险能力[④]，对农业技术的采用意愿更强烈，进而对农业生产效率产生积极的促进作用。综上所述，不同类型农户的保护性耕作技术采用行为不同，进而影响到农户的粮食生产技术效率。据此，提出第二个研究假说：

H15-2：保护性耕作技术采用对不同类型农户玉米生产技术效率的影响存在差异性。

3.研究设计

（1）模型设定。

1）产出导向的SBM方向性距离函数模型。不同于SFA对技术无效率分布形式的具体设定，在测算效率的一般模型中，DEA模型的基本假设和参数估计相对简单，但由于CCR和BCC模型无法衡量全部松弛变量，在处理效率的过程中会造成投入要素的拥挤或松弛，因此在效率评估中存在

① 王思琪，陈美球，彭欣欣，等.农户分化对环境友好型技术采纳影响的实证研究——基于554户农户对测土配方施肥技术应用的调研［J］.中国农业大学学报，2018，23（6）：187-196.

② 李宪宝，高强.行为逻辑、分化结果与发展前景——对1978年以来我国农户分化行为的考察［J］.农业经济问题，2013，34（2）：56-65，111.

③ 周飞，刘朝晖.论农户兼业化与土地可持续利用［J］.农村经济，2003（2）：17-18.

④ 贺振华.农户兼业的一个分析框架［J］.中国农村观察，2005（1）：2-9，78.

缺陷，而SBM模型抛弃了传统DEA模型径向和线性分段形式分析的思路，采用非射线式的方式直接把松弛变量引入目标函数之中，更为准确地对效率值进行了评估。因此，本部分基于Tone①提出的一个非径向、非角度的基于松弛变量的效率评价模型，解决决策单元的投入和产出的冗余短缺问题，以有效测度玉米生产技术效率。模型设定如下：

$$\min\rho=\frac{1-\frac{1}{m}\sum_{i=1}^{m}s_i^-/x_{i0}}{1+\frac{1}{n}\sum_{r=1}^{n}s_r^+/y_{r0}}$$

$$s.t.x_0=X\lambda+s^- \tag{15-4}$$

$$y_0=Y\lambda-s^+$$

$$\lambda\geqslant0, s^-\geqslant0, s^+\geqslant0$$

其中，ρ表示$DMU(x_0,y_0)$的效率值，s_i^-表示第i种投入的冗余，s_r^+表示第r种产出的不足，λ是调整矩阵，$X\lambda$表示前沿上的投入量，$Y\lambda$则表示前沿上的产出量。可见，SBM模型中，每个DMU的效率值是各项投入的平均效率水平与各项产出的平均效率水平的乘积。模型对效率的测量结果不受投入和产出所使用单位的影响，并且SBM模型通过采用非射线式的方式，直接将松弛变量引入目标函数，解决了传统DEA模型投入和产出松弛的问题，使测得的效率值更加准确。

2）Tobit模型。为分析保护性耕作技术采用对玉米生产技术效率的影响效果，使用Tobit模型进行分析。由于玉米生产技术效率评价中计算所得的值大多介于0~1，具有非负截断特征，属于受限的被解释变量，若采用最小二乘法（OLS），估计结果会出现偏差与实际不一致，进而影响到研究结论。因此，为避免这个问题，通常采用Tobit模型进行检验。具体估计模型如下：

$$TE_i=\alpha+\beta TECH_i+\gamma X_i+\mu_i \tag{15-5}$$

① Tone K.A slacks-based measure of efficiency in data envelopment analysis［J］. European Journal of Operational Research，2001，130（3）：498-509.

其中，TE_i为玉米生产技术效率值，$TECH_i$为是否采用保护性耕作技术，X_i为控制变量，α、β、γ为待估系数，μ_i为随机扰动项。

（2）数据来源。

本部分数据来源于2020年暑假在黑龙江、河南、山东和山西四省开展的农户问卷调查。其中，黑龙江、河南和山东是全国有名的粮食生产大省，玉米产量居全国前列，而山西旱地面积占比大，玉米种植较广，并且四省分别位于我国保护性耕作技术推广的六大适宜区域内（黑龙江属于东北平原垄作区和东北西部干旱风沙区，河南和山东属于黄淮海两茬平作区，山西属于西北黄土高原区和华北长城沿线区），因此选取四省作为样本区具有一定的典型性。调研采取与农户一对一访谈的形式进行，问卷由调研人员填写，通过对收集的问卷进行整理，在剔除无效问卷后，得到有效问卷814份，其中黑龙江83份，河南125份，山东261份，山西345份。调查问卷内容主要涉及户主个体特征、家庭特征和生产经营特征。

（3）变量选取。

1）被解释变量。玉米生产技术效率。本部分采用SBM模型测算农户的玉米生产技术效率，选取1个产出指标，6个投入指标代入模型进行计算。其中，产出指标是单位面积玉米产量（$kg \cdot hm^{-2}$），投入指标包括单位面积化肥费用（元$\cdot hm^{-2}$）、单位面积农药费用（元$\cdot hm^{-2}$）、单位面积种子费用（元$\cdot hm^{-2}$）、单位面积灌溉费用（元$\cdot hm^{-2}$）、单位面积机械作业费用（元$\cdot hm^{-2}$）和单位面积雇工费用（元$\cdot hm^{-2}$）。具体投入产出指标的描述性统计特征如表15-1所示。从表中可以看到，样本农户平均单位面积玉米产量为$7779.53kg \cdot hm^{-2}$，最小值为$5625kg \cdot hm^{-2}$，最大值为$11497.5kg \cdot hm^{-2}$，相差$5872.5kg \cdot hm^{-2}$；6类投入要素中，机械作业投入费用最高，其次是化肥。另外，农药、种子、机械作业和雇工费用最小值均为0，说明样本地区农户在玉米种植过程中存在不施用农药、使用自留种子、不使用机械收割和不雇工的情况。

表 15-1　　投入产出指标的描述性统计

变量	均值	标准差	最小值	最大值
产量/（kg·hm^{-2}）	7779.53	1107.92	5625	11497.5
化肥费用/（元·hm^{-2}）	1772.34	599.81	675	4500
农药费用/（元·hm^{-2}）	556.40	304.28	0	2250
种子费用/（元·hm^{-2}）	819.66	268.83	0	2400
灌溉费用/（元·hm^{-2}）	720.20	292.34	300	1500
机械作业费用/（元·hm^{-2}）	1935.70	677.64	0	4500
雇工费用/（元·hm^{-2}）	21.56	158.36	0	1800

2）核心解释变量。本部分重点考察保护性耕作技术采用对玉米生产技术效率的影响。通过在调研问卷中询问农户“您是否采用了保护性耕作技术？”这一问题进行测度，并赋值“1=采用了任意一种保护性耕作技术；0=未采用保护性耕作技术”。样本农户中有610位采用了保护性耕作技术，比例占到了74.94%，表明农户保护性耕作技术采用较为广泛。另外，不同地区农户保护性耕作技术采用情况差异较为明显，河南采用保护性耕作技术的农户比例最高为98.40%，其次是山东（85.82%）、山西（62.03%）和黑龙江（59.04%）。

3）控制变量。本部分综合考虑户主个体特征、家庭特征以及生产经营特征选取相应控制变量。

具体而言，户主个体特征包括户主的性别、年龄和受教育程度。从调研样本来看，户主为男性的占比为76.90%，说明男性主要是家庭的务农劳动力；户主的平均年龄为54.42岁，年龄普遍偏大；户主受教育程度普遍偏低，初中及以下学历的比例占到了91.15%。

家庭特征包括务农劳动力人数、玉米种植面积。农户家庭务农劳动力数量平均为1.73人，反映出当前粮食生产中仍主要以小农生产为主；农户玉米种植面积平均为1.74公顷，种植面积在1公顷以下的农户比例占到了81.70%。

生产经营特征包括农田地块分散程度、是否轮作、是否进行土地流转、是否参加合作社、是否接受过粮食生产技术培训。样本中大部分农户的农田地块相隔距离较近且分散，比例占到了50.86%；进行轮作的农户比例偏低，占比为41.52%；只有25.43%的农户进行了土地流转；农户加入合作社比例偏低，仅为5.90%。另外，有19.04%的农户参加了粮食生产技术培训。

4）地区虚拟变量。为控制不同地区在地理位置、气候条件、降水等方面的差异，加入地区虚拟变量，以消除地区对农户玉米生产技术效率的影响。具体变量定义及描述性统计分析如表15–2所示。

表 15–2　变量定义及描述性统计分析

类型	变量名称	变量定义	最小值	最大值	均值	标准差
被解释变量	玉米生产技术效率	根据SBM模型测算得出	0.286	1	0.6225	0.1564
核心解释变量	保护性耕作技术采用	是否采用保护性耕作技术：是=1，否=0	0	1	0.7494	0.4336
个体特征	户主性别	男=1，女=0	0	1	0.7690	0.4217
	户主年龄	实际年龄/岁	23	75	54.4238	9.4492
	户主受教育程度	小学及以下=1，初中=2，高中=3，职校=4，本科（大专）及以上=5	1	5	1.7322	0.7046
家庭特征	家庭务农劳动力人数	家庭实际务农劳动力人数/个	1	5	1.7248	0.5935
	种植面积	家庭实际玉米种植面积/公顷	0.03	93.33	1.7396	6.0426
生产经营特征	农田地块分散程度	相隔距离远且分散=1，相隔距离近且分散=2，集中连片=3	1	3	2.0614	0.6987
生产经营特征	轮作	是否轮作：是=1，否=0	0	1	0.4152	0.4931
	土地流转	是否进行土地流转：是=1，否=0	0	1	0.2543	0.4357
	合作社	是否参加合作社：是=1，否=0	0	1	0.0590	0.2357
	生产技术培训	是否接受过粮食生产技术培训：是=1，否=0	0	1	0.1904	0.3929
地区	黑龙江	是=1，否=0	0	1	0.1020	0.3028
	河南	是=1，否=0	0	1	0.1536	0.3608
	山东	是=1，否=0	0	1	0.3206	0.4670
	山西	是=1，否=0	0	1	0.4238	0.4945

4 结果分析

（1）玉米生产技术效率统计分析。

整体来看，农户玉米生产技术效率最小值为0.2860，不存在技术无效率的情况；最大值为1，说明部分农户在玉米生产过程中的投入产出实现了经济效益最优化。通过测算，将农户玉米生产技术效率划分为5类，并统计每类中采用保护性耕作技术（采用组）和未采用保护性耕作技术（未采用组）的农户数量，结果如表15-3所示。整体来看，玉米生产技术效率在0.6以下的农户数量最多，为382人，占比46.93%。同时，5类玉米生产技术效率中，采用组的农户数量均高于未采用组的农户数量。

分地区来看，山西农户玉米生产技术效率平均值最高为0.6745，其次是黑龙江（0.6254）、山东（0.6063）和河南（0.5106）。其中，山西、黑龙江均高于四省平均水平，而山东和河南则是低于四省平均水平，可能的原因是相较于山西和黑龙江，山东和河南经济发展水平相对较高，土地流转、机械、雇工等成本较高，导致粮食生产成本相对较高，致使玉米生产的投入产出效率处于较低水平。

表 15-3　　玉米生产技术效率分布情况

农户数量	$TE<0.6$	$0.6 \leq TE<0.7$	$0.7 \leq TE<0.8$	$0.8 \leq TE<0.9$	$0.9 \leq TE \leq 1.0$
采用组	293	137	113	42	25
未采用组	89	49	31	18	17
整体	382	186	144	60	42

（2）实证结果分析。

在采用Tobit模型进行基准回归分析时，依次将农户的个体特征、家庭特征和生产经营特征变量纳入模型进行回归，得到模型1~模型3。多重共线性检验结果表明，模型中各变量最大方差膨胀因子均小于10，所以变量之间不存在多重共线性，满足变量之间独立性的要求。Tobit模型的使用依赖于正态性和同方差性，对分布的依赖性很强，只有两者均满足，才能使用Tobit

模型进行估计。对于正态性问题，借鉴顾冬冬等①的做法，对因变量进行Z值标准化来进行处理；对于变量可能存在异方差问题，本部分参照White②的做法，选择异方差稳健标准误进行研究。实证分析结果如表15–4所示。

表15–4　基准回归结果

变量	模型1		模型2		模型3	
	系数	稳健标准误	系数	稳健标准误	系数	稳健标准误
保护性耕作技术采用	0.1534*	0.0907	0.1516*	0.0908	0.2207**	0.1038
户主性别	0.1778**	0.0904	0.1881**	0.0899	0.2027**	0.0887
户主年龄	0.0156***	0.0048	0.0145***	0.0048	0.0102**	0.0049
户主受教育程度	0.0132	0.0629	0.0237	0.0630	–0.0023	0.0645
务农劳动力人数			0.0176	0.0652	0.0072	0.0650
种植面积			–0.0373***	0.0113	–0.0285***	0.0105
农田地块分散程度					–0.0284	0.0643
轮作					0.2906***	0.0993
土地流转					0.0079	0.1012
合作社					0.3312**	0.1554
生产技术培训					–0.4274***	0.1147
黑龙江	–0.2152*	0.1275	–0.0075	0.1344	–0.0340	0.1425
河南	–1.3244***	0.1620	–1.3312***	0.1611	–1.4040***	0.1709
山东	–0.3284***	0.0878	–0.3176***	0.0872	–0.4144***	0.1098
常数项	–0.8461**	0.3427	–0.8053**	0.3585	–0.5449	0.3400
Log likelihood	–743.7620		–737.5308		–723.4886	
样本量	814		814		814	
P值	0.0000		0.0000		0.0000	
Pseudo R^2	0.0824		0.0901		0.1074	

注：*、**、***分别表示在10%、5%和1%的水平下显著。

① 顾冬冬，关付新.耕地流转、土地调整与小麦种植技术效率分析——基于随机前沿生产函数和Tobit模型的实证［J］.农业现代化研究，2020，41（6）：988–998.

② White H.A heteroskedasticity–consistent covariance matrix estimator and a direct test for heteroskedasticity［J］. Econometrica，1980，48（4）：817–838.

从表15-4中可以看到，三个模型结果均表明保护性耕作技术采用会显著提高农户的玉米生产技术效率，且模型3的显著性水平最高，假说H15-1得到验证。为全面涵盖所有控制变量，以模型3结果为主进行分析发现，采用保护性耕作技术的农户其效率为0.6570（计算公式：系数值×标准差+均值，即0.2207×0.1564+0.6225），较平均水平提高0.0345。在调研中，大部分农户实施保护性耕作技术后，普遍认为其增产效果较好，而且在节省劳动力投入、减少化肥施用等方面发挥了明显的优势。例如，秸秆还田增加了土壤有机质含量，对化肥产生替代作用，在一定程度上减少了化肥的施用，在减少面源污染的同时，节约了农户的生产成本。控制变量方面，户主性别、户主年龄、是否轮作和是否参加合作社的回归系数为正，表明这些控制变量对农户玉米生产技术效率存在显著的正向影响；种植面积、是否接受生产技术培训的回归系数为负，表明这些控制变量对农户玉米生产技术效率存在显著的负向影响。另外，其余控制变量的影响不显著。

（3）稳健性检验。

本部分通过以下两种方法进行稳健性检验：一是为防止异常值对研究结果的影响，对样本中连续变量进行1%的缩尾处理；二是删除部分样本数据，进行子样本再回归。考虑到农户年龄太大，对保护性耕作技术认知较低，进而会影响到其采用保护性耕作技术的积极性，因此删除一部分年龄较大的农户的数据，具体操作为：根据在农村调研的实际情况，发现60周岁以上还在从事农业劳动的农户数量较多，因此将农户年龄适当延长5岁，剔除年龄在65周岁以上的农户的数据。两种稳健性检验方法的回归结果如表15-5中模型4和模型5所示。从表中可以看到，在对数据进行处理后，保护性耕作技术采用仍然对农户玉米生产技术效率具有显著的正向影响，验证了上述回归结果的稳健性。

表 15-5　　稳健性检验结果

变量	模型 4		模型 5	
	系数	稳健标准误	系数	稳健标准误
保护性耕作技术采用	0.2223**	0.1037	0.2685**	0.1133
控制变量	已控制		已控制	
地区	已控制		已控制	
常数项	-0.5377	0.4024	-1.3458	0.4567
Log likelihood	-724.2772		-595.5966	
样本量	814		694	
P值	0.0000		0.0000	
Pseudo R^2	0.1065		0.1191	

注：** 表示在5%的水平下显著。

（4）内生性检验。

本部分重点探讨的是保护性耕作技术采用对农户玉米生产技术效率的影响，但可能存在内生性问题，其产生原因主要有：一是双向因果关系。采用保护性耕作技术的农户其玉米生产技术效率较高，但反过来玉米生产技术效率高的农户会选择采用保护性耕作技术。二是遗漏变量。玉米生产技术效率受到多种因素的影响，虽然本部分尽可能地选取了较多的控制变量，但并不排除存在遗漏变量。三是测量误差。主要是在实地调研过程中数据的获取可能存在一定的测量误差。因此，本研究通过借助工具变量使用2SLS（两阶段最小二乘法）进行内生性检验。

在工具变量的选择上，本部分借鉴郭如良等①的做法，选择村庄中其他农户的保护性耕作技术平均采用水平作为工具变量，具体通过测算除当前被调研农户外同村其余农户的保护性耕作技术采用情况的平均值来反映。工具变量的选择要满足相关性和外生性要求。从表15-6中可以看到，第一阶段回归中，F检验在1%的水平下显著，说明工具变量满足外生性要求；第二阶段回归中，Kleibergen-Paap Wald rk F statistic值远远大于1%的

① 郭如良，刘子玉，陈江华.农户兼业化、土地细碎化与农机社会化服务——以江西省为例［J］.农业现代化研究，2020，41（1）：135-143.

显著性水平统计的临界值16.380，说明工具变量不存在弱工具变量问题；在第二阶段回归中的Kleibergen–Paap rk LM statistic值为243.751，在1%的水平下显著，强烈拒绝了不可识别的原假设，表明工具变量和内生变量相关，满足了工具变量相关性要求。综上所述，本部分选取的工具变量有效，在解决内生性问题后，保护性耕作技术采用仍有助于提升农户的玉米生产技术效率。

表 15–6　　2SLS 回归分析结果

阶段	变量	回归结果
第一阶段回归（是否采用保护性耕作技术）	村庄其他农户保护性耕作技术平均采用水平	0.9354*** （0.0230）
	控制变量 地区	已控制 已控制
	常数项	0.0983 （0.0882）
	F检验	1654.740***
第二阶段回归（玉米生产技术效率）	是否采用保护性耕作技术	0.2713** （0.1174）
	控制变量 地区	已控制 已控制
	常数项	–0.3538 （0.3457）
	R^2	0.2175
	Kleibergen–Paap rk LM statistic	243.751***
	Kleibergen–Paap Wald rk F statistic	1654.743

注：**、*** 分别表示在5%和1%的水平下显著。

（5）不同类型农户异质性分析。

借鉴陈航英[①]的研究，本部分依据农业收入占家庭收入的比重将农户划分为三种类型：纯农户（农业收入占比在80%及以上）、兼业Ⅰ型农户（农业收入占比在50%~80%）和兼业Ⅱ型农户（农业收入占比在50%以

① 陈航英.小农户与现代农业发展有机衔接——基于组织化的小农户与具有社会基础的现代农业［J］.南京农业大学学报（社会科学版），2019，19（2）：10–19，155.

下），以探究保护性耕作技术采用对三类农户玉米生产技术效率的影响。从表15-7中可以看到，保护性耕作技术采用对纯农户玉米生产技术效率具有显著的正向影响，且在1%的水平下显著，对两类兼业型农户的影响不显著，假说H15-2得到验证。在前面理论分析中，学者们关于兼业对农业生产技术效率影响的观点不一。结合本部分研究结论，兼业户主要收入来源于非农收入，作为“理性经济人”，在追求家庭经济效益最大化的条件下要充分考虑实现要素的合理配置，因此兼业户在玉米生产过程中不会投入过多的资金、劳动力和时间，相应地，对保护性耕作技术采用的积极性较低，进而对玉米生产技术效率的影响不显著。而纯农户玉米生产收入占家庭收入比重较大，为提高玉米产量、获得更多经营性收入保障家庭经济来源稳定充足，农户对采用保护性耕作技术的积极性较高，从而有助于提高玉米生产技术效率。

表 15–7　　不同类型农户异质性分析结果

变量	纯农户		兼业Ⅰ型农户		兼业Ⅱ型农户	
	系数	稳健标准误	系数	稳健标准误	系数	稳健标准误
保护性耕作技术采用	0.3816***	0.1429	–0.1324	0.4178	–0.0363	0.1424
控制变量	已控制		已控制		已控制	
地区	已控制		已控制		已控制	
Log likelihood	–359.8985		–97.8871		–231.1570	
样本量	366		150		298	
P值	0.0001		0.0012		0.0000	
Pseudo R^2	0.0713		0.2463		0.1561	

注：*** 表示在1%的水平下显著。

5. 研究结论与政策建议

本部分研究利用黑龙江、河南、山东和山西四省814份玉米种植户的问卷调查数据，尝试深度分析保护性耕作技术采用与玉米生产技术效率的关系。与以往研究不同的是，本部分研究重点采用SBM模型测算了农户玉米生产技术效率，同时着重考察了不同类型农户之间的差异性。主要结论如下：（1）样本地区农户玉米生产技术效率平均为0.6225，效率损失0.3775，还有较大的提升潜力；不同地区农户玉米生产技术效率存在显著差异，由高到低依次为山西、黑龙江、山东和河南。（2）保护性耕作技术采用会显著提高农户玉米生产技术效率，较平均水平提高0.0345，在经过稳健性检验和克服内生性问题后，该结论依然成立。（3）相较于兼业Ⅰ型和兼业Ⅱ型农户，保护性耕作技术采用对纯农户玉米生产技术效率的提升更为显著。

基于上述研究结论，提出以下政策建议：第一，加大保护性耕作技术推广力度，重点以纯农户为技术推广服务对象。一方面，通过技术指导、开设试验田等途径解决农户技术使用过程中面临的问题，最大限度地发挥技术增值效益；另一方面，政府要制定出台专门的激励方案和政策文件，引导优惠措施、补贴资金向纯农户倾斜。第二，各地区要积极探索适合当地的保护性耕作模式。要因地制宜地推广保护性耕作技术，提升粮食生产技术效率。例如，黑龙江人均耕地面积较大，适宜采用以机械为主导的“农机+农艺”的保护性耕作模式；山西气候较为干旱，适宜采用以旱作为主的保护性耕作模式；山东和河南则适宜发展以契合“小麦—玉米”轮作特点的保护性耕作模式等。第三，积极鼓励农户实行轮作制和参加合作社。一方面，政府要扩大轮作试点范围，通过增加中央财政支持资金，不断加大对农户的补贴力度；另一方面，要积极引导和促进合作社规范发展，充分发挥其辐射带动作用，从而吸引更多农户参加合作社。

（二）保护性耕作技术采纳行为影响因素

在可持续发展战略背景下，现代农业发展在注重产出和效率的同时越来越重视生态环境保护。2020年，中央一号文件明确要求“推广黑土地保护有效治理模式”，这是进入21世纪以来，中央一号文件第九次高度关注保护性耕作。保护性耕作技术是多项技术的集合，原农业部对保护性耕作技术的定义为，保护性耕作是以秸秆覆盖地表、免少耕播种、深松及病虫害综合控制为主要内容的现代耕作技术体系①。在耕地数量减少、退化污染

① 农业部，国家发展改革委.《农业部和国家发展改革委关于印发〈保护性耕作工程建设规划（2009~2015年）〉的通知》[EB/OL].（2009-09-20）[2020-09-20]. http：//www.moa.gov.cn/nybgb/2009/djiuq/201806/t20180608_6151425.htm.

的现实背景下，保护性耕作是实现农业可持续发展、保障粮食生产安全的重要举措，充分体现了“藏粮于技、藏粮于地”的理念。我国自20世纪70年代引入保护性耕作技术，20世纪90年代与澳大利亚农业部联合成立保护性耕作中心，保护性耕作技术开始在我国推广应用①。2002年，政府设立3000万元专项资金来支持保护性耕作技术的试验和示范，2005年，政府开始高度重视保护性耕作技术的推广和应用，但因长期传统耕作习惯和小农经济基础的影响，农户对保护性耕作技术认知程度低，采纳意愿弱②，保护性耕作技术推广进程缓慢。经过多年探索实践，我国保护性耕作技术推广工作总体上实现了“该不该推广到如何推广得更好”的转变，推广面积和技术应用水平也得到一定进展。2017年，我国保护性耕作面积为758.4万公顷，占全国耕地面积的5.62%③，但与美国、加拿大等国家保护性耕作面积占比40%~70%④相比，我国总体上还处于起步阶段，保护性耕作技术推广工作还有较大发展空间。

目前，关于农户保护性耕作技术采纳行为影响因素的研究较多，但少有文章从定量分析角度对此类文献进行分析和总结，并对研究结论差异性做出分析。由此，本部分从已有研究中筛选出符合要求的样本文献，利用荟萃回归分析方法，试图探究已有保护性耕作技术采纳行为影响因素的研究结果之间差异程度、哪些研究特征能对研究结果差异性做出解释，以期为保护性耕作政策价值的衡量、保护性耕作技术推广提供决策参考。

1. 文献统计分析

为获取高质量的样本文献，在中国知网、硕博论文数据库等中英文数

---

① 肖建英，谭术魁，程明华.保护性耕作的农户响应意愿实证研究［J］.中国土地科学，2012，26（12）：57-63

② 蔡荣，蔡书凯.保护性耕作技术采用及对作物单产影响的实证分析：基于安徽省水稻种植户的调查数据［J］.资源科学，2012，34（9）：1705-1711.

③ 仇焕广，苏柳方，张祎彤，等.风险偏好、风险感知与农户保护性耕作技术采纳［J］.中国农村经济，2020（7）：59-79.

④ 农业部，国家发展改革委.《农业部和国家发展改革委关于印发〈保护性耕作工程建设规划（2009~2015年）〉的通知》［EB/OL］.（2009-09-20）［2020-09-20］. http：//www.moa.gov.cn/nybgb/2009/djiuq/201806/t20180608_6151425.htm.

据库，依据保护性耕作技术/秸秆还田技术/免耕技术/测土配方技术/深松技术+采纳行为+影响因素、Conservation tillage technology + adoption + influencing factors + China等搜索词，搜集到截至2021年6月的相关文献1140篇。筛选文献的标准是：1）研究区域是中国；2）研究因变量为是否采纳保护性耕作技术或是否采纳秸秆还田、免耕（或少耕）、测土配方技术、深松、病虫害防治技术中的某一种技术或者结合使用的几种技术；3）实证类文章；4）有明确的样本量；5）研究模型为Logit模型、Probit模型，且汇报显著性回归结果；6）研究某一具体因素对保护性耕作技术采纳行为且适用范围小的文献予以删除。质量较低、表述不清的文献予以删除。最终筛选出52篇符合要求的文章①。在符合要求的文章中提取显著性水平、回归系数、研究年份、样本量等信息。

根据搜集的信息，按照研究该因素的文献量在50%左右，显著性文献量大于20%的标准，选取了年龄、受教育程度、种植规模、技术培训、技术作用认知在已有研究结果中的显著性和回归系数的正负方向作为因变量（见表15-8）。

表 15-8　已有文献对保护性耕作技术采纳行为影响因素的研究结论

影响因素 Influencing factor	结论归纳 Conclusion induction
年龄 Age	年龄越大，采纳意愿越强；也有文献认为年龄越大，风险厌恶程度越高，采纳意愿越弱
受教育程度 Education	受教育程度越高，对新事物的接受和应用能力越强，采纳意愿更强；也有文献认为受教育程度与采纳意愿呈反比关系
种植规模 Planting scale	种植规模越大，越愿意用机械化手段代替传统耕作，采纳意愿越强，也有文献认为受技术操作成本、难度、风险影响，采纳意愿弱
技术培训 Technical training	参与技术培训次数越多，对保护性耕作越了解，越倾向于采纳保护性耕作技术，也有文献认为技术培训对采纳意愿具有负向影响
技术作用认知 Cognition of technology function	对保护性耕作技术在经济、生态、社会方面的认知越深刻，采纳意愿越强

① 所选文献为208–210，213–215，218–256，259–265。

由表15-9可知，在研究年龄对保护性耕作技术采纳行为影响的文献中，有10篇认为年龄对采纳行为有正向影响，13篇认为有负向影响。在研究受教育程度对采纳行为影响的文献中，26篇认为受教育程度对采纳行为有正向影响，3篇认为有负向影响。在研究种植规模对采纳行为影响的文献中，19篇认为种植规模对采纳行为有正向影响，1篇认为有负向影响。在研究技术培训对采纳行为影响的文献中，14篇认为技术培训对采纳行为有正向影响，1篇认为有负向影响。在研究技术作用认知对采纳行为影响的文献中，13篇认为技术作用认知对采纳行为有正向影响，1篇认为有负向影响。由此可见，对农户保护性耕作技术采纳行为影响因素的研究尚未得出一致结论。

表 15-9　已有文献对保护性耕作技术采纳行为影响因素的实证结果　　单位：篇

影响因素 Influencing factor	正向显著 Positive significance	负向显著 Negative significance	总计 Total
年龄 Age	10	13	23
受教育程度 Education	26	3	29
种植规模 Planting scale	19	1	20
技术培训 Technical training	14	1	15
技术作用认知 Cognition of technology function	13	1	14

2. 变量选择与模型检验

为考察已有文献研究结论差异性原因，基于荟萃回归方法，对研究结论和研究特征间的关系进行研究。

（1）变量的描述与定义。

根据文献研究特征，选取样本量、研究年份、性别、非农兼业情况、政府补贴、机具配套设施及服务可获性作为调节变量。需说明的是，本部分未将研究区域作为调节变量，是因为某些文献以多个地区作为研究区域，无法有效实现数据量化。为更好地研究变量间的逻辑关系，对筛选出的调节变量和因变量进行描述定义（见表15-10）。

表15-10　　　　变量的描述与定义

	影响因素的显著性 Significance of influencing factors	定义与赋值 Meaning and assignment	均值 Mean	标准差 Standard deviation
因变量 Dependent variable	年龄显著性 Age significance	年龄对保护性耕作技术采纳行为显著性的影响，在P<0.01水平上显著赋值为3，P<0.05水平上显著赋值为2，P<0.1水平上显著赋值为1，其他为0	0.833	1.112
	受教育程度显著性 Education significance	受教育程度对保护性耕作技术采纳行为显著性的影响，在P<0.01水平上显著赋值为3，P<0.05水平上显著赋值为2，P<0.1水平上显著赋值为1，其他为0	1.056	1.123
	种植规模显著性 Planting scale significance	种植规模对保护性耕作技术采纳行为显著性的影响，在P<0.01水平上显著赋值为3，P<0.05水平上显著赋值为2，P<0.1水平上显著赋值为1，其他为0	0.796	1.122
	技术培训显著性 Technical training significance	参与技术培训对保护性耕作技术采纳行为显著性的影响，在P<0.01水平上显著赋值为3，P<0.05水平上显著赋值为2，P<0.1水平上显著赋值为1，其他为0	0.574	1.021
	技术作用认知显著性 Cognition of technology function significance	技术作用认知对保护性耕作技术采纳行为显著性的影响，在P<0.01水平上显著赋值为3，P<0.05水平上显著赋值为2，P<0.1水平上显著赋值为1，其他为0	0.574	1.075
调节变量 Moderator Variable	样本量 Sample size	样本文献研究观测值数量	373.907	287.846
	文献年份 Time	样本文献的研究年份或发表年份	2016	3.593

续表

	影响因素的显著性 Significance of influencing factors	定义与赋值 Meaning and assignment	均值 Mean	标准差 Standard deviation
调节变量 Moderator Variable	性别 Gender	样本文献若将性别作为自变量则赋值为1，否则为0	0.611	0.492
	非农兼业情况 Off-farm employment	样本文献若将非农兼业情况作为自变量则赋值为1，否则为0	0.241	0.432
	政府补贴 Government subsidy	样本文献若考虑政府补贴则赋值为1，否则为0	0.463	0.503
	机具配套设施及服务可获性 Availability of supporting facilities and services	样本文献若考虑机具配套设施及服务的可获性则赋值为1，否则为0	0.352	0.482

（2）荟萃回归模型设定。

荟萃分析（Meta-analysis）是一种基于已有研究结果的实证型文献综述方法，在集合单项研究结果的基础上，能够对已有研究结论进行综合分析，大大提高结论的甄别性和可靠性。Stanley 和 Jarrell① 率先将荟萃分析引入经济学领域，并提出依据样本文献特征的荟萃回归方法，荟萃回归分析需要在原始文章中提取相应的数据作为效应量，如标准差、t统计量、显著性水平、相关系数等。若研究只注重变量的显著性和影响方向时，可选取原始文献中的显著性和影响方向作为因变量②。本部分根据Stanley 和 Jarrell 的研究，采用以下计量模型：

$$Y_i = \beta_0 + \sum_{i=1}^{k} \beta_k X_{ik} + \varepsilon_i \text{，（i=1，2，…，5）} \tag{15-6}$$

$$Logit = F\left(Y_i\right) = \frac{1}{1+e^{-y_i}} \tag{15-7}$$

① Stanley T D, Jarrell S B.Gender wage discrimination bias? A meta-regression analysis [J]. The Journal of Human Resources，1998，33（4）：947.

② Koetse M ，Groot H ，Florax R .The Impact of Uncertainty on Investment：A Meta-Analysis [J]. Ssrn Electronic Journal，2006（3）：6-60.

$$Probit = F(Y_i) = \frac{1}{\sqrt{2\pi}}\int_{-\infty}^{y_i} e^{-\frac{t^2}{2}}dt \quad (15-8)$$

被解释变量 Y_i 为因变量，为样本文献的研究结论，本研究选择年龄、受教育程度等的显著性作为因变量。解释变量 X_{ik} 为研究结论的研究特征，表示影响第 i 个因变量的第 k 个调节变量，本研究选取样本量、研究年份、性别等作为调节变量，β_0 为常数，β_k 为第 k 个调节变量的回归系数，ε_i 为随机扰动项。为保证结果可靠性和稳健性，选取Probit和Logit两种模型进行实证检验，由表15–11~表15–14可看出，两种方法的显著性水平一致，区别在于回归系数不同，说明回归模型结果是稳健可靠的。

（3）荟萃回归结果分析。

根据荟萃回归分析结果，样本量、研究年份、性别、非农兼业情况、政府补贴、机具配套设施及服务可获性对影响因素显著性具有显著调节作用（见表15–11和表15–12）。

“机具配套设施及服务可获性”在1%水平下对“年龄”显著性有正向影响，说明机具配套设施及服务可获性越强，“年龄”对农户保护性耕作技术采纳行为的影响越显著。年龄越大的农户对土地依赖越强，耕地保护意识越强，而机具配套设施服务越容易获得，越能提高农户对新技术的感知易用性，年龄大的农户会更放心采纳保护性耕作技术。“样本量”在10%水平下对“受教育程度”显著性有负向影响，说明样本量增加会降低“受教育程度”在结果中显著的概率，这一现象的原因可能是农户普遍受教育程度低，大多都是初中及以下学历，随着样本量的增加受教育程度对保护性耕作技术采纳行为的影响效应逐渐被中和。“性别”在10%水平下对“受教育程度”显著性有正向影响，说明对于男性，受教育程度越高，采纳保护性耕作技术的可能性就越大。

“研究年份”在5%水平下对“种植规模”显著性有正向影响，说明随着时间推移，种植规模对保护性耕作技术采纳行为的影响逐渐变强。保护性耕作技术的应用条件差别对节本增收效果有较大影响，随着土地流转政策的推进，土地越来越集中，而种植规模大的农户对大规模生产的节本增收效果反应更强烈，采纳意愿更强。“性别”在5%水平下对“种植规模”

的显著性有负向影响，说明在男性群体中，种植规模对保护性耕作技术采纳行为的影响程度逐渐降低。男性操作农业机械的能力和风险偏好比女性强，对新技术的感知易用性和易学性比女性高，随着保护性耕作技术的普及推广，种植规模对男性采纳新技术的影响逐渐弱化。“非农兼业情况”在5%水平下对“种植规模”显著性有正向影响，农民通过非农兼业，获取更多的生产投入资金，用于购买规模化生产的农机设备，种植规模对非农兼业农户采纳保护性耕作技术有显著的正向影响。

“机具配套设施及服务可获性”在5%水平下对参与“技术培训”的显著性有负向影响，机具配套设施及服务可获得性越高，技术培训对采纳行为影响越不显著，农户的理性是有限的，部分农户仍以传统种植经验为重，某些农户参加培训是被强制要求或是为“赠送礼品”参加，使技术培训效果往往不理想。另外，基层推广组织并未组织好技术培训工作，会造成农业信息传递无效或不准确，使技术交流并不能促进保护性耕作技术的采纳甚至起相反作用。“政府补贴”在5%水平下对“技术作用认知”的显著性有负向影响，政府补贴越高，技术作用认知对技术采纳行为的影响越不显著。这说明补贴资金不到位、补贴范围小等问题，会极大影响农户对保护性耕作技术的认知和采纳积极性。

表 15-11 调节变量对保护性耕作技术采纳行为影响因素显著性的 Logit 模型检验

变量名称 Variable name	样本量 Sample size	研究年份 Time	性别 Gender	非农兼业情况 Off-farm employment	政府补贴 Government subsidy	机具配套设施及服务可获性 Availability of supporting facilities and services
年龄显著性 Age significance	0.001 （0.001）	-0.050 （0.096）	-0.796 （0.693）	0.325 （0.72）	-0.896 （0.661）	1.792*** （0.673）
受教育程度显著性 Education significance	-0.002* （0.001）	-0.113 （0.097）	1.193* （0.658）	0.884 （0.767）	0.315 （0.626）	-0.358 （0.644）
种植规模显著性 Planting scale significance	-0.001 （0.001）	0.215** （0.105）	-1.738** （0.733）	1.671** （0.794）	0.427 （0.677）	-0.035 （0.694）

续表

变量名称 Variable name	样本量 Sample size	研究年份 Time	性别 Gender	非农兼业情况 Off-farm employment	政府补贴 Government subsidy	机具配套设施及服务可获性 Availability of supporting facilities and services
技术培训显著性 Technical training significance	-0.003 (0.002)	0.029 (0.102)	-0.919 (0.737)	-0.985 (0.9)	0.508 (0.684)	-0.907** (0.763)
技术作用认知显著性 Cognition of technology function significance	-0.002 (0.001)	-0.186 (0.119)	-0.006 (0.762)	-1.601 (1.045)	-1.764** (0.82)	-0.545 (0.803)

注：括号内数值表示标准误，*表示在0.1水平下显著；**表示在0.05水平下显著；***表示在0.01水平下显著。

表 15-12　调节变量对保护性耕作技术采纳行为影响因素显著性的 Probit 模型检验

变量名称 Variable name	样本量 Sample size	研究年份 Time	性别 Gender	非农兼业情况 Off-farm employment	政府补贴 Government subsidy	机具配套设施及服务可获性 Availability of supporting facilities and services
年龄显著性 Age significance	0.001 (0.001)	-0.096 (0.064)	-0.045 (0.453)	0.871 (0.563)	-1.016 (0.457)	1.111*** (0.475)
受教育程度显著性 Education significance	-0.001* (0.001)	-0.034 (0.058)	0.505* (0.413)	0.187 (0.433)	0.547 (0.395)	-0.323 (0.401)
种植规模显著性 Planting scale significance	-0.001 (0.001)	0.066** (0.058)	-0.722** (0.398)	0.483** (0.442)	0.207 (0.382)	-0.193 (0.394)
技术培训显著性 Technical training significance	0.000 (0.001)	0.128 (0.062)	-1.063 (0.428)	-1.013 (0.473)	0.267 (0.408)	-0.010** (0.412)
技术作用认知显著性 Cognition of technology function significance	-0.002 (0.001)	-0.017 (0.061)	-0.535 (0.434)	-0.592 (0.515)	-0.306** (0.406)	-0.513 (0.433)

注：括号内数值表示标准误，*表示在0.1水平下显著；**表示在0.05水平下显著；***表示在0.01水平下显著。

在分析调节变量对因变量显著性影响的基础上，进一步厘清调节变量对因变量单向显著的影响情况（见表15–13和表15–14）。由于负向显著样本有限，且调节变量对负向显著因素的影响并不显著，在此不进行汇报，只对正向显著样本进行研究。

研究结果表明，调节变量“研究年份”和“性别”对种植规模的正向显著性、调节变量“政府补贴”和“机具配套设施及服务可获性”对技术作用认知正向显著性、技术培训正向显著性的影响方向与总体显著性是一致的，只是影响程度和影响水平和不一样。值得注意的是，“政府补贴”对技术作用认知正向显著有更强烈的负向调节作用，说明政府补贴作为重要变量不能忽视和遗漏，也从另一层面说明当前政府补贴政策并没有有效降低农户的技术风险预期，未能解决目前保护性耕作技术推广过程中的“技术悖论”问题。“样本量”在10%水平下对“技术作用认知”的正向显著有明显正向调节作用，说明随着样本量的增加，“技术作用认知”对保护性耕作技术采纳行为的正向影响越显著。研究年份对在10%水平下对“技术作用认知”的正向显著有明显正向调节作用，随着保护性耕作技术推广工作的推进，农民通过保护性耕作技术试验田、身边其他农户的亲身示范、推广部门的技术指导等，其对于保护性耕作技术会有更为全面的认知，对于农民采纳保护性耕作技术具有正向影响。“非农兼业情况”在10%水平下对“受教育程度”的正向显著有明显的正向调节作用，在非农兼业化背景下，受教育程度高的农户对保护性耕作技术接纳和应用程度高，倾向于采用机械耕作取代传统耕作，从而节省时间和劳动力从事非农工作获取更高收入。政府补贴在10%水平下对“种植规模”正向显著有明显正向调节作用，说明政府补贴对于种植规模大的农户采纳保护性耕作技术有积极的促进作用，政府对种植大户采纳保护性耕作技术行为给予更多的补贴，该类农户采纳保护性耕作技术的意愿会更为强烈。根据目前文献，研究结论正向显著的文章居多，说明该领域存在发表偏倚问题。由于正向显著的实证文献占比较高，缺少对负向显著文献的分析，本研究可能存在一定的样本偏误。

表 15-13　调节变量对保护性耕作技术采纳行为影响因素正向显著性的 Logit 模型检验

变量名称 Variable name	样本量 Sample size	研究年份 Time	性别 Gender	非农兼业情况 Off-farm employment	政府补贴 Government subsidy	机具配套设施及服务可获性 Availability of supporting facilities and services
年龄正向显著性 Age positive significance	0.001 （0.001）	-0.119 （0.119）	-0.154 （0.829）	0.299 （0.862）	-0.790 （0.824）	0.697 （0.765）
受教育程度正向显著性 Education positive significance	-0.001 （0.001）	-0.155 （0.096）	1.091 （0.657）	0.664* （0.719）	0.485 （0.623）	0.003 （0.629）
种植规模正向显著性 Planting scale positive significance	-0.001 （0.001）	0.251** （0.112）	-2.008*** （0.77）	1.357 （0.802）	0.556* （0.688）	0.163 （0.714）
技术培训正向显著性 Technical training positive significance	-0.002 （0.002）	-0.002 （0.102）	0.634 （0.72）	-0.868 （0.891）	0.270 （0.681）	-0.811* （0.757）
技术作用认知正向显著性 Cognition of technology function positive significance	0.003* （0.002）	0.258* （0.136）	-0.239 （0.828）	-1.787 （1.167）	-2.469*** （1.006）	-0.608 （0.883）

注：括号内数值表示标准误，* 表示在 0.1 水平下显著；** 表示在 0.05 水平下显著；*** 表示在 0.01 水平下显著。

表 15-14　调节变量对保护性耕作技术采纳行为影响因素正向显著性的 Probit 模型检验

变量名称 Variable name	样本量 Sample size	研究年份 Time	性别 Gender	非农兼业情况 Off-farm employment	政府补贴 Government subsidy	机具配套设施及服务可获性 Availability of supporting facilities and services
年龄正向显著性 Age positive significance	0.001 （0.001）	-0.065 （0.067）	-0.174 （0.466）	0.189 （0.488）	-0.452 （0.448）	0.399 （0.432）
受教育程度正向显著性 Education positive significance	-0.001 （0.001）	-0.094 （0.058）	0.670 （0.396）	0.393* （0.431）	0.298 （0.38）	0.011 （0.388）
种植规模正向显著性 Planting scale positive significance	0.000 （0.001）	0.148** （0.064）	-1.214*** （0.441）	0.806 （0.482）	0.333* （0.411）	0.100 （0.421）

续表

变量名称 Variable name	样本量 Sample size	研究年份 Time	性别 Gender	非农兼业情况 Off-farm employment	政府补贴 Government subsidy	机具配套设施及服务可获性 Availability of supporting facilities and services
技术培训正向显著性 Technical training positive significance	−0.001 （0.001）	−0.001 （0.06）	0.380 （0.425）	−0.504 （0.503）	0.181 （0.403）	−0.455* （0.428）
技术作用认知正向显著性 Cognition of technology function positive significance	0.002* （0.001）	0.134* （0.071）	−0.131 （0.495）	−0.872 （0.591）	−1.450*** （0.556）	−0.328 （0.512）

注：括号内数值表示标准误，* 表示在0.1水平下显著；** 表示在0.05水平下显著；*** 表示在0.01水平下显著。

3. 结论与启示

根据筛选出的52篇文献，运用荟萃回归分析方法对文献研究结论与研究特征间的关系进行研究，分析研究结论差异性的原因，主要结论如下：

（1）研究特征对研究结论具有显著影响。农户保护性耕作技术采纳行为影响因素显著性受样本量、研究年份、性别、非农兼业情况、政府补贴、机具配套设施及服务可获性的影响；保护性耕作技术采纳行为影响因素正向显著受样本量、研究年份、性别、非农兼业情况、政府补贴、机具配套设施及服务可获性的影响。需要注意的是，“政府补贴”对“技术作用认知”的正向显著性有强烈负向影响，说明当前保护性耕作技术补贴体系中存在较多问题影响农户对保护性耕作技术的正确认知和采纳。

（2）变量选择与研究背景的差异导致研究结论的不一致。第一，重要变量的遗漏会影响研究结论的可靠性。“性别”和“政府补贴”对“种植规模、技术作用认知的正向显著”有强烈负向调节作用，不可忽略这类变量。第二，研究背景的不同可解释研究结论的差异。“研究年份”对农户“种植规模”的显著性有正向调节作用，说明在不同时期种植规模对保护性耕作技术采纳行为的影响程度是不断变化的。

根据荟萃回归分析结果，得出以下几个方面启示：

（1）在保护性耕作技术推广过程中，第一，强化技术服务主体激励，要大力发展社会化服务组织实现技术采纳的风险成本外化，降低农户特别是年龄大农户的风险预期。第二，加强对保护性耕作农机具的研发投入，促进农机与农艺的相融合。要因地制宜地研发相关配套农机具，适应地方农业耕作需求。第三，制定完善的补贴政策，匹配健全的管控机制。可对采用保护性耕作的种植大户给予适当政策倾斜，降低新技术采用带来的置换成本和风险成本，同时匹配建立财政补贴发放的管控机制。第四，要提高推广的针对性，分类培训。准确定位目标群体，根据不同年龄、性别、种植规模等对农户进行分类培训。

（2）在保护性耕作技术采纳行为研究的过程中，第一，要注重样本获取的质量和范围，避免遗漏重要变量。样本量小可能导致研究结果不稳健，要尽可能地扩大样本量和样本选择范围，已有数据难以反映出全国整体状况时，要尽可能地做好抽样设计，提出研究结论的合理适用范围。同时，在设计调查问卷和变量选择时要更加谨慎，注重地区差异，避免因遗漏“政府补贴、性别”变量造成内生性问题。第二，要注重研究角度和研究背景不同带来研究结论的差异，要结合文献研究的时间、地点、报刊杂志质量等进行谨慎研究的对比讨论。

四、农业生产性服务业发展与农业全要素生产率提升①

农业可持续发展的关键在于农业全要素生产率的提高，农业全要素生产率的提高要靠农业生产性服务等新的要素和技术的引入。目前，我国农业发展正面临对资源与传统要素投入依赖性过强、环境污染较重、农产品成本与机会成本提高、比较利益下降、农村适龄劳动人口紧缺等问题，如何解决“谁来种地”“如何种好地”等在农业现代化进程中遇到的瓶颈问题，农业生产性服务业的发展可以提供新的思路（姜长云，2016）②。

从1983年《人民日报》的一篇评论员文章首先使用了“农业专业化服

① 本部分内容发表于《农业技术经济》2021年第5期，原文题目为“农业生产性服务业发展与农业全要素生产率提升：地区差异性与空间效应”，作者：张恒、郭翔宇。

② 姜长云.关于发展农业生产性服务业的思考.农业经济问题，2016，37（5）：8–15.

务”的概念，到2008年党的十七届三中全会在《中共中央关于推进农村改革发展若干重大问题的决定》中提出要建立新型农业社会化服务体系，再到2017年6月农业部办公厅、财政部办公厅发布《关于支持农业生产社会化服务工作的通知》可以看出，农业生产性服务的重要性、必要性与紧迫性逐渐凸显。农业生产性服务作为农业生产的中间投入品与支持性活动，能够将先进的知识与技术引入农业生产中，降低农业的生产成本，实现农产品附加值的提高，进而影响农业全要素生产率。

（一）农业生产性服务业对农业全要素生产率影响机理的理论分析

1.农业生产性服务业的价值增值效应

农业生产性服务作为农业生产环节中的重要投入品，脱胎于农业，是社会不断分工的产物。农业生产性服务与农业生产的产前、产中、产后环节进行互动，促进农业生产效率的提高。我国农产品的附加值较低，原因是我国农产品在进行种植和饲养之后直接进行销售，处于中游底端的种植、养殖生产环节，利润最为薄弱。根据制造业的价值链，图15-1表示农业产业的价值链，农产品附加值的提升主要在“微笑曲线”的两端——技术研发、农产品加工与农产品营销方面，这也正是农业生产性服务投入的重要环节，尤其是在农产品加工和农产品营销方面，农业生产性服务可以在提高加工量的同时提高加工的深度，农业生产性服务组织在品牌建设、拓宽营销渠道等方面更有优势，并且可以倒逼生产更加标准化，所以农业生产性服务业的发展水平，影响着农产品的价值，并可以将农产品增加值更多地留在农业中，提高农民的收入，从而对生产效率产生影响。

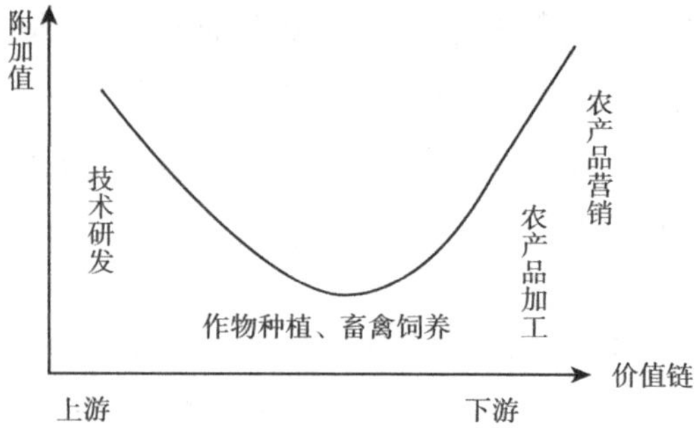

图15-1　农业产业价值链

2.农业生产性服务业的知识与技术效应

农业生产性服务作为桥梁与传送器，将人力资本、知识与技术导入农业生产领域中，知识与技术进步可以依靠农业生产性服务的投入进入农业生产领域，这几种资本会大大增加产出，节约成本，进而实现农业生产效率的提高。其主要体现在：（1）农业生产性服务业会依据市场的需求，不断拓展新型的农业技术推广服务模式，加快新技术、新知识、新成果等应用，提高农业技术成果转化率，进而提高产出；（2）服务的提供者在为农业服务的过程中，将自身附加的先进知识与技术随着服务一起引入农业生产中，由于服务市场的竞争，服务主体要提高自身服务水平，引进新的技术，随着服务业技术含量逐渐增加，进入农业的新技术也逐渐增加，产量得到提高，服务外包与全程托管等；（3）农业生产性服务可以通过提高农业从业者的技术使用能力进而提高农业生产效率，农民素质的高低会直接影响农业科技成果的转化水平，农业生产性服务业通过农民培训服务或技术咨询服务等促进人力资本积累，提高科技使用水平，提高生产效率。

3.农业生产性服务业的替代效应与成本效应

帮助一家一户农户完成“不能做”“做不好”和“做起来不划算”的事情是发展农业生产性服务业的目标之一，农业生产性服务的替代作用，可以解决农户自身禀赋限制所带来的生产不经济等问题。替代可以进行的前提是替代前与替代后成本的差异，尤其是在劳动密集型环节中，用价格相对低廉的机械服务代替价格较高的劳动力要素，促进劳动力转移，提高劳动生产率的同时，降低了生产成本。农业生产性服务业属于知识技术密集型行业，具有规模报酬递增的特性，通过规模化服务，中间服务的成本越低，农业生产成本越低，生产效率就越高。

4.农业生产性服务业对农业全要素生产率的空间溢出效应

因为相邻地区的地理环境、经济特征、自然资源等较为相似，农业全要素生产率会出现相邻地区趋同的现象，这是由于生产要素的可移动和可交换性，使一个地区农业全要素生产率水平可能会受到相邻地区农业全要素生产率水平的影响。农业生产性服务具有知识技术密集和流动性的特征，其知识的外溢可以突破空间的限制，通过农机跨区作业服务、网络农业技术指导服务平台等方式，产生带动效应、示范效应、模仿效应等影响邻近甚至非邻近地区的农业生产。

（二）模型、变量与数据

1. 模型设定及变量说明

（1）农业全要素生产率测算。

本研究用数据包络分析法（DEA）中的产出导向的VRS径向全局Malmquist指数（Global Malmquist指数，简称GM指数）分析测算我国农业全要素生产率的变动情况。DEA法是一种基于线性规划的评价多投入多产出决策单元的非参数方法，相对于其他效率评价方法，其可以更有效地处理多投入多产出的复杂决策单元效率问题，由于投入产出权重是由数学规划和具体数据求出，不用人为设定，更具客观性，并且不受数据量纲的影响。Charnes，Cooper和Rhode 于1978年首次提出了一个基于规模报酬不变（CRS）的DEA模型，之后1984年Banker，Charnes和Cooper提出了基于可变规模报酬（VRS）的DEA模型。规模报酬可变适用于本研究的现实情况，所以选用VRS径向模型。截面的DEA模型是针对某一时间的生产技术而言的，测算的是某一时间的技术效率，但生产是一个长期的连续的过程，在这一过程中的技术是不断变化的，所以当决策单元的数据是多个时间点的面板数据时，就可以对生产效率、技术效率、技术进步的变动情况进行测算，这就是Malmquist全要素生产率指数分析。Fare 等（1992）最早用DEA的方法计算Malmquist指数，弥补了静态截面DEA模型不能对面板数据进行分析的不足。Malmquist指数表示t期到t+1期全要素生产率的变化程度，若Mi>1表示生产率上升，若Mi<1表示生产率下降，Mi=1表示生产率不变。本研究选用全局Malmquist指数，其各期参考的是同一个前沿，是以所有各期的总和为参考集，参考集如下：

$$S^g = S^1 \bigcup S^2 \bigcup \cdots \bigcup S^p = \left\{\left(x_j^{\ 1}, y_j^{\ 1}\right)\right\} \bigcup \left\{\left(x_j^{\ 2}, y_j^{\ 2}\right)\right\} \bigcup \cdots \bigcup \left\{\left(x_j^{\ p}, y_j^{\ p}\right)\right\} \tag{15-9}$$

全局Malmquist指数计算公式为：

$$M_g(x^{t+1},y^{t+1},x^t,y^t)=\frac{E^g(x^{t+1},y^{t+1})}{E^g(x^t,y^t)} \tag{15-10}$$

时期 t 到时期 $t+1$ 的技术效率变动为：

$$EC=\frac{E^{t+1}\left(x^{t+1},y^{t+1}\right)}{E^t\left(x^t,y^t\right)} \tag{15-11}$$

时期 t 到时期 $t+1$ 的技术变动为：

$$TC=\frac{E^g(x^{t+1},y^{t+1})/E^{t+1}(x^{t+1},y^{t+1})}{E^g(x^t,y^t)/E^t(x^t,y^t)} \tag{15-12}$$

式（15–12）中的分子为前沿 $t+1$ 与全局前沿接近的程度，分母为前沿 t 与全局前沿接近的程度，所以式（15–12）表达的是前沿 $t+1$ 与前沿 t 相比的变动程度，可以进一步变化为：

$$TC=\frac{E^g(x^{t+1},y^{t+1})}{E^{t+1}(x^{t+1},y^{t+1})}\frac{E^t(x^t,y^t)}{E^g(x^t,y^t)} \tag{15-13}$$

所以全局Malmquist指数可以分解为技术效率变化与技术变化：

$$\begin{aligned}M_g(x^{t+1},y^{t+1},x^t,y^t)&=\frac{E^g(x^{t+1},y^{t+1})}{E^g(x^t,y^t)}\\&=\frac{E^{t+1}\left(x^{t+1},y^{t+1}\right)}{E^t\left(x^t,y^t\right)}\left(\frac{E^g(x^{t+1},y^{t+1})}{E^{t+1}(x^{t+1},y^{t+1})}\frac{E^t(x^t,y^t)}{E^g(x^t,y^t)}\right)\\&=EC\times TC\end{aligned} \tag{15-14}$$

相比于同期Malmquist指数，由于全局Malmquist指数各期参考的是共同的全局前沿，具备传递性，可以累乘，其分解出的效率变化与技术变化都具有传递性，以固定基期进行各期累乘作为因变量可以更好地解释现实状况，而同期Malmquist指数不具有传递性，不可累乘，只可分析全要素生产率在相邻时期内的短期变动，无法分析其长期的变动趋势，因而以每一期的效率变动值作为因变量，表达的经济含义较模糊。并且同期Malmquist指数会存在线性规划无解情况，而全局Malmquist指数模型可以避免。

投入产出变量。用农林牧渔总产值作为产出变量，用农林牧渔总产值指数将农林牧渔总产值转化为2009年可比变量。投入方面：土地投入，选取各省区市农作物总播种面积作为代理变量，由于存在复耕、休耕等情况，此指标比耕地面积等指标更科学。劳动投入，选取各省区市第一产业从业人员作为代理变量。机械动力投入，选取各省区市农机总动力作为代理变量，包括耕地、植保、排灌和林牧渔所有机械总动力。灌溉投入，以各省区市有效灌溉面积作为代理变量。化肥投入，以各省区市实际的化肥施用折纯量作为代理变量，包括氮、磷、钾、复合肥等。

（2）农业生产性服务业发展对农业全要素生产率的影响。

根据以上理论分析本研究构建如下模型：

$$GM_{it}=\alpha_0+\beta_1 ser_{it}+\beta_2 gdp_{it}+\beta_3 agri_{it}+\beta_4 invest_{it}+\beta_5 edu_{it}+\beta_6 dis_{it}+\varepsilon_{it} \tag{15-15}$$

其中，下标i与t分别表示不同省区市和时间，i=1–31，t=1–8，α、β为系数，□为随机误差项。被解释变量GM为农业全要素生产率变动指数，采用产出导向的VRS径向全局Malmquist指数分析测算我国各省区市的农业要素生产率的变动情况，并以累乘的方式转化为以2009年为基期的累计值。核心解释变量ser：代表农业生产性服务业的发展情况，用单位播种面积农林牧渔服务业产值代表，并转化为以2009年为基期的可比变量。控制变量：本研究从经济环境、政策支持、人力资源情况、自然环境四个方面选取了人均地区生产总值（gdp）、第一产业增加值比重（agri）、单位播种面积政府对农林水事务的投入（invest）、农民平均受教育程度（edu），农作物受灾面积占耕地面积的比例（dis）作为回归的控制变量。

由于全局Malmquist指数可以分解为技术效率变化指数（EC）与技术变化指数（TC），为探究农业生产性服务业是通过何种方式来影响农业全要素生产率，将技术效率变化指数与技术变化指数分别作为因变量进行回归：

$$TC_{it}=\alpha_0+\beta_1 ser_{it}+\beta_2 gdp_{it}+\beta_3 agri_{it}+\beta_4 invest_{it}+\beta_5 edu_{it}+\beta_6 dis_{it}+\varepsilon_{it} \tag{15-16}$$

$$EC_{it}=\alpha_0+\beta_1 ser_{it}+\beta_2 gdp_{it}+\beta_3 agri_{it}+\beta_4 invest_{it}+\beta_5 edu_{it}+\beta_6 dis_{it}+\varepsilon_{it} \tag{15-17}$$

（3）农业生产性服务业发展对农业全要素生产率的空间溢出效应。

与传统的计量模型相比，空间计量模型关注了在现实生活中广泛存在的空间依赖关系，常用的空间计量模型包括空间滞后模型、空间误差模型与空间杜宾模型等，本研究采用空间杜宾模型，空间杜宾模型可以考察不同维度因素对因变量的影响，并且同时考虑了因变量和自变量的空间相关性，是相比另两种模型更具有一般性的空间计量模型。在构建空间模型之前，首先利用莫兰指数（Moran’I）检验是否存在空间自相关性，Moran’I指数的取值范围为［-1，1］，取值的绝对值越靠近1空间自相关性越大，大于0存在空间自相关，小于0存在空间负相关，等于0没有空间相关性。构建空间杜宾模型：

$$GM_{it}=\alpha_0+\delta W_{it}GM_{it}+\beta_1 ser_{it}+\beta_2 W_{it}ser_{it}+\beta_3 X_{it}+\beta_4 W_{it}X_{it}+\mu_i+\lambda_t+\varepsilon_{it} \tag{15-18}$$

其中，δ为空间滞后回归系数，反映样本观测值中固有的空间依赖性；β_2是邻近区域农业生产性服务发展水平对农业全要素生产率影响的估计系数，用以表达邻近区域农业生产性服务发展水平对本地农业全要素生产率的空间溢出效应，是本研究关注的核心变量。当β_2等于0时，空间杜宾模型退化为空间滞后模型，当$\beta_2+\delta\beta_1$等于0时，空间杜宾模型退化为空间误差模型，判断空间杜宾模型是否会退化为空间滞后模型与空间误差模型，需要进行Wald检验与LR检验，当两个检验都通过时，说明空间杜宾模型是最合适的模型。W_{it}是空间权重矩阵，本研究选用文献中最常用的地理相邻空间权重矩阵。X为控制变量。

2.数据来源与描述性统计分析

由于国家从2010年起统计各省区市农林牧渔服务业产值，第三次全国农业普查又将2010~2017年的农林牧渔服务业产值进行了改动，同时由于全局Malmquist指数表示的是两年间的效率变动情况，因而投入产出变量来自2009~2017年的数据，计算2010~2017年的农业全要素生产率的变动情况，回归中的解释变量来自2010~2017年的数据，故本研究选取了31个省区市2009（2010）~2017年的面板数据。其中，农林牧渔服务业产值数据来自《中国第三产业统计年鉴》，农民受教育程度数据来自《中国人口和就业统计年鉴》，第一产业从业人员数量、农作物总播种面积、农机总动力、化肥施用折纯量、有效灌溉面积、农林牧渔总产值、地区生产总值、农林牧渔业增加值、政府对农林水事务的投入、农作物受灾面积、耕地面积等数据来自《中国统计年鉴》和《中国农村统计年鉴》，缺失数据用各省区市统计年鉴补齐。变量定义与描述性统计分析见表15–15。

表15–15 变量定义与描述性统计分析

变量名	定义	均值	标准差
劳动投入（L）	第一产业从业人员（万人）	857.611	644.299
土地投入（D）	农作物总播种面积（千公顷）	5285.773	3755.483
机械动力投入（M）	农机总动力（万千瓦）	3226.852	2943.936
化肥投入（F）	化肥施用折纯量（万吨）	187.394	148.433
灌溉投入（G）	有效灌溉面积（千公顷）	2054.369	1592.163
农业产出（OUT）	以2009年价格水平计算的农林牧渔总产值（亿元）	1733.176	1733.176
农业全要素生产率指数（GM）	由全局Malmquist指数测算出的农业全要素生产率的变动情况，若大于1，全要素生产率增加；等于1，全要素生产率不变；小于1，全要素生产率减少	1.221	0.191
技术效率变动指数（EC）	由全局Malmquist指数分解出来的技术效率变动情况，若大于1，效率提升；等于1效率不变；小于1，效率降低	0.972	0.128
技术变动指数（TC）	由全局Malmquist指数分解出来的技术变动情况，若大于1，技术进步；等于1，技术水平不变；小于1，技术退步	1.267	0.197
单位播种面积农林牧渔服务业产值（ser）	以2009年价格水平计算的农林牧渔服务业产值（百万元）/农作物总播种面积（千公顷）	2.105	1.315
人均地区生产总值（gdp）	以2009年价格水平计算的地区生产总值（亿元）/地区总人口数（万人）	2.996	1.443
第一产业增加值比重（agri）	农林牧渔业增加值（亿元）/地区生产总值（亿元）	0.103	0.051
单位播种面积政府对农林水事务的投入（invest）	以2009年价格水平计算的政府对农林水事务的投入（百万元）/农作物总播种面积（千公顷）	16.503	32.714
农民平均受教育程度（edu）	Edu=（$p_0\times0+p_1\times6+p_2\times9+p_3\times12+p_4\times15.5$）/p，$p_i$表示乡村各文化层次的抽样人数，i=0、1、2、3、4分别表示未上过学、小学、初中、高中、大专及以上文化程度，p表示乡村6岁及6岁以上的抽样人数	7.595	0.829
农作物受灾面积占耕地面积的比例（dis）	农作物受灾面积（千公顷）/耕地面积（千公顷）	0.209	0.147

（三）研究结果与分析

1. 农业全要素生产率测算结果分析

本研究用Maxdea pro 8.3测算了全局Malmquist指数，得到2009~2017年各省区市的农业全要素生产率变动情况，分解出技术效率变化和技术变化的情况，并以2009年为基期按照东部、中部、西部、东北部与粮食产销区划分计算全要素生产率9年来总变动的平均值，具体见表15-16与表15-17。

表15-16中，从全国层面来说，2014~2015年的农业全要素生产率变动指数小于1，其他年份的GM指数都大于1，说明2009~2017年，全国农业全要素生产率除2015年稍有下降以外，整体上是提高的趋势，其中2011年提高的程度最大。就各省区市来说，北京、天津、浙江、安徽、江西、山东、广东、重庆、贵州9个省市的GM指数每年都大于1，说明其农业全要素生产率是逐年稳步提高的，其他省区市虽然有一年或几年的农业全要素生产率存在下降的情况，但其中大部分省区市的农业全要素生产率呈提高趋势。

表15-17中，为观察全国和各重要区域内农业全要素生产率在近几年内的总体变化趋势，由于GM指数可以累乘的特性，以2009年为基期，将2009年的农业全要素生产率设为1，计算各年相对于2009年农业全要素生产率的变化情况，按照东、中、西、东北部与粮食主产区、主销区、产销平衡区划分计算平均值。2009~2017年，全国与各地区的农业全要素生产率都相对于2009年有一定程度的提升，在东部、中部、西部和东北部四个地区中，西部地区的农业全要素生产率提高程度是最大的，原因是西部地区的农业生产效率的绝对值是相对较低的，所以其提高的空间较大，其次是东部和中部地区，在2013年之前中部地区的提高程度大于东部地区，2013年之后东部地区的提高程度大于中部地区。在粮食产销区中，粮食产销平衡区的农业全要素生产率的提高程度最大，其次是粮食主销区和主产区，因为粮食产销平衡区中大部分省区市为西部地区省区市，其农业全要素生产率的提升空间较大。

表 15–16　　全国 2009~2017 年农业全要素生产率变动情况

地区	不同年份的农业全要素生产率变动指数							
	2009~2010 年	2010~2011 年	2011~2012 年	2012~2013 年	2013~2014 年	2014~2015 年	2015~2016 年	2016~2017 年
全国	1.07	1.10	1.02	1.03	1.01	0.99	1.02	1.01
北京	1.08	1.09	1.06	1.21	1.03	1.01	1.05	1.03
天津	1.07	1.03	1.01	1.06	1.02	1.02	1.02	1.00
河北	1.13	1.01	1.03	1.04	0.97	0.96	0.97	0.99
山西	1.05	1.06	1.02	1.02	1.01	0.98	1.00	1.01
内蒙古	1.08	1.12	1.01	1.01	0.94	0.95	1.00	0.95
辽宁	1.05	1.07	1.03	1.03	0.99	0.98	0.96	1.00
吉林	0.99	1.13	1.00	1.10	0.94	0.92	0.91	0.92
黑龙江	1.01	1.17	1.12	1.12	0.99	0.97	0.99	1.03
上海	1.00	1.00	0.96	1.04	0.97	1.01	1.00	1.02
江苏	1.06	1.16	1.05	1.01	0.99	1.05	1.01	1.00
浙江	1.13	1.13	1.02	1.07	1.00	1.02	1.06	1.00
安徽	1.09	1.11	1.01	1.00	1.00	1.00	1.04	1.02
福建	1.09	1.13	1.04	0.92	1.01	1.04	1.08	1.00
江西	1.04	1.10	1.03	1.07	1.00	1.00	1.04	0.99
山东	1.05	1.06	1.02	1.05	1.00	1.00	1.00	0.97
河南	1.11	1.03	1.01	1.02	0.99	0.96	1.01	0.97
湖北	1.13	1.14	1.04	0.99	0.99	0.99	1.05	1.02
湖南	1.10	1.10	1.02	0.98	0.99	0.99	1.05	0.99
广东	1.05	1.10	1.01	1.04	1.01	1.00	1.06	1.00
广西	1.09	1.16	0.99	1.00	1.01	1.01	1.04	0.97
海南	1.06	1.11	1.00	0.97	1.03	0.99	1.01	1.00
重庆	1.03	1.16	1.04	1.06	1.00	1.02	1.10	0.98
四川	1.04	1.13	1.03	0.99	1.00	1.04	1.02	1.00
贵州	1.04	1.07	1.10	1.20	1.15	1.16	1.07	1.07
云南	0.98	1.15	1.06	1.05	0.98	0.96	1.00	0.99
西藏	1.00	1.00	0.90	0.70	1.24	0.75	1.08	1.17
陕西	1.18	1.18	1.05	1.12	1.01	0.97	1.01	0.99

续表

地区	不同年份的农业全要素生产率变动指数							
	2009~2010年	2010~2011年	2011~2012年	2012~2013年	2013~2014年	2014~2015年	2015~2016年	2016~2017年
甘肃	1.04	1.03	1.02	1.04	0.99	1.00	1.02	1.09
青海	1.04	1.18	0.97	1.07	1.01	0.93	1.11	1.03
宁夏	1.16	1.10	1.02	1.07	0.99	1.04	0.99	1.01
新疆	1.30	0.96	1.04	1.00	0.98	0.94	0.99	0.95

表 15-17　以 2009 年为基期我国东、中、西、东北部与粮食产销区的农业全要素生产率变化

地区	2009年	2010年	2011年	2012年	2013年	2014年	2015年	2016年	2017年
全国平均值	1	1.070	1.177	1.201	1.237	1.249	1.236	1.261	1.274
东部平均值	1	1.072	1.161	1.186	1.234	1.238	1.252	1.288	1.289
中部平均值	1	1.085	1.184	1.211	1.225	1.221	1.204	1.243	1.245
西部平均值	1	1.082	1.193	1.217	1.259	1.280	1.272	1.315	1.333
东北部平均值	1	1.016	1.138	1.200	1.304	1.271	1.219	1.163	1.149
粮食主产区平均值	1	1.067	1.176	1.214	1.251	1.231	1.213	1.221	1.209
粮食主销区平均值	1	1.068	1.161	1.181	1.233	1.246	1.265	1.316	1.325
粮食产销平衡区平均值	1	1.082	1.185	1.208	1.256	1.286	1.276	1.320	1.346

2. 农业生产性服务业发展对农业全要素生产率的影响结果分析

前面对农业全要素生产率变化情况进行测算并分析了全国与各地区的农业全要素生产率变化趋势，比较了各地区的农业全要素生产率的提高程度。图 15-2 分析了各地区消除了价格水平影响的单位播种面积农林牧渔服务业产值的数量与变化情况，2010~2017 年 8 年间，全国与大部分地区的农业生产性服务业发展水平是逐渐提高的，农业生产性服务发展水平最高的是东部地区与粮食主销区（东部地区与粮食主销区中大部分省份重

合），这是由于东部地区经济较发达，各产业中的支持性服务产值都较高，其次是中部地区与粮食主产区，之后是西部地区与粮食产销平衡区，东北地区的农业生产性服务水平不仅最低并且有下降的趋势，原因是东北地区原本人均土地规模就较大，随着近年来土地不断流转与集中，东北地区的农民倾向于将服务内化，如自己购买先进的机械而不是购买机械服务进行生产。

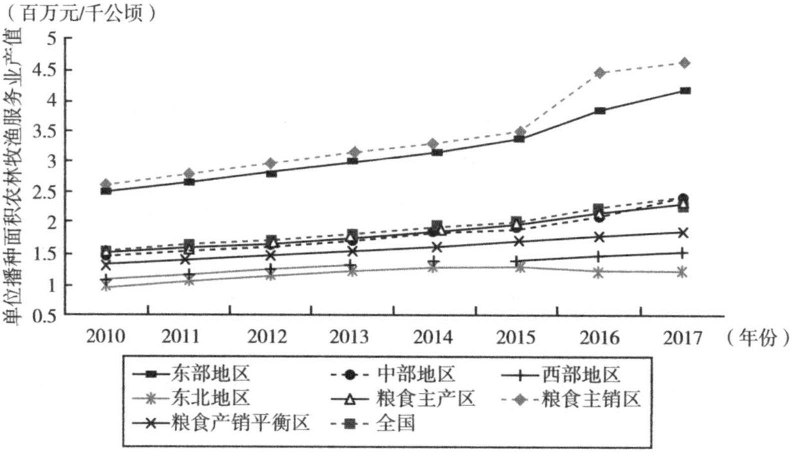

图 15-2　2010~2017 年全国与各地区农业生产性服务业发展水平变化

进行模型估计以检验在全国与各地区层面上农业生产性服务在多大程度上影响农业全要素生产率，又是通过哪种方式来影响动态生产效率的？通过对固定效应F检验、LM检验与豪斯曼检验，来确定最优的估计方法。通过固定效应F检验，F=20.98，P<0.01，说明固定效应优于混合回归；通过LM检验，P<0.01，说明随机效应优于混合回归。通过豪斯曼检验，卡方等于70.42，P<0.01，说明固定效应优于随机效应，所以选择固定效应是最优的。由于农业生产效率的提高又可以反过来提高农业生产性服务业的规模，存在反向因果的内生性问题，因而在基准回归的基础上，用滞后一期和滞后两期的农业生产性服务业发展水平作为工具变量，并进行两阶段最小二乘估计（2SLS）。结果如表15-18所示，过度识别Sargan检验表明不能拒绝工具变量有效的原假设，也拒绝了识别不足的原假设，弱工具变量

F值均大于10，拒绝了弱工具变量的原假设，即说明工具变量的选择整体上是有效的。可以得到如下结论：农业生产性服务业的发展对农业全要素生产率存在正向影响，且在1%水平下高度显著，农业生产性服务业的发展水平越高农业全要素生产率提高程度越大；控制变量中，人均地区生产总值（gdp）、第一产业增加值比重（agri）、农民平均受教育程度（edu），对农业全要素生产率存在正向影响，表明地区经济越发达、农业地位越重要、农民的素质越高，农业全要素生产率提高程度越大。政府对农林水事务的投入（invest）与农作物受灾面积占耕地面积的比例（dis）对农业全要素生产率存在负向影响，表明目前在农业全要素生产率提高方面，存在政府投入结构不合理、投入效率低等情况，农业在面对自然灾害时的抵抗力仍是不足的；农业生产性服务业的发展对农业全要素生产率存在显著正向影响的同时，对GM指数分解出来的技术变化与技术效率变化在10%的水平下有显著的正向影响，农业生产性服务对技术变化影响的系数值大于对技术效率影响的系数值，说明目前在全国层面，农业生产性服务业可以通过促进技术进步和提高现有技术的效率来提高农业全要素生产率，但主要是通过促进技术进步来提高农业生产效率。

表 15-18 农业生产性服务对农业全要素生产率变化、效率变化与技术变化的影响

变量	GM		TC		EC	
	FE	IV-2SLS	FE	IV-2SLS	FE	IV-2SLS
ser	0.1138*** （4.77）	0.0926*** （4.48）	0.0913*** （2.78）	0.0407* （1.88）	0.0091 （0.57）	0.0248* （1.78）
gdp	0.1523* （1.77）	0.0994*** （2.59）	-0.2897*** （-3.18）	-0.3317*** （-8.22）	0.2659*** （7.25）	0.2532*** （9.78）
agri	0.0545** （2.55）	0.0535*** （6.54）	-0.0140 （-0.71）	-0.0149* （-1.74）	0.0470*** （3.39）	0.0438*** （7.94）
edu	0.1687** （2.09）	0.0876** （2.51）	0.1431** （2.47）	0.0448 （1.23）	0.0331 （0.86）	0.0416* （1.77）
invest	-0.0017** （-2.15）	-0.0015** （-2.36）	-0.0003 （-0.32）	0.0008 （1.20）	-0.0007 （-1.43）	-0.0012*** （-2.85）
disaster	-0.2399** （-2.23）	-0.1396** （-2.38）	-0.1015* （-1.76）	-0.02168 （-0.35）	-0.1007* （-1.80）	-0.0699* （-1.77）

续表

变量	GM		TC		EC	
	FE	IV-2SLS	FE	IV-2SLS	FE	IV-2SLS
cons	-1.2375 (-1.37)	-0.4082 (-1.30)	1.0267* (2.00)	2.0146*** (6.12)	-0.5507 (-1.16)	-0.5759*** (-2.73)
F	20.66	34.58	22.63	25.41	12.28	41.04
P>F	0.0000	0.0000	0.0000	0.0000	0.0000	0.0000
Sargan检验P值		0.3820		0.8546		0.9472
识别不足P值		0.0000		0.0000		0.0000
弱工具变量检验（F>10）		是		是		是

注：***、**、*分别表示在0.01、0.05、0.1的水平下显著；括号内为t值或z值。

那么，在考虑了不同地区间的差异性后，农业生产性服务业发展对农业全要素生产率的影响会如何变化？表15-18给出了不同地区模型的基准回归与考虑内生性之后的回归结果，得出结论如下：

（1）农业生产性服务对不同地区农业全要素生产率的影响表现出显著的差异，农业生产性服务业的发展对中部地区、东北地区与粮食主销区的农业全要素生产率影响不显著，对其他地区的农业全要素生产率的影响均显著为正。在东、中、西、东北部四个地区中，农业生产性服务对西部地区的农业全要素生产率的提高影响最大，这是因为西部地区的农业生产性服务业发展水平较低，但正逐年提高，同时西部地区的农业全要素生产率的基数较小、潜力较大，新的服务要素进入导致农业全要素生产率提升的较快。其次为东部，由于东部的农业生产性服务业发展水平本身较高，并且农业全要素生产率也较高，因而农业生产性服务的继续增加对于生产效率的提升作用较小。虽然农业生产性服务业的发展对东北地区影响为正且程度较大，但是不显著，原因是目前东北地区的农业生产性服务水平不高，对于农业生产效率的正向影响没有显露出来。中部地区的农业生产性服务业规模上升较快，但农业生产效率上升较小，农业生产性服务对农业全要素生产效率不显著，说明中部地区农业生产性服务的质量不高，服务投入不足；就不同粮食产销区而言，农业生产性服务业的发展对粮食产销平衡区的促进作用最大，与西部地区相同，生产效率提高潜力大，新的服务要素逐渐引入导致生产效率提高程度较大。其次是主产区，最后是主销区且不显著，由于主销区的农业生产性服务业发展水平最高，且农业生产效率的水平也较高，因而服务的继续投入对农业生产效率的提升十分有限。

（2）不同地区农业生产性服务业的发展提高农业全要素生产率的方式不同，东部地区、西部地区和粮食产销平衡区主要通过技术进步来提高农业全要素生产率，粮食主产区主要通过提高技术效率来提高农业全要素生产率（见表15-19）。

表 15-19 各地区农业生产性服务对农业全要素生产率变动、效率变化与技术变化的影响

地区	GM		TC		EC	
	FE	IV-2SLS	FE	IV-2SLS	FE	IV-2SLS
东部地区	0.0780** （2.81）	0.0747*** （3.14）	0.0717* （2.01）	0.0724** （2.24）	0.0064 （1.05）	0.0059 （0.49）
中部地区	-0.0265 （-0.48）	-0.0047 （-0.14）	0.0395 （1.17）	0.0115 （0.39）	-0.0503 （-1.66）	-0.0131 （-0.43）
西部地区	0.3077** （2.39）	0.2107** （2.31）	0.3191*** （3.51）	0.2556** （2.55）	-0.0243 （-0.44）	-0.0491 （-0.75）
东北地区	0.1779* （1.99）	0.2183 （0.94）	0.0142 （0.12）	-0.0979 （-0.58）	-0.0503 （-1.66）	0.1832 （1.36）
粮食主产区	0.0509** （2.50）	0.0805*** （3.93）	-0.0375 （-1.49）	-0.0174 （-1.00）	0.0400** （2.38）	0.0449*** （2.69）
粮食主销区	0.0416 （1.40）	0.0412 （0.96）	0.0232 （0.70）	0.0210 （0.34）	0.0101 （1.45）	0.0077 （0.44）
粮食产销平衡区	0.3027** （2.31）	0.2292** （2.30）	0.3359*** （3.47）	0.2009** （1.97）	-0.0427 （-0.88）	-0.0118 （-0.19）

注：***、**、*分别表示在0.01、0.05、0.1的水平下显著；括号内为t值或z值。

3. 农业生产性服务业发展对农业全要素生产率的空间溢出效应结果分析

由于邻近地区的经济特征与生产环境相似，因而本地的农业全要素生产率的变化不仅受到本地的农业生产性服务的影响，还会受到邻近地区农业生产性服务业发展情况的影响。农林牧渔服务业产值的Moran' I指数各年均在0.1以上波动，并在5%水平下显著，并且表15-20中的空间自回归系数 ρ 和空间误差回归系数 λ 显著为正，进一步说明可以运用空间模型进行估计。通过Wald检验与LR检验判断空间杜宾模型（SDM）是否可以退化成空间滞后模型（SLM）与空间误差模型（SEM）。结果显示Wald for lag检验与LR for lag检验的卡方分别为52.81与27.54，拒绝原假设，Wald for error检验与LR for error检验的卡方分别为49.02与27.19，拒绝原假设，说明空间杜宾模型不可以退化成空间滞后模型（SLM）与空间误差模型（SEM），空间杜宾模型是最合适的模型。经Hausman检验，运用固定效应模型。为克服内生性的影响，将农业生产性服务发展水平滞后一期作为工具变量，并运用空间广义矩估计方法（空间GMM模型）对基准模型SDM进行估计，对选取的工具变量进行了Sargan检验，结果表明没有拒绝原假设，工具变量的选取是合适的。

表 15-20　农业生产性服务业的发展对农业全要素生产率的空间溢出效应

变量	SDM	SLM	SEM	GMM
Ser	0.0374** （2.26）	0.0284* （1.74）	0.0550*** （3.25）	0.0544*** （7.64）
W × ser	0.0608** （2.04）			0.0141*** （5.17）
空间效应ρ或λ	0.1992** （2.02）	0.1772** （2.25）	0.6931*** （12.71）	
似然比	318.5858	304.8156	279.8865	251.8854
控制变量	是	是	是	是

注：***、**、*分别表示在0.01、0.05、0.1的水平下显著；括号内为t值或z值。

表15-20报告了模型的回归结果，结合SDM模型、SLM模型、SEM模型与GMM模型的结果及检验，认为SDM模型得出的结果是稳健的，考虑空间溢出效应之后，农业生产性服务对农业全要素生产率的影响仍旧是显著为正的，用来衡量农业生产性服务发展水平对农业全要素生产率的空间溢出效应的W × ser项的系数为正，并在5%水平下显著，在考虑了内生性之后在1%水平下显著，说明农业生产性服务业的发展对周边地区的农业

全要素生产率具有积极影响。利用偏微分计算农业生产性服务的直接效应、空间溢出效应和总效应的大小见表15-21，农业生产性服务业发展对农业全要素生产率的直接影响弹性为0.0414，空间溢出效应方面的间接影响弹性为0.0847，可见农业生产性服务业发展的空间溢出效应的贡献较大。

表 15-21 农业生产性服务业发展的总效应、直接效应和空间溢出间接效应

	总效应	直接效应	间接效应
ser	0.1261*** （3.09）	0.0414** （2.38）	0.0847** （2.43）

注：***、**、*分别表示在0.01、0.05、0.1的水平下显著；括号内为t值或z值。

（四）主要结论与政策建议

1. 主要结论

本研究选取2009~2017年全国31个省区市的面板数据为样本，基于全局Malmquist指数测算全国和各地区农业全要素生产率的变动情况，并分析全国和各地区农业生产性服务业的发展水平对农业全要素生产率及其分解要素的影响方向与程度，最后基于空间杜宾模型研究农业生产性服务业的发展对农业全要素生产率的影响是否存在空间效应、程度有多大，得到如下结论：

（1）整体而言，农业全要素生产率呈逐渐提升的趋势，其中西部地区与粮食产销平衡区的农业全要素生产率提高程度最大，最具提升潜力。

（2）我国的农业生产性服务业发展水平是逐渐提高的，东部地区与粮食主销区的农业生产性服务业发展水平是最高的，东北地区、西部地区与粮食产销平衡区的农业生产性服务业发展不足。

（3）农业生产性服务业的发展水平越高，农业全要素生产率提高程度越大，可以通过促进技术进步与提高现有技术的效率来提高农业全要素生产率，但主要是通过促进农业技术进步来提高农业生产效率。在东、中、西、东北地区中，西部地区的农业生产性服务业的发展对农业全要素生产率的提高影响最大，其次为东部、东北部与中部，虽然东北地区农业生产性服务的影响为正且程度较大，但不显著。在不同粮食产销区中，粮食产

销平衡区的农业生产性服务业的发展对农业全要素生产率的提高影响最大，其次为主产区与主销区。东部地区、西部地区和粮食产销平衡区主要通过技术进步来提高农业全要素生产率，粮食主产区主要通过提高技术效率来提高农业全要素生产率。

（4）农业生产性服务业的发展对农业全要素生产率具有正向的空间溢出效应，即农业生产性服务业的发展不仅可以提升本地区的农业全要素生产率，也可以提升相邻地区的农业全要素生产率，并且空间溢出效应方面的间接影响大于直接影响。

2.政策建议

基于上述结论，提出如下政策建议：

（1）围绕农业的需求发展配套的生产性服务业。由于农村劳动力大量流失，“谁来种地”“如何种好地”的问题突出，并且，目前我国农业生产性服务业发展水平不高，农业生产性服务组织应该抓住发展机遇，提升专业化的服务能力，拓宽服务环节，在增加服务规模的同时要注重服务的质量。加强服务与农业技术的关联性，用技术支撑服务，用服务推广技术。

（2）政府应在政策与资金上引导与支持农业生产性服务组织发展，有利于增加农业生产性服务组织的数量，提高服务的质量，降低服务供给的成本，并且应将重点放在西部地区、东北地区与粮食主产区；同时，政府应加大对农业技术研发与推广部门的政策与资金支持，提高农业生产性服务的技术支持。

（3）积极推进农业生产性服务业信息平台的建设，提高区域间的沟通协作。农业生产性服务业信息平台的建设，不仅可以让服务供给方与需求方的信息得到有效对接，也可以加强地区间的沟通协作，好的服务模式与服务技术可以迅速推广开来，并且可以提高农业生产性服务的规模经济，克服农业季节性导致的资产闲置浪费等不足。东部地区农业生产性服务业的发展水平较高，基于服务的空间溢出效应，东部地区应充分带动其他地区农业生产性服务业发展与农业生产效率的提高。

五、深度推进农业与二三产业融合发展[1]

推进农业与二三产业融合发展，是拓宽农民增收渠道、构建现代农业产业体系的重要举措，是加快转变农业发展方式、探索中国特色农业现代化道路的必然要求。

（一）准确把握农业与二三产业融合发展的本质内涵与特征

农村三次产业融合，不是一般意义的农村三次产业的简单相加，其实质是在农产品生产即农村第一产业发展的基础上，进一步发展以农产品加工为主的第二产业和以农产品及其加工品销售、农村服务业为主的第三产业，使农业与农村二三产业在同一农业经营主体下交叉融合，或者在具有紧密利益联结机制的不同主体间交叉融合，实现农产品产加销、农工贸一体化，推进农业延长产业链，融入供应链，提升价值链，最终让农民更多地分享二三产业创造的价值增值和收益分配。

准确把握农村三次产业融合的内涵，一是认识到农村三次产业融合是由相应的生产经营主体推动的。从现实情况来看，推动农村三次产业融合的主体主要包括农民合作社、农业企业、家庭农场、专业大户等。不同类型的经营主体在农村三次产业融合发展中有不同的功能和影响。二是认识到农村三次产业融合是以农村第一产业即农业为客体的，表现在具体形式上，包括第一产业与第二产业的融合、第一产业与第三产业的融合、第一产业与第二产业和第三产业同时融合，还包括农业内部各部门间的融合。三是认识到农村三次产业融合具有明确目的性。其主要目的是要打破农业生产、农产品加工、农产品及其加工品销售等环节相互割裂的状态和产业间界限，形成产业链延长、价值链跃升、多主体共赢、功能多样、生态和谐的良好业态，催生出新业态、新技术、新商业模式，最终要通过二三产业发展创造更多的价值增值并能回馈农业，使农民更多地分享来自二三产

① 本部分内容刊发于《专题调研报告》2021年第23期，原文题目为“黑龙江省农村三产融合发展路径研究”，作者：郭翔宇、王颜齐、杜旭、徐洋等。2021年12月28日，黑龙江省人民政府省长胡昌升对本文进行批示。

业创造的价值增值和收益分配，实现农民增收、农业增效、农村繁荣，进而推动实现农业现代化、城乡一体化。

进一步分析，农村三次产业融合发展具有三个基本特征：（1）农村三次产业融合具有融合形式的“双重”层次性特征。从地域层次来看，农村三次产业融合包括村域、乡域、县域、市域、省域以及全国性的融合。从产业部门层次来看，在大农业范围，存在农（种植业）、林、牧、渔业的三次产业融合；在种植业内部，存在粮食作物、经济作物、其他作物的三次产业融合；在粮食作物内部，存在玉米、小麦、水稻、大豆、薯类等不同作物品种的三次产业融合。相应地，在林、牧、渔各业内部，同样存在不同层次的三次产业融合。（2）农村三次产业融合具有融合过程的“三化”并存特征。在农村三次产业融合过程中，第一产业进行规模化生产，第二产业进行企业化加工，第三产业进行品牌化营销；反过来，这“三化”又会促进农产品生产的优质化、绿色化、有机化，提高农产品的质量安全水平。（3）农村三次产业融合具有融合效果的“三链”叠加特征。农村三次产业融合，通过农业与二三产业的融合，一是直接延长了农业产业链；二是有助于提升农业价值链，通过二三产业发展创造了更多的价值增值，大大提高了农产品的附加值；三是有助于使农业生产经营主体融入供应链，并使融合主体在农产品供应链中成为核心组织，更好地谋求自身利益。

（二）合理划分农业与二三产业融合的类型

农村三次产业融合可以从不同的角度，按照不同的标准划分为不同类型。

（1）按照农村三次产业融合方式，可以分为直接融合和间接融合。农村三次产业直接融合，主要表现为农业产业链纵向延伸，第一产业与二三产业联系在一起的融合发展；农村三次产业间接融合，主要表现为通过开发农业的多种功能从而赋予农业新价值，使农业具有其他产业功能的融合发展。

（2）按照农村三次产业融合方向，可以分为正向融合和反向融合。农村三次产业正向融合，是指从第一产业开始向第二、第三产业的顺向融合，即在农产品生产的基础上向农产品加工业、农村服务业进行融合发展；农村三次产业反向融合，是指从第三或第二产业开始向第一产业的逆向融合，即依托农村服务业或农产品加工业向农业进行融合发展。

（3）按照农村三次产业融合主体，可以分为内源性融合和外生性融合。农村三次产业内源性融合，主要指以农户、专业大户、家庭农场、农民合作社等来自农村内部生产经营主体为基础的产业融合，农民在三次产业融合过程中起主导性作用，并能够获得二三产业创造的全部或主要部分的增值收益；农村三次产业外生性融合，是指以农产品加工或流通企业等来自农村外部的经营主体为基础的融合，工商企业在三次产业融合过程中起主导性作用，决定和控制着二三产业创造的增值收益分配。

（4）按照农村三次产业融合路径，可以分为组织内融合和组织间融合。农村三次产业组织内部融合，是指由同一生产经营主体独自进行农产品生产、加工、销售等全产业链经营活动的产业融合发展形式；农村三次产业组织之间的融合，是指不同的农业生产经营主体之间通过联合、合作等形式进行三次产业融合发展，相互之间建立稳定的利益联结机制，组成利益联合体。

（5）按照农村三次产业融合性质，可以分为实质融合和形式融合。农村三次产业实质性融合，是指农户或以农户为成员的家庭农场、农民合作社等在农产品生产基础上通过直接加工后进行销售的完全是在同一农业生产经营主体内部的三次产业融合发展模式，或者是在建立有紧密利益联结机制的不同生产经营主体将农村三次产业进行融合发展；农村三次产业形式上的融合，是指农村三次产业在不同的经营主体之间，仅仅是在形式上简单地联系起来了，但二三产业均没有与第一产业建立起利益联结机制和分配关系，即农业生产经营者分享不到二三产业对农产品加工和营销创造的价值增值。

（6）按照农村三次产业融合程度，可以分为初步融合和深度融合。农村三次产业初步融合，主要是在农村三次产业融合发展过程中第二产业加工程度很低，或者第三产业发展很不充分，因而农村二三产业创造的价值增值和农民能够从中分享到的利益都很有限；农村三次产业深度融合，则是在农村三次产业融合发展过程中第二产业加工程度很高，或者第三产业发展十分充分，因而农村二三产业创造的价值增值很大，农民能够从中分享到的利益也很多。

此外，农村三次产业融合还可以按照融合业态分为生态环保型、条件转化型、文化品牌与休闲旅游型；按照融合方式分为体制机制创新型、产业关联型、技术引领型；按照融合环节分为第一、第二产业融合，第一、第三产业融合、三次产业融合等。

（三）促进农业与二三产业融合发展的对策建议

农村三次产业融合发展是一个不断深化的进程。一方面，需要充分调动农业生产经营主体的积极性和主动性，从微观层面激发农村三次产业融合发展的内在动力；另一方面，需要政府的积极推动，从宏观政策层面进行有力支持。

1.延伸农业内外部的产业融合链条

（1）延伸农业内部循环的产业融合链条。

促进农村三次产业融合发展，既包括农业与工业、服务业的融合发展，也包括农业内部的产业融合发展。国务院办公厅在《关于推进农村一二三产业融合发展的指导意见》中明确指出，要大力发展循环农业，这是农业内部产业融合发展的主要途径。推动农业内部循环的产业融合，延伸其链条，是促进农业可持续发展的重要举措，是农村产业融合不可或缺的内容。一是要延伸种植业与畜牧业的循环融合。一方面，种植业需要畜牧业提供有机肥的供给支持，应在土地培肥、污染防治、绿色食品生产等方面给予政策支持；另一方面，发展现代畜牧业需要有现代饲草饲料产业的支撑，要大力支持优质饲草的种植和优质饲料加工。二是要延伸畜牧业与林业的融合。随着农村集体林权制度的改革，为了有效利用林地空间，林地承包经营农户需要突破单一林业生产的局限，在承包林地上寻求更多的生产门路，其中一条有效的途径就是进行林牧结合，即利用林地空间养殖各类畜禽，尤其是特种养殖业。三是要积极发展循环农业。循环农业本身就是一种融合型的产业集合体，在借鉴传统经验做法的基础上，结合现代科学技术成果，继续探索新的循环农业发展之路，为农业内部产业融合开拓更广阔的空间。

（2）延伸农业与其生产性服务业的融合链条。

随着我国城镇化进程的加快，已有越来越多的农民转移到城镇就业，农村土地流转不断加快，规模经营程度逐渐提高。这种趋势变化，使农民在农业生产过程中主要依靠自我服务的格局难以为继，从而促进了农业生产性服务业的分工分业。一是积极发展田间作业服务。针对缺劳力缺农业机械设备的农户，可以提供代耕代种代收服务，提供大田托管服务。这种田间作业服务，既有利于加快农田作业的速度，又有利于提高农田作业的质量。这种服务可以是农户之间相互提供，也可以是农民合作社、家庭农场、农业企业对农户进行服务。二是积极发展农业保障性服务。鼓励和支持农业企业和社会上农业生产性服务组织积极参与，解决农户依靠自身力量无力解决的病虫害统防统治、打机电井等问题，有效为农业生产提供保障。三是积极发展农业生产资料供给服务。化肥、农药、农膜、种子、燃油、农业机械设备等农用生产资料供应服务，多由社会上相关的公司企业提供，因供需双方之间存在明显的利益博弈关系，经常出现假冒伪劣生产资料坑农害农事件。为此，可以考虑吸纳农用生产资料供应企业参股于农民合作社，使双方融合为利益共同体，使农业与农业生产资料供给行业保持互利互惠的供需关系。四是积极发展物流特别是冷链物流产业。鼓励支持涉农服务主体和其他社会力量参与冷链物流的建设与发展，鼓励支持有能力的农业生产经营主体参与创办肉、蛋、鱼、果、菜等保温、保鲜、防腐、冷冻需求的农产品冷链物流，促进农业和物流产业特别是冷链物流产业的融合。

（3）延伸绿色特色农业与加工业融合形式。

农业和农产品加工业融合是农村三次产业融合的主要形式。我国农产品及农产品加工制成品当今面临的主要是结构性矛盾。人们对农产品及其加工制成品既有数量上的更大需求，又有质量上的更高需求，越来越需要绿色、安全、生态、特色的产品供给。一是推动绿色农产品和有机农产品生产与农产品加工业的融合，催生绿色、有机食品生产的“头尾一体”。通过这种融合，更有助于实现从绿色有机农产品的源头生产到整个加工链条的全程可追踪可追溯，从生产和加工的不同环节上和全链条上保证绿色有机食品的质量。二是推动特色农产品生产与农产品加工业的融合，推动农村走特色化发展之路。我国幅员辽阔，各地自然禀赋条件千差万别，农业生产方式不尽相同，农民和消费者的饮食习惯与文化传统差别明显，与此相应的是各地都形成了一些有别于其他地方的特色农产品。这些特色农产品具有很高的地方认可度，有些还具有全国性的知名度，但多以初级农产品形式走向市场，因此应大力推动地方特色农产品生产与加工业的融合发展。通过融合发展，可以使农民借助加工企业的力量，克服和解决地方特色农产品在生产销售上面临的技术、市场、信息、物流、品牌等一系列困境，使特色农产品加工产业增大市场影响力。三是推动新资源农产品生产与加工业的融合，以带动新产品的生产和新产业的形成。所谓农业新资源产品，就是开发利用不同于传统农业资源的动植物和微生物品种资源而获得的农产品。在新资源农产品生产中以特种动物养殖最为突出，如蛙、蛇、蝎等特种养殖。这类产品往往是作为保健产品和医药产品的原料出现的，因而其生产更需要与相关的加工业的融合。通过融合可以为新资源产品的生产开发找到衔接的市场，为相关的加工业提供稳定的原料供给保障，可以在农村衍生新产业，为农民就业和增收提供新的途径。

（4）延伸农业生物质副产物与加工业融合形式。

我国是一个农业大国，在农林牧渔各业生产获得主产品的同时，会形成大量的作物秸秆和畜禽排泄物等生物质副产物。如何科学有效开发利用农业的生物质副产物，已成为当前亟待解决的一个课题。对于这一问题，可以通过一定的技术手段在农业内部得到一定的解决，但在根本上必须推进生物质副产物与相关的加工业进行融合。一是围绕农业生物质副产物的肥料化进行融合。加快推进作物秸杆和畜禽排泄物的工厂化制肥，利用加工企业的技术力量推动农业生物质副产物实现肥料化的转化，这对于培肥地力、提高土壤质量，对于实现藏粮于地，意义重大。二是围绕农业生物质副产物的燃料化进行融合。从我国各地的实际情况看，秸秆利用的燃料化可通过建设生物质能源中站加以实现，畜禽排泄物利用的燃料化可通过建设农村沼气池加以实现。从产业融合的角度看，重点是发展生物质能源企业。三是围绕农业生物质副产物的原料化进行融合。利用作物秸秆等农业副产物进行造纸、加工各种板材和塑料制品、制造餐具等，可以为加工业提供广泛的原料来源。四是围绕农业生物质副产物的饲料化进行融合。通过与饲料加工企业的融合，寻求农作物副产物饲料化的工厂化途径，对于提升农业副产物的利用水平将起到积极的支撑作用。五是围绕农作物生物质副产物的基料化进行融合。加强与食用菌生产相关企业融合，可使农业生物质副产物成为人工培植食用菌所需基料的重要来源。

（5）延伸农业与新型业态的融合链条。

伴随着“互联网+农业”的迅速发展，农村新型农业业态开始涌现，这为农村产业融合创造了有利条件。这些新业态的出现，降低了农业发展的交易成本，使农业发展与外部要素、市场的连接更加便捷。一是积极发展农业与众筹业态的融合。农业众筹实质上是让消费者参与到农业生产过程之中，由消费者众筹资金向农户或其他农业经营主体下单，由农业经营主体，根据订单决定生产多少产品和达到何种质量的产品，待农产品收获后直接将相应的农产品送达到消费者手中。除了发展产品回报类的农业众筹外，还要积极发展投资类的股权募集众筹，即由发起者募集股权资金，通过发展农业产业项目并获得回报。农业众筹融合，既是产业融合，也是农业资本的融合，有利于拓展农业资金来源渠道。二是积极发展农业与个性化定制业态的融合。个性化农产品定制即消费者私人定制，是农产品市场消费细分的一种形态，是消费者通过互联网向农业经营主体定制具体的农地地块，或者认养具体的畜禽，并按消费者的个性化要求标准进行生产，使消费者获得相应的农产品。这种业态把生产者和消费者融合在一起，打破了农业生产与消费服务业的界限，已经成为大中城市周边农村业态融合的代表性做法。三是积极发展农业与会展业态的融合。现在全国各地大力发展的会展农业，就是农业和会展业态融合的具体形式。会展农业，在形式上是农业的展览和会议，但更多呈现的是一种商业业态，旨在通过举办各种农业博览会、交易会、订货会、展览会、交流会、农业论坛等，将农业生产经营主体、农业服务主体融于会展业之中，形成信息流、资金流、人才流、物流等，由此创造新的商机以促进农业发展。通过农业与会展业态的融合，将有助于提升农业的知名度和影响力，进而提升农业的竞争力。

2.开发农业多种功能拓展产业融合形式

（1）拓展农业文化功能与产业融合。

农业具有传统文化的传承功能，开发利用这一功能有助于促进农业与休闲产业进行融合。一是围绕农业农村文化观赏旅游进行融合。在长期的农村生产生活实践中，各地形成了生活民俗、生产民俗、古村落建筑、耕读文化等丰富多彩的民俗文化和各具特色的农田大地景观、农业基础设施景观等，这为农业与观光旅游业即农旅融合创造了十分有利的条件。促进农民或农民合作社、农村集体经济组织在农村内部实现这种产业融合，可以为农民带来新的就业和增收渠道，大大降低农业农村发展的机会成本。二是围绕在农村发展文化体育产业进行融合。农村地区拥有的自然条件和文化资源，已吸引越来越多的消费者到农村地区从事摄影、采风、攀岩、探险等活动，这为在农村地区发展农业和文化、体育产业的融合创造了条件。在有条件的农村地区开展和促进这种融合，一方面利用农民熟悉当地情况和特点的经验为消费者提供引导性服务，在农村内部实现的融合；另一方面应积极吸引文化企业和体育企业参与这种融合。三是在城市周边近郊围绕发展都市农业进行融合。都市农业在内容上包括农产品生产和休闲度假、旅游观光、农业生产生活体验、养生养老、农业技术园区示范等，是典型的多功能农业的集合体。在我国现阶段通过都市农业实现农村产业融合，较为普遍的形式是各地出现的“农家乐”“农家院”等，农民把自家的生产生活直接同休闲服务业紧密结合起来，这种形式是我国农村三次产业融合在实践上的起点和基础，今后还要进一步提高都市农业推动农村产业融合的层次，在保证农民利益的前提下，积极引进相关的企业和社会资本参与都市农业，使都市农业成为我国农村三次产业融合的重要集合体。

（2）拓展农业社会功能促进产业融合。

农业是一种生产活动，具有经济功能，同时还具有社会功能的属性。

在农业的社会功能中，既有非经济属性的功能，也包含可以转化为经济属性的功能。在促进农村产业融合过程中，应主要拓展可以转化为经济属性的农业社会功能。一是围绕在农村发展养老养生产业推动产业融合。在进入老龄化社会之后，大力发展养老产业是全社会的一项重要任务。养老产业具有明显的社会功能，它有助于解决国家在养老保障投入上面临的困难。随着生活水平的不断提高，人民对较高质量的养生养老需求在不断增加。农村地区生态环境优良，气候条件、水土资源条件、植被条件和农民长期养成的健康生活方式，为农村地区发展养老养生产业提供了有利的条件。在农村发展养老养生产业，为农民和社会力量参与和融合于养生养老产业的发展，提供了新的地域空间。二是围绕农村土地征用和农民动迁安置方式创新推动产业融合。随着我国工业化、城镇化进程的加快和大规模基础设施建设的开展，农村土地被征用和农民被动迁安置的情况已经成为一种常态。通过产业融合的方式，可以吸纳失地农民到企业就业，失地农民以土地换企业股权，失地农民以土地换门市房屋，失地农民以土地换社保等。这些拓展农业社会功能的举措，既可以推动产业融合，又可以助推失地农民走上可持续发展的途径。三是围绕发生重特大自然灾害的农村地区重建开展产业融合。在发生重特大自然灾害之后，把受灾地区重建纳入产业融合之中，把灾毁地的修复、损害建筑的重建等同旅游业、民族文化产业、手工业、创意产业、特色餐饮服务业、生活服务业等融合起来，比单一的灾后生活安置更有可持续性，更有综合效益。

（3）拓展农业生态功能促进产业融合。

随着农村山水林田湖草治理力度的不断加大，农业在维系生态平衡和保护环境方面的作用越来越为突出。优良的农业生态环境具有一定的经济属性和正外部性，可以为社会和消费者提供相应的公共产品和公共服务。拓展农业的生态功能，能够促进农村的产业融合，有助于将农村的“绿水青山转变为金山银山”。一是围绕农业生态环境的保护修复、改善乃至美化促进产业融合。对农村已有良好生态环境进行保护，对处于劣变的生态环境进行修复，对生态环境的建设治理引入园林设计理念进行美化等，可使生态系统自身平衡得以调节改善，使环境更加宜人，生态景观更加赏心悦目，由此可带来更多的正外部性，吸引更多的社会力量投资于农业农村发展，进而带动休闲旅游业、农产品加工业、农产品流通产业与农业的融合。二是围绕农业自然资源的可持续利用促进产业融合。农业自然资源的可持续利用，是农业生态环境功能的重要体现。要在自然资源条件良好的地区，积极发展各种循环产业；在自然禀赋相对不利的农村地区，积极发展适应性农业，变不利的自然条件为有利的自然条件，生产出品质良好的特色农产品。三是围绕农业的碳汇功能促进产业融合。利用农业吸纳固碳功能，特别是大农业中的林业碳汇功能，缓解、降低二氧化碳对环境的不利影响，可以为农业和其他产业的融合建立一个新的渠道。

3.优化农村产业融合引导支持政策

（1）优化产业融合培训支持政策。

推进农村三次产业融合发展，对农民、合作社、农业企业来说，首先需要找准产业融合的切入点，即农村三次产业内部各具体产业部门之间如何找到融合的连接点，为此需要加强相关的引导培训及政策支持。一是地方特别是县乡党委和政府要根据地方实际条件和特点做好培训规划。结合本县本乡农村的产业基础、资源特点、文化积淀、生态环境、区位条件等，厘清当地产业融合的可能连接点，并通过借鉴已成功的典型案例，开展有针对性的培训。通过培训，一方面开拓各相关融合主体特别是农民的眼界和视野，启发开展融合的思路；另一方面促进和提升融合主体特别是农民尝试和开展产业融合的能力，切实推进融合。二是依托政府部门已有的培训渠道大力开展农村产业融合的培训，如利用中组部、农业部开展的全国性农村两委负责人、合作社带头人、创业致富带头人、大学生村干部的培训渠道，开展农村三次产业融合带头人和骨干人员的培训，以增强农村产业融合最重要的主体即农民的主动性，调动其积极性。三是通过政府购买服务的方式开展相关的融合培训。政府可以委托相关高等院校特别是相关的职业技术学院开展相关的融合培训。四是通过参与产业融合有条件的企业开展相关的培训。参与产业融合的企业通过利用自身的实力条件开展对农民、农民合作社带头人的培训。

（2）优化产业融合要素支持政策。

农村三次产业融合，实质上是通过要素融合具体实现的，因而需要在土地、资本、技术等要素方面的政策支持。一是要充分利用现行土地政策并努力创新以支持农村产业融合。一方面，农民应充分利用好坚持农地“三权分置”政策，在搞活农地经营权上下功夫，以促进农村产业融合，可以以土地使用权作价入股农民合作社，依托合作社发展产业融合；可以以土地使用权作价入股农产品加工企业，促进第一产业和第二产业的紧密融合；可以通过向农业创意企业、旅游公司等出租农地经营权，用以发展农田艺术和农田景观，促进农业与文化产业、与旅游产业的紧密融合。另一方面，农村集体经济组织应积极盘活农村已闲置、沉淀的集体土地资产，充分挖掘利用农村“空心村”的闲置土地、农村中小学撤并学校后留下的校舍操场等闲置土地、农村遭受重大自然灾害而没有恢复利用或废弃的原建设用地等，转变为农村三次产业融合的建设用地，促进产业融合发展。二是要优化创新农村三次产业融合发展的资金支持政策。目前单一的指向性农业农村贷款，难以适应支持农村产业融合发展的需要，可允许农户土地承包经营权预期收益用于农户发展产业融合的抵押贷款。农村三次产业融合发展的过程，是一个覆盖的产业领域、融合的链条、融合的环节、融合的要素不断增多的过程，特别是跨界融合将产生越来越多难以分离的新业态、新模式，这就需要突破以往单一指向性资金支持的局限，要对融合经济体进行整体上的综合性的资金支持。同时，应鼓励和支持工商资本和其他社会资本参与农村三次产业融合，一方面克服农民资本积累不足的限制，另一方面更有助于在农村产业融合发展进程中发挥好市场配置资源的决定性作用。三是要优化农村三次产业融合发展的其他相关政策。促进农村三次产业融合发展，涉及经济、文化、社会、环境等各个方面，需要有农村相关产业扶持政策。要设计实施农村文化产业的扶持政策，促进农业和农村文化的融合，把农业与农村传统的耕读文化、民俗文化、建筑文化、景观文化、红色经典文化等联系在一起，形成农村文化旅游业；要创新实施农村生态产业的扶持政策，加大对农村生物质能源和农村桔秆“五化”（即原料化、肥料化、基料化、燃料化、饲料化）的支持政策，在财政投入、银行贷款等方面加大支持力度；要创新实施农村康养产业的扶持政策，加大对具有一定准公益性质的养老产业的政府补贴和其他扶持力度。

（3）优化产业融合服务支持政策。

农村三次产业融合发展处于起步发展阶段，需要加强政府的相关服务。一是加强推进农村三次产业融合发展方面的舆论宣传引导，让农民、合作社、企业能够切实了解党和国家推进农村产业融合的方针政策，从而使政策转变为农民和相关参与主体的自觉行动。要充分利用各种形式的舆论媒体以及面向农业农村的培训工作，宣传推进农村产业融合的相关政策，并发掘已取得成功经验的先进典型作为案例，供农民和企业学习和借鉴。二是增强推进农村三次产业融合发展支持政策的透明度，使政策优惠能够公平公正，并接受农民群众和社会的监督。推进农村三次产业融合，党和国家会陆续出台相关的支持政策，地方政府特别是县乡两级政府要对农村产业融合的具体扶持项目等惠民政策及时公开发布，接受质询和监督，以调动农民和各方面的积极性，促进其参与融合，推动共同融合发展。三是应积极构建推动我国农村三次产业融合发展的负面清单制度。推动农村产业融合，涉及三次产业的各类项目，涉及各种相关的政策。建立负面清单，明确准入条件和项目，有助于克服制度性交易成本偏高过多导致的效率损失。同时，推进农村产业融合，涉及大量的新产业、新业态、新模式，可能会带来一定的负外部性，实施负面清单制度可以起到事先告知、划出底线的作用。通过负面清单制度的构建，恪守发展产业融合的政策底线、环境底线、文化底线等，使农村产业融合发展更具有可持续性。

六、加快建设现代化大农业①

2018年9月，习近平总书记在东北三省考察时强调，中国现代化离不开农业现代化。这与两年前总书记到黑龙江考察调研时讲到要坚持把发展现代农业作为龙江振兴发展的重要内容的思想是一脉相承的。新时代，实

① 本部分内容发表于《黑龙江日报》2018年11月14日，作者：郭翔宇。

现黑龙江全面振兴、全方位振兴，要深入学习领会习近平总书记关于东北振兴的重要思想，从国家发展大局的高度深刻认识东北振兴的重大意义。加快建设现代农业，要深化农垦体制改革，把农业科技放在更加突出的位置，要更好支持粮食生产，保障国家粮食安全，还应保护好黑土地，加快农业绿色发展。

（一）深化农垦体制改革，更好发挥农垦在现代农业建设中的骨干作用

农垦在我国农业发展和国家建设中具有重要的战略地位，为保障国家粮食安全、支援国家建设、维护边疆稳定作出了重大贡献。黑龙江农垦形成了组织化程度高、规模化特征突出、产业体系健全的独特优势，是国家关键时刻抓得住、用得上的重要力量。因此，在新时代东北全面振兴过程中，要更好发挥农垦在现代农业建设中的骨干作用。一方面，要“深化农垦体制改革”；另一方面，要“加快建设现代农业的大基地、大企业、大产业”。

垦区土地资源富集，人均占有资源多，耕地集中连片，发展现代化大农业具有得天独厚的优势。农垦改革，作为全省国有企业改革的重点，要坚持国有农场的性质，坚持垦区集团化、农场企业化的方向，通过改革进一步调动农场工人的积极性、维护好他们的权益、提高他们的素质，要不断提高农业生产的组织化、机械化水平，要全面增强农垦内生动力、发展活力、整体实力。以垦区集团化带动农场企业化，以行政体制改革、经营体制改革带动农场办社会职能改革。垦区集团化、农场企业化以及农场办社会职能改革，将会促进农垦现代农业大基地、大企业、大产业建设和农场现代化城镇的繁荣，为垦区在黑龙江省乡村振兴战略中发挥示范、引领、带动和辐射作用提供重要支撑。通过深化改革和加快发展，北大荒农垦集团要努力形成农业领域的航母和具有全球竞争力的企业。

（二）把农业科技放在更加突出的位置，给农业现代化插上科技的翅膀

中国现代化离不开农业现代化，农业现代化关键在科技、在人才。早在1998年，党的十五届三中全会就提出，农业的根本出路在科技。2012年

中央一号文件提出，农业科技是加快现代农业发展的决定力量。从世界农业发展历史来看，农业增长与发展的源泉主要来自农业科技创新和科技进步。20世纪四五十年代，发达国家农业科技进步贡献率为25%左右，到20世纪70年代以后达到70%左右，目前美国等农业发达国家科技贡献率更是高达90%以上。从我国实际情况来看，农业科技创新能力还不强，农业科技发展水平还不高，农业科技进步贡献率不到60%，远低于发达国家水平。因此，要把发展农业科技放在更加突出的位置，给农业现代化插上科技的翅膀。

现代化大农业是以更加先进的科学技术为生产手段、以更高水平农机装备为生产工具，具有更高技术密集度和更高综合生产能力的现代农业，因此，加快黑龙江省现代化大农业发展，一方面要加大农业科技创新力度，进一步提高农业科技化水平，即，加大农业科技体制改革力度，健全激励机制，突破农业科技创新的制度障碍；加大政府农业科技投入力度，真正把农业科研投入放在公共财政支持的优先位置，提高农业科技投入的比重和强度；加强农业技术推广，建立多元化的农业推广组织体系。另一方面要大力推进农业机械化、智能化，进一步提高农机装备水平，即，加大农机化工程实施力度，装备更多的具有世界一流水平的现代化大型农业机械，实现主要粮食作物种管收全程机械化。在此过程中，要更好发挥高等农业院校和农业科研院所的作用，加强农业科技研发与推广以提供更先进的成果支撑，加强智库建设与理论研究以提供更有效的政策咨询，加强农业农村教育与技能培训以提供更有力的人才保障。

（三）要把增强农业综合生产能力作为核心任务

东北地区是我国重要的农业基地，维护粮食安全的战略地位十分重要，关乎国家发展大局。黑龙江是农业大省和粮食主产区，长期以来为国家粮食安全作出了重要贡献，成为维护国家粮食安全的“压舱石”。粮食是关系国计民生的特殊商品，是社会稳定、经济可持续发展的重要战略物资。解决好全国人民的吃饭问题，始终是治国安邦的头等大事。因此，在发展现代农业过程中，要不断增强农业综合生产能力，确保谷物基本自给、口粮绝对安全，用总书记的话说就是“中国人的饭碗任何时候都要牢牢端在自己的手上”。

黑龙江省要把增强农业综合生产能力作为核心任务，进一步发挥农业生产优势，稳定发展水稻生产；要扩大大豆种植面积，提高大豆市场竞争力和占有率；要积极发展绿色食品产业，推动黑龙江成为全国的绿色粮仓。同时，考虑到与黑龙江省粮食生产贡献形成明显反差的是近年来经济增长、财政收入、城镇居民收入等方面相对落后的实际情况，对此，建议国家进一步完善粮食主产区利益补偿机制，加大对黑龙江省等粮食净调出省的利益补偿力度，减轻农业基础设施配套和政策性农业保险保费地方补贴过大的财政支出压力，以更好地支持黑龙江省粮食稳定发展，促进黑龙江省经济社会全面进步；建议黑龙江省深入实施“粮头食尾”“农头工尾”，大力发展粮食精深加工，延长粮食产业链条，使“原字号”的粮食资源优势变成拉动地方发展的食品加工业的经济优势。

（四）加快农业绿色发展，保护好黑土地

绿色发展既是现代农业发展的内在要求，也是生态文明建设的重要组成部分。绿色是永续发展的必要条件和人民对美好生活追求的重要体现，必须坚持节约资源和保护环境的基本国策，坚持可持续发展，坚定走生产发展、生活富裕、生态良好的文明发展道路，这是将生态文明建设融入经济、政治、文化、社会建设各方面和全过程的全新发展理念。用绿色发展新理念引领发展行动，就是要坚持绿色富国、绿色惠民，为人民提供更多优质生态产品，推动形成绿色发展方式和生活方式，协同推进人民富裕、国家富强、中国美丽。其中，用绿色发展理念引领农业发展行动，就是要推进农业绿色发展。因此，习近平总书记指出，推进农业绿色发展是农业发展观的一场深刻革命，也是农业供给侧结构性改革的主攻方向。

加快农业绿色发展，基本途径是改变传统的农业生产方式，减少化肥、农药、除草剂等投入品的过量使用，推动农业生产方式绿色化，构建科技含量高、资源消耗低、环境污染少的农业产业结构和生产方式，走出一条产出高效、产品安全、资源节约、环境友好的农业现代化道路。加快

农业绿色发展，基本目标是发展绿色食品产业，提供更多优质、安全、特色农产品，促进农产品供给由主要满足“量”的需求向更加注重“质”的需求转变，重点培育绿色有机农产品知名品牌，提高市场知名度和美誉度，推动黑龙江省由大粮仓变成绿色粮仓、绿色菜园、绿色厨房。

加快农业绿色发展，还要着力解决好耕地保护问题。我国人多地少，人均耕地面积仅为世界平均水平的1/3。因此，总书记强调，要像保护大熊猫一样保护耕地，特别是要确保东北黑土地不减少、不退化。黑土地，是地球上珍贵的土壤资源，是东北地区的独特优势。由于长期高强度利用，加之土壤侵蚀，导致黑土地有机质含量下降、理化性状与生态功能退化，严重影响粮食综合生产能力提升和农业可持续发展。因此，保护好黑土地，是推进东北农业绿色发展的重要内容，要把东北黑土区打造成为绿色农业发展先行区。保护黑土地，要坚持用养结合原则，综合施策，统筹粮食增产、畜牧业发展、农民增收和黑土地保护之间的关系，不断优化农业结构和生产布局，推广资源节约型、环境友好型技术，统筹土、肥、水、种及栽培等生产要素，综合运用工程、农艺、农机、生物等多种措施，在保护中利用好黑土地，在利用中保护好黑土地。

第十六章 推动农业农村高质量发展研究

实现高质量发展，是中国式现代化的本质要求，是全面建设社会主义现代化国家的首要任务。在此宏观背景下，全面推进乡村振兴，加快建设农业强国，必须坚持以推动农业农村高质量发展为主题。推动农业农村高质量发展，要坚持新发展理念，着力提高农业发展和乡村振兴的质量和水平。

一、抓住农业农村高质量发展的着力点[①]

推动新时代黑龙江全面振兴全方位振兴，应把农业发展和乡村振兴作为重要任务。习近平总书记在2016年5月考察黑龙江省时强调，要坚持把发展现代农业作为龙江振兴发展的重要内容，争当农业现代化建设排头兵。黑龙江省是农业大省，但农业大而不强，农村发展相对滞后，突出表现在农业和农村发展质量不高。省委十二届五次全会提出，要向实施乡村振兴战略要高质量发展，加快建设农业强省。推动黑龙江省农业和农村高质量发展，最为根本和关键的是深入贯彻落实新发展理念，全面深化农业农村改革。

（一）坚持创新发展，增强农业农村发展的驱动力

创新驱动农业和农村高质量发展应是一个多元化系统，一是推进科技创新，加大对东北农业大学、省农科院等院校支持，强化质量导向型科技研发，增强黑龙江省农业科技创新能力和引领作用，进一步提高农业科

① 本部分内容发表于《黑龙江日报》2019年11月5日，作者：郭翔宇。

技进步贡献率；二是推进制度创新，加大黑龙江省“两大平原”现代农业综合配套与农村改革力度，破解制约农业农村高质量发展的体制机制障碍和深层次矛盾，完善质量兴农政策体系；三是推进管理创新，适应“新常态”下现代农业运行变化与乡村振兴要求，优化管理目标，完善管理职能，改进管理方式与手段，更好地发挥政府主导作用；四是推进理论创新，重视黑龙江省现代农业发展研究中心、乡村振兴战略研究中心等智库建设，加强农业与农村高质量发展的理论与政策研究。

（二）坚持协调发展，提升农业农村发展的整体性

一是推进农村三次产业协调发展，深入推动种养加、产加销一体化，促进农村三次产业深度融合，延长农业产业链，提升价值链，打造供应链，完善产业链、供应链上不同主体之间的利益关系，让农民更多地分享二三产业创造的价值增值和收益分配；二是推进农业内部协调发展，实现粮经饲统筹、农林牧渔结合，调整优化农业生产结构和种植结构、养殖结构，提升土地生产率和农业综合效益；三是推进城乡协调发展，重点推进城乡要素平等交换、合理配置和基本公共服务均等化，加快建立健全城乡融合发展体制机制和政策体系，从根本上解决城乡发展不平衡、农村发展不充分的突出矛盾，彻底破除城乡二元结构。

（三）坚持绿色发展，叫响“龙江绿”优质品牌

黑龙江省是绿色食品生产大省，2017年绿色和有机食品认证面积7636万亩，占农作物种植面积的34.5%，约占全国的1/5，2019年进一步增加到8100万亩。推动农业高质量发展，要充分发挥黑龙江省农业绿色发展优势，深入实施农业生产方式绿色化行动，减少化肥、农药、除草剂等投入品的使用量，构建科技含量高、资源消耗低、环境污染少的农业产业结构，培育更多在市场上叫得响、让消费者信得过的高质量绿色农产品和高品质绿色食品知名品牌，进一步提升“龙江绿”的知名度和美誉度，把黑龙江由大粮仓变成绿色粮仓、绿色菜园、绿色厨房。同时，积极推进农村生活方式绿色化，建设环境良好、生态宜居的美丽乡村。

（四）坚持开放发展，强化农产品出口导向

作为农业大省，黑龙江省农产品商品量大，特别是粮食商品率超过80%。但是，黑龙江省农产品多以初级产品、大路货和原粮在国内市场销售，目前农产品出口额不到10亿美元，占全国的比重仅为1.2%。推动农业高质量发展，黑龙江省要大力发展外向型、创汇型农业产业体系，提高黑龙江省农产品国际竞争力，让更多农产品走向国际市场。要积极推广国际先进农业标准，加快推动黑龙江省农产品质量达到国际先进水平；积极推进农业标准化生产，加强全程质量控制的绿色食品、有机农产品标准化生产基地和优势农产品出口基地建设；加快推进黑龙江省农业“走出去”，积极打造符合国际市场标准、带动能力强的农产品出口企业和跨境农产品电商平台，拓宽农产品出口渠道。

（五）坚持共享发展，加快农村全面小康建设步伐

在全面建成小康社会、推进龙江全面振兴过程中，一定要让农民充分共享改革发展成果，使农民有更多的获得感、幸福感、安全感。坚持共享发展，重点是在发展中保障和改善民生，加快补齐农村民生领域短板，实现农民生活富裕。一是深入有效实施精准扶贫政策和措施，持续巩固和扩大黑龙江省脱贫攻坚成果，减少和防止返贫和发生新的贫困；二是拓宽农民增收渠道，尽快超过全国平均水平，进一步缩小城乡居民收入差距；三是加强农村基础设施和公共服务建设，加大对农村的资金投入和政策倾斜，切实解决农民最关心最直接最现实的利益问题。

二、质量兴农的目标导向及实现路径①

（一）引言

农业是国民经济基础，中国共产党和中国政府历来高度重视“三农”工作，将其视为“重中之重”并大力推进。党的十九大提出的乡村振兴战

① 本部分内容刊发于《农业经济与管理》2020年第1期，作者：杜国明等。

略更是将农业农村发展摆在优先位置。自改革开放以来，中国农业发展日新月异，取得了举世瞩目的成就。1978~2018年，中国粮食总产量从3.04亿吨增至6.58亿吨，农业总产值由0.11万亿元增至6.17万亿元，农民人均纯收入由133.6元提高至14600元，呈现稳步增长态势。党的十八大之后，一系列强农惠农富农政策的实施，使我国农业现代化建设水平稳步提升，农业生产能力得到较大提高，农村人居环境得到极大改善，农村基础设施建设逐步完善，农村社会和谐稳定。农业发展为保障国家粮食安全、保持社会稳定、促进二三产业发展、推动城镇化进程发挥重要作用。但是，近年来，随着改革开放的不断深入、各类产业发展的速度差异、生态环境问题的日益凸显、国际竞争的空前加剧，农业发展总体上面临生态环境失调、供给结构失衡、产业效益失势、国际竞争失力的问题。因此，在2018年的中央农村工作会议上，习近平总书记审时度势地提出了实施质量兴农战略。质量兴农战略的提出符合时代发展需要，与我国农业正处于转型升级的攻坚期一脉相承，为农业转变发展方式、调整种植结构指明方向，也为乡村振兴注入活力与新鲜血液。

质量兴农战略及《国家质量兴农战略规划》出台后，学术界与政府部门分别从区域农业高质量发展存在的问题、推进方向和策略、实现途径等方面加以探讨。邓雪霏等（2019）分析了在农业供给侧结构性改革下，黑龙江省农业发展存在的突出问题，并提出推进农业高质量的多维路径和策略①；陈国有（2019）认为，实现质量兴农需要夯实生产能力、推进三次产业融合、建立农业特色品牌与产业联结机制途径②；于康震（2019）认为，实施质量兴农策略就是推进农业标准化生产、推进风险防控、建立农产品质量安全责任制、打击违法违规行为③；夏英等（2018）认为，质量兴农与绿色发展是解决我国社会主要矛盾在农业方面战略转变的措施④。以上研

① 邓雪霏，卢博宇，李钢.关于推进黑龙江省现代农业高质量发展的多维路径探讨［J］.黑龙江农业科学，2019（9）：121-124.

② 陈国有.质量兴农、绿色兴农的几大途径［J］.农家参谋，2019（2）：7.

③ 于康震.我国质量兴农推进方向及策略［J］.农产品质量与安全，2019（2）：3-7.

④ 夏英，丁声俊.论新时代质量兴农绿色发展［J］.价格理论与实践，2018（9）：5-13.

究成果为本研究奠定了理论与实践基础，但这些研究缺乏对质量兴农的内涵、目标导向与具体实现路径的深入解析以及对实施质量兴农战略的系统性研究。

综上所述，本研究通过深入解读质量兴农战略，创造性地提出了质量兴农的科学内涵与目标导向，分析了当前实施质量兴农战略面临的问题和挑战，系统性地提出了质量兴农的实现路径，以期为质量兴农战略的有效实施以及各地质量兴农战略规划的编制提供借鉴与参考。

（二）质量兴农的科学内涵与目标导向

根据《国家质量兴农战略规划（2018~2022年）》中提出的质量兴农发展目标，本研究提出质量兴农的科学内涵，即以农业高质量发展为总方针，以绿色化、品牌化、特色化、优质化为总要求，将不断提高经营者素质、增强农业供给体系质量、优化农业结构布局质量、提高农产品质量、完善农业发展质量、增强国际竞争力为总基调，构建现代化农业产业体系、生产体系、经营体系，不断促进农民增收、农业发展、农村繁荣，实现农业现代化，推动乡村振兴。作为深化农业供给侧结构性改革，解决当前“三农”发展不平衡、不充分问题以及实现农业现代化的战略安排，质量兴农战略具有强大生命力。质量兴农战略即以农产品质量高、农业生产效率高、农业综合效益高和农产品市场竞争力强作为目标导向，体现了对农业生产经营主体和农业生产过程的新的内在要求。为实现质量兴农目标，应提升以下几个“质量”。

1. 提高农产品质量，满足市场需求

农产品质量是指农产品类型、数量以及口感、品质、营养等特性满足广大消费者的程度。农产品质量高主要是优质农产品供给种类多、口感好、品质优、营养均衡、特色鲜明，农产品在供需水平上实现均衡发展，可有效满足消费者多样化、高品质、个性化消费需求。在农业发展与管理实践中，农产品质量突出表现为具有绿色、有机、地理标志等优势特色农产品的认证登记数量较多、面积与产量规模较大、市场占有率较高。随着人们生活水平提升，对农产品需求日益分化、多样化，提高农产品质量，

有利于提升人们消费结构，增强消费者幸福感、获得感。

2. 增强农业供给体系质量，提升农业竞争力

农业供给体系质量是指劳动力、土地、资本、制度、技术等农业要素的供给状况满足农业转型发展、高质量发展的程度。农业供给体系质量主要是农业生产必需的各种要素可及时、足量、实地有效供给、高效组合与集成，发掘农业多种功能，拓展农业增值空间，还可提升农业生产创造力、竞争力和全要素生产率（王敏琴，2018）[①]。推进质量兴农实施的内在要求必须增强农业供给体系，加快农业供给侧结构性改革，充分利用国际国内两种资源，在各种农业生产主体、各种农业主产区和各类农业区的不同尺度上实现农业要素优化组合，提升农业综合竞争力。

3. 优化农业结构布局质量，提高农业生产效率

农业结构布局质量包含农业生产结构质量和布局质量两方面。农业生产结构质量是指农业内部各产业结构、农产品产出结构符合当地农业供给体系特点并满足市场需求的程度，农业布局质量指农业生产布局符合农业资源可持续利用、区域分工清晰、区位优势突出的程度。农业结构布局质量高主要是农业生产各部门、各种类的区际分工明确、区内结构合理，各地农业资源可持续高效利用，区位优势可充分发挥。因此，实施质量兴农战略利于农业区际分工更优化、业态更多元化，农村三次产业融合程度更高，全面提高农业劳动生产效率、土地产出率、资源利用率。

4. 提高农业发展质量，增强农业综合效益

农业发展质量是农业发展与当地农业资源环境承载力、社会经济发展相协调，与其他区域农业发展具有竞争力和互补性的程度。农业发展质量高，不仅表现为高标准的农产品、高效益的农业产业，还表现为高完备的农业生产经营体系、高品质的市场竞争力和高水平的可持续发展能力（蒋和平，2019）[②]。提高农业发展质量要求在保持农产品种类与数量基本稳定

---

① 王敏琴，王建华，赵利梅.基于全要素生产率视角的家庭农场创新驱动研究——来自无锡228户家庭农场的经验数据［J］.农村经济，2017（5）：32-38.

② 蒋和平，杨东群.新中国成立70年来我国农业农村现代化发展成就与未来发展思路和途径［J］.农业现代化研究，2019，40（5）：711-720.

基础上循序渐进提升质量，紧跟市场变化与需求，培育地方优势特色产业和农产品，增强农业科技成果转化与应用，加强农产品质量监管。因此，提高农业发展质量就是要完善农业发展制度体系，增强农业发展协调性，大幅提升农业发展综合效益。

总之，“质量兴农”的高质量要求生产的农产品本身必须绿色安全、品质上乘、营养丰富、附加值高、个性化强、类型多样、精准对接市场需求；农业生产过程绿色化、优质化、标准化，农业产地、生产过程、农产品质量得到有效监管与控制；形成合理的农业产业体系、生产体系、经营体系，努力打造本地市场、地区市场、区域市场、全国市场、国际市场；农业生产与区域农业资源禀赋相匹配、与经济社会发展相协调、与生态文明建设相衔接。质量兴农核心是确保农产品质量安全的前提下实现农业效益高，只有农业产业效益高，才能通过农业高质量发展促进农民增收和农村发展。

（三）质量兴农面临的现实问题

目前，我国经济已由高速增长阶段转向高质量发展的崭新时代。作为农业大国，农业发展也必须紧跟时代要求进行农业供给侧结构性改革，走质量兴农之路，进入高质量发展阶段，加快补齐农业短板，实施质量兴农战略，实现我国由农业大国向农业强国转变（韩长赋，2018）[①]。然而，当前我国农业发展中仍面临一些问题与挑战，如农业增产以粗放型增长方式为主，农业比较效益低，农业生态环境遭到不同程度破坏，农产品结构单一且存在质量安全隐患、竞争力不强等农业产业发展不平衡不充分问题（龙云安，2019）[②]，成为制约我国实现振兴乡村、全面建成小康社会与社会主义现代化强国的重要因素（钱正武，2018）[③]。

---

① 韩长赋.深入实施农业质量年行动加快推进农业转型升级［J］.吉林农业，2018（6）：7-118.

② 龙云安，陈国庆，王辉艳.中国农业产业发展不充分与农业科技创新补齐机制研究［J］.农业经济，2018（7）：14-16.

③ 钱正武.论新时代乡村振兴战略的四维导向［J］.内蒙古社会科学（汉文版），2018，39（5）：7-12.

1. 农产品结构单一，影响消费者多样化需求

随着我国城乡居民收入水平整体提高，人们消费水平与消费结构日益升级，对农产品生产提出绿色化、优质化、有机化、多样化、个性化、安全化的要求。而我国农产品一直是以供给质量一般且畅销较好的土地密集型产品为主，种植业比例偏高，农产品结构较单一，特色农产品趋同化严重且不显著（杨军等，2018）[①]，农业供给结构合理性较差，与市场需求不相匹配，不能满足消费者日趋多层次的农产品消费需求。因此亟待解决我国农产品由增产向提质转向，推进农业供给侧结构性改革，提供高质量农产品，满足消费者对农产品多样化、个性化的需求。

2. 农业比较效益低，影响农民增收致富

党的十八大以来，我国农民人均可支配收入逐渐增长，由2013年的9429.6元增至2018年的14617元，年均增速9.2%，但增长速度逐渐变缓，2014年为11%，而2018年降为8.8%，主要原因是家庭经营性收入增长速度由2014年的7.7%降至2018年的7.4%，且家庭经营性收入占比也由2014年的41.7%降至2018年的36.9%。由此可见，农民人均纯收入虽持续增加，但经营性收入增长乏力，农民务农积极性不高；相比第二、第三产业，我国农业比较效益仍较低，农业产业链不长，产销市场不对称，农业多而不强、大而不优，农业竞争力不强，农业总产值较低，长期将会影响我国粮食安全。因此，应着力加强农业提质增效，推进农业供给侧结构性改革，拓宽农业多功能性，扩散农业增值空间，扩展农民增收渠道，使农民生活逐渐富裕进而达到小康水平。

3. 农业面源污染严重，制约农业实现绿色、生态、可持续发展

我国耕地面积仅占世界耕地总量的7%，而化肥消耗总量却占世界化肥消耗总量的40%（常小东，2019）[②]，农药、化肥与农膜的大量使用使环境污染越来越严重，耕地质量持续下降。我国重度污染耕地约333万公顷，

---

① 杨军，董婉璐. 中国农产品贸易变化新特征及其政策启示［J］. 经济与管理，2019，33（5）：36–41.

② 常小东. 质量兴农战略下农产品质量安全水平提升问题研究［J］. 长春工程学院学报，2019，20（2）：41–44.

每年使用的化肥量超过4100万吨，使用污水灌溉的农田面积超过330万公顷（赵予新等,2019）①。这不仅造成农业资源浪费，还破坏农业生态环境，如近年来黑土地退化，土壤板结、盐渍化、酸化，过度放牧、水土流失等一系列生态环境问题，严重制约农业可持续发展（董亚珍,2010）②。因此，应加快转变农业生产方式，加强农业生态文明建设，修复农业生态环境，走农业高质量绿色发展之路。

4. 农产品国际竞争力较低，影响我国实现农业强国

自2001年我国加入世贸组织（WTO）之后，我国农产品也逐渐融入国际市场，积极参与国际农产品市场竞争，但我国以生产劳动密集型农产品为主，资源密集型农产品受国内资源限制产量较少，无法满足国内消费者多样化需求，重要粮食进口总量逐年增加，如2018年我国农产品进出口总额达2168.1亿美元，同比增长7.7%，贸易逆差为573.8亿美元，增长14.0%，谷物进口2050.2万吨，大豆进口8803万吨。虽然2018年我国大豆、谷物进口量受国际环境影响较2017年同比有所下降，但进口总量依然较大，贸易逆差较大的现象在未来一段时间内依然存在。因此为了增强我国农业国际竞争力，需要全面提高农产品质量，最根本是要提高农产品供给体系、供给方式的质量。

（四）质量兴农的实现路径

质量兴农首要原则是质量第一、效益优先，不断提高农业效益是农业高质量发展内在要求和必然结果。一般而言，提高农业产业效益，需要从节本和增效两个方面着手实施。所谓节本就是节约农业生产成本，提高农业生产要素的生产效率。如通过土地整治，提高土地生产潜力，可提高农作物单产；通过组织化、规模化经营，可提高农业机械化效率、物资采购效率、生产管理效率；通过推广使用新型农艺和植保技术，可减少化肥、农药、除草

① 赵予新，孙红霞.农业供给侧结构性改革下质量兴农的路径与对策［J］.现代商业，2019：44–47.

② 董亚珍.我国农业可持续发展的瓶颈因素与对策［J］.经济纵横，2010（5）：77–79.

剂使用，降低要素投入成本；通过发展节水灌溉技术，节省地均灌溉用水量。增效就是通过提高价格或增加产量等，实现农产品整体增值和产业增效。如通过绿色化、有机化生产，提高农产品质量，从而提升农产品价格，达到优质优价；通过特色化生产，生产出具有地域特色的农产品，形成一定程度的农产品垄断价格；通过农产品品牌化建设，提升农产品知名度、认可度和市场需求量，进而提升农产品价格；通过农业生产多功能性开发，在农产品生产与销售的同时，开发观光、体验、科研、休闲、养生等多种功能，从而提高生产效益；通过延长农业生产的产业链，集产、工、销于一体，实现三次产业融合发展；通过高强度投入，生产高附加值、非本地性或反季节农产品，发展设施农业，大幅提升农产品产值；通过发展循环农业，实现废弃物的资源化利用，实现农业增值增效。无论节本还是增效，往往伴随着产前大规模投入，生产过程的组织化创新、生产方式与生产流程的技术创新，产后的质量认证、品牌打造和产品营销。为实现农业提质增效，针对当前农业发展面临的困境和挑战，必须正本清源，明确农业效益来源，围绕农业结构和空间布局、农业规模经营、农业增长方式、农产品质量管理体系、农产品品牌等方面思考实现质量兴农的基本路径。

1. 以优化农业结构和空间布局为基础提升农业结构效益

结构效益就是通过优化区域性的农产品结构、提高农业生产技术结构、开拓农业销售市场结构、调整农业生产组织结构、合理进行空间布局提升农业综合效益。一个区域内的农业生产结构直接影响该区域农业发展多样性水平和可持续性程度。如果区域农业结构过于单一，虽然利于提升专业化程度，但难以形成有效的轮作制度、无法形成科学合理的循环农业，连续的重茬必然导致土壤理化性质下降，影响耕地资源可持续利用。过于单一的农业结构也使该区域面临较大市场风险，应对风险能力也十分脆弱。优化农业结构，充分利用区域耕地资源的多样性禀赋、针对多样化的市场需求，发展多样性的农业生产，打造农业生产地域综合体，有助于提升区域农业综合效益。农业资源禀赋的区域差异性客观存在，农业发展的区位分异客观存在。因此，发展农业的过程中，必然要基于耕地资源禀赋和区位条件的差异性，因地制宜进行农业布局，为更大地域范围的农业生产分工创造条件，突出各地比较优势，提升农业生产效益。在市场经济高度发展背景下，不断优化和调整区域农业生产结构、技术结构、组织结构、市场结构和空间布局是提升农业效益的必然要求。

2. 以发展农业适度规模经营为引领提高农业规模效益

规模效益是指通过发展农业适度规模经营可以产生最佳农业经济效益。当前，全国农地流转加剧，各类新型农业经营主体涌现，农业经营规模不断扩大。但我国长期以农户家庭经营为主体、经营规模偏小的现状还未彻底改变，必须进一步减少经营主体数量、扩大经营规模。在发展规模经营过程中，必须注意不同地区、不同类型经营主体的适度规模，因地制宜发展规模经营。随着土地经营规模扩大，对生产能力、经营能力、管理能力提出更高要求，经营风险也显著扩大。各经营主体必须立足资金规模、人力状况、技术水平、市场状况开展适度规模经营。必须注意土地流转成本提升对整个生产经营的影响。在土地流转比例较高地区，土地流转价格往往受供求关系变化而不断提升，直接影响农业生产经营主体的生产成本结构，诱使农业生产经营主体走上耕地非粮化甚至非农化道路，有悖于农业发展初衷。合理调控土地流转价格、保护土地流转双方利益、促进农业可持续发展十分必要。

3. 以改变农业增长方式为导向增加农业集约效益

集约效益就是通过增加农业生产的要素投入，调整农业要素的组合方式、提高农业经营者素质达到一种高效、协调、可持续的内涵式增长方式，进而实现农业效益最大化。根据边际报酬递减规律可知，在其他技术水平保持不变条件下，当连续且等量地把其中一种可变要素增加到其他一种或几种数量不变的生产要素上去的过程中，该要素投入带来的边际产量先增加后递减。因此，在农业生产中，必须寻求各种可变生产要素最为合理的投入强度及组合比例，实现边际效益最大化；必须注意各种生产技术的更新，不断调整优化各要素投入的比例结构，与时俱进地实现边际效益最大化。与此同时，必须认识到不同类型不同方式的农业生产，其投入强度存在显著差异，必须根据农业区位状况实现差异化生产，形成符合区域结构特征的杜能“农业圈”。

4. 以完善农产品质量管理体系为重点提升农产品质量效益

质量效益就是通过开展农产品质量管理，提高农产品质量、达到优质优价进而提升农产品效益。随着人民收入水平和生活水平不断提升，人口的阶层分化和饮食消费习惯逐渐差异化，人们对不同种类、不同品质、不同特色的农产品需求日趋多样化。因此，无公害、绿色、有机以及名、优、特、新优质农产品层出不穷，优质优价既是广大农业生产者的追求，也成为广大消费者认可的基本理念。但由于农产品质量管理体系还不完善，优质优价市场机制还不健全。在质量兴农背景下，追求农产品优质优价是农业生产者、经营者、消费者和管理者的共同目标。

5. 以建立农产品品牌为平台增强品牌农业效益

品牌效益就是通过注册并宣传农产品品牌，提升农产品知名度、认可度和市场价格，提升农产品经济和社会效益。在市场经济高度发展背景下，品牌效应日益成为各类企业发展壮大的基本途径和重要追求。品牌就是指高质量、高信誉、高效益、低成本（姜冰，2018）①。一个品牌体现一个企业占据市场的主导地位。近年来，在农产品质量认证、地理标识的基础上，农产品品牌大量涌现，品牌农业成为一些企业和地区发展农业的重要手段。农业经营者发展品牌农业，首先要取得相关质量认证，获得相应商标权，提高市场对品牌认知度，并在社会上赢得较好口碑，从而获取较高经济社会效益。在创建农业品牌和扩大品牌覆盖面的过程中，必须不断优化农产品结构，提高农业生产、加工、保存、运输的技术水平和管理能力，走出具有特色农业的企业发展之路。农业品牌营销，不同于一般工业品营销，是要融合农业三次产业，甚至把控农业全产业链，实现质量和安全都可追溯的大食品业（田剑英，2018）②。品牌农业实现有赖于大型企业的支持与参与，品牌农业发展是对农户家庭经营方式的彻底摒弃，是以规模经营获得高效益的规模农业，品牌农业的发展背后是农业发展方式的重大变革。

① 姜冰，张倩楠，辛天琦等.供给侧改革“加减法”视域下农产品品牌营销对策——以黑龙江省哈尔滨市为例［J］. 农业经济，2018（9）：120–122.

② 田剑英.农业全产业链融资方式与完善对策——基于浙江省55条农业全产业链的调查与跟踪研究［J］. 经济纵横，2018（9）：112–121.

6. 以开拓农业多功能为目标增加农业拓展效益

拓展效益就是在原有农业生产的基础上，通过拓展农业多功能性、发展循环农业、延伸产业链条等方式实现农业增值、提升农业效益。近年来，多功能农业兴起，在原有农产品生产的基础上拓展游览、体验、科研、采摘等多种功能，实现大幅度增值。发展循环农业，可实现农业废弃物的资源化利用、缩短农业用地和生产资料闲置时间，提高生产要素利用率和利用水平，从而拓展农业效益。延伸产业链，实现农村三次产业融合发展是当前及未来农村农业经济发展的必然趋势，通过“粮头食尾”“农头工尾”式的产业融合发展，促进当地人口就业，实现农产品多样化和增值化，大幅提升农业效益。

质量兴农的实现路径如图16-1所示。

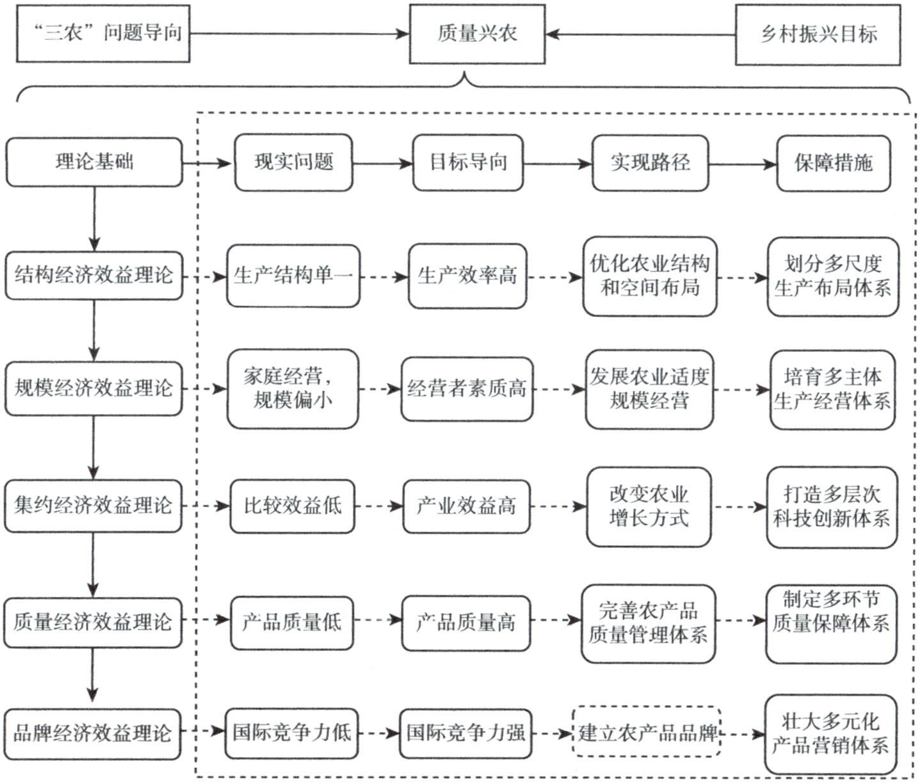

图16-1　质量兴农的实现路径

（五）推进质量兴农实施的保障措施

质量兴农是新时期实现农业现代化的关键与核心，是促进农业高质量发展的基础，也是全面振兴乡村的重要举措。质量兴农战略千头万绪、任重道远。要将质量兴农战略落到实处、取得实效，推动六个基本路径的顺利实施，必须采取划分多尺度生产布局体系、培育多主体生产经营体系、打造多层次科技创新体系、制定多环节质量保障体系、壮大多元化产品营销体系等关键性保障措施，有序稳步推进质量兴农战略。

1.划分多尺度生产布局体系

农业生产的对象是动植物，不同动植物其生长发育要求及最为适宜的自然条件不同；不同农产品，生产技术要求和市场需求主体不同。我国各地自然地理条件差异巨大，社会经济技术发展水平不同。因此，农业生产具有显著地域性。在农业生产自然地理依赖的地理分异规律以及农产品销售市场依赖的区域分工规律的共同作用下，农业生产必须构建多尺度生产布局体系。在宏观尺度上，需要划定粮食生产功能区、重要农产品生产保护区、特色农产品优势区（杨庆，2019）①，为国家尺度的农业地域分工和农产品市场调控创造条件；在中观尺度上，要划定立足匹配水土资源，落实主体功能和国土空间规划，统筹生产空间与生活空间、生态空间的关系（李欣等，2019）②，明确优化发展区、适度发展区、保护发展区，为农业资源可持续利用创造条件；微观尺度上，要划分农业生产轮作区、循环农业区、高新农业示范区等，因地制宜地构建区域农业发展模式，为激活区域生产主体活力创造条件。

2.培育多主体生产经营体系

当前我国农业正在由传统农业向现代农业转型，由数量优先向质量优先转型，由家庭联产承包背景下的农户分散经营向各类新型主体规模经

---

① 杨庆，蒋旭东，闪辉.长江三角洲地区农产品主产区域粮食生产效率研究［J］.中国农业资源与区划，2019，40（8）：141-147.

② 李欣，殷如梦，方斌，等.基于“三生”功能的江苏省国土空间特征及分区调控［J］.长江流域资源与环境，2019，28（8）：1833-1843.

营转型。当前普通农户、种养大户、家庭农场、合作社、企业、社会化服务组织并存，在共同争夺并利用有限的农业资源。因此，必须根据各地实际，有序培育各类农业生产经营主体稳步发展，让其分别有不同发展定位和市场定位，不能因为发展新型经营主体而限制和打压普通农户；必须构建符合各地实际的小农户与现代农业对接模式，充分保障广大农户利益；必须大力培育新型职业农民，实现农业从业人员年轻化、专业化、职业化，促进各类新型生产经营主体和社会化服务组织发展。

3.打造多层次科技创新体系

农业现代化的实现必须依靠农业科学技术的创新，农业科学技术是农业第一生产力、竞争力。因此必须提高农业科技创新力，走科技富农、强农道路。首先，加快培育适应我国不同地理环境的新品种，以提高农业质量并保障我国粮食安全；其次，创新农业的现代化生产技术体系，提高农业生产效率与生产方式质量。加大农业科研投入，重振农业机械装备制造业，研发节能型、复合型农业机械并大力推广使用。将信息化、智能化手段应用于农业现代化生产中，加大农业生物工程技术的研发与应用。加快创新农业生产经营组织模式，探索新型农业产业化经营组织形式，以提高农业组织形式质量，提升农产品国际竞争力。为满足消费者多样化需求，利用现代网络技术与便捷的交通方式创新农业营销模式，可发展订单模式、农超对接模式、产业融合模式、配送直销模式、农特微商模式、互联网销售模式、会员模式等，通过多样化营销模式倒逼农业高质量发展。

4.制定多环节质量保障体系

当前提高农产品质量事关人民群众安危与社会和谐稳定，是一项惠民工程。因此，为保障人民“舌尖上的安全”，相关部门需要制定一套完善的多环节质量保障体系，运用行政手段确保农产品质量安全（曾华盛等，2019）[①]。一是建立健全农业生产质量标准体系，在农产品生产、加工、储藏、流通、消费等关键环节全面实行标准化生产与管理；二是建立农业标

① 曾华盛，苏柳方，谭砚文.农产品质量安全媒体负面报道对农产品价格波动的异质性影响［J］.农业技术经济，2019（8）：99-114.

准化生产示范体系，全力推动农业标准化基地建设；三是建立农产品质量认证与检测体系，对绿色、有机食品与无公害农产品加大开发和认证、检测力度；四是建立健全农业投入品监管体系，为保障农产品质量安全首先确保投入品安全，应逐步试行农资连锁经营、农技与农资相结合、企业直销、龙头企业带动等农业投入品服务模式，从根源上保证农产品质量安全；五是建立农产品质量安全监管体系，建立省、市、县、乡四级农产品质量安全监管机构。

5.壮大多元化产品营销体系

农业生产效益实现有赖于农产品进入市场的表现。因此，必须根据各地农产品生产规模与质量特征，有效对接当地市场、地区市场、全国市场与国际市场，从而形成布局合理、分工明确、优势互补的田头性、区域性、全国性的三级市场体系。将重要农产品主产区作为重点，建立全国性农产品产地市场。以特色农产品优势区为主要建设点，改造提升区域性农产品产地市场。在村镇生产集中度较高且市场基础良好地区，加快建设田头市场。市场建设关键是农产品营销体系建设，在电子商务快速发展的背景下，农产品市场营销体系正在发生深刻变革。各地必须在大力发展交通基础设施、仓储设施、通讯设施的基础上，鼓励不同类型农业生产经营主体积极参与，构建立足当地实际、符合市场发展趋势的多元化农产品营销体系，打通从产地到餐桌的通道，提升销售效率，将更多利润向生产主体倾斜。

三、乡村产业高质量发展的影响因素及形成机理①

（一）引言

2020年7月《全国乡村产业发展规划（2020~2025年）》提出了乡村产业的发展目标。2021年3月1日，全国推进乡村产业高质量发展视频会议进一步指出，通过抓“规划”、抓“平台”、抓“企业”、抓“要素”、抓“机制”

① 本部分内容发表于《农业经济与管理》2022年第2期，原文题目为“乡村产业高质量发展的影响因素及形成机理——基于全国乡村产业高质量发展‘十大典型’案例研究”，作者：王瑞峰、李爽。

来构建现代乡村产业体系。积极推进乡村产业高质量发展不仅是全面实施乡村振兴战略的内在要求，更是新形势下农业农村发展的现实需求。因此，厘清乡村产业高质量发展的影响因素，进而揭示乡村产业高质量发展的形成机制对乡村产业高质量发展的推进具有重要的理论和实践意义。

现阶段乡村产业高质量发展的直接研究成果相对较少，更侧重乡村产业兴旺及乡村产业振兴的角度展开研究。与本研究相关的文献大体可以分为以下四类：第一类文献指明乡村产业高质量发展的意义。已有研究认为乡村产业高质量发展对于实现农业农村农民现代化、实现乡村振兴具有深远的意义，乡村产业高质量发展是实现乡村振兴、农业农村现代化的首要任务①。第二类文献科学阐释了乡村产业高质量发展的内涵特征。已有研究多从产业兴旺的角度阐释乡村产业高质量发展，产业兴旺要以农民为践行主体②、以农业供给侧结构性改革为主线③、以提升产业内生动力为核心④、以农民效用最大化为最终目标⑤。第三类文献多维度探讨了乡村产业高质量发展的影响因素。已有研究表明城乡融合发展、三次产业深度融合、农民参与分享、特色产业、政府干预等因素对乡村产业高质量发展起到重要的推动作用。第四类文献有针对性地提出了乡村产业高质量发展的实现路径。已有研究认为乡村产业高质量发展要走现代农业优先发展、特色农业有效补充⑥，立足乡村资源禀赋基础、激发乡村产业发展主动性与积极性⑦，以创

① 姜长云.推进产业兴旺是实施乡村振兴战略的首要任务［J］.学术界，2018（7）：5-14.

② 朱启臻.乡村振兴背景下的乡村产业——产业兴旺的一种社会学解释［J］.中国农业大学学报（社会科学版），2018，35（3）：89-95.

③ 吴海峰.乡村产业兴旺的基本特征与实现路径研究［J］.中州学刊，2018（12）：35-40.

④ 郭芸芸，杨久栋，曹斌.新中国成立以来我国乡村产业结构演进历程、特点、问题与对策［J］.农业经济问题，2019（10）：24-35.

⑤ 朱启臻.关于乡村产业兴旺问题的探讨［J］.行政管理改革，2018（8）：39-44.

⑥ 崔彩周.乡村产业兴旺的特色路径分析［J］.中州学刊，2018（8）：47-52.

⑦ 李国英.乡村振兴战略视角下现代乡村产业体系构建路径［J］.当代经济管理，2019，41（10）：34-40.

新驱动为重要手段①、因地制宜的发展路径。

综上所述，已有文献从产业兴旺的角度对乡村产业高质量发展进行了较为全面系统的研究，但已有研究多是宏观维度的理论性阐述分析，缺乏足够的案例支撑和系统性的理论解释，难以为乡村产业高质量发展的可推广性提供准确的逻辑判断和现实依据。本研究与已有文献主要有两点不同：第一，在研究方法上，本研究运用扎根理论提炼乡村产业高质量发展的影响因素，相比已有文献的理论性阐述探讨更具理论和实践依据，更符合乡村产业高质量发展的实践与应用；第二，在研究机制上，本研究聚焦全国乡村产业高质量发展“十大典型”案例，在系统分析乡村产业高质量发展影响因素的基础上，构建乡村产业高质量发展形成机理分析框架，探索乡村产业高质量发展的形成机理，不仅可以从实践和理论维度丰富乡村产业高质量发展研究，而且有助于为乡村产业高质量发展的推广提供较为准确的逻辑判断与现实依据。

（二）基于扎根理论的乡村产业高质量发展十大典型案例分析

党的十九大以来，“三农”领域的经济高质量发展也在稳步推进。经过三年的不懈努力，我国乡村产业高质量发展也取得了一定的成效。2021年3月2日，农业农村部乡村产业发展司发布了全国乡村产业高质量发展“十大典型”，为构建现代乡村产业体系，全面实现乡村产业高质量发展开了一个好头。然而，乡村产业高质量发展受何因素影响？目前学界尚未得出普适性的研究成果。

1. 研究方法

扎根理论是一种无须在研究之前建立理论假设，而直接基于经验资料或实际观察归纳出经验概括，进而上升到理论体系的一种质性分析方法。扎根理论重视分析数据而不是搜集数据，一方面其强调行动的重要性，即要从实践问题中归纳理论；另一方面其强调从实践者的角度理解社会，即

① 完世伟.创新驱动乡村产业振兴的机理与路径研究［J］. 中州学刊，2019（9）：26-32.

从经验理解中归纳理论。其基本思路是从资料中产生理论、对理论保持敏感、不断比较、理论抽样、灵活运用文献、理论性评价，具体操作程序通常包括三个级别的编码（开放式登录、关联式登录、核心式登录）。

乡村产业高质量发展“十大典型”案例为总结归纳乡村产业高质量发展的实践与应用，提供了丰富的实践资料和经验资料，因此，本研究选择运用扎根理论对相关实践资料和经验资料进行分析，进而归纳概括并提炼我国乡村产业高质量发展的主要影响因素。

2.理论性抽样及数据收集

理论性抽样要求针对研究内容有目的性地去选择样本来实际观察或获取经验资料。农业农村部最新公布的全国乡村产业高质量发展“十大典型”案例，是近三年来全国乡村产业高质量发展推进工作的缩影，更是乡村产业高质量发展在我国最为成功的实践。本研究针对乡村产业高质量发展，以全国乡村产业高质量发展“十大典型”案例相关资料作为样本，基于实践和经验归纳、概括、提炼其主要影响因素，符合当前乡村产业高质量推广与发展的一般趋势，对后续全国乡村产业高质量发展的推进工作具有重要的指导和借鉴意义。

3.编码过程

（1）开放式编码。

开放式编码是对相关资料进行分解、测验、比较、概念化与类属化的过程。根据理论性抽样的最终目的，同时考虑到文本整理格式对数据呈现完整性的影响，本研究对上述所收集的全国乡村产业高质量发展“十大典型”案例资料提取相应特征，尽量保证每一个编码条目上呈现的特征都基本相同，以便于后续编码。另外，在开放式编码过程中，本研究尽量使用所收集资料中的词语或话语进行编码，以更加真实地呈现乡村产业高质量发展的主要影响因素，但在实际编码过程中发现许多语句呈现的特征内容基本相同或相近，因此本研究在开放式编码过程中尽量将特征相同或相近的语句使用同一个编码条目进行呈现。最终，本研究从理论性抽样文本的所有数据中共抽取了127个初始特征（见表16-1）。

表 16-1 开放式编码示例

序号	案例名称	文献资料或答句内容	开放性编码
			初始特征
7	四川明月村	坚定"竹海茶山明月窑"发展思路。依托3000余亩有机茶叶基地、8000余亩雷竹园区和300多年的明月窑，成立了明月村乡村休闲旅游合作社，推出农事体验、自然教育、制陶和草木染体验等项目，打造了蜀山窑、呆住堂艺术酒店等文创项目50余个，开发明月笋、明月染、明月陶等系列文创产品10余种，吸引150余名村民返乡创业就业，2020年合作社实现盈收130万元。同时，邀请全国各地新村民入驻，实现了浪漫田园和文艺村落融合发展，新村民与原住民互助共享	7-8成立明月村乡村休闲旅游合作社； 7-9推出农事体验等新项目、打造蜀山窑等文创项目、开发明月笋等文创产品； 7-10吸引150余名村民返乡创业，2020年合作社实现盈收130万元； 7-11邀请全国各地新村民入驻，实现了浪漫田园和文艺村落融合发展，新村民与原住民互助共享

（2）关联式编码。

关联式编码是发现和明确核心类属的过程，是对中心现象的概括。本研究在开放性编码所获取的127个初始特征的基础上，经过筛选、分类、合并、一致性检查等步骤，最终得到与乡村产业高质量发展相关度较高的所在区域、推动主体、组织模式创新、产业融合集聚、政策支持、人才支撑、平台支撑、品牌培育以及带动农民创业增收等9个子类属，并进一步分类合并为4个核心类属（见表16-2）。

表 16-2 关联式编码结果

核心类属	子类属	对应的开放性编码
政府	推动主体	1-1北京德青源农业科技股份有限公司以蛋鸡产业为抓手；2-1云州区委、区政府把"一区一业一品牌"作为全区特色产业发展主要抓手……
	政策支持	1-3县政府设立农业资产公司，打造金鸡产业园，享有固定资产所有权；2-2种植黄花可享受每亩每年500元的补贴，解决农民种植黄花前三年没有收入的担忧……
基础	所在区域	1-8北京德青源；2-11山西云州……
	平台支撑	6-6搭建国家级、省级研发平台84家，食品企业每年研发新品300个以上；6-7自主建设省级以上工程技术中心、博士后工作站、院士工作站等……
	人才支撑	4-6出台优越政策吸引优秀人才，实施青年人才"生根计划"；5-6支持乡村人才引进……

续表

核心类属	子类属	对应的开放性编码
品牌	品牌培育	2-10把大同黄花做成全国知名品牌；3-6培育创立“村姑进城”“蛮妞”等知名品牌……
	品牌推广	5-12举办特色乡村节庆活动，推动本地特色文化活动进入旅游市场；8-14组织中国苗绣公益展，将苗绣与现代都市接触、结缘，走向时尚和国际舞台……
目标	产业融合集聚	1-7通过种植合作社与德青源签订采购合同，带动当地绿色玉米种植；5-9依托农业产业资源和山水风光，延伸乡村旅游产业链……
	农民创业增收	1-5德青源公司投产20多个金鸡项目，雇佣农村劳动力1600多人；3-8带动27户贫困户脱贫，500余户农民致富……
	组织模式创新	3-7探索“党支部+合作社+基地+电商+贫困户”的“5+”模式；5-3涌现鲁家村“家庭农场+村+企业”等创新模式……

（3）核心式编码。

通过对关联式编码之间的关系比较，并不断与相关研究文献的结论进行对比，最终本研究确定“政府”“基础”“品牌”以及“目标”等5个乡村产业高质量发展的影响因素（见图16-2）。

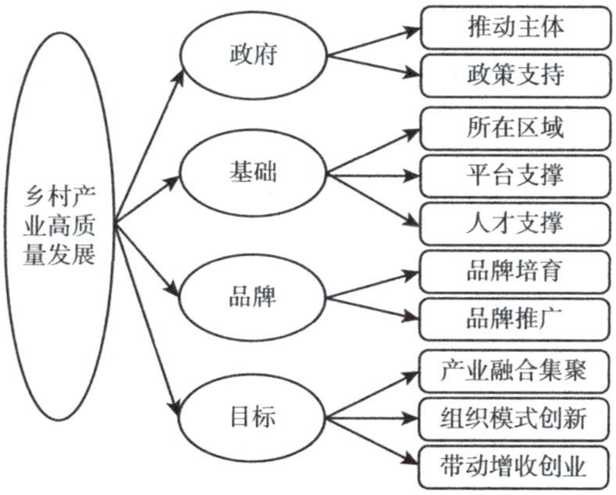

图16-2　乡村产业高质量发展影响因素

1）政府因素。

编码过程中发现，推动主体和政策支持是乡村产业高质量发展“十大典型”案例中的主导因素。以北京德青源为例，北京德青源农业科技股份有限公司作为核心企业、县涉农财政专项资金和政策性金融提供资本金投入，为北京德青源案例的“企农资产联合”提供了可能，为“三权分置、合作共赢”的德青源金鸡产业联农带农新模式的形成发挥了主导作用。由此可见，政府因素体现的是政府在乡村产业高质量发展的主导地位。乡村产业作为国家的基础性产业，其发展基础的薄弱性、经济的不确定性以及制度结构的不完善性使乡村产业的发展无法完全靠市场来调节，这就要求政府在乡村产业的发展过程中，尤其是从传统乡村产业向现代化乡村产业发展过程中发挥积极且重要的作用。政府因素包括推动主体和政策支持两个方面。一方面，现阶段实现乡村产业高质量发展需要政府主导。政府作为国家政策的具体执行者，由政府主导乡村产业高质量发展符合国情，在有条件的地区，由政府引导当地有势力的龙头企业作为乡村产业高质量发展的推动主体更有利于乡村产业高质量发展的推广。另一方面，乡村产业高质量发展需要政策支持。对于乡村产业高质量发展而言，政策支持不仅是导向标，更是政府为乡村产业高质量发展保驾护航的主要手段。在乡村产业高质量发展推进过程中，不仅要在政策上“扶上马”，还得在推进上“送一程”。不可否认，乡村产业高质量发展过程中，必然会遇到各种困难问题，这就需要各级政府有针对性地对处于不同地区、不同推动主体、不同推进阶段的乡村产业出台差异化的政策支持，为乡村产业高质量发展“保驾护航”，进而实现乡村产业高质量发展的最终目标。

2）基础因素。

编码过程中发现，所在区域发展状况、平台支持及人才支撑是乡村产业高质量发展“十大典型”案例形成的现实基础，良好的区域基础、平台及人才支撑是乡村产业高质量发展的必要条件，为乡村产业高质量发展提供现实基础。以福建晋江为例，晋江市在总结“晋江经验”的基础上，积极引导大学毕业生等高端人才参与农村创业创新，加快培育乡村产业发展新动能，2020年建设38个高素质农业农村“双创”团队，50家大学生经营规模农场，为福建晋江的农村创业创新集群发展提供源源不断的平台支持与人才支撑。由此可见，基础因素包括所在区域、平台支持及人才支撑三个方面。首先，所在区域对于乡村产业高质量发展而言是基础，地区经济发展水平、基础设施、资源禀赋等都会对乡村产业高质量发展产生重大影响；其次，乡村产业发展到一定程度后，载体和平台建设往往会成为其发展的瓶颈，载体和平台建设对于产业发展的质量、效益和竞争力往往具有关键的影响①；最后，人才是第一资源，是创新活动中最为活跃、最为积极的要素，是产业高质量发展必不可少的要素，乡村产业高质量发展同样需要人才的支撑。没有人才优势，乡村产业很难形成创新优势、科技优势，不可能有产业优势，也就更不可能实现乡村产业的高质量发展。可见，基础因素是支撑和促进乡村产业高质量发展的基础，更是实现乡村产业高质量发展路径选择的依据。

3）品牌因素。

编码过程中发现，特色品牌的培育与推广是乡村产业高质量发展“十大典型”案例形成的主要动力，品牌的培育与推广成为乡村产业高质量发展的重要途径。以贵州凯里为例，凯里市通过与深圳艺立方公司合作、要求明星代言等途径和方式将苗绣与现代都市元素接触，拓展苗绣的发展空间，打造苗绣品牌形象，提升苗绣市场影响力。由此可见，品牌因素体现的是乡村产业高质量发展的首要任务和突破口。“酒香也怕巷子深”，乡村特别是偏远地区的乡村产业难以快速发展的一个重要的症结就在于品牌培育与推广难。一方面，品牌培育是不断创新的过程。品牌培育所形成的竞争力能够促进企业持续开拓市场、巩固市场。对于我国乡村产业而言，限于乡村发展历史、乡村文化、资源禀赋等因素制约，乡村产业品牌培育相比其他产业，无论是从意识还是过程均处于落后水平，乡村产业发展并未享受品牌所带来的溢出效应。另一方面，品牌培育是不断推广、不断提升知名度的过程，是树立乡村产业形象与口碑的过程。乡村产业受限于技术发展水平、基础设施等制约，其形象与口碑在市场上的认知程度不高，被市场接受的难度也较大。随着互联网的普及，品牌推广可以利用免费的互联网资源实现，而且其信息覆盖面广，能够在短时间内为消费者所熟知，

① 姜长云.科学理解农业供给侧结构性改革的深刻内涵［J］.经济纵横，2017（9）：24-29.

再辅以产品或服务品质的保证，则有助于扭转市场对乡村产业的观念，提升乡村产业品牌的知名度和认可度。

4）目标因素。

编码过程中发现，产业融合集聚、组织模式创新及带动农民增收创业是乡村产业高质量发展“十大典型”案例形成的最终目标，为乡村产业高质量发展指明了方向。以河南漯河为例，河南省漯河市以带动农民创业增收为目的探索出三链同构、集群协同的农食融合乡村产业高质量发展模式，2020年全市带动农户25万，户均增收3000多元。由此可见，目标因素体现乡村产业高质量发展的综合性，呈现的是乡村产业高质量发展的现实需求和发展方向。其主要包括产业融合集聚、组织模式创新及带动农民创业增收三个方面。首先，产业融合集聚发展是乡村产业高质量发展的必由之路。乡村产业高质量发展不能局限于某一领域、产业或地域，需要打破行业、区域、城乡间的障碍，促进产业间资源优势互补、良性互动。其次，组织模式创新有利于改变传统乡村产业发展模式，助推乡村产业高质量发展。组织模式创新是激发乡村产业活力的关键所在。最后，发展乡村产业是实现农民增收致富的根本之策，乡村产业高质发展是持续拓宽农民的增收渠道、提升农民福祉、实现共同富裕的基础。乡村产业高质量发展的践行主体是农民，其最终目的也只能是实现农民效用最大化，而农民创业增收则是农民效用最为直接的呈现。

（4）饱和度检验。

本研究在开放式编码、关联式编码及核心式编码过程中均经过反复的筛选、分类、合并、一致性检查。为检验本研究构建的农村电商特征维度的饱和度，本研究通过中国最大的学术期刊网站——CNKI，以“乡村产业振兴”为关键词，搜索CSSCI来源期刊，选取“相关度”高且“被引频次”较多的前10篇文献（刘海洋，2018；袁树卓等，2018；申云等，2020；张利痒等，2019；完世伟，2019；张晓山，2019；蒋辉等，2020；韩立达等，2018；朱启臻，2018；周立等，2018），并以上述文献的“摘要”内容为样本，进行再次编码后，并未发现新影响因素的出现。因此，可以认为本研究的编码结果达到了理论饱和。

（二）乡村产业高质量发展的形成机理分析

乡村产业高质量发展的形成机理可以基于现实需求和发展方向的目标导向，从外在机理、内在机理两个维度进行分析。乡村产业高质量发展的形成机理主要包括三个方面：一是乡村产业高质量发展形成的外在机理，主要是外部环境变化以及政府因素对乡村产业高质量发展形成的影响；二是乡村产业高质量发展形成的内在机理，主要是基础因素和品牌因素对乡村产业高质量发展的影响；三是乡村产业高质量发展的目标导向，主要涉及产业融合集聚、组织模式创新、带动创业增收三部分内容。图16–3总体描述了乡村产业高质量发展形成机理的基本分析框架。

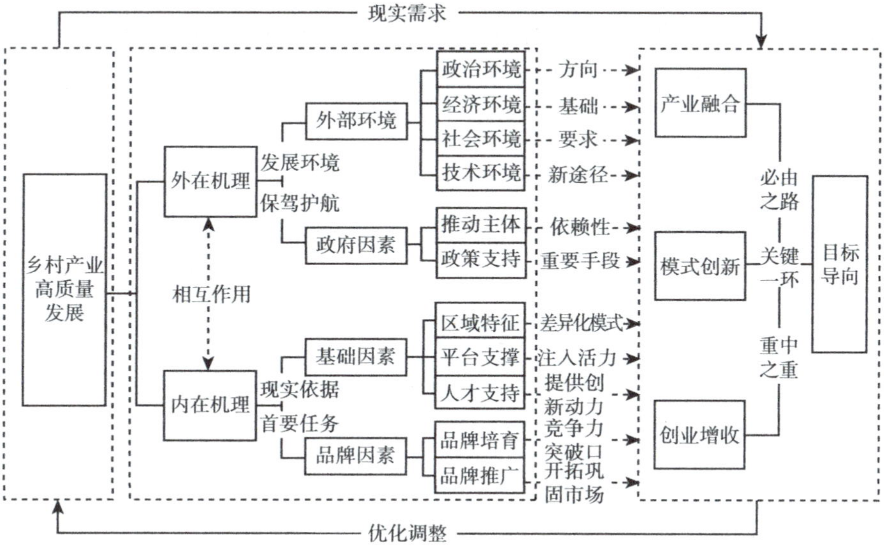

图 16–3 乡村产业高质量发展形成机理分析框架

图16–2显示，乡村产业高质量发展主要受政府因素、基础因素、品牌因素及目标因素四类的影响，四类因素之间又是相互关联相互作用的。图16–3不仅揭示了乡村产业高质量发展的主要影响因素，而且展示了乡村产业高质量发展各影响因素之间的相互影响与作用情况，呈现了乡村产业高质量发展的形成机理，即“外在机理+内在机理—目标导向”。其中，外部环境是乡村产业高质量发展的环境基础，为乡村产业高质量发展提供方

向、基础、要求、新途径等良好的外部环境；政府因素是乡村产业高质量发展主导与引领，为乡村产业高质量发展保驾护航；基础因素是乡村产业高质量发展的支撑和核心，是乡村产业高质量发展路径选择的现实依据；品牌因素是乡村产业高质量发展的活力与个性，是乡村产业高质量发展创新和竞争力提升的突破口，是乡村产业高质量发展的首要任务；目标因素是乡村产业高质量发展的使命与愿景，是乡村产业高质量发展的现实需求与发展方向。四类因素的不同组合与外部环境变化的共同影响，决定了乡村产业高质量发展的形成与演进。

1. 乡村产业高质量发展的目标导向

为考察乡村产业高质量发展的形成机理，厘清其目标导向是关键。目标即是乡村产业高质量发展的使命与愿景，体现的是乡村产业高质量发展的现实需求与发展方向，最终实现的是农民效用最大化。乡村产业高质量发展的目标导向主要体现在产业融合集聚、组织模式创新及带动农民创业增收三个方面。

（1）产业融合集聚是乡村产业高质量发展推进的必由之路。

现阶段，我国乡村产业相比二三产业而言，要素配置低效、产业发展水平低等问题突出。为破解上述难题，以农业供给侧结构性改革为主线，逐步实现三次产业的彼此融合与互动发展已是大势所趋，产业融合集聚已经成为现阶段乡村产业高质量发展的必由之路，既是现实需求又是发展方向。对于乡村产业高质量发展而言，以龙头企业、优势产业为引领，打通产业链、供应链联结，将农业生产、加工、销售、旅游等有机整合，进而实现乡村产业与二三产业的协同发展就成为当前实现乡村产业高质量发展的必由之路。

（2）组织模式创新是乡村产业生产率和竞争力提升的关键一环。

随着工业化、信息化、城镇化等现代化进程加快，乡村产业原有的组织模式局限性日渐凸显，分散经营规模小、基础薄弱成本高、技术落后生产率低、品牌缺失竞争力弱等问题已经成为制约乡村产业高质量发展的瓶颈。为破解上述难题，乡村产业生产效率及竞争力提升是关键。而组织模式直接影响到产业的效率与竞争能力，只有通过组织模式创新将原有的分散经营规模小的企业和农户有机组织起来，建立与现代产业发展相适应的新型乡村产业经营管理体系，才能够更加有效地促进乡村产业生产要素的流动与优化组合，进而提升乡村产业的生产率和竞争力，实现乡村产业高质量的可持续发展。因此，加快推进乡村产业组织模式创新，积极引进并培育符合现代产业发展的新型乡村产业组织模式，也就成为实现乡村产业高质量发展的关键一环。

（3）多途径、多渠道带动农民创业增收是乡村产业高质量发展的重中之重。

2035年社会主义现代化远景目标要求城乡居民收入再迈上新的大台阶、城乡区域发展差距和居民收入差距显著缩小、共同富裕取得更为明显的实质性进展。这些目标的实现很大程度上要看“三农”工作成效，取决于农民收入水平的高低。为提升农民收入水平，多途径带动农民就业、创业、增收就成为当前“三农”工作的核心。推进乡村产业高质量发展以保障农民创业增收为核心目标，既是实现2035年远景目标的现实需求，更是乡村产业过程中必须关注的重中之重。因此，在乡村产业高质量发展的推进过程中，要积极寻求多渠道、多路径实现农民创业增收，要在产业融合集聚、组织模式创新中融入带动农民创业增收的目标，以提质促增效、融合促发展、创新促创业、转移促就业，为广大农民扩大增收途径、强化增收动力、创造增收机会。

2. 乡村产业高质量发展的外在机理

（1）外部环境变化为乡村产业高质量发展提供了优良的环境基础。

1）政治环境变化为乡村产业高质量发展指明方向。

首先，国际环境变化特别是2018年以来中美之间贸易摩擦频发，中美之间农产品的较量加大了乡村产业发展的压力，但同时又为乡村产业高质量发展提供了快速发展的空间；其次，2020年新冠肺炎疫情全球暴发，对全球农业发展带来了巨大冲击，世界粮食危机进一步加剧，粮食的稳定供给为乡村产业高质量发展带来新的要求；再次，农业生态环境日益恶化对乡村产业高质量发展提出了挑战，如何在发展乡村产业的同时确保资源环境永久持续支撑可持续发展是乡村产业高质量发展过程中不可逾越的障碍；最后，“十四五”期间我国全面推进乡村振兴工作为乡村产业高质量发展提供了良好的机遇。总体而言，无论是国际政治环境，还是国内政治环境都对乡村产业高质量发展提出了新的挑战，但同时又为乡村产业高质量发展指明了方向，营造了很好的发展环境。

2）经济环境变化为乡村产业高质量发展提供良好的经济基础。

虽然乡村产业高质量发展面临巨大的宏观经济环境压力，但是我国始终将农业农村发展作为经济发展的重中之重，2004年以来连续18年中央一号文件聚焦“三农”，尤其是2017年《中共中央国务院关于深入推进农业供给侧结构性改革加快培育农业农村发展新动能的若干意见》、2018年《中共中央国务院关于实施乡村振兴战略的意见》、2021年《中共中央国务院关于全面推进乡村振兴加快农业农村现代化的意见》等文件连续颁布，财政扶贫资金、农村卫生事业发展建设资金、种粮补贴、农机具购置补贴、金融助农等财政扶农助农举措多元化、体系化，为乡村产业高质量发展奠定了良好的政策和经济基础。另外，从我国经济结构转换、产业结构转型升级的结构来看，宏观经济环境的变化为乡村产业高质量发展提供了良好的经济发展基础。

3）社会环境变化为乡村产业高质量发展提出目标要求。

首先，鉴于我国农村区域无论是在经济社会发展水平，还是风俗习惯等文化方面均存在较大的差异，这就要求乡村产业高质量发展必然要走与城镇产业高质量发展不同的道路；其次，数亿人口居住在农村且多数为农民，乡村教育、医疗卫生等公共服务质量的差异也是造成乡村产业向高质量发展阶段转变的重要制约因素；再次，随着城镇化进程的推进，农业农村生产方式、乡村居民生活方式、家庭结构、价值观念、消费结构等均发生了重大改变，这些改变均对传统乡村产业的发展提出了挑战，为乡村产业高质量发展提供了现实条件和要求；最后，农民收入增速放缓，城乡、群体间收入差距扩大趋势进一步扩大，贫困地区农民脱贫、农民增收需求等均对乡村产业高质量发展提出目标要求并产生重大影响。

4）技术环境变化为乡村产业高质量发展提供新途径。

首先，经过多年持续大规模的公共投资建设，乡村基础设施建设取得巨大进步，但“最后一公里”问题仍然对乡村产业高质量发展造成巨大障碍；其次，“互联网+”、物联网、区块链、5G、AI等技术的普及，对传统乡村产业发展提出了挑战，但同时也为乡村产业的创新发展以及新模式、新动能的培育提供了机遇，尤其是智慧农业领域的兴起，为传统农业发展注入了新活力；再次，平台经济、数字经济等新型经济模式的兴起对传统乡村产业的发展带来挑战的同时，为乡村产业高质量发展提供了新路径，尤其是以电商平台为代表的平台经济已经在农业农村领域广泛推广，其在精准扶贫、拓宽农产品销售渠道、打破信息不对称、带动农民创业增收等方面均发挥了重要作用；最后，利用信息技术改造传统乡村产业，推进乡村产业发展方式转变，不仅是乡村产业高质量发展的新途径，而且是乡村全面振兴、实现农业农村现代化的重要途径。

（2）政府因素为乡村产业高质量发展保驾护航。

1）政府干预乡村产业高质量发展的动机及作用。

乡村产业作为国家的基础性产业，其发展基础的薄弱性、经济的不确定性以及制度结构的不完善性使乡村产业的发展无法完全靠市场来调节，这就要求政府在乡村产业的发展过程中，尤其是从传统乡村产业向现代化乡村产业发展过程中发挥积极且重要的作用。

首先，政府干预乡村产业高质量发展是国家经济社会发展的需要。党的十九大指出，我国经济由高速增长阶段转向高质量发展阶段，这一历史使命的实现既要充分发挥各经济主体的积极性和创造性，更要发挥党和政府在经济高质量发展中的积极作用，需要政府通过一定的方式加以推动、干预、引导，为我国经济高质量发展奠定坚实的基础。乡村产业高质量发展同样需要政府干预，只有政府充分发挥引导作用、推动作用、服务及监督作用，实现政府与市场更为有效地结合，才能保障乡村产业高质量发展符合我国经济转型的需求，符合国家、社会、农村、农民的需求。

其次，政府干预乡村产业高质量发展是当前市场机制缺陷的必要补充。市场机制在市场经济中发挥着基础性的资源配置功能，能够实现社会资源的最优配置。但市场调节机制也存在一定的缺陷，市场机制缺陷主要体现在无法有效调节产生外溢因素的各种活动（如对生态环境的污染）、不能充分提供公共产品。而对于乡村产业而言，产业活动所产生的外溢因素以及提供公共产品又是其核心部分，因此单纯靠市场机制的自我调节作用将无法实现乡村产业高质量发展。因此，在乡村产业高质量发展过程中必须进行适度的政府干预，通过政府干预这只“有形的手”与市场机制这只“无形的手”有机结合起来，进而实现乡村产业高质量发展的最终目标。

再次，乡村产业高质量发展具有对政府干预的特殊依赖性。乡村产业具有保障国家粮食安全的基本功能，乡村产业发展的安全性及可持续性必须有所保障，而这一点只有国家政府的干预才能做好。另外，乡村产业相对于二三产业的弱质性和小规模经营的弱势地位也造成乡村产业的转型发展对于政府干预具有特殊的依赖性①。一方面，逐步培育以家庭农场、农民合作社、集体经济组织等规模经济组织形式转变，进而改变当前小规模经营的弱势地位，必须有政府强有力的政策、制度和体制的干预与支持；另一方面，通过引导二三产业的优势资源参与乡村产业发展，进而带动乡村产业高质量发展，仅靠市场机制的调节是无法做到的，必须有政府的干预才能实现。

最后，政府干预乡村产业高质量发展具有重要作用。对于我国现阶段推进乡村产业高质量发展而言，政府干预同样也发挥着重要的作用。一是政府干预有利于弥补市场机制调节中乡村基础设施建设的薄弱环节，进而促进乡村产业的可持续发展；二是政府干预有利于保障农产品市场供需的基本平衡，避免由于完全市场调节造成供需失衡，进而避免发生粮食安全问题；三是政府干预有利于形成三次产业融合发展局面，进而优化乡村产业结构，实现城乡融合发展；四是政府干预有利于乡村产业创新、解决农民创业就业、增加农民收入，进而缓解城乡发展不平衡、农村发展不充分的问题。

2）政府干预是乡村产业高质量发展的主要手段。

政府作为国家的行政机关，其主要职能是管理。政府只能通过一定的手

---

① 郑有贵.农业转型升级对政府强依赖的原因及其对策——兼论农业组织化实现形式的优化和转型［J］.农业经济问题，2016，37（10）：4-8.

段影响或制约社会的经济活动，而不能直接参与经营，不应当过多干预具体的市场行为。对于乡村产业高质量发展而言，鉴于其对政府干预的特殊依赖性，政府干预对乡村产业高质量发展至关重要。但在市场经济条件下，政府对乡村产业经济活动的干预应在保证其高质量发展的前提下尽量减少到最低程度。因此，明确政府干预乡村产业高质量发展的主要手段至关重要。

一方面，明确乡村产业高质量发展的推动主体。政府不能直接参与经营且不应当过度干预乡村产业发展，而乡村产业高质量发展又对政府干预具有特殊的依赖性，政府干预对于乡村产业高质量发展具有重要的作用。这就要求在乡村产业高质量发展过程中必须首先明确政府的主导作用，以政府为主导培育乡村产业高质量发展的推动主体。具体来看，乡村产业高质量发展推动主体可以从以下四个方面培育：第一，龙头企业一般规模较大、效益较好、市场竞争优势较明显，且其对同行业的其他企业影响也较为显著，以龙头企业作为乡村产业高质量发展的推动主体能更好地发挥龙头企业的示范、引导、带动作用；第二，优势产业一般具有较强的比较竞争优势和竞争优势，以优势产业作为乡村产业高质量发展的推动主体能充分发挥优势产业的竞争优势，进而借助政府支持形成更大更明显的竞争优势；第三，很多乡村地区，尤其是欠发达、贫困乡村地区，由于缺少龙头企业和优势产业，乡村产业的发展举步维艰，迫切需要培育一批创新创业领头雁，进而以其为推动主体带动当地农村经济发展和农民增收；第四，人才是创新的源泉，更是产业发展的重要因素，以人才集聚带动乡村产业创新发展同样有利于推动乡村产业高质量发展。

另一方面，提供有针对性的政策支持。政府干预乡村产业高质量发展的另一种重要手段就是政策支持。对于乡村产业高质量发展而言，政策支持不仅是导向标，更是政府为乡村产业高质量发展保驾护航的主要手段。在乡村产业高质量发展推进过程中，不仅要在政策上“扶上马”，还得在推进上“送一程”。不可否认，乡村产业高质量发展过程中，必然会遇到各种困难问题，这就需要各级政府要有针对性地对处于不同地区、不同推动主体、不同推进阶段的乡村产业出台差异化的政策支持，为乡村产业高质量发展“保驾护航”，进而实现乡村产业高质量发展的最终目标。

3. 乡村产业高质量发展的内在机理

（1）基础因素为乡村产业高质量发展路径选择提供现实依据。

基础因素是乡村产业高质量发展的支撑和核心，是乡村产业高质量发展路径选择的现实依据。基础因素的差异性直接决定了乡村产业高质量发展难以形成普适性的路径选择依据，在不同地区必然存在一定差异。

1）所在区域状况决定了乡村产业高质量的差异化发展模式。

我国农村无论是在要素资源禀赋、经济基础，还是在社会文化发展等方面都存在巨大的差异，这就决定了乡村产业高质量发展需要因地制宜的发展差异化模式。首先，乡村的要素资源禀赋情况直接决定了乡村产业高质量发展的方向。乡村产业高质量发展以农业供给侧结构性改革为主线，目的就是要把乡村的各种要素资源充分利用起来，这就必然要求乡村产业高质量发展要建立在乡村资源禀赋的基础上，寻求差异化产业发展，进而找到一条适合当地实际的乡村产业高质量发展之路。其次，地区经济基础是乡村产业发展的经济保障，所在区域的经济基础状况对乡村产业高质量发展的推动作用不容忽视。地区经济发展与产业发展相辅相成，产业发展直接带动地区经济发展，而地区经济基础又反过来影响产业发展，尤其是对于乡村产业而言，发展相对缓慢，与地区经济基础呈现一定的不平衡性，这就必然要求地方经济发展适度向乡村产业发展倾斜，以优势产业带动乡村产业高质量发展。最后，不同地区的不同习俗文化同样对乡村产业高质量发展具有重要的影响。在我国，不同地区的文化发展历史悠久，影响也极为深远，背离当地社会文化难以实现乡村产业高质量发展。在尊重当地习俗文化的同时，积极挖掘乡村产业高质量发展的文化元素，实现传统文化与现代文明深度融合，为乡村产业高质量发展注入长久可持续发展的文化底蕴。

2）平台支撑为乡村产业高质量发展注入活力。

乡村产业的发展一个重要的局限就是平台与载体问题。传统的乡村产业发展的主要载体是农村市场，农村市场的局限性直接限制了乡村产业的发展与创新。随着经济发展水平的提高，现代乡村产业在平台与载体方面实现了重大突破。对于乡村产业高质量发展而言，平台与载体的支撑是乡村产业高质量发展保持活力、实现可持续发展的重要途径，对于乡村产业高质量发展的效率及效益提升具有积极作用。一方面，平台支撑有利于乡村产业集聚，发挥集聚效应。平台的建设与发展本身就是对相关资源的集聚过程，依托平台的强大集聚能力，乡村产业发展会在短时间内融合各类相关资源，进而形成相关产业的融合集聚发展，形成规模经济效应，提升乡村产业高质量发展的效率与效益。另一方面，平台支撑有利于乡村产业高质量发展所需配套服务与设施的发展。平台与载体支撑所带来的集聚效应与规模经济效应为乡村产业高质量发展所需配套服务与设施的发展提供了经济上的合理性与可能性，产业集聚为乡村产业高质量发展所需的金融、物流、物业、人文等配套服务平台建设提供了空间，同时乡村产业的横向、纵向融合也能极大促进相关配套设施的发展，进而实现乡村产业的良性、可持续发展。

3）人才支持为乡村产业高质量发展提供创新动力。

乡村振兴，人才振兴是关键。“人才”对于乡村产业高质量发展而言同样不可或缺，人才支持直接影响到乡村产业高质量发展的未来。一方面，人才支撑能有效促进乡村产业结构优化。传统产业的转型升级与优化离不开掌握现代科学技术的人才，乡村产业历来都是我国产业发展过程中人才最为薄弱的环节，要寻求三次产业协调发展，就必须补齐乡村产业发展中的人才短板，乡村产业高质量发展需要大批高素质人才源源不断的支撑。另一方面，人才能为乡村带来思想观念转变，为乡村振兴注入强劲动力，能有效带动乡村产业高质量发展。人才具备创新所需的理论与实践知识，不仅其新思想、新方法能不断影响乡村人员，而且他们往往能打破传统的产业发展模式，进而激活乡村产业发展的创新动力。

（2）品牌因素是乡村产业高质量发展的首要任务。

品牌因素是乡村产业高质量发展的首要任务，是乡村产业高质量发展活力与个性的体现，更是乡村产业高质量发展创新和竞争力提升的突破口，是拓展市场、巩固市场的重要途径。

1）品牌培育是提升乡村产业竞争力的突破口。

乡村产业品牌培育是一个不断创新的过程，是提升乡村产业竞争力的突破口。乡村产业品牌的培育过程是乡村产业高质量发展进程中的重要内容。首先，乡村产业品牌培育能够重建乡村产业的发展自信。长久以来，乡村产业发展缓慢且不平衡，尤其是与城镇产业发展相比差距巨大，造成社会上对乡村产业高质量发展持怀疑态度，乡村产业品牌的培育有助于打破这一认知，从而转变乡村产业发展的传统思想与模式。其次，乡村产业品牌培育是提升乡村产业竞争力的有效途径。品牌作为产业核心竞争力的外在表现，差异化是品牌培育的必要条件，而我国乡村产业发展的差异化由来已久，这就为乡村产业品牌的培育奠定了首要条件，以品牌培育提升产业竞争力自然也就成为乡村产业发展的有效途径之一。最后，乡村产业品牌培育是乡村产业高质量发展的动力源泉。依托乡村特色与历史底蕴培育乡村产业品牌，不仅可以展示独特的乡村产业文化，增强乡村居民的荣誉感，重塑乡村产业活力，而且还可以实现“对内挖掘创新”“对外招商引资”“双管齐下”地持续推进乡村产业高质量发展，为乡村产业可持续发展提供源源不断的动力。

2）品牌推广是开拓市场、巩固市场的重要途径。

品牌推广是一个不断提升知名度的过程，是持续开拓市场、巩固市场的过程，是树立乡村产业形象与口碑的过程。首先，乡村产业品牌推广成本低，信息扩散范围大，有助于提升乡村产业的知名度。随着互联网的普及，品牌推广可以利用免费的互联网资源实现，而且其信息覆盖面广，能够在短时间内为消费者所熟知。其次，乡村产业品牌推广有助于乡村产业持续开拓市场、巩固市场。随着品牌知名度的提升，品牌推广不仅能开拓新市场，而且能够有针对性地巩固已有市场，能够更加清晰自身产业发展定位，优化乡村产业发展结构，进而实现更高水平的乡村产业高质量发展。最后，乡村产业品牌推广有利于树立乡村产业形象与口碑，进而推动乡村产业高质量持续良性发展。乡村产业受限于技术发展水平、基础设施等制约，其形象与口碑在市场上的认知程度不高，被市场接受的难度也较大。通过品牌推广则可以潜移默化地梳理乡村产业形象与口碑，再辅以产品或服务品质的保证，则有助于扭转市场对乡村产业的观念，提升乡村产业品牌的知名度和认可度。

（四）推进乡村产业高质量发展的对策措施

本研究以乡村产业高质量发展“十大典型”案例为基础，运用扎根理论提炼乡村产业高质量发展的主要影响因素，并构建乡村产业高质量发展形成机理的分析框架，呈现乡村产业高质量发展的外部环境影响、外在机理及内在机理，以期为乡村产业高质量发展的推进提供理论与实践维度上的借鉴与启示。

1.明确政府的主导地位，实施乡村产业高质量发展推动主体培育战略

鉴于乡村产业高质量发展对政府干预的特殊依赖性及政府干预在乡村产业高质量发展过程中保驾护航的重要作用，为加速推进乡村产业高质量发展，中央或地方需要出台相关政策，以明确政府干预在乡村产业高质量发展中的主导地位。同时，要建立健全乡村产业高质量发展推动主体培育战略体系。在贫困落后、产业基础薄弱的地区，着重从吸引大学生返乡创业，培育当地种植大户、技术能手等方面培育乡村产业领头雁，并以其为推动主体推进乡村产业高质量发展；在有一定产业基础、优势产业资源的地区，着重从优势产业资源的培育壮大方面着手，并以优势产业资源为推动主体带动乡村产业高质量发展；在产业基础较好、存在一定规模和优势企业的地区，着重从规模和优势企业的培育着手，培育一批乡村产业龙头企业，并以龙头企业为推动主体推动乡村产业高质量发展；在产业基础好、经济较发达地区，应着重从吸引人才集聚，推动人才创新创业方面着手，并以人才集聚为推动主体推动乡村产业迈向更高质量的发展。

2.深挖乡村基础因素，实施乡村产业高质量发展差异化战略

基础因素是乡村产业高质量发展路径选择的现实依据，离开乡村的基础因素谈乡村产业高质量发展将寸步难行。因此，深入挖掘乡村产业的基础因素，进而整合基础资源实施差异化发展战略，才是乡村产业高质量发展的现实路径，才具有可借鉴性和可推广性。差异化并非要去特立孤行，而是要充分发挥自己的优势。对于乡村产业高质量发展的差异化而言，要着重从地域、文化、产业、要素资源等方面寻求差异性特征，以突出特色为核心实施差异化战略。具体而言，为实现乡村产业高质量的差异化发展战略，应该根据乡村实际资源状况和市场环境，进行系统性的梳理整合，从产品特色、服务特色、文化特色、组织模式特色、乡村环境特色、乡村功能特色等方面挖掘并开创蓝海市场。

3.树立品牌意识，全面实施乡村产业品牌培育与推广战略

品牌培育是提升乡村产业竞争力的重要突破口，品牌推广则是乡村产业拓展市场、巩固市场的重要途径，因此，乡村产业品牌培育与推广应该作为乡村产业高质量发展的首要任务来看待。首先，要树立品牌意识，无论是政府、企业还是乡村产业从业者都要增强品牌培育与创新意识。由政府主导加强乡村产业品牌建设与创新，积极争创名牌，用品牌战略建立消费者对乡村产业的忠诚度、树立乡村产业人员的高质量发展信念。其次，要增强乡村产业品牌核心竞争力的培育。乡村产业品牌形成难，转化成核心竞争力难度更大。因此，需要政府、企业、从业者创新与实践乡村产业品牌具体化的路径与模式，想方设法将品牌落地，形成价值链，将品牌转换为乡村产业的核心竞争力。最后，要做好乡村产业品牌培育与推广的有效结合，提升品牌对乡村产业高质量发展的引领作用，推进乡村产业高质量的可持续发展。在乡村产业品牌的推广过程中要坚持“政府引导、市场主导”的原则，积极利用传统媒介、现代技术、新媒体、文化传播、推广平台等多渠道进行品牌推广，但最终要通过市场、时间、消费者来检验品牌，在乡村产业品牌推广的基础上创新、优化品牌培育。

4.明确根本目标，多渠道带动农民创业增收

实现农民效用最大化是乡村产业高质量发展的根本目标，而农民效用最直接的体现就是能够持久稳定地获得收入提升，因此，多渠道、多途径带动农民就业、创业、增收就成为当前乡村产业高质量发展最直接、最现实的需求。一方面，要将乡村产业高质量发展过程中的产业融合集聚与带动农民创业增收有效结合起来，逐渐形成产业融合集聚为农民创业增收的产业融合集聚基本发展思路与框架，以能带动农民创业增收为目标延长产业链、融合产业链、集聚产业链。另一方面，要将乡村产业高质量发展过程中组织模式创新与带动农民创业增收有效结合起来，将农户、农民纳入乡村产业组织模式创新中来，新型乡村产业组织模式必须有农户、农民的参与，而且要将农户、农民作为最主要的参与主体，让农户、农民更多地分享乡村产业高质量发展所带来的福利。

参考文献

[1] 浙江省统计局课题组，方腾高，王兆雄.浙江乡村振兴评价指标体系研究［J］.统计科学与实践，2019.

[2] 孙才志，王雪妮.基于WPI-ESDA模型的中国水贫困评价及空间关联格局分析［J］.资源科学，2011.

[3] Cloke P J，Edwards G.Rurality in England and Wales 1981：A Replication of the 1971 Index［J］. Journal of the Regional Studies Association，1986，20（4）：289-306.

[4] Gulumser A A，Baycan-Levebt T，Nijkamp P.Mapping Rurality：Analysis of Rural Structure in Turkey［J］. International Journal of Agricultural Resources，Governance and Ecology，2009（8）：130-157.

[5] Duenckmann F.The Village in the Mind：Applying Q-methodology to Reconstructing Ronstructions of Rurality［J］. Journal of Rural Studies，2010，26（3）：284-295.

[6] 成德宁.我国农业产业链整合模式的比较与选择［J］. 经济学家，2012（8）：52-57.

[7] 张军.乡村价值定位与乡村振兴［J］. 中国农村经济，2018（1）：2-10.

[8] Liu Yansui，Li Yuheng.Revitalize the world's countryside［J］. Nature，2017，548（7667）：275-277.

[9] 郭晓鸣，张克俊，虞洪，等.实施乡村振兴战略的系统认识与道路选择［J］. 农村经济，2018（1）：11-20.

[10] 余孝东."乡村振兴"如何在基层落地［N］. 社会科学报，2018-01-04（2）.

[11] 谢彦明，张倩倩.区域空间结构演变视角下乡村振兴的逻辑、障碍与破解［J］. 新疆农垦经济，2018（3）：13-18.

[12] 刘维奇，韩媛媛.工业化、城市化进程中城乡关系的演变逻辑［J］. 未来与发展，2013，36（3）：2-7.

[13] 谢志强，姜典航.城乡关系演变：历史轨迹及其基本特点［J］. 中共中央党校学报，2011，15（4）：68-73.

[14] 刘新.中国城乡二元经济社会结构形成原因探析［J］. 农业经济，2009（5）：3-5.

[15] 吴丰华.中国近代以来城乡关系变迁轨迹与变迁机理(1840~2012)[D].西安：西北大学，2013.
[16] 吴传钧.人地关系地域系统的理论研究及调控[J].云南师范大学学报(社会科学版)，2008，40(2)：1-3.
[17] 王永平.转型发展论[M].广州：广东经济出版社，2014.
[18] 杨忍，刘彦随，龙花楼，等.中国乡村转型重构研究进展与展望——逻辑主线与内容框架[J].地理科学进展，2015，34(8)：1019-1030.
[19] 龙花楼，屠爽爽.乡村重构的理论认知[J].地理科学进展，2018，37(5)：581-590.
[20] 陈一飞，杜尚丰.对农业大系统控制若干问题的思考[J].农业工程，2011，1(1)：8-13.
[21] 郑业鲁，何绮云，钱平，李泽.基于本体的农业知识管理系统构建方法[J].中国科学：信息科学，2010，40(S1)：196-204.
[22] 倪杰.区域土地循环利用的过程控制：博弈分析的视角[J].经济问题，2010(3)：42-46.
[23] 侯凤莲，魏一凡，魏俊生.农业系统控制理论与控制方法的研究[J].农业系统科学与综合研究，1999(1)：8-14.
[24] 乔陆印.乡村振兴村庄类型识别与振兴策略研究——以山西省长子县为例[J].地理科学进展，2019，38(9)：1340-1348.
[25] 龙花楼，屠爽爽.土地利用转型与乡村振兴[J].中国土地科学，2018，32(7)：1-6.
[26] 许景权.基于空间规划体系构建对我国空间治理变革的认识与思考[J].城乡规划，2018(5)：14-20.
[27] 韩文静，邱泽元，王梅，等.国土空间规划体系下美国区划管制实践对我国控制性详细规划改革的启示[J].国际城市规划，2020，35(4)：89-95.
[28] Cherry G E.The town planning movement and the late Victorian city[J].Transactions of the Institute of British Geographers，1979，4(2)：306-319.
[29] Lapping M B.When city and country collide：Managing growth in the metropolitan fringe[J].Journal of Rural Studies，2000，16(3)：397-398.
[30] 吕晓荷.英国新空间规划体系对乡村发展的意义[J].国际城市规划，2014，29(4)：77-83.
[31] 雒海潮，刘荣增.国外城乡空间统筹规划的经验与启示[J].世界地理研究，2014，23(2)：69-75.
[32] Marsden T，Sonnino R.Rural development and the regional state：Denying multifunctional agriculture in the UK[J].Journal of Rural Studies，2008，24(4)：422-431.

[33] Van Berkel D B, Verburg P H.Sensitising rural policy: Assessing spatial variation in rural development options for Europe [J]. Land Use Policy, 2010, 28 (3): 447-459.
[34] Bartel S, Janssen G.Underground spatial planning—Perspectives and current research in Germany [J]. Tunnelling and Underground Space Technology, 2016, 55: 112-117.
[35] 胡焕庸.中国之农业区域 [J]. 地理学报, 1936 (1): 1-17, 244-245.
[36] 张海燕, 樊江文, 黄麟, 等.中国自然资源综合区划理论研究与技术方案 [J]. 资源科学, 2020, 42 (10): 1870-1882.
[37] 孟欢欢, 李同昇, 于正松, 等.安徽省乡村发展类型及乡村性空间分异研究 [J]. 经济地理, 2018, 33 (4): 144-148.
[38] 徐允, 张培, 周宝同.基于Shannon多样性t检验法的土地利用景观分区研究——以重庆市永川区为例 [J]. 中国农业资源与区划, 2019, 40 (1): 134-141, 151.
[39] 王丰龙, 刘云刚.准行政区划的理论框架与研究展望 [J]. 地理科学, 2021, 41 (7): 1149-1157.
[40] 熊鹰, 黄利华, 邹芳, 等.基于县域尺度乡村地域多功能空间分异特征及类型划分——以湖南省为例 [J]. 经济地理, 2021, 41 (6): 162-170.
[41] 谢高地, 曹淑艳, 冷允法, 等.中国可持续发展功能分区 [J]. 资源科学, 2012, 34 (9): 1600-1609.
[42] 杨忍, 刘彦随, 陈秧分.中国农村空心化综合测度与分区 [J]. 地理研究, 2012, 31 (9): 1697-1706.
[43] 刘彦随.中国乡村振兴规划的基础理论与方法论 [J]. 地理学报, 2020, 75 (6): 1120-1133.
[44] 杨华.论以县域为基本单元的乡村振兴 [J]. 重庆社会科学, 2019 (6): 18-32.
[45] 陈龙.新时代中国特色乡村振兴战略探究 [J]. 西北农林科技大学学报(社会科学版), 2018, 18 (3): 55-62.
[46] 胡守庚, 吴思, 刘彦随.乡村振兴规划体系与关键技术初探 [J]. 地理研究, 2019, 38 (3): 550-562.
[47] 刘彦随.中国新时代城乡融合与乡村振兴 [J]. 地理学报, 2018, 73 (4): 637-650.
[48] 耿永志, 张秋喜.实施乡村振兴战略, 需整体性提高乡村治理水平 [J]. 农业现代化研究, 2018, 39 (5): 717-724.
[49] 周扬, 郭远智, 刘彦随.中国乡村地域类型及分区发展途径 [J]. 地理研究, 2019, 38 (3): 467-481.
[50] Fan J, Li P X.The scientific foundation of major function oriented zoning in China [J]. Journal of Geographical Sciences, 2009, 19 (5): 515-531.

[51] Li Y R, Fan P C, Liu Y S.What makes better village development in traditional agricultural areas of China? Evidence from long-term observation of typical villages [J]. Habitat International, 2018, 83: 111-124.
[52] 刘守英，王一鸽.从乡土中国到城乡中国——中国转型的乡村变迁视角 [J]. 管理世界，2018，34（10）：128-146，232.
[53] 杜国明，于佳兴，刘美.县域乡村振兴规划编制的理论基础与实践 [J]. 农业经济与管理，2018（5）：11-19.
[54] 马利邦，牛叔文，石培基，等.天水市国土空间功能区划与未来空间发展格局——基于主体功能区划框架 [J]. 经济地理，2015，35（6）：68-77.
[55] 廖冰，张智光，刘春香，等.引入森林资源中介变量的林业产业与生态作用机理研究 [J]. 中国人口·资源与环境，2017，27（11）：159-168.
[56] 陈烨烽，王艳慧，赵文吉，等.中国贫困村致贫因素分析及贫困类型划分 [J]. 地理学报，2017，72（10）：1827-1844.
[57] 联合国组织.变革我们的世界：2030可持续发展历程 [EB/OL].（2015-09-25）[2019-07-12]. https://www.un.org/zh/documents/treaty/files/A-RES-70-1.shtml.
[58] Paul Shaffer.Poverty and Development in China: Alternative Approaches to Poverty Assessment [J]. The Journal of Development Studies, 2013, 49 (7).
[59] 姜磊，柏玲，吴玉鸣.中国省域经济、资源与环境协调分析：兼论三系统耦合公式及其扩展形式 [J]. 自然资源学报，2017，32（5）：788-799.
[60] 黄承伟，覃志敏.论精准扶贫与国家扶贫治理体系建构 [J]. 中国延安干部学院学报，2015，8（1）：131-136.
[61] 薛澜，翁凌飞.中国实现联合国2030年可持续发展目标的政策机遇和挑战 [J]. 中国软科学，2017，（1）：1-12.
[62] 都阳，蔡昉.中国农村贫困性质的变化与扶贫战略调整 [J]. 中国农村观察，2005（5）：2-9.
[63] 刘铁芳，罗文博.1989-2009年我国农村贫困演变及指数分解研究 [J]. 农业技术经济，2013（10）：4-15.
[64] 陈健.习近平新时代精准扶贫思想形成的现实逻辑与实践路径 [J]. 财经科学，2018（7）：48-58.
[65] 檀学文，李静.习近平精准扶贫思想的实践深化研究 [J]. 中国农村经济，2017（9）：2-16.
[66] 夏海军，范明英.精准扶贫战略思想是中国特色反贫困理论最新成果 [J]. 江淮论坛，2018（5）：49-56.
[67] Cao M, Xu D, Xie F, et al.The influence factors analysis of households' poverty vulnerability in southwest ethnic areas of China based on the hierarchical linear model: A case study of Liangshan Yi autonomous prefecture [J]. Applied Geography, 2016, 66: 144-152.

[68] 何仁伟，樊杰，李光勤.环京津贫困带的时空演变与形成机理［J］.经济地理，2018，38（6）：1-9.
[69] 姚树洁，王洁菲.不对称信息条件下精准扶贫效果偏离的内在机理及实证分析［J］.中国人口·资源与环境，2019，29（5）：165-176.
[70] 汪三贵，郭子豪.论中国的精准扶贫［J］.贵州社会科学，2015（5）：147-150.
[71] 杜国明，关桐桐，李冬梅，等.黑龙江省贫困村空间分布特征［J］.经济地理，2018，38（3）：149-156.
[72] 陈烨烽，王艳慧，王小林.中国贫困村测度与空间分布特征分析［J］.地理研究，2016，35（12）：2298-2308.
[73] 刘彦随，周扬，刘继来.中国农村贫困化地域分异特征及其精准扶贫策略［J］.中国科学院院刊，2016，31（3）：269-278.
[74] 周侃，王传胜.中国贫困地区时空格局与差别化脱贫政策研究［J］.中国科学院院刊，2016，31（1）：101-111.
[75] 刘彦随，李进涛.中国县域农村贫困化分异机制的地理探测与优化决策［J］.地理学报，2017，72（1）：161.
[76] 何仁伟，丁琳琳.精准扶贫背景下我国农村贫困机制研究综述［J］.江苏农业科学，2018，46（17）：1-8.
[77] 冷志明，茹楠，丁建军.中国精准扶贫治理体系研究［J］.吉首大学学报（社会科学版），2017，38（2）：72-77.
[78] 姜婧.社会治理框架下的精准扶贫事业发展探析［J］.管理世界，2018，34（4）：178-179.
[79] 王刚，白浩然.脱贫锦标赛：地方贫困治理的一个分析框架［J］.公共管理学报，2018，15（1）：108-121.
[80] 刘彦随，曹智.精准扶贫供给侧结构及其改革策略［J］.中国科学院院刊，2017，32（10）：1066-1073.
[81] 刘明辉，刘灿.精准扶贫的可持续发展研究：基于《资本论》的贫困理论［J］.苏州大学学报（哲学社会科学版），2018，39（2）：101-108.
[82] 葛志军，邢成举.精准扶贫：内涵、实践困境及其原因阐释：基于宁夏银川两个村庄的调查［J］.贵州社会学，2015（5）：157-163.
[83] 王朝明，张海浪.精准扶贫、精准脱贫战略思想的理论价值［J］.理论与改革，2019（1）：28-34.
[84] 赵武，王姣玥.新常态下“精准扶贫”的包容性创新机制研究［J］.中国人口·资源与环境，2015，25（S2）：170-173.
[85] 吴国宝.改革开放40年中国农村扶贫开发的成就及经验［J］.南京农业大学学报（社会科学版），2018，18（6）：17-30，157-158.
[86] 方方，何仁伟，黎春.我国扶贫管理的内涵、问题剖析与对策建议［J］.农业经济，2019（9）：72-74.

[87] 何仁伟，李光勤，刘邵权，等.可持续生计视角下中国农村贫困治理研究综述[J].中国人口·资源与环境，2017，27（11）：69-85.

[88] 李裕瑞，曹智，郑小玉，等.我国实施精准扶贫的区域模式与可持续途径[J].中国科学院院刊，2016，31（3）：279-288.

[89] 何仁伟，李光勤，刘运伟，等.基于可持续生计的精准扶贫分析方法及应用研究：以四川凉山彝族自治州为例[J].地理科学进展，2017，36（2）：182-192.

[90] 王美昌，高云虹.中国城乡贫困变动：2004—2012[J].中国人口·资源与环境，2017，27（4）：49-57.

[91] 杜国明，姜莹莹，孙晓兵，等.黑龙江省县域贫困空间格局及其影响因素分析[J].农业现代化研究，2018，39（3）：460-467.

[92] 叶兴庆，殷浩栋.从消除绝对贫困到缓解相对贫困：中国减贫历程与2020年后的减贫战略[J].改革，2019（12）：5-15.

[93] 莫光辉.精准扶贫：中国扶贫开发模式的内生变革与治理突破[J].中国特色社会主义研究，2016（2）：73-77，94.

[94] 陆大道.关于我国区域发展战略与方针的若干问题[J].经济地理，2009，29（1）：2-7.

[95] 刘贯春，张晓云，邓光耀.要素重置、经济增长与区域非平衡发展[J].数量经济技术经济研究，2017，34（7）：35-56.

[96] 丁建军，冷志明.区域贫困的地理学分析[J].地理学报，2018，73（2）：232-247.

[97] 陆大道.中国区域发展的理论与实践[M].北京：科学出版社，2003.

[98] 保罗·克鲁格曼.国际经济学[M].北京：中国人民大学出版社，1998.

[99] 陆大道.区域发展及其空间结构[M].北京：科学出版社，1995：111-114.

[100] 张可云.区域经济政策[M].北京：中国轻工业出版社，2001：170-172.

[101] 杜肯堂，龚勤林.区域经济活动外部性分析[J].求索，2006，（12）：1-3.

[102] 王士心，刘梦月.东西部协作扶贫须做好资源跨区域分配[J].人民论坛，2019（3）：62-63.

[103] 潘丹，应瑞瑶.资源环境约束下的中国农业全要素生产率增长研究[J].资源科学，2013，35（7）：1329-1338.

[104] 张红宇，杨春华，张海阳，等.当前农业和农村经济形势分析与农业政策的创新[J].管理世界，2009（11）：74-83，102.

[105] Dollar D，Kraay A.Growth is Good for the Poor[J]. Journal of Economic Growth，2002，7（3）：195-225.

[106] 张萃.中国经济增长与贫困减少：基于产业构成视角的分析[J].数量经济技术经济研究，2011（5）：51-63.

[107] 熊小林.聚焦乡村振兴战略 探究农业农村现代化方略："乡村振兴战略研讨会"会议综述[J].中国农村经济，2018（1）：138-143.

[108]贾林瑞，刘彦随，刘继来，等.中国集中连片特困地区贫困户致贫原因诊断及其帮扶需求分析［J］.人文地理，2018，33（1）：85-93，151.
[109]刘艳芳.经济地理学：原理、方法与应用［M］.北京：科学出版社，2006：58-59.
[110]张治栋，吴迪，周姝豆.生产要素流动、区域协调一体化与经济增长［J］.工业技术经济，2018，37（11）：58-66.
[111]陈国生，张亨溢，赵立平，等.比较优势和竞争优势对地区制造业转移的影响［J］.经济地理，2018，38（9）：168-175.
[112]陆大道.区位论及区域研究方法［M］.北京：科学出版社，1988：138.
[113]查建平，王挺之，冯宇.低碳经济背景下中国旅游产业发展模式研究［J］.资源科学，2015，37（3）：565-572.
[114]李小云，张雪梅，唐丽霞.我国中央财政扶贫资金的瞄准分析［J］.中国农业大学学报（社会科学版），2005（3）：1-6.
[115]黄承伟，覃志敏.我国农村贫困治理体系演进与精准扶贫［J］.开发研究，2015（2）：56-59.
[116]刘胤汉，岳大鹏.综合自然地理学纲要［M］.北京：科学出版社，2010.
[117]丁志伟，王发曾.城市—区域系统内涵与机理研究：从城市、城市体系、城市群到城市—区域系统［J］.人文地理，2012，27（2）：92-96.
[118]殷浩栋，汪三贵，郭子豪.精准扶贫与基层治理理性：对于A省D县扶贫项目库建设的解构［J］.社会学研究，2017，32（6）：70-93，243-244.
[119]王开泳，陈田.行政区划研究的地理学支撑与展望［J］.地理学报，2018，73（4）：688-700.
[120]闫坤，于树一.中国模式反贫困的理论框架与核心要素［J］.华中师范大学学报（人文社会科学版），2013，52（6）：1-11.
[121]Yan K，Yu S Y.Theoretical Study on the Anti-poverty in China［J］. Journal of Central China Normal University（Humanities and Social Sciences），2013，52（6）：1-11.
[122]吴旭晓.乡村振兴与新型城镇化耦合协调发展及其驱动机制研究——以中部地区为例［J］.前沿，2019（6）：32-40.
[123]徐维祥，李露，周建平，等.乡村振兴与新型城镇化耦合协调的动态演进及其驱动机制［J］.自然资源学报，2020（9）：2044-2062.
[124]刘明辉，卢飞.城乡要素错配与城乡融合发展——基于中国省级面板数据的实证研究［J］.农业技术经济，2019（2）：33-46.
[125]叶超，于洁.迈向城乡融合：新型城镇化与乡村振兴结合研究的关键与趋势［J］.地理科学，2020（4）：528-534.
[126]Gilster P.Digital literacy［M］. New York：Wiley Publishing，1997.
[127]Havrilova L H，Topolnik Y V.Digital culture，digital literacy，digital competence as the modern educational phenomena［J］. Information

Technologies and Learning Tools，2017，61（5）：1-14.
［128］Martin A，Grudziecki J.Digeulit：Concepts and tools for digital literacy development［J］. Innovation in Teaching and Learning in Information and Computer Sciences，2006，5（4），249-267.
［129］Walton G.Digital literacy：Establishing the boundaries and identifying the partners［J］. New Review of Academic Librarianship，2016，22（1）：1-4.
［130］常凌翀.数字乡村战略下农民数字化素养的价值内涵与提升路径［J］. 湖南社会科学，2021（6）：114-119.
［131］程萌萌，夏文菁，王嘉舟，等.《全球媒体和信息素养评估框架》（UNESCO）解读及其启示［J］. 远程教育杂志，2015，33（1）：21-29.
［132］李燕凌，温馨，高维新.数字乡村与乡村振兴耦合协调发展的时序适配性分析［J］. 农业经济与管理，2022（4）：1-12.
［133］陆益龙. “数字下乡”：数字乡村建设的经验、困境及方向［J］. 社会科学研究，2022（3）：126-134.
［134］沈费伟.数字乡村的内生发展模式：实践逻辑、运作机理与优化策略［J］. 电子政务，2021（10）：57-67.
［135］苏岚岚，彭艳玲.农民数字素养、乡村精英身份与乡村数字治理参与［J］. 农业技术经济，2022（1）：34-50.
［136］赵晓峰，刘海颖.数字乡村治理：理论溯源、发展机遇及其意外后果［J］. 学术界，2022（7）：125-133.
［137］张永恩，褚庆全，王宏广.城镇化进程中的中国粮食安全形势和对策［J］. 农业现代化研究，2009，30（3）：270-274.
［138］蒋和平，尧珏，杨敬华.新时期中国粮食安全保障的隐患与解决建议［J］. 中州学刊，2019（12）：35-41.
［139］张红宇.主产区和种粮农民积极性稳定增长机制研究［J］. 农村经济，2005（3）：3-8.
［140］万宝瑞.深化对粮食安全问题的认识［J］. 农业经济问题，2008（09）：4-8，110.
［141］谢童伟，吴方卫.粮食利润及补贴估算与最佳补贴方式分析：基于动态最优化视角［J］. 农业技术经济，2011（1）：42-47.
［142］张锦华，沈亚芳.粮食安全面临国内外五大挑战［J］. 人民论坛，2019（32）：22-24.
［143］于建嵘.提高农民种粮积极性很重要［J］. 人民论坛，2008（10）：40-41.
［144］辛翔飞，张怡，王济民.我国粮食补贴政策效果评价：基于粮食生产和农民收入的视角［J］. 经济问题，2016（2）：92-96.
［145］张应良，文婷.现金直补对不同规模种粮大户经营规模的影响有差异吗［J］. 农业经济问题，2020（8）：54-67.

[146]Kirwan B E, Roberts M J.Who Really Benefits from Agricultural Subsidies? Evidence from Field-level Data [J]. American Journal of Agricultural Economics, 2016, 98 (4): 1095-1113.
[147]余志刚.我国粮食宏观调控的效率及影响因素[J].南通大学学报(社会科学版), 2016, 32(3): 138-143.
[148]黄少安,郭冬梅,吴江.种粮直接补贴政策效应评估[J].中国农村经济, 2019(1): 17-31.
[149]周清明.农户种粮意愿的影响因素分析[J].农业技术经济, 2009(5): 25-30.
[150]刘辉,黄少安.农户分化下农民种粮积极性影响因素的实证分析:基于湖南省594户农户的调查[J].制度经济学研究, 2016(4): 86-102.
[151]方蕊,安毅,刘文超."保险+期货"试点可以提高农户种粮积极性吗?:基于农户参与意愿中介效应与政府补贴满意度调节效应的分析[J].中国农村经济, 2019(6): 113-126.
[152]刘泽莹,韩一军,孟婷.最低收购价下调对农户种粮积极性的影响研究:基于有调节的中介效应模型的实证分析[J].当代经济科学, 2020, 42(5): 122-132.
[153]廖沛玲,李晓静,毕梦琳,等.家庭禀赋、认知偏好与农户退耕成果管护:基于陕甘宁554户调研数据[J].干旱区资源与环境, 2019, 33(5): 47-53.
[154]宋连久,刘天平,孙自保.资源禀赋、认知、制度环境与市民化意愿研究?:以西藏为例[J].农业现代化研究, 2019, 40(5): 802-810.
[155]石智雷,杨云彦.家庭禀赋、家庭决策与农村迁移劳动力回流[J].社会学研究, 2012, 27(3): 157-181, 245.
[156]张宁,陆文聪.中国农村劳动力素质对农业效率影响的实证分析[J].农业技术经济, 2006(2): 74-80.
[157]李明贤,樊英.粮食主产区农民素质及其种粮意愿分析:基于6个粮食主产省457户农户的调查[J].中国农村经济, 2013(6): 27-37.
[158]陈艳红,胡胜德.农户优质稻米种植意愿分析:基于黑龙江省359个普通水稻种植户的调查[J].农业技术经济, 2014(10): 106-110.
[159]黄晓慧,陆迁,王礼力.资本禀赋、生态认知与农户水土保持技术采用行为研究:基于生态补偿政策的调节效应[J].农业技术经济, 2020(1): 33-44.
[160]刘海英,王殿武,谢建政.粮食增产与农民增收一致性关系研究[J].云南社会科学, 2018(6): 80-85, 188.
[161]何蒲明.农民收入结构变化对农民种粮积极性的影响:基于粮食主产区与主销区的对比分析[J].农业技术经济, 2020(1): 130-142.
[162]朱萌,齐振宏,邬兰娅,等.新型农业经营主体农业技术需求影响因素的

实证分析：以江苏省南部395户种稻大户为例［J］. 中国农村观察，2015（1）：30-38，93-94.
［163］于超，张园园，孙世民. 规模养猪场户清洁生产认知与行为的影响因素及其作用机理：基于山东省509家规模养猪场户的调查数据［J］. 中国生态农业学报（中英文），2019，27（4）：632-643.
［164］赵波. 中国粮食主产区利益补偿机制的构建与完善［J］. 中国人口·资源与环境，2011，21（1）：85-90.
［165］魏君英，张银，何蒲明. 关于农民种粮意愿影响因素的调查研究［J］. 经济纵横，2015（1）：110-113.
［166］谭智心，周振. 农业补贴制度的历史轨迹与农民种粮积极性的关联度［J］. 改革，2014（1）：94-102.
［167］张朝华. 资源禀赋、经营类别与家庭农场信贷获得［J］. 财贸研究，2018，29（1）：76-85.
［168］李丹，薛桂霞，王国刚. 规模经营下粮食经营主体持续生产意愿研究：基于调查的实证分析［J］. 四川农业大学学报，2019，37（3）：411-417.
［169］张郁，江易华. 环境规制政策情境下环境风险感知对养猪户环境行为影响：基于湖北省280户规模养殖户的调查［J］. 农业技术经济，2016（11）：76-86.
［170］李福夺，任静，尹昌斌. 资本禀赋、价值认知与农户绿肥养地采纳行为：基于南方稻区农户调查数据及生态补偿政策的调节效应［J］. 农林经济管理学报，2020，19（4）：464-475.
［171］刘丽，上官定一，雷传方，等. 基于多维异质性的农户保护性耕作技术采用效应研究［J］. 干旱区资源与环境，2020，34（10）：119-125.
［172］刘丽，苏玥，姜志德. 社会资本对农户保护性耕作技术采用的影响及区域差异研究——基于技术认知的中介效应分析［J］. 长江流域资源与环境，2020，29（9）：2057-2067.
［173］李实，朱梦冰. 中国经济转型40年中居民收入差距的变动［J］. 管理世界，2018，34（12）：19-28.
［174］王兵，杨华，朱宁. 中国各省份农业效率和全要素生产率增长——基于SBM方向性距离函数的实证分析［J］. 南方经济，2011（10）：12-26.
［175］李航. 诱致性技术进步下的农业生产率增长——中国2001-2011年省级面板数据的分析［J］. 求索，2013（5）：41-43.
［176］OLUSEGUN A J.Total factor productivity decomposition for cotton growers in the Economic Community of West African States（ECOWAS）：1961-2005［J］. IUP Journal of Agricultural Economics，2009，6（2）：7-23.
［177］肖琴，罗其友，周振亚，等. 中国农业绿色生产效率的动态变迁与空间分异——基于DDF-Global Malmquist-Luenberger指数方法的分析［J］. 农林经济管理学报，2020，19（5）：537-547.

[178]杨桐彬，朱英明，王毅.土地集约、技术进步与农业生产效率［J］. 农业经济与管理，2020（1）：54-65.
[179]赵旭强，穆月英，陈阜.保护性耕作技术经济效益及其补贴政策的总体评价——来自山西省农户问卷调查的分析［J］. 经济问题，2012（2）：74-77.
[180]吕开宇，仇焕广，白军飞，等.玉米主产区深松作业现状与发展对策［J］. 农业现代化研究，2016，37（1）：1-8.
[181]张淑娴，陈美球，谢贤鑫，等.生态认知、信息传递与农户生态耕种采纳行为［J］. 中国土地科学，2019，33（8）：89-96.
[182]肖琴，周振亚，罗其友.长江经济带农业绿色生产效率及其时空分异特征研究［J］. 中国农业资源与区划，2020，41（10）：15-24.
[183]NEWELL R G，JAFFE A B，STAVINS R N.The induced innovation hypothesis and energy-saving technological change［J］. Quarterly Journal of Economics，1999，114（3）：941-975.
[184]王永龙.我国农业技术效率及其对策分析［J］. 福建师范大学学报（哲学社会科学版），2004（6）：46-50.
[185]龚斌磊，张书睿，王硕，等.新中国成立70年农业技术进步研究综述［J］. 农业经济问题，2020（6）：11-29.
[186]肖瑶，张小雪，樊嘉琦，等.石家庄市栾城区农地经营规模与农业生产效率的关系［J］. 中国农业大学学报，2019，24（2）：172-182.
[187]蔡荣，朱西慧，刘婷，等.土地流转对农户技术效率的影响［J］. 资源科学，2018，40（4）：707-718.
[188]黄祖辉，钱峰燕.技术进步对我国农民收入的影响及对策分析［J］. 中国农村经济，2003（12）：11-17.
[189]诸培新，叶琦.农户分化下农民宅基地退出意愿差异性研究——基于江苏省886个样本数据［J］. 农林经济管理学报，2015，14（3）：279-288.
[190]李宪宝，高强.行为逻辑、分化结果与发展前景——对1978年以来我国农户分化行为的考察［J］. 农业经济问题，2013，34（2）：56-65，111.
[191]周飞，刘朝晖.论农户兼业化与土地可持续利用［J］. 农村经济，2003（2）：17-18.
[192]贺振华.农户兼业的一个分析框架［J］. 中国农村观察，2005（1）：2-9，78.
[193]TONE K.A slacks-based measure of efficiency in data envelopment analysis［J］. European Journal of Operational Research，2001，130（3）：498-509.
[194]顾冬冬，关付新.耕地流转、土地调整与小麦种植技术效率分析——基于随机前沿生产函数和Tobit模型的实证［J］. 农业现代化研究，2020，41（6）：988-998.

[195]WHITE H.A heteroskedasticity-consistent covariance matrix estimator and a direct test for heteroskedasticity [J]. Econometrica, 1980, 48 (4): 817-838.
[196]郭如良，刘子玉，陈江华.农户兼业化、土地细碎化与农机社会化服务——以江西省为例 [J]. 农业现代化研究，2020，41 (1): 135-143.
[197]陈航英.小农户与现代农业发展有机衔接——基于组织化的小农户与具有社会基础的现代农业 [J]. 南京农业大学学报(社会科学版)，2019，19 (2): 10-19，155.
[198]刘晓明，赵旭强.农户保护性耕作技术采用行为的实证分析 [J]. 农业经济，2017 (10): 17-19.
[199]农业部，国家发展改革委.《农业部和国家发展改革委关于印发〈保护性耕作工程建设规划(2009-2015 年)〉的通知》[EB/OL].(2009-09-20)[2020-09-20]. http: //www.moa.gov.cn/nybgb/2009/djiuq/201806/t20180608_6151425.htm.
[200]肖建英，谭术魁，程明华.保护性耕作的农户响应意愿实证研究 [J]. 中国土地科学，2012，26 (12): 57-63.
[201]蔡荣，蔡书凯.保护性耕作技术采用及对作物单产影响的实证分析：基于安徽省水稻种植户的调查数据 [J]. 资源科学，2012，34 (9): 1705-1711.
[202]仇焕广，苏柳方，张祎彤，等.风险偏好、风险感知与农户保护性耕作技术采纳 [J]. 中国农村经济，2020 (7): 59-79.
[203]王媛媛，张冬平.基于TAM分析小麦新品种扩散过程中种粮大户采纳意愿 [J]. 河南农业大学学报，2020，54 (2): 340-346，353.
[204]高瑛，王娜，李向菲，等.农户生态友好型农田土壤管理技术采纳决策分析：以山东省为例 [J]. 农业经济问题，2017，38 (1): 38-47，110.
[205]费红梅，刘文明，姜会明.保护性耕作技术采纳意愿及群体差异性分析 [J]. 农村经济，2019 (4): 122-129.
[206]王建明.资源节约意识对资源节约行为的影响：中国文化背景下一个交互效应和调节效应模型 [J]. 管理世界，2013 (8): 77-90，100.
[207]贺雪峰.论半熟人社会：理解村委会选举的一个视角 [J]. 政治学研究，2000 (3): 61-69.
[208]江鑫.社会规范感知对农户保护性耕作技术采纳行为的影响研究：以秸秆还田为例 [D]. 武汉：华中农业大学，2019.
[209]盖豪，颜廷武，何可，等.社会嵌入视角下农户保护性耕作技术采用行为研究：基于冀、皖、鄂3省668份农户调查数据 [J]. 长江流域资源与环境，2019，28 (9): 2141-2153.
[210]李卫，薛彩霞，姚顺波，等.农户保护性耕作技术采用行为及其影响因素：基于黄土高原476户农户的分析 [J]. 中国农村经济，2017 (1): 44-57，94.

[211]童洪志，刘伟.政策工具对农户秸秆还田技术采纳行为的影响效果分析[J].科技管理研究，2018，38（4）：46-53.
[212]严奉枭，颜廷武.认知冲突与农户保护性耕作技术采纳：基于农户信息获取的调节效应分析[J].农业现代化研究，2020，41（2）：265-274.
[213]喻永红，韩洪云.农民健康危害认知与保护性耕作措施采用：对湖北省稻农IPM采用行为的实证分析[J].农业技术经济，2012（2）：54-62.
[214]朱红根.南方稻区农户适应气候变化保护性耕作行为研究[J].江西农业大学学报（社会科学版），2010，9（1）：22-26.
[215]曹光乔，张宗毅.农户采纳保护性耕作技术影响因素研究[J].农业经济问题，2008，29（8）：69-74.
[216]谢贤鑫，田云，陈美球，等.农户生态耕种行为及其影响因素研究：以江西省为例[J].中国农业资源与区划，2020，41（1）：38-47.
[217]马丽.农户采用保护性耕作技术的行为选择及效果评价：基于辽宁省阜新市农户的调查[D].沈阳：沈阳农业大学，2010.
[218]江鑫，颜廷武，尚燕，等.土地规模与农户秸秆还田技术采纳：基于冀鲁皖鄂4省的微观调查[J].中国土地科学，2018，32（12）：42-49.
[219]王振华，李明文，王昱，等.技术示范、预期风险降低与种粮大户保护性耕作技术行为决策[J].中国农业大学学报，2017，22（8）：182-187.
[220]张丰翼，颜廷武，江鑫.农户禀赋与环境友好型技术补贴方式选择意愿影响分析[J].中国科技论坛，2020（6）：168-179.
[221]王晓敏，颜廷武.技术感知对农户采纳秸秆还田技术自觉性意愿的影响研究[J].农业现代化研究，2019，40（6）：964-973.
[222]颜廷武，张童朝，何可，等.农业废弃物资源化利用的农民决策行为研究：以秸秆还田为例[C]//2016中国环境科学学会学术年会论文集（第四卷）.海口，2016：662-673.
[223]刘明月，陆迁.农户秸秆还田意愿的影响因素分析[J].山东农业大学学报（社会科学版），2013，15（2）：34-38，117.
[224]徐静.农户采用秸秆还田技术的影响因素分析[D].合肥：安徽农业大学，2012.
[225]谢齐玥.农户降低氮肥施用量意愿的影响因素研究：基于辽宁省农户低碳生产行为调查[D].沈阳：沈阳农业大学，2013.
[226]李建政.秸秆还田农户意愿与机械作业收益实证研究[D].北京：中国农业科学院，2011.
[227]李若聪，周家颖，李碧波.浙江省农户测土配方施肥技术采纳意愿及其影响因素[J].浙江农业科学，2017，58（8）：1489-1491，1499.
[228]何丹华，吴明月，倪中烨，等.浙江省农户测土配方施肥技术采纳意愿及其影响因素研究[J].安徽农业科学，2017，45（17）：218-221.
[229]王丹，马瑛，杨国静，等.新疆昌吉州棉农采用测土配方施肥技术意愿的

影响因素［J］. 贵州农业科学，2015，43（9）：240-243.
［230］许增巍. 农户参与测土配方施肥意愿的影响因素分析：以陕西省杨凌区为例［J］. 生态经济（学术版），2013（1）：207-210.
［231］高辉灵，梁昭坚，陈秀兰，等. 测土配方施肥技术采纳意愿的影响因素分析：基于对福建省农户的问卷调查［J］. 福建农林大学学报（哲学社会科学版），2011，14（1）：52-56.
［232］王沙. 崇州市农户测土配方施肥技术采纳意愿与行为影响因素研究［D］. 成都：西南财经大学，2019.
［233］李子琳，李婕，郭熙，等. 经济欠发达地区测土配方施肥技术推广的影响因素分析［J］. 江苏农业学报，2018，34（6）：1287-1293.
［234］王秀丽，王士海. 农户农业清洁生产行为的影响因素和实施效果对比分析：以测土配方施肥和高效低毒农药技术为例［J］. 新疆农垦经济，2018（5）：16-23.
［235］杨宏菲. 长春市农户化肥施用行为的影响因素研究［D］. 长春：吉林大学，2019.
［236］韩洪云，杨增旭. 农户测土配方施肥技术采纳行为研究：基于山东省枣庄市薛城区农户调研数据［J］. 中国农业科学，2011，44（23）：4962-4970.
［237］张成玉. 测土配方施肥技术推广中农户行为实证研究［J］. 技术经济，2010，29（8）：76-81.
［238］何悦，漆雁斌. 农户过量施肥风险认知及环境友好型技术采纳行为的影响因素分析：基于四川省380个柑橘种植户的调查［J］. 中国农业资源与区划，2020，41（5）：8-15.
［239］韩会平. 农户采用测土配方施肥技术的影响因素分析［D］. 南京：南京农业大学，2010.
［240］许晓湖. 农户测土配方施肥技术采纳影响因素分析：以三明市为例［D］. 福州：福建农林大学，2017.
［241］史建国. 农户采用测土配方施肥技术的影响因素及满意程度分析［D］. 南京：南京农业大学，2016.
［242］张复宏，宋晓丽，霍明. 果农对过量施肥的认知与测土配方施肥技术采纳行为的影响因素分析：基于山东省9个县（区、市）苹果种植户的调查［J］. 中国农村观察，2017（3）：117-130.
［243］朱友理，邱晓红，吴小美，等. 基于Logit模型的农户病虫害专业化防治意愿及影响因素分析：以镇江市为例［J］. 江西农业学报，2015，27（4）：121-124.
［244］王思琪，陈美球，彭欣欣，等. 农户分化对环境友好型技术采纳影响的实证研究：基于554户农户对测土配方施肥技术应用的调研［J］. 中国农业大学学报，2018，23（6）：187-196.

[245]张永强，田媛，王珧.农户认知视角下保护性耕作技术采纳行为研究：以东北黑土区黑龙江省为例［J］.农业现代化研究，2020，41（2）：275-284.

[246]STANLEY T D，JARRELL S B.Gender wage discrimination bias? A meta-regression analysis［J］. The Journal of Human Resources，1998，33（4）：947.

[247]Koetse M ，Groot H ，Florax R .The Impact of Uncertainty on Investment：A Meta-Analysis［J］. Ssrn Electronic Journal，2006（3）：6-60.

[248]甄卓.基于农户视角的吉林省黑土地保护耕作技术采纳行为及影响因素研究［D］.长春：吉林农业大学，2021.

[249]苏云贺.吉林省农户测土配方技术采纳行为及其影响因素研究［D］.长春：吉林农业大学，2020.

[250]洪鑫.吉林省农户黑土地保护性耕作技术采纳行为研究［D］.长春：吉林农业大学，2021.

[251]毛欢，罗小锋，唐林，等.多项绿色生产技术的采纳决策：影响因素及相关性分析［J］.中国农业大学学报，2021，26（6）：231-244.

[252]Anderson T.W.and H.Cheng.Formulation and Estimation of Dynamic Models Using PanelData［J］. Journal of Econometrics，1982，18（1）：47-82.

[253]Bai J.Estimating Cross-section Common Stochastic Trends in Nonstationary Panel Data［J］. Journal of Econometrics，2004，122（1）：137-183.

[254]Bai J.Panel Data Models with Interactive Fixed Effects［J］. Econometrica，2009，77（4）：1229-1279.

[255]陈凯，刘煜寒.中外农业生产服务业发展状况的比较分析——基于投入产出表的实证研究.经济问题，2014（5）：92-97.

[256]丁博，曹希广，邓敏，奚君羊.生产性服务业对制造业生产效率提升效应的实证分析——基于中国城市面板数据的空间计量分析.审计与经济研究，2019，34（2）：116-127.

[257]顾乃华.对外开放门槛与服务业的外溢效应——基于省际面板数据的实证检验.当代经济科学，2010，32（6）：74-81.

[258]郝爱民.农业生产性服务对农业技术进步贡献的影响［J］. 华南农业大学学报(社会科学版)，2015，14（1）：8-15.

[259]郝爱民.农业生产性服务业对农业的外溢效应与条件研究［J］. 南方经济，2013（5）：38-48.

[260]胡铭.我国生产性服务业与农业协同发展效应研究［J］. 农业经济问题，2013，34（12）：25-30.

[261]江静，刘志彪，于明超.生产者服务业发展与制造业效率提升：基于地区和行业面板数据的经验分析.世界经济，2007（8）：52-62.

[262]姜长云.关于发展农业生产性服务业的思考［J］.农业经济问题，2016，37（5）：8-15.

[263]李文，李云鹤.生产性服务业的质与量对制造业的溢出效应研究——来自OECD国家的随机前沿方法的分析[J].产业经济研究，2013(2)：48-55
[264]刘明，王瑞波，孙炜琳.农业生产性服务业对农业生产效率的影响研究——以山东省为例[J].中国农业资源与区划，2018，39(5)：28-35.
[265]刘强，杨万江，孟华兵.农业生产性服务对我国粮食生产成本效率的影响分析——以水稻产业为例[J].农业现代化研究，2017，38(1)：8-14.
[266]苏昕，刘昊龙.农村劳动力转移背景下农业合作经营对农业生产效率的影响[J].中国农村经济，2017(5)：58-72.
[267]孙晓华，翟钰，秦川.生产性服务业带动了制造业发展吗?——基于动态两部门模型的再检验[J].产业经济研究，2014(1)：23-30.
[268]王珏，宋文飞，韩先锋.中国地区农业全要素生产率及其影响因素的空间计量分析——基于1992~2007年省域空间面板数据[J].中国农村经济，2010(8)：24-35.
[269]魏修建，李思霖.我国生产性服务业与农业生产效率提升的关系研究——基于DEA和面板数据的实证分析[J].经济经纬，2015，32(3)：23-27.
[270]夏一丹，胡宗义，戴钰.文化传媒上市公司全要素生产率的Globe Malmquist研究[J].财经理论与实践，2014，35(4)：48-52.
[271]宣烨.生产性服务业空间集聚与制造业效率提升——基于空间外溢效应的实证研究[J].财贸经济，2012(4)：121-128.
[272]颜晓畅.政府投入与不同地区医疗卫生机构静态和动态运营效率——基于DEA-Tobit方法的实证研究[J].南开经济研究，2018(6)：93-111.
[273]杨彩艳，齐振宏，黄炜虹，左志平.农业社会化服务有利于农业生产效率的提高吗?——基于三阶段DEA模型的实证分析[J].中国农业大学学报，2018，23(11)：232-244.
[274]杨万江，李琪.新型经营主体生产性服务对水稻生产技术效率的影响研究——基于12省1926户农户调研数据[J].华中农业大学学报(社会科学版)，2017(5)：12-19.
[275]杨子，张建，诸培新.农业社会化服务能推动小农对接农业现代化吗——基于技术效率视角[J].农业技术经济，2019(9)：16-26.
[276]虞松波，刘婷，曹宝明.农业机械化服务对粮食生产成本效率的影响——来自中国小麦主产区的经验证据[J].华中农业大学学报(社会科学版)，2019(4)：81-89.
[277]张振刚，陈志明，胡琪玲.生产性服务业对制造业效率提升的影响研究[J].科研管理，2014，35(1)：131-138.
[278]温铁军，张俊娜，杜洁.农业现代化的发展路径与方向问题[J].中国延安干部学院学报，2015，8(3)：105-110.
[279]蒋永穆，卢洋，张晓磊.新中国成立70年来中国特色农业现代化内涵演进

特征探析 [J]. 当代经济研究，2019（8）：9-18，113.
[280] 张坤民，潘家华，崔大鹏. 低碳经济论 [M]. 北京：中国环境科学出版社，2008.
[281] 辛岭，蒋和平. 我国农业现代化发展水平评价指标体系的构建和测算 [J]. 农业现代化研究，2010，31（6）：646-650.
[282] 林丽梅，郑逸芳，许佳贤，黄森慰. 基于熵值法的福建县域农业现代化发展水平评价 [J]. 科技和产业，2013，13（10）：40-45，77.
[283] 钟丽娜，李松柏. 陕西省农业现代化发展水平综合评价 [J]. 农业现代化研究，2018，39（1）：57-64.
[284] 刘建红. 东北三省农业现代化评价发展对策研究 [D]. 长春：吉林财经大学，2016.
[285] 徐贻军，任木荣. 湖南现代农业评价指标体系的构建及测评 [J]. 湖南农业大学学报（社会科学版），2008（4）：38-44.
[286] 蒋和平，崔凯. 我国粮食主产区农业现代化指标体系的构建和测算及发展水平评价 [J]. 农业现代化研究，2011，32（6）：646-651.
[287] 刘慧敏，王红利. 基于模糊评价的河南省农业现代化发展水平分析 [J]. 华北水利水电大学学报（自然科学版），2015，36（3）：33-36.
[288] 葛丽亚，丁生喜. 基于主成分分析法的海东市农业现代化发展水平评价研究 [J]. 中国农业资源与区划，2018，39（9）：136-142.
[289] 申思敏，孙建光. 河北省区域农业现代化发展质量评价研究 [J]. 河南工业大学学报（社会科学版），2019，15（4）：15-19，43.
[290] 刘世薇，张平宇，宋凤斌，潘晓卉，温鑫. 黑龙江垦区农业现代化水平评价 [J]. 地理科学，2018，38（7）：1051-1060.
[291] 杜国明，周圆，刘阁，李瑞雪. 黑龙江省农业现代化评价 [J]. 中国农业资源与区划，2013，34（5）：55-61.
[292] 杨万江，徐星明. 农业现代化测评 [M]. 北京：中国社会科学出版社，2001.

附录

乡村振兴基础指标预测值检验结果

指标	预测模型	模型形式	R^2	P 值	均方差	MAPE	平稳性检验 modulus1	平稳性检验 modulus2
A								
农业增加值指数（上年=100）	ols	一次函数	0.53		0.38			
GDP增加值（上年=100）	ols	一次函数	0.81		1.41			
农业增加值（亿元）	var	var（p）		0.00			0.80	0.47
乡村人口数（万人）	灰色预测	GM（1，1）			0.03			
人均GDP（元）	ols	一次函数	0.99		10907.68			
集体经济强村比例（%）	ols	一次函数	0.90		1.11			
当年无经营收益村占比（%）	ols	一次函数	0.47		6.10			
农业耕种收综合机械化率（%）	ols	一次函数	0.98		5.14			
农业科技进步贡献率（%）	ols	一次函数	0.96		1.99			
农田有效灌溉面积（千公顷）	ols	一次函数	0.99		2833.09			

续表

指标	预测模型	模型形式	R^2	P 值	均方差	MAPE	平稳性检验 modulus1	平稳性检验 modulus1
耕地总面积（千公顷）	ols	一次函数	0.98		167.33			
农村互联网普及率（%）	ols	一次函数	0.98		7.03			
经营耕地10亩以上农户占比（%）	ols	一次函数	0.70		0.33			
占家庭承包经营耕地面积比例（%）	ols	一次函数	0.90		8.14			
畜禽养殖规模化率（%）	ols	一次函数	1.00		5.40			
农户社员数（万户）	ols	一次函数	0.90		1293.47			
农户总数（万户）	ols	一次函数	0.93		419.96			
种植业总产值（亿元）	ols	一次函数	0.97		8430.96			
种植业总产值指数（上年=100）	var	var（p）		0.07			0.42	0.42
第一产业就业人员数（万人）	ols	一次函数	0.97		2712.73			
GDP（亿元）当年价格	灰色预测	GM（1，1）			0.05			
全国就业人员（万人）	ols	一次函数	0.92		564.46			
农产品加工业主营业务收入（亿元）	ols	一次函数	0.92		38029.38			
农业总产值（亿元）	ols	一次函数	0.96		15079.88			
休闲农业与乡村旅游接待人次（亿人次）	var	var（p）		0.00			0.94	0.45
休闲农业与乡村旅游营业收入（亿元）	灰色预测	GM（1，1）			0.17			
全国接待游客人次（国内游客、亿人次）	ols	一次函数	0.99		11.25			
全国旅游业务收入（亿元）	ols	一次函数	0.99		15183.36			
乡村就业人员（万人）	ols	一次函数	1.00		2444.79			

续表

指标	预测模型	模型形式	R^2	P 值	均方差	MAPE	平稳性检验 modulus1	平稳性检验 modulus2
B								
全国乡园林绿化————绿化覆盖面积（公顷）	ols	一次函数	0.56		4135.53			
全国乡园林绿化————绿地面积（公顷）	ols	一次函数	0.77		4946.71			
全国乡园林绿化————公园绿地面积	灰色预测	GM（1，1）			0.50			
全国乡建成区面积（公顷）	灰色预测	GM（1，1）			0.38			
村庄绿化覆盖率（%）	ols	一次函数	0.98		4.28			
对生活垃圾进行治理的行政村占比（%）	ols	一次函数	0.97		22.11			
对生活污水进行处理的村占比（达标处理率）（%）	灰色预测	GM（1，1）			0.23			
农村卫生厕所普及率（%）	ols	一次函数	0.99		5.53			
混合结构以上面积（万平方米）	ols	一次函数	0.99		84977.89			
年末实有建筑面积（万平方米）	var	var（p）		0.06			0.31	0.31
农村居民人均住房面积（平方米）	ols	一次函数	0.98		4.88			
总农药使用量（亿公斤）					0.61			
耕地总面积（公顷）	ols	一次函数	0.98		167.33			
主要农作物农药利用率（%）	ols	一次函数	0.92		4.19			
总化肥使用量（公斤）	ols	二次函数	0.12		1637775812.23			
主要农作物化肥利用率（%）	ols	一次函数	0.99		2.85			
主要农作物病虫绿色防控覆盖率（%）	ols	一次函数	1.00		6.03			

续表

指标	预测模型	模型形式	R^2	P 值	均方差	MAPE	平稳性检验 modulus1	平稳性检验 modulus1
畜禽粪污综合利用率（%）	ols	一次函数	0.93		11.06			
农作物秸秆综合利用率（%）	ols	一次函数	0.96		5.81			
C+D								
农村居民教育文化娱乐支出（元）	ols	一次函数	0.95		365.25			
农村居民消费支出（元）	ols	一次函数	0.99		2713.28			
农村人口高中及以上学历占比（%）	ols	一次函数	0.30		19821355.85			
城市人口高中及以上学历占比（%）	ols	一次函数	0.30		58567074.84			
小学专任教师本科学历以上人数（人）	ols	一次函数	0.95		151984.82			
小学专任教师总人数（人）	var	var（p）		0.00			0.81	0.02
初中专任教师本科学历以上人数（人）	灰色预测	GM（1，1）			0.02			
初中专任教师总人数（人）	var	var（p）		0.00			0.88	0.05
村综合性文化服务中心覆盖率（%）	ols	一次函数	0.98		15.62			
县级及以上文明村和乡镇占比（%）	灰色预测	GM（1，1）			0.24			
乡村社会文明程度定性评价水平（%）	ols	一次函数	1.00		5.25			
村庄规划管理覆盖率（%）	ols	一次函数	0.93		6.51			
建有综合服务站的村占比（%）	灰色预测	GM（1，1）			0.33			
村党组织书记兼任村委会主任的村占比（%）	灰色预测	GM（1，1）			0.08			
有村规民约的村占比（%）	灰色预测	GM（1，1）			0.24			
村民选举投票率（%）	amira	（0，2，2）		0.00		0.03		

续表

指标	预测模型	模型形式	R^2	P 值	均方差	MAPE	平稳性检验 modulus1	平稳性检验 modulus1
实行财务公开村占比（%）	ols	一次函数	0.79		0.67			
农村居民幸福度（%）	arima	（0，1，2）		0.00		0.01		
社会公平感知度（%）	ols	一次函数	0.67		1.45			
E+F								
农村居民人均可支配收入（元）	ols	一次函数	1.00		2804.87			
城镇居民人均可支配收入（元）	ols	一次函数	1.00		6924.42			
农村贫困发生率（%）	灰色预测	GM（1，1）			0.10			
农村居民消费水平（元/人）	ols	一次函数	1.00		2678.98			
城镇居民消费水平（元/人）	ols	一次函数	1.00		5326.41			
农村恩格尔系数	ols	一次函数	0.95		4.23			
城镇居民恩格尔系数	ols	一次函数	0.87		3.63			
农村自来水普及率（%）	ols	一次函数	0.88		3.47			
具备条件的建制村通硬化路比例（%）	ols	一次函数	0.99		6.58			
农村居民基本养老保险参保人数（万人）	灰色预测	GM（1，1）			0.12			
全国乡村人口（万人）	灰色预测	GM（1，1）			0.04			
农村居民最低生活保障平均支出水平（元/人·年）	arima	（1，2，1）		0.00		0.06		
城镇居民最低生活保障平均支出水平（元/人·年）	arima	（0，1，2）		0.00		0.04		

续表

指标	预测模型	模型形式	R^2	P 值	均方差	MAPE	平稳性检验 modulus1	平稳性检验 modulus1
农村每千人口卫生技术人员数（人）	ols	一次函数	0.99		0.52			
城市每千人口卫生技术人员数（人）	ols	一次函数	0.97		1.24			
国家财政支出（亿元）	var	var（p）		0.00			1.00	0.51
国家财政支出中农林水支出(亿元）	var	var（p）		0.00			0.94	0.44
农业保险保障水平（%）	ols	一次函数	0.95		6.05			
财产保险公司农业保险保费收入（亿元）	ols	一次函数	0.98		141.86			
第一产业增加值（亿元）	ols	一次函数	0.92		9040.52			
农民转移性收入（元）	arima	（0，1，2）		0.04		0.21		
户籍城镇化率	ols	一次函数	0.95		3.54			
常住人口城镇化率	ols	一次函数	1.00		3.30			
城乡居民基本权益平等化程度（%）	ols	一次函数	1.00		5.22			
要素配置农村优先满足与城乡合理化程度（%）	ols	一次函数	1.00		5.30			
公共服务农村优先安排与城乡均等化程度（%）	ols	一次函数	1.00		5.39			
农村干部配备优先考虑程度（%）	ols	一次函数	1.00		5.61			